Design Patterns for Cloud Native Applications

클라우드 네이티브 애플리케이션
디자인 패턴

| 표지 설명 |

표지 동물은 말레이시아 소공작*Polyplectron malacense*으로 말레이시아 중부 저지대에 서식하는 작은 꿩의 한 종류입니다. 다 자라면 몸무게는 약 0.5~1kg, 길이는 약 40~50cm에 달합니다. 전체적으로 밝은 갈색에 까맣고 작은 점이 여러 개 있습니다. 수컷의 등 및 꼬리의 깃털, 그리고 짙은 청록색 볏에 무지갯빛 청록색의 눈꼴무늬가 있습니다. 열대 우림에 살며 주로 과일이나 작은 곤충을 먹고 삽니다. 수컷은 암컷에게 구애할 때 몸을 웅크리고 부채 모양의 꼬리와 날개 깃털을 펼쳐서 퍼덕입니다. 암컷은 이후 땅을 파고 알을 하나 낳아서 품습니다. IUCN은 말레이 소공작을 최소관심종으로 분류하고 있습니다. 아주 제한된 범위에서 서식하는 반면, 번식률이 낮고 그 속도가 느리기 때문이죠.

오라일리 표지의 동물들은 대부분 멸종 위기종입니다. 이 동물들은 모두 소중한 존재입니다. 표지 그림은 『Riverside Natural History』의 흑백 판화를 바탕으로 캐런 몽고메리Karen Montgomery가 작업한 것입니다.

클라우드 네이티브 애플리케이션 디자인 패턴

애플리케이션의 배포와 운영을 고려한 7가지 설계 패턴

초판 1쇄 발행 2022년 6월 2일

지은이 카순 인드라시리, 스리스칸다라자 수호타얀 / **옮긴이** 박수현 / **펴낸이** 김태헌
펴낸곳 한빛미디어(주) / **주소** 서울시 서대문구 연희로2길 62 한빛미디어(주) IT출판부
전화 02-325-5544 / **팩스** 02-336-7124
등록 1999년 6월 24일 제25100-2017-000058호 / **ISBN** 979-11-6224-567-5   93000

총괄 전정아 / **책임편집** 박민아 / **기획 · 편집** 김종찬
디자인 표지 윤혜원 내지 박정화 / **전산편집** 백지선
영업 김형진, 김진불, 조유미, 김선아 / **마케팅** 박상용, 송경석, 한종진, 이행은, 고광일, 성화정 / **제작** 박성우, 김정우

이 책에 대한 의견이나 오탈자 및 잘못된 내용에 대한 수정 정보는 한빛미디어(주)의 홈페이지나 아래 이메일로 알려주십시오. 잘못된 책은 구입하신 서점에서 교환해드립니다. 책값은 뒤표지에 표시되어 있습니다.
한빛미디어 홈페이지 www.hanbit.co.kr / **이메일** ask@hanbit.co.kr

지금 하지 않으면 할 수 없는 일이 있습니다.
책으로 펴내고 싶은 아이디어나 원고를 메일(writer@hanbit.co.kr)로 보내주세요.
한빛미디어(주)는 여러분의 소중한 경험과 지식을 기다리고 있습니다.

Design Patterns for Cloud Native Applications

클라우드 네이티브 애플리케이션 디자인 패턴

O'REILLY® **HB** 한빛미디어
Hanbit Media, Inc.

지은이 · 옮긴이 소개

지은이 **카순 인드라시리** Kasun Indrasiri

저자이자 프로덕트 매니저, 소프트웨어 아키텍터로서 다양한 마이크로서비스 및 클라우드 네이티브 아키텍처, 메시징 및 통합 플랫폼 관련 경험을 가지고 있습니다. 『gRPC 시작에서 운영까지』(에이콘출판사, 2020), 『엔터프라이즈 환경을 위한 마이크로서비스』(에이콘출판사, 2020), 『Beginning WSO2 ESB』(Apress, 2016)을 저술하였습니다. 〈KubeCon + CloudNativeCon North America 2020〉, 샌프란시스코에서 열린 〈O'Reilly Software Architecture Conference 2019〉, 시카고에서 열린 〈GOTO Con 2019, API Specification Conference 2020〉, 〈APIDays Interface 2020〉, 〈GOTOpia Europe 2020〉 학회에서 연설하기도 했습니다. 아파치 소프트웨어 재단의 기여자이자 PMC 멤버로 활동하고 있습니다.

지은이 **스리스칸다라자 수호티얀** Sriskandarajah Suhothayan

9년 이상 데이터 프로세싱 플랫폼과 이벤트 주도 시스템 설계 경험을 가진 소프트웨어 아키텍트입니다. 마이크로서비스를 통해 데이터 처리 능력을 확장할 수 있으며 쿠버네티스 에코시스템에 포함되어 있는 클라우드 네이티브 스트림 프로세서 Siddhi의 설립자이기도 합니다. 초빙 교수로서 대학원에서 빅데이터, 분산 시스템, 데이터 과학에 대한 강의도 진행하고 있습니다. 또한 런던에서 열린 〈O'Reilly's Strata Data Conference 2017〉, 샌프란시스코에서 열린 〈Structure Data Conference 2016〉, 모스크바에서 열린 〈BigData Days 2019〉, 샌프란시스코와 런던, 바르셀로나, 콜롬보 등지에서 열린 여러 〈WSO2 User Conferences〉에서 연설가로 활동하기도 했습니다.

옮긴이 **박수현** ardeness@gmail.com

커널, 시스템, 클라우드 컴퓨팅, 쿠버네티스, 웹 등 다양한 개발 분야에 관심을 가지고 있습니다. 홍익대학교 컴퓨터공학과에서 박사 학위를 받았으며 현재 SK텔레콤에서 개발자로 일하고 있습니다.

옮긴이의 말

클라우드, 그리고 클라우드 네이티브 애플리케이션은 다른 분야에 비해 그 역사가 비교적 짧지만, 변화 속도만큼은 엄청나게 빠릅니다. 기존의 상업 애플리케이션들을 클라우드로 전환하는 노력과 더불어 ML, AI와 같이 새롭게 각광 받는 분야의 애플리케이션들 역시 클라우드 기반으로 개발하면서 다양한 도메인의 애플리케이션들이 클라우드 네이티브 분야로 쏟아져 들어오는 상황입니다. 이런 현실에서는 개발하고자 하는 애플리케이션에 적합한 구조나 메시지 큐, 데이터베이스 등을 선택하는 것조차 매우 어렵습니다. 더군다나 접해보지 못한, 시장이 급변하는 분야이다 보니 그 용어나 개념이 아직 정립되지 못한 부분도 많아서 검색하는 것조차 힘들 때도 많습니다.

이 책은 새로운 클라우드 네이티브 애플리케이션을 개발하거나, 혹은 기존의 애플리케이션을 클라우드 네이티브로 전환하고자 할 때 어떤 기술 스택을 사용하고 어떤 구조를 사용할 것인지에 대한 전반적인 방향을 제시해 줄 수 있습니다. AWS나 애저Azure, GCP와 같은 퍼블릭 클라우드 환경뿐 아니라 온프레미스 환경에서도 사용할 수 있는 다양한 구조와 그에 잘 맞는 소프트웨어 및 애플리케이션을 함께 소개합니다. 여러분이 해야 할 것이라고는 이 책을 탐독하고, 적합한 구조와 기술 스택을 선택하고, 개발에 착수하는 것뿐입니다. 언제나 그렇듯 개발은 어렵지만, 최소한 어떤 방향으로 나아갈지를 정하고 시작하는 것과 그렇지 않은 것에는 큰 차이가 있다는 것을 여러분 모두 아시리라 생각합니다.

좋은 책을 번역할 기회를 주신 한빛미디어 출판사 관계자분들, 원고의 교정 및 편집과 더불어 아낌없이 좋은 의견을 주신 김종찬 편집자님, 사랑하는 제 아내와 딸, 그 외 번역에 도움을 주신 모든 분께 감사드립니다.

박수현

서문

클라우드 네이티브 아키텍처cloud native architecture는 비즈니스 기능별로 독립적인 마이크로서비스들이 느슨하게 결합된 소프트웨어 애플리케이션을 통칭하는 말입니다. 각 마이크로서비스는 각각의 실행 환경(퍼블릭, 프라이빗, 하이브리드, 멀티클라우드)에서 실행되며 자동화되고 확장성scalability을 지원하며 탄력적인 관리 및 관찰을 제공합니다.

클라우드 환경이 제공하는 민첩함과 신뢰성, 경제성, 확장성이라는 장점 덕분에 클라우드 네이티브 애플리케이션 개발이 점점 더 각광받고 있습니다. 최근 클라우드 네이티브 아키텍처 분야에서 주목하는 부분은 애플리케이션의 배포 및 운영 측면입니다. 이런 특성을 가지는 클라우드 네이티브 애플리케이션을 만들 때 기존의 애플리케이션의 개발 패턴이나 기술을 적용하기는 힘듭니다. 이 책에서는 이런 문제점들을 API와 데이터, 이벤트, 스트림 기반 패턴을 통해 해결해볼 것입니다. 이 방법들을 통해 클라우드 네이티브 애플리케이션의 목적에 맞게 설계하고 개발하고 배포할 수 있으며 최소의 비용과 시간, 노력으로 애플리케이션을 관리하고 유지보수 할 수 있습니다.

클라우드 네이티브 애플리케이션은 다양한 디자인 패턴을 통해 구성하고 개발할 수 있습니다. 이 책에서는 주로 클라우드 네이티브 애플리케이션의 비즈니스 로직을 만들 때 반드시 적용해야 할 개발 패턴을 주로 살펴봅니다. 이런 패턴은 특히 클라우드 네이티브 애플리케이션을 서로 연결하거나 외부에서 클라우드 네이티브 애플리케이션을 사용할 때 많이 적용됩니다. 애플리케이션의 특성에 따라, 그리고 개발할 때 사용하는 패턴에 따라 배포나 확장성, 보안, 관측 가능성observability 구현이 서로 다를 수 있습니다. 이런 다양한 패턴이 서로 어떤 차이가 있는지, 장단점은 무엇인지 역시 살펴볼 것입니다. 패턴들은 크게 통신, 연결성, 구성, 데이터, 이벤트, 스트림 처리, API 관리 및 사용이라는 일곱 가지 종류로 구분할 수 있습니다.

이 책은 다음의 장으로 구성됩니다.

1장. 클라우드 네이티브란?

이 장에서는 클라우드 네이티브 애플리케이션의 주요 특성에 대해서 알아봅니다. 클라우드 네이티브 애플리케이션을 만들 때 사용하는 디자인 패턴이 왜 중요한지 주로 설명합니다.

2장. 통신 패턴

이 장에서는 클라우드 네이티브 애플리케이션을 만들 때 주로 사용할 수 있는 통신 패턴과 구현 기술에 대해서 살펴봅니다. 동기 및 비동기 통신에서 사용되는 기본적인 패턴을 중점적으로 배울 것입니다.

3장. 연결 및 구성 패턴

여기에서는 마이크로서비스들을 다른 마이크로서비스나 클라우드 네이티브 애플리케이션과 연결하는 다양한 패턴을 알아봅니다. 또한 서비스 구성 패턴service composition pattern을 사용해서 서비스들을 통합하고 비즈니스 기능을 만드는 방법도 배웁니다.

4장. 데이터 관리 패턴

4장에서는 클라우드 네이티브 애플리케이션의 데이터 관리 패턴을 배웁니다. 어떤 데이터 스토어를 사용할지, 그리고 데이터 구성을 통해 클라우드 네이티브 애플리케이션의 확장성과 신뢰성, 성능 최적화를 지원할 수 있는 데이터 통합 방법을 함께 배웁니다.

5장. 이벤트 기반 아키텍처 패턴

5장에서는 클라우드 네이티브 애플리케이션을 활용한 이벤트 기반 아키텍처를 만드는 디자인 패턴을 알아봅니다. 기본적인 이벤트 전달delivery과 이벤트 소싱sourcing, 그리고 다양한 비동기 클라우드 네이티브 애플리케이션 간에 이벤트들을 어떻게 조율하는지를 중점적으로 봅니다.

6장. 스트림 처리 패턴

이 장에서는 상태(스테이트풀)stateful 및 무상태(스테이트리스)stateless 클라우드 네이티브 애플리케이션 모든 곳에서 대규모 이벤트 스트림을 어떻게 처리할 수 있는지 배웁니다. 또한 실시간 애플리케이션에서 오류가 발생하였을 경우 메모리에 저장된 상태 정보를 어떻게 보호하고 신뢰성을 구현하는지도 알아봅니다.

7장. API 관리 및 사용 패턴

7장에서는 API 관리에서 가장 많이 사용하는 패턴 몇 가지를 살펴봅니다. 아울러 웹 애플리케이션이나 모바일 애플리케이션, 데스크탑 애플리케이션과 같이 API를 사용하는 프런트엔드 애플리케이션에서 주로 사용하는 몇 가지 API 사용 패턴도 알아봅니다.

8장. 실례로 살펴보는 클라우드 네이티브 패턴

마지막 8장에서는 서로 다른 목적으로 실제로 구현된 클라우드 네이티브 애플리케이션들을 통해 다양한 클라우드 네이티브 패턴을 알아봅니다.

CONTENTS

CHAPTER **1** 클라우드 네이티브 애플리케이션이란?

CONTENTS

CHAPTER 2 통신 패턴

^{CHAPTER} **3** **연결성 및 조합 패턴**

CONTENTS

CHAPTER 4 데이터 관리 패턴

CHAPTER **5** 이벤트 주도 아키텍처 패턴

CONTENTS

CHAPTER 6 스트림 프로세싱 패턴

CONTENTS

CHAPTER 7 API 관리 및 사용 패턴

CHAPTER 8 클라우드 네이티브 패턴 적용하기

클라우드 네이티브 애플리케이션이란?

소프트웨어 개발 분야는 계속 변하고 발전을 거듭하여 현재의 아키텍처 패러다임과 기술 수준에 이르렀습니다. 소프트웨어 아키텍처는 가끔 획기적인 기술과 색다른 접근 방식을 통해 엄청난 변화를 겪기도 합니다. 이런 큰 변화 중 한 가지는 단연코 클라우드 네이티브 아키텍처cloud native architecture입니다. 클라우드 네이티브 아키텍처는 소프트웨어 애플리케이션을 만들고 제공하며 관리하는 방법을 크게 바꾸었습니다. 클라우드 네이티브 아키텍처 덕분에 소프트웨어 애플리케이션은 민첩성과 속도, 안전성, 적응성을 가질 수 있게 된 것이죠.

이 장에서는 몇 가지 중요한 특징을 통해 클라우드 네이티브 아키텍처가 도대체 무엇인지 파악해보려고 합니다. 클라우드 네이티브 애플리케이션의 라이프사이클life cycle 전반에 걸쳐 사용할 수 있는 개발 방법론development methodology에 대해서도 알아봅니다. 그리고 클라우드 네이티브 애플리케이션 개발에 디자인 패턴을 사용하는 것이 얼마나 중요한지도 배웁니다. 우선 클라우드 네이티브의 개념부터 정의하고 시작하겠습니다.

1.1 클라우드 네이티브의 개념

그럼 클라우드 네이티브의 일반적인 정의는 무엇일까요? 아쉽게도 클라우드 네이티브라는 단어의 일반적인 정의란 존재하지 않습니다. 클라우드 네이티브의 의미는 사람이나 기관마다 서로 다릅니다. 굳이 한 가지를 꼽자면, 가장 일반적인 정의에 가까운 것은 아마도 클라우드 네이티브 컴퓨팅 재단Cloud Native Computing Foundation(CNCF)이 내세운 것이 아닐까 합니다. CNCF 는 지속 가능한 소프트웨어 생태계를 구성하고 관련 커뮤니티를 활성화하여 오픈소스 클라우 드 네이티브 애플리케이션들의 성장과 건전성을 지원하고 돕기 위해 설립된 곳입니다. CNCF 는 특정 벤더vendor에 종속되지 않는 클라우드 네이티브 애플리케이션을 만들 때 사용할 수 있 는 급성장하는 다양한 오픈소스 프로젝트의 보금자리를 제공합니다.

> **NOTE_ 클라우드 네이티브에 대한 CNCF의 정의**
> 클라우드 네이티브 기술은 퍼블릭, 프라이빗, 하이브리드 클라우드와 같은 실행 환경에서 그 크기를 자유롭 게 조절할 수 있는 애플리케이션을 만들고 실행할 수 있는 능력을 제공해줍니다. 컨테이너container, 서비스 메 시service mesh, 마이크로서비스, 불변 인프라스트럭처immutable infrastructure, 선언적 APIdeclarative API들을 활용 하여 구현할 수 있습니다. 이 기술들을 통해 관리와 관찰이 쉽고 탄력성 있는 느슨하게 결합된 시스템을 만들 수 있습니다. 강력한 자동화와 더불어 엔지니어들이 최소한의 노력으로 많은 영향을 미칠 수 있는 변경 작업 을 더 자주 할 수 있도록 만들어줍니다.

우선 클라우드 네이티브 애플리케이션이 무엇인지 알아보려면 그 밑바탕이 되는 클라우드 네 이티브가 무엇인지 알아야 합니다. 이를 위해 설계와 개발, 패키징, 배포, 거버넌스를 포함한 클라우드 네이티브 애플리케이션의 라이프사이클 각 단계를 거치면서 클라우드 네이티브 애플 리케이션의 모든 특성을 알아본 결과 이런 결론을 내릴 수 있었습니다.

> 클라우드 네이티브란 퍼블릭이나 프라이빗, 하이브리드, 멀티 클라우드와 같은 환경에서 실행할 수 있는 독립적인 비즈니스 기능 중심의 마이크로서비스들을 느슨하게 결합하여, 크기 조절이 가 능하고 탄력적이며 관리와 관찰이 용이한 자동화된 소프트웨어 애플리케이션을 만드는 것을 의미 한다.

여기서 언급한 특성을 자세히 살펴보면 클라우드 네이티브 애플리케이션을 이해할 수 있습니 다. 우선 CNCF의 정의에서 이야기하는 특성들을 먼저 살펴보겠습니다.

1.1.1 마이크로서비스로 구성하는 설계

클라우드 네이티브 애플리케이션은 독립적으로 만들어진 서비스들을 느슨하게 결합하는 것으 로 설계됩니다. 각 서비스는 각각에 주어진 비즈니스 요구를 잘 충족시켜야 합니다. 이런 조건을 만족하는 서비스들을 **마이크로서비스**microservice라고 부릅니다. 클라우드 네이티브 애플리케이션에서 마이크로서비스는 없어서는 안 될 필수적인 기본 요소입니다. 마이크로서비스 아키텍처의 기본적인 내용을 모르고 클라우드 네이티브 애플리케이션을 만든다는 것은 불가능에 가깝습니다.

마이크로서비스 아키텍처는 소프트웨어 애플리케이션을 만드는 방법입니다. 마이크로서비스 아키텍처가 출현하기 전까지 복잡한 비즈니스 요구사항을 전부 충족하기 위해서 모놀리식mono-lithic 애플리케이션을 만들어 왔습니다. 모놀리식 애플리케이션은 근본적으로 복잡하고 크기 조절이 어렵고 유지보수 비용이 많이 소요되며 개발의 민첩성이 떨어집니다. 모놀리식 애플리케이션은 다른 모놀리식 애플리케이션과 전용 프로토콜을 사용하여 주로 통신하며 단일 데이터베이스를 함께 쓰는 경우가 많습니다.

> **TIP** 마이크로서비스 아키텍처는 독립적으로 개발하고 배포하고 크기 조절이 가능한 비즈니스 기능 지향 서비스들을 느슨하게 결합하여 소프트웨어 애플리케이션을 만드는 방법입니다. (출처: 『Microservices for the Enterprise』(Apress, 2018))

서비스 지향 아키텍처service-oriented architecture(SOA)는 기존 모놀리식 애플리케이션 아키텍처의 한계를 해결할 수 있는 더 나은 아키텍처로 부각되었습니다. SOA는 특정 비즈니스 기능을 지원하는 서비스들을 조합하여 소프트웨어 애플리케이션을 만드는 모듈성 개념을 선보였습니다. 웹 서비스 등과 같이 SOA로 구현된 서비스들은 복잡한 표준과 메시지 포맷을 사용하였으며 중앙 집중화된 모놀리식 컴포넌트를 아키텍처에 포함하기도 했습니다.

흔히 SOA에 기반하여 설계한 소프트웨어 애플리케이션들은 웹 서비스와 같은 여러 서비스를 만들고 개방형 표준과 **엔터프라이즈 서비스 버스**enterprise service bus(ESB)로 알려진 중앙 집중형 모놀리식 통합 계층을 사용해 이들을 한데 묶습니다. 그리고 API 관리 계층을 두어서 이 소프트웨어 애플리케이션에서 제공하는 비즈니스 기능들을 API로 제공할 수 있습니다.

[그림 1-1]은 SOA에 기반한 간단한 온라인 쇼핑몰 애플리케이션의 구조입니다. 각 비즈니스 핵심 기능은 별도 서비스들로 만들어 서비스 계층으로 구성하고 단일 애플리케이션 서버 환경에서 실행합니다. 이 서비스들과 시스템의 나머지 부분들은 모두 ESB를 사용해서 통합합니다. API 게이트웨이는 SOA 구현의 가장 바깥쪽에 위치하여 비즈니스 기능들을 제어하고 관리할 수 있도록 해줍니다.

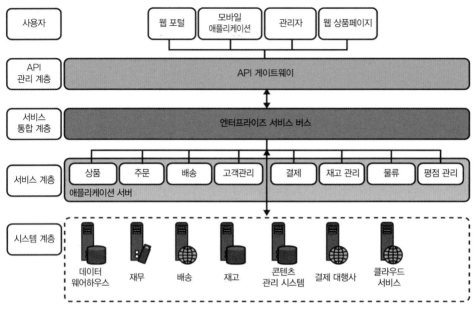

그림 1-1 ESB와 API 관리 기능을 사용한 SOA 기반 온라인 쇼핑몰 애플리케이션 구조

많은 엔터프라이즈 솔루션이 이러한 구조를 채택했으며 아직도 많은 수의 엔터프라이즈 소프트웨어가 SOA에 기반하여 설계되고 만들어지고 있습니다. 하지만 SOA 역시 그 근본적인 복잡성과 한계 때문에 제공하는 소프트웨어 애플리케이션 개발 시 민첩성을 떨어트립니다. SOA 구조로 만든 소프트웨어는 독립적으로 크기를 조절하기 힘들고, 애플리케이션 내부의 의존성 때문에 제공하는 서비스들을 독립적으로 개발하고 배포하기 어렵습니다. 게다가 중앙 집중화 애플리케이션 형태여서 신뢰성이 떨어질 뿐만 아니라 애플리케이션 개발 시 서로 다른 다양한 기술을 사용하기가 어렵습니다.

반면 마이크로서비스 아키텍처는 좀 더 잘 만들어진 비즈니스 중심적 서비스를 도입하고 ESB와 같은 중앙화 컴포넌트들을 제거함으로써 SOA의 한계를 뛰어넘었습니다. 마이크로서비스 아키텍처에서 소프트웨어 애플리케이션은 비즈니스 핵심 기능을 구현한 독립적인 서비스들로 구성됩니다. 각각의 서비스들은 개별 팀에서 독립적으로 개발하고 배포하고 관리할 수 있습니다. 각 서비스를 나누는 정도는 2장에서 살펴볼 '~주도 설계 패러다임' 같은 애플리케이션 콘셉트에 따라 결정합니다.

SOA/ESB 기반 온라인 쇼핑몰 애플리케이션은 [그림 1-2]와 같은 마이크로서비스 아키텍처로 바꿀 수 있습니다. 여기에서는 나중에 살펴볼 도메인 주소 설계 방법에 따라 설계 과정에서 파악한 비즈니스 기능별로 마이크로서비스를 만들고 ESB와 같은 중앙 집중형 통합 계층 구조를 제거하였습니다.

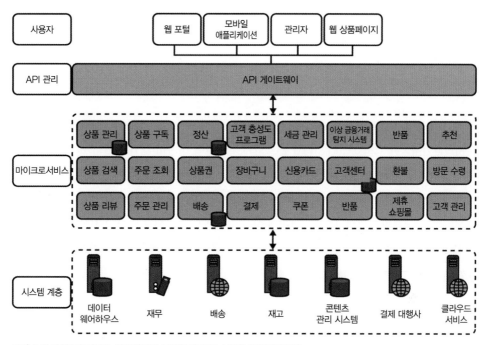

그림 1-2 마이크로서비스 아키텍처로 구현한 온라인 쇼핑몰 애플리케이션

서비스를 통합하기 위해 마이크로서비스 아키텍처에서는 ESB 계층을 사용하는 대신 각각의 마이크로서비스가 다른 마이크로서비스와 내부에서 알아서 통신하도록 만듭니다. 이런 통신 기능은 각 마이크로서비스가 제공하는 비즈니스 기능을 구현하는 데 꼭 필요합니다. 그래서 마이크로서비스 아키텍처를 일컬어 잘 정의된 엔드포인트smart endpoint들을 단순한 연결 수단dumb pipe으로 연결하였다고도 표현합니다.[1] 마이크로서비스는 또한 외부의 시스템과 연결하거나 또

---

1 이 표현은 마틴 파울러(Martin Fowler)가 쓴 'Smart Endpoints and Dumb Pipes(https://oreil.ly/3sY6G)'에서 확인할 수 있습니다.

는 다른 시스템에서 사용할 수 있는 파사드facade라고 불리는 간단한 인터페이스를 제공하기도 합니다.

마이크로서비스는 데이터베이스를 함께 사용하지 않으며 외부에서는 오직 서비스 인터페이스를 통해서만 데이터에 접근할 수 있습니다. 각각의 마이크로서비스는 탄력성과 보안성 등 수많은 기본 요건을 충족시킬 수 있는 서비스 간 통신 기능과 비즈니스 로직을 구현해야만 합니다.

클라우드 네이티브 애플리케이션이 마이크로서비스의 조합으로 만들어지는 것이다보니 마이크로서비스 아키텍처에 적용되는 대부분의 개념은 클라우드 네이티브에도 거의 동일하게 적용됩니다. 이 책에서는 따라서 마이크로서비스 아키텍처의 기본 원리와 대부분의 패턴을 다루어 볼 것입니다.

1.1.2 컨테이너와 컨테이너 오케스트레이션

마이크로서비스가 클라우드 네이티브 애플리케이션 설계 및 개발에서 중요한 역할을 맡고 있다면 패키징과 실행에서 컨테이너가 그만큼 중요한 역할을 담당하고 있습니다. 클라우드 네이티브 애플리케이션을 개발하는 경우 마이크로서비스는 컨테이너 이미지로 패키징하고 컨테이너 실행 환경에서 동작합니다. 이런 과정에 어떤 의미가 있는지 자세히 살펴보겠습니다.

컨테이너란?

컨테이너는 컨테이너 전용 파일 시스템을 통해 컨테이너 이미지를 제공받습니다. 컨테이너 이미지는 애플리케이션 코드와 의존성 라이브러리, 실행 환경 등 애플리케이션 실행에 필요한 모든 것을 가지고 있는 이진 데이터라고 할 수 있습니다. 컨테이너 이미지는 수정이 불가능하며 **컨테이너 레지스트리**container registry라는 스토어에 주로 보관됩니다. 컨테이너는 컨테이너 이미지를 통해 **컨테이너 인스턴스**container instance라고 불리는 프로세스를 만들어서 실행합니다. 컨테이너 인스턴스는 컨테이너 런타임 엔진에서 실행됩니다.

[그림 1-3]은 세 개의 마이크로서비스를 가상 머신virtual machine(VM) 환경에서 실행하는 것과 컨테이너 환경에서 실행하는 것의 차이점을 보여줍니다. 마이크로서비스를 컨테이너 형태로 실행하는 것은 기존의 VM 환경에서 실행하는 것과는 확연한 차이를 보입니다. VM은 **하이퍼 바이저**hypervisor를 통해 호스트의 CPU나 메모리 같은 컴퓨팅 자원을 사용하여 게스트 운영체제

guest operating system를 실행합니다. 반면 컨테이너는 컨테이너 런타임 엔진에서 실행하며 호스트의 커널과 프로세서, 메모리를 다른 컨테이너와 함께 사용합니다. VM에서 실행하는 것과 비교해 봤을 때 컨테이너에서 마이크로서비스를 실행하는 것이 더 가벼우면서도 분리된 프로세스 환경을 제공해 준다고 할 수 있습니다. 단적인 예로 VM에서 애플리케이션을 실행하면 수 분이 소요되지만 컨테이너로 실행하면 단 몇 초밖에 소요되지 않습니다. 현재 이런 컨테이너 환경을 제공하여 컨테이너 애플리케이션을 만들고 실행하고 관리하는 사실상의 표준 플랫폼은 도커 Docker라 할 수 있습니다.

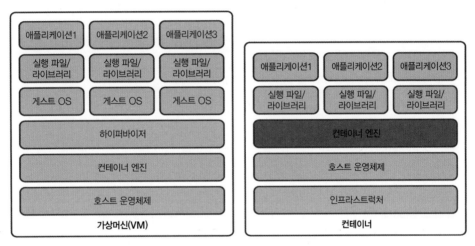

그림 1-3 VM 환경과 컨테이너 환경에서의 애플리케이션 실행 비교

마이크로서비스나 애플리케이션을 컨테이너 환경에서 실행할 수 있도록 만드는 것을 컨테이너화containerization라고 합니다. 컨테이너화를 통해 마이크로서비스를 좀 더 옮기기 쉽고 여러 환경에서도 동일하게 실행되도록 만들 수 있습니다. 컨테이너는 마이크로서비스를 캡슐화하여 독립적이고 자율적인 서비스로 만드는 핵심 기술입니다. 컨테이너화된 마이크로서비스는 다른 마이크로서비스를 전혀 방해하지 않고 다른 서비스로 대체되거나 업그레이드될 수 있습니다. 컨테이너 기술을 사용하면 VM에 비해 컴퓨팅 자원을 더 효율적으로 사용할 수 있으며, 실행에 필요한 런타임 환경을 더 작게 만들고 불필요한 실행 환경 설정 등을 제거할 수 있습니다. 또한 VM에 비해 훨씬 가볍다는 이점도 있습니다.

하지만 마이크로서비스를 컨테이너화해서 컨테이너 환경에서 실행하는 것은 클라우드 네이티브 애플리케이션의 라이프사이클 일부분에 불과합니다. 실행되는 컨테이너들은 어떻게 관리하고, 컨테이너들의 라이프사이클들은 어떻게 관리해야 할까요? 바로 이런 점들 때문에 컨테이너 오케스트레이션이 필요한 것입니다.

왜 컨테이너 오케스트레이션이 필요한가?

컨테이너 오케스트레이션container orchestration은 컨테이너의 라이프사이클을 관리하는 일종의 체계라고 할 수 있습니다. 클라우드 네이티브 애플리케이션을 운영할 때 각각의 컨테이너를 수동으로 직접 관리하는 것은 사실 불가능하다고 할 수 있습니다. 그렇기 때문에 컨테이너 오케스트레이션이 클라우드 네이티브 아키텍처에서 필수불가결한 요소인 것이죠.

컨테이너 오케스트레이션 시스템은 다음과 같은 핵심 기능을 제공합니다.

자동화된 프로비저닝(automatic provisioning)

자동으로 컨테이너 인스턴스를 생성하고 배포합니다.

고가용성(high availability)

컨테이너가 실행 도중 중단될 경우 자동으로 컨테이너 인스턴스를 다시 생성합니다.

크기 조절(scaling)

요구 조건에 따라 컨테이너 인스턴스 수를 늘리거나 줄여서 애플리케이션 크기를 조절합니다.

자원 관리(resource management)

컨테이너에 적절한 자원을 할당해줍니다.

서비스 인터페이스(service interface) 및 부하 분산(load balancing)

컨테이너를 외부 시스템에서도 접근할 수 있도록 만들어주며 시스템에 주어지는 부하를 컨테이너에 고루 분산합니다.

기저 네트워크 추상화(networking infrastructure abstraction)

오버레이overlay 네트워크를 제공하여 컨테이너 간 통신을 가능하게 합니다.

서비스 검색(service discovery)

서비스 이름으로 서비스를 찾을 수 있는 내장 기능을 제공합니다.

컨트롤 플레인(control plane)

컨테이너 시스템을 관리하고 모니터링할 수 있는 시스템을 제공합니다.

어피니티(affinity)

필요에 따라 컨테이너들을 가까이, 또는 서로 멀리 배치함으로써 가용성 또는 목표 성능을 달성할 수 있도록 합니다.

상태 모니터링(health monitoring)

오류나 실행 중단을 자동으로 탐지하고 스스로 복구할 수 있도록self-healing 만듭니다.

롤링 업그레이드(rolling upgrade)

시스템을 중단하지 않고도 컨테이너들을 점진적으로 업그레이드할 수 있습니다.

요소화 및 격리(componentization and isolation)

네임스페이스namespace와 같은 논리적 구분 방법을 제공하여 여러 애플리케이션 도메인을 요소화하고 서로 격리합니다.

이런 클라우드 네이티브 관점에서 보았을 때, 현재로서는 쿠버네티스Kubernetes가 표준 컨테이너 오케스트레이션 시스템이라 할 수 있습니다.

쿠버네티스

쿠버네티스는 자동화된 배포, 크기 조절, 장애 복구, 네트워크 등 컨테이너 관리에 필요한 수많은 기능들을 제공하여 컨테이너들을 쉽게 관리할 수 있는 추상화된 계층을 제공합니다. 쿠버네티스가 점점 더 많은 플랫폼이나 클라우드 벤더에 의해 채택되면서, 전세계적으로 사랑받는 컨테이너 관리 플랫폼이 되어가고 있습니다. 주요 클라우드 서비스 회사들은 모두 쿠버네티스를 서비스로 제공하고 있습니다.

쿠버네티스 환경에서 실행하도록 설계한 애플리케이션들은 쿠버네티스를 지원하는 클라우드 서비스 또는 온프레미스on-premise 데이터 센터에서 수정 없이 바로 실행할 수 있습니다. 물론 애플리케이션에서 사용하는 부하 분산 기법이나 네트워크 등의 기능이 특정 플랫폼 전용이라면 수정이 필요할 수도 있습니다. 쿠버네티스는 애플리케이션 워크로드workload를 이식이 쉽고 크기 조절이 자유로우며 확장이 쉽도록 만들어 줍니다. 어떻게 보면 애플리케이션을 설계하는 표준 플랫폼이기 때문에, 쿠버네티스의 기저에 있는 인프라스트럭쳐를 전혀 신경 쓸 필요가 없습니다. 쿠버네티스는 [그림 1-4]의 구조로 애플리케이션 구조를 표준화하고 컨테이너들을 관리합니다.

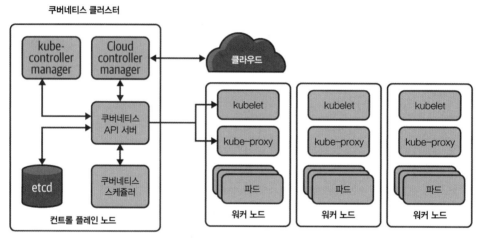

그림 1-4 쿠버네티스의 핵심 구성 요소

쿠버네티스 클러스터는 실제 물리적 서버 또는 가상 머신들로 노드를 구성합니다. 이 노드들 중 적어도 하나는 컨트롤 플레인 노드가 되어야 하며 그 외 여러 워커 노드로 구성합니다. 컨트롤 플레인 노드는 클러스터에 애플리케이션 인스턴스를 스케줄링하고 관리하는 역할을 맡습니다. 이렇게 쿠버네티스를 관리하는 노드를 쿠버네티스 컨트롤 플레인이라고 지칭합니다.

쿠버네티스 API 서버는 컨트롤 플레인 노드들과 워커 노드들 사이의 모든 통신을 도맡습니다. 특정 애플리케이션 워크로드가 워커 노드에서 실행되어야 하는 경우, 쿠버네티스 스케줄러kube-scheduler가 각 워커 노드의 가용 자원과 정책을 고려해서 워크로드에 적당한 노드를 지정합니다. 각 쿠버네티스 노드들에서는 노드 상태를 관리하는 **kubelet**이라는 에이전트가 실행됩니다. kubelet은 쿠버네티스 API 서버와 직접 통신해서 해야 할 일을 전달받고 현재 노드의 상태를 알려줍니다.

파드pod는 주어진 노드에서 실행되는 애플리케이션 실행 환경을 의미하는 가장 기본적인 배포 단위입니다. 하나의 파드에서 한 개 이상의 컨테이너를 실행할 수 있습니다. 각 파드는 쿠버네티스 클러스터 내에서 고유한 IP 주소를 할당받습니다.

쿠버네티스는 이 외에도 서비스나 디플로이먼트Deployment, 레플리카셋ReplicaSet과 같은 추상화 요소들로 애플리케이션 배포와 관리를 더 쉽게 만들어 줍니다. **서비스**는 여러 파드를 하나의 네트워크 서비스로 논리적으로 묶어줍니다. 이 서비스를 통해 여러 파드에 부하를 고루 분산할 수 있습니다. **레플리카셋**은 애플리케이션에서 지정한 파드 수를 정의하고 관리합니다. **디플로이먼트**는 애플리케이션에 대한 변경 사항을 처리하고 이를 레플리카셋 또는 파드에 반영합니다.

이런 모든 종류의 쿠버네티스 객체object는 YAML 또는 json 파일 형태로 명세할 수 있으며, 쿠버네티스 API 서버를 통해 쿠버네티스 컨트롤 플레인에 적용할 수 있습니다. 쿠버네티스에 대한 더 자세한 정보는 쿠버네티스 공식 문서(*https://kubernetes.io/ko/docs/home/*)에서 확인하실 수 있습니다.

서버리스

클라우드 네이티브 애플리케이션의 특정 마이크로서비스는 **서버리스**serverless 형태로 구현할 수 있습니다. 서버리스 형태로 구현한 마이크로서비스는 클라우드 인프라스트럭쳐상의 서버리스 플랫폼에서 동작하며, 서버리스 플랫폼은 필요한 관리 기능이나 네트워크, 탄력성, 확장성, 보안 등의 요소를 제공합니다. AWS 람다AWS Lambda나 애저 펑션Azure Function, 구글 클라우드 펑션Google Cloud Function이 이러한 서버리스 플랫폼에 해당합니다. 서버리스 플랫폼은 부하에 따라 자동으로 인스턴스 크기를 조절하며, 여러 프로그래밍 언어를 지원하고 탄력적인 네트워크, 보안성, 관측 가능성을 구현하기 위한 다양한 내장 기능을 제공합니다. 마이크로서비스 중에서 특정 시간에 부하가 몰리는 경우나 배치batch 작업을 처리하는 경우, 이벤트 주도event-driven 서비스를 처리하는 경우가 서버리스에 적합하다고 볼 수 있습니다.

서버리스 플랫폼을 사용하면 실제 애플리케이션 인스턴스는 컨테이너로 실행되지만 개발자들은 컨테이너로 실행된다는 사실을 알지 못합니다. 개발자들이 해야 할 일은 비즈니스 로직을 구현하고 서버리스 플랫폼에 이를 전달하는 것이 전부입니다. 서버리스 플랫폼은 이 코드를 관리 및 배포하고 실행하는 자세한 내용을 사용자나 개발자에게 전혀 알려주지 않습니다.

가상 머신

컨테이너 없이 마이크로서비스를 실행할 수도 있습니다. 클라우드 네이티브 애플리케이션을 반드시 컨테이너로 만들어야 하는 것은 아니지만, 컨테이너를 사용하지 않는 경우 VM에서 애플리케이션을 실행해야 하기 때문에 실행과 관리가 더 복잡해집니다. 이러한 이유로 클라우드 네이티브 아키텍처에서는 대부분 컨테이너와 컨테이너 오케스트레이션, 또는 서버리스와 같이 더 추상화된 기능을 사용합니다.

1.1.3 개발 라이프사이클을 자동화하기

클라우드 네이티브 애플리케이션을 배포할 때 무엇보다 중요한 것은 바로 민첩성, 속도, 그리고 안전성입니다. 이제 클라우드 네이티브 애플리케이션의 개발 라이프사이클을 훑어보고 각 단계를 자동화함으로써 이 목표들을 어떻게 달성할 수 있는지 알아보겠습니다.

클라우드 네이티브 애플리케이션에서 **자동화**automation란 개발 라이프사이클에서 수동으로 직접 하는 작업들을 자동화하는 것이라고 볼 수 있습니다. 통합 테스트integration test, 빌드, 릴리스release, 설정 관리, 인프라스트럭처 관리, 지속적 통합continuous integration (CI)과 지속적 전달/배포continuous delivery/deployment (CD)도 당연히 이에 포함됩니다. 아래 [그림 1-5]에서 클라우드 네이티브 애플리케이션 개발의 각 단계를 확인할 수 있습니다.

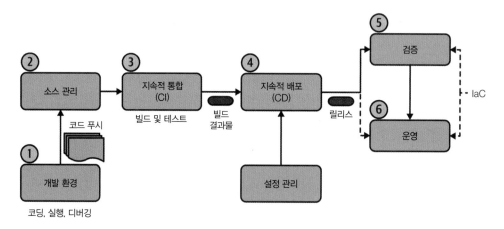

그림 1-5 클라우드 네이티브 애플리케이션의 개발 라이프사이클

개발 라이프사이클은 당연히 개발자가 코드를 작성하고 실행하고 디버깅한 다음 깃^{Git}과 같은 중앙 코드 관리 스토어에 변경점을 푸시^{push}하는 것으로 시작합니다. 코드를 푸시하면 **지속적 통합** 단계를 자동으로 시작합니다. 이 단계에서 코드를 빌드하고 테스트를 실행한 다음 문제가 없으면 애플리케이션을 바이너리 형태로 패키징합니다. 지속적 통합 도구는 변경된 코드에 대해서 애플리케이션을 빌드하고 자동으로 단위 테스트^{unit test}를 실행한 다음 발견한 오류들을 표시합니다.

빌드 결과물을 각기 다른 환경에 배포하는 상황에서 **지속적 배포** 단계가 등장합니다. 이 단계에서는 **설정 관리**^{configuration management} 도구를 통해 각 환경에 알맞게 빌드한 결과물을 골라서 해당 설정과 잘 맞는 환경에 배포합니다. 이 단계에서는 변경된 빌드 결과물을 운영 시스템에 배포하기 전 여러 테스트를 병렬로 실행할 수도 있습니다. 결과물을 운영 시스템에 적용하는 작업은 자동화할 수도 있고, 승인 과정을 거쳐 수동으로 진행할 수도 있습니다. 지속적 전달과 지속적 배포는 여기에서 차이가 생기는데, 승인 과정을 통해 수동으로 운영 시스템에 적용하는 것을 지속적 전달이라고 지칭합니다. 지속적 배포에서는 승인이나 수동 작업 없이 변경된 코드가 운영 시스템에 적용되는 전 과정이 전부 자동으로 이루어집니다.

개발이나 검증, 운영과 같이 배포 대상이 되는 각기 다른 실행 환경을 구성할 때 **코드형 인프라스트럭처**^{Infrastructure as Code}(IaC)를 주로 사용합니다. IaC에서는 네트워크나 가상 머신 등의 인프라스트럭처를 마치 애플리케이션의 소스 코드와 같이 정의하는 모델을 사용합니다. 이 모델을 사용하면 수동으로 인프라스트럭처를 구성하고 관리할 필요 없이 요구 조건을 명세하는 것만으로 필요한 환경을 계속 만들 수 있습니다. 따라서 개발 과정에서 요구하는 환경과 실행 환경의 일관성을 쉽고 빠르고 효율적으로 유지할 수 있으며 관리 부담도 줄어듭니다. 이런 측면에서 IaC 역시 지속적인 배포 환경에서 아주 중요한 부분이라 볼 수 있습니다.

일단 배포를 어디에 어떤 식으로 할 것인지 결정하고 나면, 쿠버네티스와 같은 플랫폼에서 **조정 루프**^{reconciliation loop}를 통해 배포 상태를 계속 관리할 수 있습니다. 여기에서 중요한 점은 사용자, 관리자 개입 없이 배포 상태를 알아서 관리하고 유지하는 것입니다. 예를 들어 특정 시점에 애플리케이션 인스턴스가 반드시 세 개가 유지되어야 한다고 명세하면, 쿠버네티스는 조정 루프를 거쳐 애플리케이션 인스턴스가 항상 세 개인지 확인하고 관리합니다.

1.1.4 동적 관리

클라우드 네이티브 애플리케이션을 운영 환경에 배포하고 나면, 애플리케이션이 어떻게 동작하는지 모니터링하고 관리해야 합니다. 클라우드 네이티브 애플리케이션은 아래와 같이 동적으로 관리해야 할 여덟 가지 핵심 기능들이 있습니다.

오토스케일링(autoscaling)

애플리케이션 인스턴스 크기나 수를 트래픽이나 부하 등에 따라 늘리거나 줄입니다.

고가용성(high availability)

오류나 실행 중단 등의 이상을 감지할 경우 현재 애플리케이션 인스턴스가 실행되고 있던 데이터 센터에 새로운 인스턴스를 만들거나 다른 데이터 센터로 트래픽을 보냅니다.

자원 최적화(resource optimization)

고정된 비용을 미리 지불하는 방식이 아닌, 실시간 요구에 따라 동적으로 크기를 조절하고 비용 등을 청구하는 방법으로 자원을 최적으로 사용합니다.

관측 가능성(observability)

로그, 메트릭metric등의 클라우드 네이티브 애플리케이션 정보를 중앙에서 수집하고 제공합니다.

서비스 품질(quality of service, QoS)

단말 간 보안end-to-end security, 스로틀링throttling, 규정 및 정책 준수compliancy, 버전 관리versioning를 지원합니다.

중앙 컨트롤 플레인(central control plane)

클라우드 네이티브 애플리케이션의 모든 부분을 관리할 수 있는 중앙화된 제어 방법을 제공합니다.

자원 프로비저닝(resource provisioning)

애플리케이션별 CPU, 메모리, 스토리지, 네트워크 등의 자원을 할당하고 관리합니다.

멀티클라우드 지원(multicloud support)

프라이빗, 퍼블릭, 하이브리드 등 여러 클라우드 환경에서 애플리케이션을 실행하고 관리할 수 있는 기능을 제공합니다. 특히 애플리케이션이 여러 클라우드 서비스 제공자들의 서비스 등을 필요로 하는 경우 이 기능이 중요합니다.

아마존 웹 서비스Amazon Web Services(AWS)나 마이크로소프트 애저Azure, 구글 클라우드 플랫폼 Google Cloud Platform(GCP)와 같이 유명한 클라우드 서비스 회사들은 이런 동적 기능 대부분을 제공합니다. 쿠버네티스와 같은 컨테이너 및 컨테이너 오케스트레이션 환경은 클라우드 네이티브 애플리케이션이 특정 클라우드 환경에 종속되지 않고 여러 환경에서 실행할 수 있도록 하는 중요한 역할을 맡고 있습니다.

1.2 클라우드 네이티브 애플리케이션 개발 방법론

클라우드 네이티브 애플리케이션 개발 과정에서는 지금껏 많이 사용해 왔던 익숙한 개발 방법이 아닌, 전혀 새로운 개발 방법론을 따라야 합니다. 몇몇 사람들은 클라우드 네이티브 애플리케이션 개발에서 Twelve-Factor app(*https://12factor.net/*) 개발 방법론이 최고라고 이야기해 왔습니다. 하지만 이 방법론은 현실적인 개발과 몇 가지 부분에서 잘 맞지 않았습니다. 클라우드 네이티브 애플리케이션의 개발 주기와 일치하지 않는 부분이 발견된 것이죠.

그래서 클라우드 네이티브 애플리케이션을 만드는 좀 더 완전하고 정형화된 방법론을 만들었습니다. 클라우드 네이티브 개발 주기를 몇 가지 단계로 나누고, 필요한 경우 기존의 개발 방법론을 차용하는 방식으로 만들었습니다. [그림 1-6]이 여기에서 만든 클라우드 네이티브 애플리케이션 개발 방법론을 단계별로 보여줍니다.

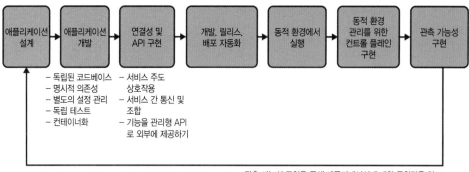

그림 1-6 클라우드 네이티브 애플리케이션 개발 방법론

각 단계를 자세히 살펴보도록 합시다.

1.2.1 애플리케이션 설계

마이크로서비스를 차용한 클라우드 네이티브 애플리케이션을 만들 때는 애플리케이션 개발에 곧바로 뛰어들 수 없습니다. 그 전에 구현해야 할 비즈니스 핵심 기능을 파악하고 애플리케이션을 설계해야만 합니다. 설계 과정에서 애플리케이션이 제공해야 할 비즈니스 핵심 기능과 아울러 애플리케이션이 사용할 서비스나 시스템 등 외부 의존성 관계 역시 정확하게 파악해야 합니다.

따라서 애플리케이션 설계 단계에서 비즈니스 기능들을 사용 사례별로 자세히 관찰하고 만들고자 하는 마이크로서비스를 정확히 파악해야 합니다. 클라우드 네이티브 애플리케이션의 설계 과정에서는 도메인 주도 설계domain-driven design(DDD) 방법을 쓸 수 있습니다. 도메인 주도 설계에서는 각각의 비즈니스 로직들을 추상화하고 개별 소프트웨어 구성 요소로 구성합니다. 도메인 주도 설계에 대한 자세한 내용은 에릭 에반스Eric Evans의 『도메인 주도 설계』(위키북스, 2011)을 참고하시기 바랍니다.

DDD는 우선 비즈니스가 어떤 분야인지를 파악하고, 해당 도메인 내에서 특정 도메인 모델을 적용할 수 있는 경계들을 나눕니다. 이를 **바운디드 컨텍스트**bounded context라고 부릅니다. 예를 들면 회사의 조직은 영업, 인사, 지원 조직 등으로 나눌 수 있는 것처럼 말이죠. 각각의 바운디드 컨텍스트는 애그리거트aggregate으로 나눌 수 있는데, 이는 단일 구성 단위로 다룰 수 있는 도메인 개체 클러스터domain object cluster입니다.

각각의 바운디드 컨텍스트는 마이크로서비스와 1:1로 대응할 수도, 아닐 수도 있습니다. 클라우드 네이티브 애플리케이션을 설계할 때는 일반적으로 바운디드 컨텍스트별로 서비스를 만들고, 설계를 진행하면서 점차 애그리거트 단위로 서비스를 더 잘게 쪼개는 경향이 있습니다. 애플리케이션에 대한 도메인 주도 설계가 끝나면 마이크로서비스를 정의함과 동시에 서비스들에 대한 정의 및 인터페이스, 그리고 통신 방식도 결정하게 됩니다.

1.2.2 애플리케이션 개발

개발 단계에서는 비즈니스 기능이 동작하는 방식에 기반하여 애플리케이션과 서비스 인터페이스들을 구현합니다. 이 절에서는 클라우드 네이티브 애플리케이션을 만들기 위한 개발 단계의 핵심 요소를 짚어봅니다.

독립 코드베이스

클라우드 네이티브 애플리케이션를 구성하는 각 마이크로서비스는 깃과 같은 버전 관리 시스템 기반 코드베이스를 가져야 합니다. 각 서비스를 하나 이상의 인스턴스 형태로 배포하고 실행합니다. [그림 1-7]과 같이 서비스들은 개발이나 검증, 운영과 같이 각기 다른 독립적인 환경에 배포하고 실행하지만 모두 같은 코드베이스를 사용합니다. 물론 각 환경에 따라 동일한 코드베이스의 다른 코드 버전을 사용할 수도 있습니다.

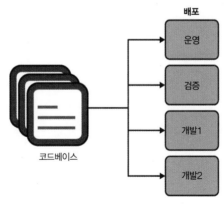

그림 1-7 단일 코드베이스로 서비스를 여러 환경에 배포

독립 코드베이스는 각 마이크로서비스의 라이프사이클이 시스템의 다른 부분과 완벽하게 독자적으로 진행될 수 있도록 합니다. 또한 각 서비스별로 필요한 라이브러리 등의 외부 의존성을 명시적으로 지정할 수도 있습니다.

명시적 의존성

마이크로서비스 코드 수준의 의존성은 반드시 명시적으로 선언해야 하며 다른 서비스들의 의존성과는 별도로 구분해서 관리해야 합니다. 마이크로서비스 코드의 일부분으로서 의존성들을 매니페스트^{manifest}로 선언하고 관리하고 사용해야 하며 그 외 명시적으로 선언하지 않는 시스템 수준의 라이브러리나 요소 등에는 절대 의존해서는 안 됩니다.

별도의 설정 관리

아시다시피 단일 코드베이스에 작성한 클라우드 네이티브 애플리케이션은 다양한 환경에 배포할 수 있습니다. 이는 마이크로서비스 관련 설정들이 마이크로서비스 코드와 완전히 별개로 존재해야만 가능합니다. 마이크로서비스의 코드는 환경에 전혀 영향을 받지 않으며, 설정은 배포하는 환경에 따라 각기 다릅니다.

독립 테스트

마이크로서비스는 그 기능을 스스로 검사할 수 있는 테스트를 코드에 포함해야 합니다. 이러한 테스트는 마이크로서비스의 개발 라이프사이클에서 필수이며, 일반적으로 빌드 및 배포 단계에서 마이크로서비스를 검증합니다. 각 마이크로서비스 내에서 스스로를 검증하는 것은 **단위 테스트**라고 지칭할 수 있습니다.

클라우드 네이티브 애플리케이션의 많은 마이크로서비스는 다른 마이크로서비스와 유기적으로 통신하고 동작하는 경우가 대부분이기 때문에 애플리케이션의 전반적인 기능을 검사하는 데 단위 테스트만으로는 충분하지 않습니다. 따라서 **통합 테스트**라고 불리는, 시스템 전반에 걸친 테스트 역시 필요합니다. 통합 테스트에서는 여러 마이크로서비스와 시스템을 한데 묶어서 마치 단위 테스트를 진행하는 것처럼 마이크로서비스들이 잘 연동하고 비즈니스 기능이 제대로 동작하는지 검사합니다. 마이크로서비스 테스트에 대한 세부 내용은 토비 클렘슨$^{Toby\ Clemson}$이 쓴 'Testing Strategies in a Microservice Architecture'(*https://oreil.ly/rKa6u*)에서 확인하실 수 있습니다.

컨테이너화

이전 단계까지 설명한 대부분의 내용은 마이크로서비스 각각을 컨테이너화하는 것으로도 설명할 수 있습니다. 클라우드 네이티브 애플리케이션을 만드는 데에 컨테이너화가 필수는 아니지만, 컨테이너화를 통해 대부분의 특성과 요구사항을 더 쉽게 구현할 수 있습니다.

클라우드 네이티브 애플리케이션의 모든 의존성과 실행 환경, 설정들을 한데 묶어서 단일 패키지로 만드는 것은 컨테이너화로 쉽게 끝낼 수 있습니다. 도커와 같은 기술을 사용한 컨테이너화는 마이크로서비스 코드를 **불변**immutable으로 만들어서 원하는 시점에 즉각 시작하거나 중지할 수 있으며 문제가 있는 인스턴스를 수정하거나 업그레이드하는 대신 그냥 버리는 것으로 해결할 수 있습니다. 이를 위해서는 마이크로서비스 자체가 빠르게 시작할 수 있고 종료하기 전 정리할 수 있는 기능을 제공해야 합니다. 이런 여러 가지 이유로, 마이크로서비스는 컨테이너 전용 프레임워크와 기술을 사용해야 가장 쉽게 컨테이너화할 수 있습니다. 예를 들어 애플리케이션의 구조적인 특성상 마이크로서비스를 아주 빠르게 시작할 수 없는 경우, 쿠버네티스와 같은 컨테이너 오케스트레이션 시스템을 사용해서 애플리케이션이나 서비스가 동작할 준비가 되었는지 확인하고 검사해서 사용자에게 상태 정보를 제공할 수도 있습니다.

마이크로서비스를 구현하면 다른 마이크로서비스와 연결하거나 외부 시스템에 API 형태로 비즈니스 기능을 제공해야 할 필요도 발생합니다. 이러한 연결성을 어떤 식으로 구현하는지, 다음 단계에서 계속 살펴보도록 하겠습니다.

1.2.3 연결성 및 구성, 그리고 API

클라우드 네이티브 애플리케이션에서는 구성 요소들을 분산 배포하며, 각각은 네트워크를 통해 연결됩니다. 애플리케이션을 여러 마이크로서비스로 구성하기 때문에, 내부 서비스 간 또는 외부 서비스와 연결하고 상호작용하는 일이 많습니다. 그런 이유로 서비스 간 연결성을 확보하고 API와 서비스 인터페이스를 잘 정의하는 것이 아주 중요합니다.

서비스 주도 상호작용

마이크로서비스와 애플리케이션은 자신의 기능을 **서비스**로 외부에 제공합니다. 마이크로서비스가 사용하는 외부 기능이나 자원들 역시 서비스 형태로 선언할 수 있습니다. 이런 유형의 서비스를 지원 서비스backing service라고 합니다.

서비스라는 개념은 추상화를 통해 마이크로서비스 간 상호작용을 더 쉽고 편하게 만들어 줍니다. 필요한 서비스를 동적으로 찾을 수도 있으며dynamic service discovery, 서비스 메타 정보를 스토어나 레지스트리registry에 보관할 수도 있습니다. 부하 분산과 같은 기능도 구현할 수 있습니다. 쿠버네티스와 같은 컨테이너 오케스트레이션 플랫폼이 서비스를 최상위로 추상화하는 것도 바로 이런 편리함 때문이죠. 클라우드 네이티브 애플리케이션을 마이크로서비스로 구성할 때, 이런 플랫폼에서는 각 서비스의 기능들을 플랫폼이 제공하는 서비스 추상화로 선언할 수 있습니다. 대표적인 예가 바로 쿠버네티스의 서비스 오브젝트service object입니다. 그 외 데이터베이스나 메시지 큐와 같이 애플리케이션에서 사용하는 외부 애플리케이션들 역시 서비스로 선언하고 네트워크를 통해 접근해서 사용할 수 있습니다.

서비스 간 통신 및 조합

내부 서비스 간, 또는 애플리케이션과 외부 서비스 간 상호작용은 클라우드 네이티브 애플리케이션의 필수 요소입니다. 이런 상호작용은 네트워크를 통해 다양한 통신 패턴과 프로토콜을 사용해서 이루어집니다. 여러 서비스를 연결하여 새로운 조합을 만들거나 이벤트 주도 생산자 및 소비자를 만들 수도 있습니다. 애플리케이션 수준의 보안, 회로 차단기circuit breaker 또는 타임아웃과 백오프backoff[2]를 가지는 재시도 기능과 같은 탄력적인 통신, 라우팅, 메트릭 수집 및 보고, 관측 가능성 수집 도구에 정보 전송과 같은 비즈니스 기능에 포함되지 않는 특정 기능들 역시 이런 서비스 간 상호작용의 일환으로 구현됩니다. 서비스 간 통신과 조합에 대한 더 자세한 내용은 2, 3, 5장에서 다룹니다.

서비스 개발자로서 서비스 개발에 필요한 이러한 기술 스택은 반드시 갖춰야 합니다. 탄력적인 통신과 같이 서비스의 비즈니스 로직과 직접적인 연관성은 없지만 유용한 기능들은 애플리케이션 자체에서 구현하기보다는 주로 애플리케이션이 실행되는 클라우드 서비스 환경에서 제공

---

2 옮긴이_ 백오프란 재시도 이전에 요청을 보내는 측에서 랜덤한 시간동안 기다리는 것을 의미합니다. 요청 실패 시 바로 재시도하는 경우 서비스를 제공하는 측에 큰 부하를 줄 수 있기 때문에 랜덤한 시간동안 대기하고 재시도 함으로써 여러 클라이언트로부터 요청이 몰리는 경우 시간에 따라 부하를 분산할 수 있는 장점이 있습니다.

하는 기능들로 구현합니다. 이런 개발 패턴은 다른 장에서 자세히 다루도록 하겠습니다.

관리형 API로 기능들을 외부에 제공하기

특정 기능의 경우, 서비스 개념을 더 확장해서 **관리형 API**managed API로 제공해야 할 수도 있습니다. 클라우드 네이티브 애플리케이션은 대개 기능 대부분을 내부 혹은 외부에 관리형 서비스나 API 형태로 제공합니다. API 게이트웨이와 API 관리와 컨트롤 플레인을 통해 보안, 스로틀링, 캐싱, 버전 관리, 제공하는 API로 수익을 창출하기 위한 과금 계산monetization, 개발자용 포털 생성 등과 같은 기능을 구현합니다.

API 게이트웨이는 제공하는 기능들에 접근할 수 있는 진입로 역할을 담당하고, 개발자 포털developer portal은 API를 둘러싼 생태계 조성에 꼭 필요한 기능입니다. API 관리는 외부뿐만 아니라 내부 서비스에도 적용됩니다. API 관리 기능은 쿠버네티스와 같은 컨테이너 오케스트레이션 플랫폼에 내장된 기능이 아니기 때문에, 별도의 API 관리 기술을 통해 마이크로서비스를 관리형 API로 제공해야 합니다.

1.2.4 개발, 릴리스, 배포 자동화

클라우드 네이티브 애플리케이션을 만드는 과정에서 개발, 릴리스, 배포 또는 전달 과정은 가능한 자동화해야 합니다. 테스팅, 코드 푸시, 빌드, 통합 테스트, 릴리스, 배포, 실행과 같은 클라우드 네이티브 애플리케이션의 많은 단계는 지속적 통합, 지속적 배포, IaC, 지속적 전달 기술 및 프레임워크를 통해 자동화할 수 있습니다.

> **NOTE_** 소프트웨어 애플리케이션의 지속적 전달 전략을 어떻게 수립할지 알고 싶으시다면 제즈 험블 Jez Humble과 데이비드 팔리David Farley가 쓴 『신뢰할 수 있는 소프트웨어 출시』(에이콘출판, 2013)을 참고하시기 바랍니다.

1.2.5 동적 환경에서 실행

클라우드 네이티브 애플리케이션을 실행하는 단계를 위해 이전 단계에서 실행할 환경에 맞춰 애플리케이션을 준비하고 설정할 수 있습니다. 여기서 핵심은 애플리케이션이 실행 환경과는 완전히 독립적이며, 개발이나 검증, 운영과 같은 다양한 환경에서 애플리케이션 코드 수정 없이 실행이 가능해야 한다는 점입니다. 컨테이너 형태로 애플리케이션을 배포한다면 실행 환경은 대개 컨테이너 오케스트레이션 플랫폼이 포함된 로컬 환경이나 퍼블릭, 하이브리드, 프라이빗 클라우드, 멀티 클라우드 환경일 것입니다.

컨테이너 오케스트레이션 플랫폼으로 많이 선택되는 쿠버네티스를 추상화된 범용 실행 환경으로 사용하면 멀티 클라우드를 포함한 여러 실행 환경에서 비슷한 방식으로 애플리케이션을 배포하고 실행할 수 있습니다. 컨테이너 프로비저닝, 자원 관리, 불변성, 오토스케일링과 같은 동적 환경의 특성들을 전부 쿠버네티스가 제공하는 기능만으로 구현할 수 있기 때문입니다. 그외 컨테이너 오케스트레이션 플랫폼은 대부분 동적 실행 환경과 관련된 기능들을 제공하기 때문에, 애플리케이션에서는 오토스케일링 등과 같이 애플리케이션이 반드시 사용해야 하는 기능들만 신경 쓰면 됩니다.

쿠버네티스와 같은 컨테이너 오케스트레이션 플랫폼은 기본적으로 애플리케이션을 스테이트리스 프로세스stateless process, 즉 애플리케이션의 상태를 관리하거나 저장하지 않는 프로세스로 간주하고 실행합니다. 만약 애플리케이션의 상태를 따로 저장하고 관리해야 한다면 애플리케이션 외부에 명시적으로 애플리케이션 상태를 저장할 수 있는 외부 스토어 등을 지정해서 컨테이너 라이프사이클과 애플리케이션 상태를 서로 분리해야 합니다. 로컬 데이터 센터나 프라이빗 클라우드 환경에서 클라우드 네이티브 애플리케이션을 실행할 경우에도 쿠버네티스를 사용할 수 있습니다. 물론 퍼블릭 클라우드 환경에 비해 컨테이너 오케스트레이션 플랫폼을 구성하고 관리하는 것이 더 복잡하긴 하지만요.

1.2.6 동적 환경 관리를 위한 컨트롤 플레인

이 단계에서는 애플리케이션이 실행될 동적 환경을 제어할 수 있는 중앙 관리 도구와 컨트롤 플레인을 사용합니다. 컨트롤 플레인은 애플리케이션을 실행하는 데브옵스DevOps와 애플리케이션을 개발하는 개발자들이 상호작용하는 주요 지점입니다. 클라우드 컨트롤 플레인은 대개

REST^representational state trasfer나 원격 프로시저 호출^remote procedure call API로 제공됩니다. 대부분의 클라우드 서비스 제공자들은 이런 컨트롤 플레인을 클라우드 서비스의 일환으로 제공합니다.

1.2.7 관측 가능성 및 모니터링

애플리케이션을 배포하고 실행한 다음에는 애플리케이션이 실제 어떻게 동작하는지 관찰합니다. 소프트웨어 애플리케이션 관점에서 **관측 가능성**이란 새로운 코드를 실행하지 않고도 애플리케이션의 상태를 이해하고 설명할 수 있는 능력을 뜻합니다. 트러블슈팅^troubleshooting, 트랜잭션^transaction 기록, 이상 징후 탐지, 비즈니스 패턴 식별, 애플리케이션에 대한 통찰력을 얻는 데 필수입니다.

관측 및 모니터링 단계에서는 클라우드 네이티브 애플리케이션의 핵심적인 관찰 기능들을 활성화해야 합니다. 이런 핵심 관찰 기능에는 로깅, 메트릭 수집, 추적, 서비스 가상화 등이 포함됩니다. 각각의 목적에 맞게 필요한 도구들을 개발해서 사용할 수도 있고, 클라우드 서비스 제공자들이 관리형 클라우드 서비스 형태로 만들어 놓은 도구들을 사용할 수도 있습니다. 애플리케이션 코드 수준에서는 별도의 에이전트 프로그램을 사용하거나 클라이언트 라이브러리를 도입해서 애플리케이션 코드를 수정하지 않고도 이런 정보들을 수집할 수 있습니다.

1.3 클라우드 네이티브 애플리케이션 디자인 패턴

지금까지 클라우드 네이티브 애플리케이션의 핵심적인 특성과 개발 방법론에 대해서 살펴보았습니다. 눈치채셨겠지만 클라우드 네이티브 애플리케이션은 기존의 방법론이나 기술, 소프트웨어 애플리케이션 구조와 아주 큰 차이를 보입니다.

이런 상황에서 기존에 소프트웨어 애플리케이션을 만드는 디자인 패턴을 그대로 적용할 수는 없는 노릇입니다. 몇몇 패턴은 적용이 힘들다고 알려졌으며, 또 다른 몇 가지 패턴은 변경 또는 조율을 통해 적용해 왔으며, 더 나아가서 클라우드 네이티브 아키텍처의 특징을 만족할 수 있는 새로운 패턴도 제시되고 있습니다. 이런 패턴들은 클라우드 네이티브 애플리케이션 개발 라이프사이클의 각 단계에 따로 적용할 수 있습니다. 클라우드 네이티브 애플리케이션을 만드는 업계에서는 애플리케이션 배포와 전달에 주로 집중하고 있지만 비즈니스 로직을 만들고 통신 패턴을 사용해서 클라우드 네이티브 애플리케이션을 연결하고 구성하는 부분은 별로 신경 쓰지 않는 경향이 있습니다.

이 책에서는 클라우드 네이티브 애플리케이션을 만들 때 사용할 수 있는 디자인 패턴을 중점적으로 살펴볼 것입니다. 이런 패턴들을 통해 클라우드 네이티브 애플리케이션의 비즈니스 로직을 구현하고 서비스들을 연결하며 외부 서비스가 비즈니스 기능들을 사용할 수 있는 방법을 제공하도록 만들 것입니다. 클라우드 네이티브 애플리케이션의 특성과 사용하는 패턴에 따라 배포 방법이나 크기 조절, 보안, 관측 가능성도 다른 방식으로 구현할 수 있습니다. 클라우드 네이티브 애플리케이션을 개발하는 관점에서 이러한 기능들이 어떤 의미를 가지는지 필요할 때마다 자세히 살펴보도록 하겠습니다.

이 장에서는 통신, 연결성과 조합, 데이터 관리, 이벤트 주도 아키텍처, 스트림 프로세싱, API 관리 및 사용이라는 여섯 가지 측면과 관련된 패턴들을 살펴보겠습니다.

1.3.1 통신 패턴

클라우드 네이티브 애플리케이션은 여러 마이크로서비스를 네트워크를 통해 구성하는 방식입니다. 클라우드 네이티브 **통신 패턴**communication pattern은 바로 이런 서비스들이 서로, 또는 외부 요소와 어떻게 통신하는지 그 방법을 지칭하는 말입니다.

만들고자 하는 비즈니스 기능별로 각 서비스는 데이터베이스나 메시지 브로커와 같은 외부 서비스나 시스템을 사용해야 할 수 있습니다. 애플리케이션과 외부 서비스 간의 상호작용을 구현하는 것은 클라우드 네이티브 애플리케이션 분야에서 흔하지만 여전히 까다롭고 복잡한 작업 중 하나입니다.

전통적인 서비스 간 통신 패턴이나 분산 컴퓨팅 분야에서의 기술들을 클라우드 네이티브 애플리케이션 개발 분야에 바로 적용하기란 쉽지 않습니다. 서비스를 자동으로 찾고 확장성을 보장하는 것과 같은 클라우드 네이티브 애플리케이션의 속성이나 비즈니스 기능 및 특성과 잘 맞는 통신 패턴을 찾는 것이 중요합니다.

클라우드 네이티브 애플리케이션 내부의 서비스 간 통신은 동기 또는 비동기 통신 패턴으로 구현합니다. **동기 통신**synchronous communication 방식은 요청–응답request-response나 RPC가 대표적입니다. **비동기 통신**asynchronous communication에서는 메시지 큐와 발행자–구독자publisher-subscriber (pub-sub) 방식을 많이 사용합니다. 애플리케이션 개발에서는 두 가지 방식을 모두 사용해서 서비스 상호작용을 구현하는 경우가 많습니다. 서비스 인터페이스 정의는 해당 서비스를 어떤 식으로 사용하는지를 알려주기 때문에, 어떤 통신 패턴을 사용할지 결정하는 데에도 중요한 역할을 맡습니다.

서비스 간 상호작용과 더불어 클라우드 네이티브 애플리케이션은 프런트엔드 클라이언트나 지원 서비스와 같은 외부 애플리케이션과도 통신하는 경우도 있습니다. 애플리케이션 개발자들은 이런 수 많은 동적 요소와 외부 서비스/시스템 간의 상호작용 또한 구현해야 합니다. 2장에서는 이런 통신 패턴을 구현 기술 및 프로토콜과 더불어 자세히 살펴봅니다.

1.3.2 연결성 및 조합 패턴

마이크로서비스 수가 늘어날수록 더 많은 서비스 간 통신이 생깁니다. 이런 내부 서비스 간 통신의 복잡도를 줄이기 위해 특정 기능이나 추상화를 도입해야 할 필요가 있습니다. 이런 맥락에서 **연결성과 조합 패턴**connectivity and composition pattern이 중요한 역할을 담당합니다.

연결성

서비스 간 통신이라는 관점에서 **연결성**은 서비스 간 믿을 수 있고 안전하며, 찾기 쉽고 관리가 편하며 관측 가능성이 뛰어난 통신 매체를 제공하는 것을 의미합니다. 예를 들어 어떤 한 서비스가 다른 서비스를 사용할 때 보안성이 뛰어나거나 혹은 접속이 불안정할 때 재접속을 지원하는 기능 등이 필요할 것입니다. 이런 기능성들은 애플리케이션의 비즈니스 로직과는 아무런 관계가 없지만 뛰어난 연결성을 제공하는 데는 필수입니다.

3장에서는 탄력적인 통신, 보안, 서비스 검색, 트래픽 라우팅, 서비스 간 통신의 관측 가능성을 제공할 수 있는 여러 패턴에 대해서 살펴봅니다. 또한 서비스 메시나 사이드카sidecar 아키텍처와 같은 서비스 간 연결성 구현 패턴들이 어떻게 이런 요구사항을 충족시키는지도 알아봅니다.

조합

클라우드 네이티브 애플리케이션에서는 여러 서비스나 시스템을 연결 또는 통합하여 새로운 서비스를 만들기도 합니다. 이렇게 만들어진 서비스를 **조합**composition, 또는 **조합 서비스**나 **통합**

서비스라고도 합니다.

이 장의 처음에서 설명한 바와 같이 서비스나 시스템들은 클라우드 네이티브 분야 이전에 SOA에서도 많이 사용했습니다. SOA에서 모든 서비스나 데이터, 시스템은 ESB로 통합합니다. 그래서 SOA에서 새로운 조합을 만들 때 ESB는 당연한 선택이 될 수밖에 없었습니다. EIP^{Enterprise Integration Pattern}라고 불리는 이 구조에서는 과도하게 많은 조합 패턴이 사용되기 일쑤였습니다.

클라우드 네이티브 분야에서는 이런 중앙화된 조합 계층이 없습니다. 대신 서비스 조합은 전부 서비스를 개발하는 과정에서 이루어집니다. 3장에서는 이런 관점에서 사용할 수 있는 조합 패턴들을 자세히 살펴보고 클라우드 네이티브 애플리케이션에 어떤 조합 패턴을 사용해야 하는지 알아보겠습니다.

1.3.3 데이터 관리 패턴

대부분의 클라우드 네이티브 애플리케이션은 데이터를 관리합니다. 애플리케이션의 상태나 서비스에 필요한 비즈니스 데이터를 저장하기 위한 영구 스토어로 데이터베이스를 주로 사용합니다. 클라우드 네이티브 애플리케이션은 아시다시피 기본적으로 분산 구조이기 때문에 데이터 관리 역시 중앙화된 방법이 아닌 분산 방식으로 이루어집니다.

전통적인 모놀리식 애플리케이션에서는 중앙화된 공유 데이터 스토어를 여러 애플리케이션이 함께 사용합니다. 클라우드 네이티브 애플리케이션에서는 각 마이크로서비스가 자신만의 데이터 스토어를 가지며, 다른 서비스나 외부 시스템 등은 오직 서비스 인터페이스를 통해서만 해당 데이터에 접근할 수 있습니다. 이렇게 데이터 관리를 분산하게 되면, 마이크로서비스 간 데이터를 공유하고 접근하고 동기화하는 것이 어려워진다는 문제도 있습니다. 그래서 클라우드 네이티브 애플리케이션 개발에서 데이터 관리 패턴이 무엇보다 중요합니다. 4장에서는 분산형 데이터 관리, 데이터 조합, 데이터 크기 조절, 데이터 스토어 구현, 트랜잭션 처리, 캐싱 등을 아우르는 다양한 데이터 관리 패턴에 대해서 알아보겠습니다.

1.3.4 이벤트 주도 아키텍처 패턴

클라우드 네이티브 통신 패턴에 대해서 설명할 때 서비스 간 통신 방법으로 비동기 메시징도 사용할 수 있다고 설명드린 바 있습니다. 비동기 통신은 이벤트 주도 클라우드 네이티브 애플리케이션의 근간이라고 할 수 있습니다. **이벤트 주도 아키텍처**event-driven architecture(EDA)는 애플리케이션 개발 분야에서 수십 년간 사랑받아 온 방식입니다. 클라우드 네이티브 애플리케이션 관점에서 EDA는 마이크로서비스를 독립적이고 자율적으로 동작할 수 있도록 만드는 중요한 역할을 담당합니다. 질의나 RPC를 통해 직접적으로 통신하는 동기 통신 기법에 비해, EDA는 마이크로서비스 간 상호작용을 좀 더 느슨하고 유연하게 만들어 줍니다.

5장에서는 EDA에 자주 사용하는 몇 가지 패턴들을 살펴보고 클라우드 네이티브 애플리케이션에 이를 어떻게 적용할 것인지 알아봅니다. 큐 기반, 또는 발행자—구독자와 같은 이벤트 전달 패턴이나 딜리버리 시맨틱delivery semantic, 신뢰성, 이벤트 스키마 등 클라우드 네이티브 EDA의 다양한 면모와 관련 구현 기술, 프로토콜도 함께 배워봅니다.

1.3.5 스트림 프로세싱 패턴

EDA에서는 한 번에 하나의 이벤트만 처리합니다. 바꿔 말하면 마이크로서비스에 구현한 비즈니스 로직이 한 번에 하나의 이벤트만 처리하도록 구현했다고도 할 수 있겠죠. 이벤트와 그 뒤의 이벤트는 아무런 상관관계가 없습니다. 반면 **스트림**stream은 서로 밀접한 관계를 가지며 시간에 따라 지속적으로 유입되는 일련의 이벤트나 데이터들이라고 할 수 있습니다. 이런 일련의 이벤트들은 애플리케이션이 현재 상태를 계속 저장하고 관리하면서stateful 처리해야 합니다. 이런 작업을 처리해야 하는 마이크로서비스는 그 상태를 저장하고 데이터를 효율적으로 처리해야 하며 동시에 확장성과 동시성을 만족해야 하기 때문에 일반적인 이벤트 주도 마이크로서비스와는 전혀 다른 방식으로 구현합니다. 그래서 6장에서 스트림 기반 클라우드 네이티브 패턴을 별도로 다룰 예정입니다.

이런 스트림을 생산하거나 처리하는 애플리케이션 로직을 일컬어 **스트림 프로세싱**stream processing이라고 합니다. 연속적인 데이터 스트림을 상태를 관리하면서 처리해야 하는 요구가 늘어나면서 클라우드 네이티브 애플리케이션에서 이런 스트림 기반 아키텍처를 사용하는 경우 역시 점점 늘어나고 있습니다.

1.3.6 API 관리 및 사용 패턴

일정 규모 이상의 클라우드 네이티브 아키텍처에서는 애플리케이션의 특정 비즈니스 기능들을 내부 혹은 외부 시스템에 제공하는 경우가 많습니다. 이런 경우 관리형 서비스나 관리형 API를 통해 외부 시스템이 이런 기능들을 사용하는 것을 제어하고, API 등을 통해 사용하고자 하는 기능을 쉽게 찾을 수 있게 만들고 피드백을 제공받을 수도 있습니다.

이런 기능은 대개 별도의 API 게이트웨이를 두어서 마치 애플리케이션에 접근할 수 있는 대문처럼 만드는 경우가 많습니다. API 게이트웨이는 일반적으로 관리 기능과 개발자 포털을 함께 제공합니다. 7장에서는 API 관리와 사용과 관련된 여러 가지 패턴에 대해서 알아봅니다.

지금까지 클라우드 네이티브 애플리케이션 개발의 핵심적인 개념에 대해서 살펴보았으니 이제 이런 개념들을 참조 모델에 적용해서 클라우드 네이티브 애플리케이션 아키텍처에 어떻게 써먹을 수 있는지 알아보겠습니다.

1.4 클라우드 네이티브 애플리케이션 참조 모델

클라우드 네이티브 애플리케이션 개발 과정에서는 다양한 개발 전략을 함께 사용합니다. 가장 흔하게 접할 수 있는 애플리케이션 구조와 개발 방법은 [그림 1-8]과 비슷할 것입니다. 이 참조 아키텍처에서는 여러 마이크로서비스가 다양한 통신 패턴으로 서로 연결되어 있습니다. 각 서비스는 고유의 데이터 또는 영구 스토어를 가지고 있으며 공유 또는 전용 이벤트 브로커 인프라스트럭처event broker infrastructure도 있습니다. 마이크로서비스 간 발생하는 상호작용은 구현할 수 있는 모든 종류의 통신 패턴을 보여줍니다. 각 통신 연결은 신뢰성이나 보안성, 라우팅 등과 연관된 다양한 연결성 패턴을 활용하여 구현할 수 있습니다.

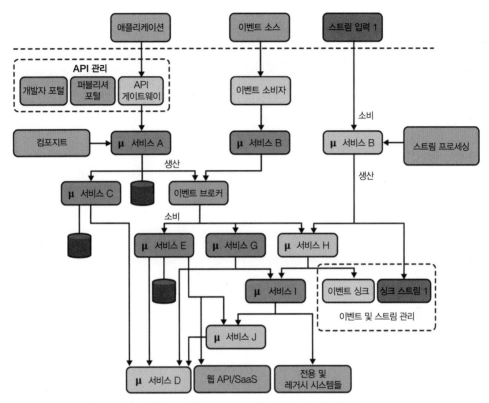

그림 1-8 API, 이벤트, 스트림을 활용한 클라우드 네이티브 애플리케이션의 일반적인 구조

마이크로서비스의 조합으로 여러 서비스를 만들어 냅니다. 서비스 A나 E, G가 그러한 예죠. 이런 서비스들은 다양한 조합 패턴으로 만들 수 있습니다. 애플리케이션의 비즈니스 기능들을 외부에 제공하고자 할 경우 API 관리 기법을 적용합니다. 애플리케이션 외부의 서비스나 시스템은 모두 API 게이트웨이를 통해 이런 기능들에 접근하고 사용할 수 있으며, API 관리 계층에서 이런 요소들을 관리할 수 있습니다. 이벤트 주도 아키텍처 기반 서비스들은 반드시 사용할 수 있는 이벤트 브로커가 애플리케이션 내부 어딘가에 있어야만 합니다. 간단한 이벤트 관리 인프라스트럭처를 둬서 여러 서비스가 브로커를 함께 사용하도록 할 수 있고, 아니면 서비스가 자신만 사용할 수 있는 전용 이벤트 브로커를 둘 수도 있습니다.

스트림 프로세싱 서비스 역시 비슷한 방식으로 동작하지만 스트림 프로세싱 로직 자체는 전혀 다른 패턴과 기술들을 사용해서 구현합니다. 이벤트 기반 서비스와 스트림 기반 서비스 둘 다 이벤트/스트림 생산자를 위한 이벤트/스트림 관리 기능을 제공합니다.

참조 모델을 처음 보면 굉장히 복잡해보이겠지만, 이 책의 나머지 부분을 따라가면서 다양한 패턴을 접하고 어떤 기술로 구현이 가능한지, 어떤 프로토콜을 사용할 수 있는지 알게 되면 그리 어렵지 않은 구조라는 것을 알게 될 것입니다.

1.5 마치며

클라우드 네이티브란 소프트웨어 애플리케이션을 민첩하고 믿을 수 있게 안전하게 만들고, 쉽게 배포할 수 있는 현대적인 아키텍처라고 할 수 있습니다. 클라우드 네이티브 환경에서 애플리케이션은 동적 환경에서 자율적으로 동작하고 크기 조절이 쉬우며 탄력적이고 관리 및 관측이 쉬운 비즈니스 기능 중심적인 서비스들을 느슨하게 연결한 구조입니다.

클라우드 네이티브 애플리케이션은 여러 마이크로서비스로 구성합니다. 각 마이크로서비스는 컨테이너로 패키징하며, 쿠버네티스와 같은 컨테이너 오케스트레이션 도구로 관리합니다. 각 마이크로서비스는 지속적 통합, 지속적 배포를 통해 자동화되고 여러 동적 환경에서 관리되고 모니터링합니다. 이런 클라우드 네이티브 아키텍처의 특성상, 애플리케이션의 설계부터 개발, 상호 연결성, API 관리, 동적 환경에서의 실행 및 관리를 아우를 수 있는 완전하고 새로운 개발 방법을 사용합니다.

클라우드 네이티브 애플리케이션 개발에 다양한 디자인 패턴을 적용할 수 있습니다. 이 책에서는 클라우드 네이티브 애플리케이션의 비즈니스 로직을 구현하고 서비스들을 연결하며 외부 시스템에 이런 기능들을 제공하는 방법을 구현할 수 있는 개발 패턴을 중점적으로 살펴봅니다. 개발 패턴은 통신, 연결성 및 조합, 데이터 관리, 이벤트 주도 아키텍처, 스트림 프로세싱, API 관리 및 사용 이라는 여섯 가지 주제로 나눠서 다룹니다. 다음 장에서는 클라우드 네이티브 통신 패턴에 대해서 자세히 알아봅니다.

CHAPTER 2

통신 패턴

클라우드 네이티브 애플리케이션은 여러 마이크로서비스와 외부 시스템을 내부 통신 기법을 사용해서 연결하고 구성하여 만들어집니다. 이런 마이크로서비스의 수가 급증하고 비즈니스 요구사항이 많아지면서 애플리케이션 내 마이크로서비스 간에 믿을 수 있고 단단한 통신 채널을 구현하기가 점점 더 어려워지고 있습니다.

이 장에서는 클라우드 네이티브 애플리케이션 개발에 사용하는 다양한 통신 패턴과 관련 구현 기술을 살펴봅니다. 이 패턴들은 마이크로서비스 간이나 외부 시스템과 애플리케이션 또는 모바일/웹 애플리케이션과 같이 애플리케이션 기능을 사용하는 다른 애플리케이션과의 통신 채널을 만들 때 사용할 수 있습니다. 특히 동기, 비동기 통신의 기본적인 통신 패턴에 대해서 알아보겠습니다.

동기 통신에서는 하나의 마이크로서비스가 다른 마이크로서비스의 기능을 호출하고 지정한 시간 내에 응답하기를 기대하는 식으로 동작합니다. 그래서 요청—응답나 원격 프로시저 호출와 같은 패턴을 사용합니다. 비동기 통신에서는 마이크로서비스가 전달하고자 하는 메시지를 메시지 브로커message broker와 같은 중간 매체를 통해 전달하고, 큐 기반 메시징이나 발행자—구독자와 같은 패턴을 사용합니다. 애플리케이션 개발에서는 어느 하나의 통신 방식만 사용하기보다는 다양한 통신 패턴을 한꺼번에 사용하는 경우가 대부분입니다.

기본적인 통신 패턴 외에도 클라우드 네이티브 애플리케이션의 마이크로서비스 각각 서비스 인터페이스를 어떻게 정의하는지 그 패턴들도 살펴봅니다. 마이크로서비스의 기능을 사용하는 다른 서비스나 애플리케이션은 이런 서비스 인터페이스를 통해 해당 서비스와 어떻게 상호작용하는지, 동기나 비동기 통신 패턴 중 어떤 방식을 사용해야 하는지 파악할 수 있습니다.

먼저 동기 메시징 패턴부터 살펴보겠습니다.

2.1 동기 메시징 패턴

마이크로서비스는 하나 이상의 다른 마이크로서비스가 제공하는 기능들을 호출하고 지정된 시간 내에 응답을 받는 식으로 비즈니스 기능을 구현할 수 있습니다. 이런 방식으로 동작하는 마이크로서비스들에 **동기 메시징 패턴**synchronous messaging pattern을 적용할 수 있습니다. 동기 메시징 패턴에서는 마이크로서비스가 자신이 사용하는 다른 마이크로서비스와 의존 관계를 가지게 됩니다. 예를 들어 온라인 쇼핑몰 애플리케이션을 만든다고 가정해볼 때 검색 서비스를 제공하는 마이크로서비스는 사용자가 입력한 질의를 전달받아서 관련 마이크로서비스나 시스템이 제공하는 기능들을 호출하여 내용을 찾은 다음 사용자에게 그 결과를 전달해야 할 것입니다.

클라우드 네이티브 애플리케이션에 동기 통신을 구현할 때 여러 가지 메시징 패턴을 사용할 수 있지만 그중에서도 가장 자주 사용하는 요청–응답 패턴부터 살펴보겠습니다.

2.1.1 요청–응답 패턴

요청-응답 패턴request–response pattern은 클라우드 네이티브 애플리케이션에서 사용하는 통신 패턴 중 가장 많이 사용하는 패턴일 겁니다. 비단 클라우드 네이티브 애플리케이션뿐만 아니라 분산 컴퓨팅 분야 전반에 걸쳐 애용하는 방식입니다. 요청–응답 패턴에서는 통신에 참여하는 각 주체가 적절한 시간 내에 데이터를 서로 주고받아야 합니다.

어떻게 동작할까요

[그림 2-1]의 요청–응답 패턴에서 한 마이크로서비스(여기에서는 클라이언트 역할을 맡습니다)가 하나 이상의 다른 마이크로서비스나 시스템에 요청을 보내고 그 응답을 기다립니다. 클라이언트 애플리케이션의 비즈니스 로직은 응답이 올 때까지 동작을 멈추고 대기하며block 통신 채널은 클라이언트 애플리케이션이 응답을 받을 때까지 연결을 유지해야 합니다.

그림 2-1 요청–응답 패턴

요청–응답 패턴에서 클라이언트와 서버 애플리케이션(다른 마이크로서비스)은 우선 연결을 맺은 다음 동기 방식으로 데이터를 주고받습니다. 주고받는 데이터를 흔히 **메시지**라고 부릅니다. 서비스 간 연결이 맺어지면 클라이언트는 데이터에 대한 요청을 서버 측에 전달하고 응답이 올 때까지, 또는 **타임아웃**이라고 불리는 지정된 최대 시간까지 기다립니다. 이 패턴은 질의를 주고 결과를 받는 방식과 비슷하여 때때로는 질의 기반query-based 상호작용이라고 불리기도 합니다.

어떻게 사용할 수 있나요

요청–응답 패턴은 클라우드 네이티브 애플리케이션 내의 여러 비즈니스 기능 중 특히 즉각 데이터를 요청하고 바로 응답을 받아야 하는 곳에서 주로 사용합니다. 외부에 서비스 기능을 제공하는 경우 대부분 이 패턴으로 구현합니다. 기저 네트워크나 프로토콜에 영향을 받지 않기 때문에 주고받는 메시지 형식에 따라서 다양한 기술을 적용해 구현할 수 있다는 장점이 있습니다. 특히 HTTP와 RESTful 서비스를 사용하는 대부분의 마이크로서비스를 이 패턴으로 구현하는 데 이는 초창기 클라우드 네이티브 애플리케이션에서 가장 널리 사용된 방식이었습니다. 최근 사용하는 요청–응답 패턴은 초창기 패턴과는 그 사용 방법이나 요구사항이 많이 다릅니다. 이 장의 뒤에서 클라우드 네이티브 통신 패턴의 구현 기술을 살펴볼 때 이 내용을 더 자세히 알아보겠습니다.

고려해야 할 사항들

동기화된 요청–응답 패턴이 클라우드 네이티브 애플리케이션에서 가장 자주 사용하는 패턴이긴 하지만, 이 패턴을 많이 사용할수록 마이크로서비스 간의 의존성이 생긴다는 단점이 있습니다. 다른 서비스에 요청을 보내고 응답을 보낸다는 것은 해당 서비스가 다른 서비스에 묵시적인 의존성을 가진다는 뜻이 됩니다. 서비스 수가 많지 않으면 큰 문제가 되지 않겠지만 요청–응답 패턴으로 연결되는 서비스가 많아질수록 의존성 연결 고리는 기하급수적으로 늘어나고 복잡해집니다. 이렇게 연결이 복잡해지면 성능에 병목 현상이 있거나 오류가 발생하는 서비스들이 다른 서비스들에 영향을 미칠 가능성이 있습니다.

따라서 요청–응답 패턴은 반드시 외부 사용자나 시스템, 혹은 마이크로서비스 간에 서로 메시지를 계속 주고받는 방식으로 통신할 때만 사용하는 것이 좋습니다. 그 외의 경우에는 이 장의 나중에 살펴볼 비동기 통신 방법을 사용하는 것이 좋습니다. 애플리케이션 개발에서는 요청–응답 패턴과 다른 통신 패턴을 같이 사용하는 경우가 많습니다.

관련 패턴들

요청–응답 패턴은 다음 패턴들과 함께 사용하는 경우가 많습니다.

서비스 오케스트레이션 및 API 게이트웨이 패턴

이 패턴에서는 서비스들을 조합하고 관리형 API로 외부에 기능들을 제공할 때 요청–응답 방식을 많이 사용합니다.

요청–회신 패턴

요청–회신request-reply 패턴은 중간 매체를 통해 메시지 큐를 사용하는 것과 비슷한 효과를 냅니다.

지금까지 가장 많이 사용하는 요청–응답 패턴을 알아보았습니다. 이번에는 원격 프로시저 호출 패턴에 대해서 알아보겠습니다.

2.1.2 원격 프로시저 호출 패턴

원격 프로시저 호출(RPC) 패턴은 분산된 원격 애플리케이션의 프로시저를 마치 자기 자신의 프로시저처럼 호출하고 사용할 수 있게 하는 동기화 통신 패턴입니다. 특정 마이크로서비스가 자신의 비즈니스 로직을 함수처럼 만들고 다른 서비스가 이 함수를 호출함으로써 비즈니스 기능을 이용할 수 있습니다.

어떻게 동작할까요

RPC가 어떻게 동작하는지 이해하기 위해 온라인 쇼핑몰 애플리케이션에서 상품 세부 정보를 알려주는 마이크로서비스를 예로 들어보겠습니다. 서비스 기능을 원격 프로시저 호출 형태로 만들어서 외부의 클라이언트나 기타 애플리케이션이 마치 자신의 함수를 호출하는 것처럼 코드를 작성하고 사용할 수 있습니다. 기반이 되는 RPC 프레임워크가 네트워크를 통해 원격 메서드를 호출하는 복잡한 부분을 모두 알아서 처리하기 때문에 애플리케이션 개발자는 네트워크에서 어떤 식으로 통신이 이루어지는지 알 필요가 전혀 없습니다. RPC 패턴을 사용하면 서로 다른 프로그래밍 언어와 기술을 사용해서 클라이언트와 서버 애플리케이션을 만들 수도 있습니다.

[그림 2-2]를 보면 RPC가 어떻게 동작하는지 더 정확하게 알 수 있습니다. 서비스 개발자가 RPC 패턴을 적용할 때는 가장 먼저 사용자에게 제공할 원격 메서드에 대한 세부 정보와 서비스 이름, 이름 분석^{name resolution}[1], 서비스 간 정보를 교환하기 위해 사용하는 데이터 타입 등을 명세하는 **서비스 정의**부터 해야 합니다. 서비스에 대한 정의는 주로 인터페이스 정의 언어^{interface definition language}(IDL)를 사용해서 명세합니다.

RPC 패턴을 사용하면 서비스 정의를 통해 RPC 통신에 필요한 저수준 프로토콜을 처리해주는 클라이언트 측 코드와 서버 측 코드를 자동으로 만들 수 있습니다. 이렇게 생성되는 코드 컴포넌트를 서버 또는 클라이언트 **스터브**^{stub}라고 합니다. RPC 사용자 또는 마이크로서비스 비즈니스 로직 개발자는 사용하는 RPC 기술에 대한 세부 내용을 알 필요가 없습니다. 단지 스터브가 제공하는 추상화 계층을 사용해서 애플리케이션의 비즈니스 로직을 구현하는 데만 집중하면 됩니다.

---

1 옮긴이_ 이름 분석은 도메인 네임 서버 등을 통해서 서비스나 호스트의 간단한 이름을 FQDN(Fully Qualified Domain name)이나 IP 주소와 같이 접근 가능한 이름 또는 주소로 바꾸는 것을 의미합니다.

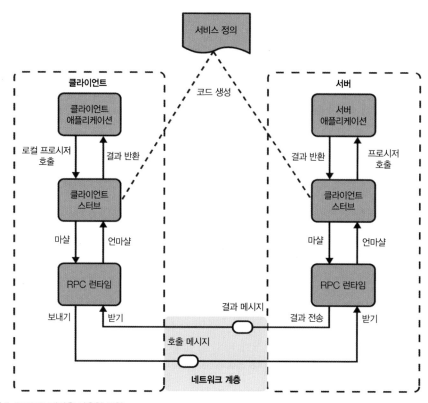

그림 2-2 RPC 패턴을 사용한 구현

클라이언트 애플리케이션은 필요한 함수 인자 값을 전달하여 클라이언트 스터브를 호출함으로써 RPC를 통해 원격 메서드를 호출할 수 있습니다. 클라이언트 스터브 자체는 클라이언트의 프로세스 또는 주소 공간 내에 존재하기 때문에 여기까지의 과정은 로컬 함수 호출입니다. 클라이언트 애플리케이션 내에서 원격 서비스와 통신하기 위해 사용하는 데이터 타입 역시 클라이언트 스터브 자체가 제공해줍니다. 클라이언트 스터브는 이 데이터를 직렬화serialization 또는 마샬링marshaling을 통해 원격 서비스 호출 정보를 이진 메시지로 인코딩하며, RPC 런타임 컴포넌트는 인코딩된 메시지를 기저 네트워크 전송 계층으로 전달하여 원격 서버 애플리케이션을 호출합니다.

서버 측에서는 먼저 네트워크 전송 계층이 메시지를 받아서 RPC 런타임으로 전달합니다. RPC 런타임은 전달된 메시지와 관련된 서버 스터브를 호출합니다. 이 과정에서 전송 제어 프로토콜 transmission control protocol(TCP)기반 요청—응답 메시지를 사용합니다. 서버 스터브는 이 메시지를 역직렬화deserialize또는 언마샬링unmarshaling을 통해 인코딩된 이진 메시지를 디코딩해서 호출해야 할 서버 프로시저와 데이터 타입, 그리고 인자 값들을 알아냅니다. 그리고 서버 측의 비즈니스 로직에 구현되어 있는 관련 서버 애플리케이션 원격 프로시저를 호출합니다.

서버 애플리케이션의 비즈니스 로직이 실행되고 나면 요구한 데이터를 반환하며 서버 스터브는 마샬링을 통해 이 데이터를 응답 메시지로 인코딩합니다. 그리고 서버는 RPC 런타임을 통해 이 메시지를 네트워크 전송 계층을 거쳐 클라이언트 애플리케이션 측으로 전송합니다. 서버 측과 비슷하게 클라이언트 스터브는 이 응답 메시지를 역직렬화하고 반환한 다음 클라이언트 애플리케이션의 실행을 계속합니다.

어떻게 사용할 수 있나요

클라우드 네이티브 애플리케이션 개발에서 거의 모든 마이크로서비스 간 통신에 RPC를 쓸 수 있습니다. 각 마이크로서비스는 RPC 애플리케이션으로 만들고, 비즈니스 기능을 외부에 원격 프로시저로 제공하는 것입니다.

수십 년간 CORBA Common Object Request Broker Architecture과 같은 수많은 RPC 기술을 분산 애플리케이션 개발에 사용해왔습니다. 대부분의 RPC 기술은 TCP 계층 바로 위에 만들어졌기 때문에 아주 복잡했습니다. 그래서 RESTful 서비스와 같은 기술이 각광 받음에 따라 기존의 RPC 기술들은 도태될 수밖에 없었습니다. 하지만 최근에는 gRPC와 같이 클라우드 네이티브 아키텍처에 적합한 새로운 RPC 패턴들이 나타나기 시작했습니다. gRPC는 기존 RPC 기술의 한계를 뛰어넘기 위해 HTTP2를 통신 프로토콜로 사용하여 기존의 부하 분산기와 같은 통신 컴포넌트를 그대로 사용할 수 있도록 만들었으며, 프로토콜 버퍼protocol buffer를 통해 더 효율적이면서도 타입 안정성type safety을 만족할 수 있는 데이터 직렬화를 지원합니다.

[그림 2-3]의 클라우드 네이티브 애플리케이션은 마이크로서비스 간 통신에 RPC 기반 통신 기법을 사용합니다. 이때 RPC 기술로는 gRPC를 사용합니다. RPC 기반 통신 방법은 내부 서비스끼리 서로 통신하는 경우에 적합한 통신 방법입니다.

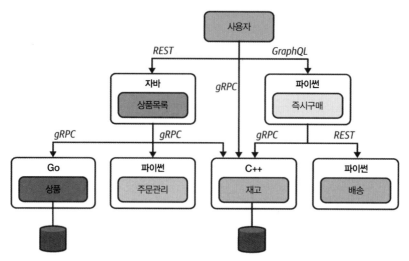

그림 2-3 gRPC로 마이크로서비스 간 통신을 구현한 애플리케이션

웹 서비스와 같이 외부에 제공하는 서비스를 gRPC로 구현하지 않을 이유는 특별히 없지만 대체로 RPC 기반 기술들은 웹 클라이언트에 대한 지원이 부족한 편입니다. gRPC는 현재 클라우드 네이티브 애플리케이션에서 가장 많이 사용하는 RPC 기술입니다. gRPC에 대한 자세한 내용은 이 장의 나중에 다루겠습니다.

고려해야 할 사항들

RPC는 마이크로서비스 간 통신 구현에 가장 단단하고도 효율적인 기술이라 할 수 있습니다. 서비스 간 동기 통신을 구현할 필요가 있을 때는 gRPC와 같은 클라우드 네이티브 RPC 기술을 사용할 것을 권합니다. 하지만 웹 또는 모바일 서비스와 같이 외부 사용자에게 노출되는 서비스의 경우는 RPC와 잘 맞지 않습니다. 이런 유형의 서비스에는 RESTful 및 JSON 같은 방법을 사용하는 것이 더 적합합니다.

관련 패턴들

RPC 기술과 관련 있는 패턴들은 다음과 같습니다.

서비스 조합 및 API 관리 패턴

이 패턴들을 구현할 때 기반 기술로 RPC를 자주 사용합니다. 자세한 내용은 3장과 7장에서 다룹니다.

요청–응답 패턴

RPC 대신 사용할 수 있는 패턴입니다.

2.1.3 동기 메시징 패턴 비교

[표 2-1]에 동기 메시징 패턴들을 언제 사용하면 좋고 언제 사용하면 안 되는지, 그리고 이점은 무엇이 있는지 정리했습니다.

표 2-1 동기 메시징 패턴

패턴	사용하면 좋은 경우	사용해서는 안 되는 경우	이점
요청–응답	• 실시간 응답이 필요한 서비스 • 서비스 사용이 자유로운 경우 • 다양한 이용 방식이나 사용자가 존재할 경우 • 외부 사용자에게 서비스를 노출해야 하는 경우	• 응답 속도가 빠르고 처리량이 많은 통신의 경우 • 서비스 간 통신에 엄격한 규격이나 약속이 필요한 경우	• 내외부 서비스 간 통신에 사용하기 좋은 가장 일반적이고 호환성이 뛰어난 통신 패턴
RPC	• 서비스 간 통신 속도 및 처리량이 매우 중요한 경우 • 서비스 구성을 위해 각 서비스 간 통신에 엄격한 규격 또는 약속이 필요한 경우 • 서비스가 사용하는 기저 통신 프로토콜과 비즈니스 로직을 완전히 독립적으로 유지하고 싶은 경우	• 웹이나 모바일과 같이 서비스가 다양한 종류의 애플리케이션과 상호 통신해야 하는 경우 • 서비스 이용이 자유롭고 유연해야 할 경우	• 효율적이고 타입 안정성을 보장할 수 있는 서비스 간 통신 패턴

2.2 비동기 메시징 패턴

비동기 통신 패턴에서는 하나의 마이크로서비스가 다른 서비스에 메시지를 전송할 때 즉각적인 응답을 기대하지 않습니다. 데이터를 전달받은 마이크로서비스는 응답을 전혀 하지 않을 수도, 아니면 별도의 큐와 같은 다른 통신 채널을 통해 비동기 응답을 보낼 수도 있습니다.

비동기 메시징 패턴에서 일어나는 마이크로서비스 간 통신은 **메시지 브로커**나 **이벤트 브로커** event broker라 불리는 제 3의 컴포넌트에 의해 이루어집니다. 브로커는 데이터 소스 또는 생산자 역할을 맡는 마이크로서비스로부터 메시지를 받아서 소비자에게 전달합니다. 소비자는 메시지 브로커에게서 받고자 하는 메시지들만 전달받을 수 있습니다.

> **NOTE_** 이 절에서는 비동기 메시징 패턴의 기초적인 내용만 다룹니다. 비동기 메시징 패턴의 자세한 내용은 5장에서 다룹니다.

클라우드 네이티브 애플리케이션에서 브로커는 최소한의 비즈니스 로직만으로도 뛰어난 메시징 인프라스트럭처를 제공할 수 있습니다. 마이크로서비스의 비즈니스 로직은 생산자와 소비자 각각에 구현하며 메시지 브로커 수준에서 비즈니스 로직을 구현할 필요는 없습니다. 메시징 인프라스트럭처로서 비즈니스 로직이 전혀 필요가 없기 때문에 브로커를 중앙화된 메시지 플랫폼으로 사용할 수 있습니다. 다시 말해 비동기 메시징 패턴을 구현할 때마다 새로운 브로커 런타임을 구축할 필요가 없다는 뜻이죠.

클라우드 네이티브 애플리케이션에 다양한 비동기 통신 패턴을 적용할 수 있습니다. 우선 단일 수신자 패턴부터 살펴보겠습니다.

2.2.1 단일 수신자 패턴

단일 수신자 패턴single-receiver pattern에서는 하나의 마이크로서비스가 메시징 인프라스트럭처를 통해 단 하나의 마이크로서비스 혹은 시스템에만 메시지를 전달합니다. 이렇게 전송하는 메시지를 일반적으로 **명령**command이라고 부르는데, 이 패턴에서는 단일 소비자에게 메시지를 전달하고 이 소비자는 메시지를 통해 요청한 작업을 처리하기 때문입니다. 예를 들어 온라인 쇼핑몰 시스템에서 주문을 처리하는 경우, 비동기 메시지를 메시지 브로커 큐에 집어넣으면 주문 처리 서비스가 이 메시지를 전달받아서 필요한 작업을 처리할 것입니다. 단일 생산자와 단일 소비자 사이에 정보 교환이 이루어지는 것이기 때문에 이런 패턴을 **점대점**point-to-point **비동기 메시징**이라고도 부릅니다.

어떻게 동작할까요

단일 수신자 패턴은 메시지 브로커의 큐에 메시지를 만들어서 집어넣는 것으로 시작합니다. 단일 소비자 서비스 또는 시스템은 큐에서 메시지를 가져와서 처리합니다. 생산자 서비스의 관심은 오직 메시지가 큐로 제대로 들어갔는지 여부입니다. 메시지가 언제 누구에게 전달되었는지는 신경 쓰지 않습니다.

생산자로부터 소비자에게 메시지를 전달할 때 메시지 큐를 사용하기 때문에 메시지를 순서대로 전달할 것을 보장합니다. 메시지 브로커는 브로커가 사용하는 통신 프로토콜의 일부로써 최소 1회 전달 등과 같은 메시지 전달을 보장합니다. 생산자와 소비자는 브로커가 제공하는 메시지 생성 또는 수신 후 응답 기능 등을 이용하여 메시지가 전달되었음을 보장받을 수 있습니다.

[그림 2-4]는 단일 수신자 패턴으로 온라인 쇼핑몰 애플리케이션 내의 마이크로서비스 간 통신을 구현한 것입니다. 즉시구매 서비스는 주문 메시지를 만들어서 메시지 브로커의 큐에 넣습니다. 주문관리 서비스는 큐에서 이 메시지를 가져와서 적절한 처리 작업을 수행합니다.

그림 2-4 단일 수신자 패턴으로 구현한 비동기 메시징 기반 명령

메시지를 생산할 때 즉시구매 서비스는 메시지가 큐에 제대로 전달되었는지 확인하고 싶을 것입니다. 이 경우 수신자 측인 주문 처리 서비스는 큐에서 메시지를 가져와서 처리한 다음 응답 메시지를 보낼 수 있습니다. 메시지 브로커의 큐는 단일 소비자에게만 메시지가 전달된다는 것을 보장해줍니다. 단일 수신자 패턴은 메시지가 전달되는 것을 보장해야 하는 경우 자주 사용합니다.

어떻게 사용할 수 있나요

단일 수신자 패턴은 다양한 종류의 메시지 브로커 애플리케이션을 사용할 수 있습니다. 메시지 형태나 의미는 비슷하지만 실제 기술이 구현된 방식은 브로커마다 다릅니다. AMQP^{Advanced} Message Queuing Protocol은 큐 기반 단일 소비자 메시징을 구현할 때 가장 널리 사용되는 프로토콜이라 볼 수 있습니다. 이 외 다른 형태의 단일 수신자 패턴은 5장에서 다룹니다.

메시지 브로커로 AMQP를 사용하면 생산자나 소비자 애플리케이션을 서로 다른 프로그래밍 언어로 구현하고 단일 소비자 패턴을 적용할 수 있습니다. RabbitMQ나 아파치 ActiveMQ, 아파치 ActiveMQ Artemis가 자주 사용하는 AMQP 메시지 브로커 애플리케이션입니다. 마이크로소프트 애저 서비스 버스와 같은 메시지 브로커의 경우 클라우드 서비스 형태로 제공되는 클라우드 기반 AMQP 메시징 솔루션입니다.

고려해야 할 사항들

큐 기반 단일 수신자 패턴은 종단간^{end-to-end} 메시지 전달을 보장해야 할 때 많이 사용합니다. 이 패턴을 구현할 때 사용하는 메시지 브로커는 클라우드 네이티브 애플리케이션의 신뢰성, 스케일러빌리티, 성능에 중요한 역할을 맡습니다. 그렇기에 애플리케이션의 요구사항에 잘 맞는 좋은 브로커 기술을 선택하는 것이 정말 중요합니다.

이 패턴을 구현할 때 사용할 수 있는 브로커 애플리케이션 중 대부분은 모놀리식 엔터프라이즈 미들웨어에 그 근간을 두고 있습니다. 이런 브로커들은 개발자들이 비즈니스 로직 중 상당 부분을 메시지 브로커에 구현하도록 만드는 경향이 있습니다. 이를테면 라우팅이나 필터링, 콘텐츠 내용에 따라 메시지를 전달하는 기능 등이죠. 클라우드 네이티브 애플리케이션에서 이런 기능을 사용할 때는 조심해야 합니다. 가급적이면 비즈니스 로직은 브로커 바깥에, 그러니까 마이크로서비스 안에서만 구현하는 것이 좋습니다.

관련 패턴들

최대 한 번 전달, 최소 한 번 전달과 같은 다양한 패턴을 단일 수신자 패턴에 기반하여 구현합니다. 파이어 앤 포겟^{fire and forget}과 같은 변형 패턴들은 메시지 브로커 없이 구현하는 경우도 있습니다. 이런 패턴들의 자세한 내용은 5장에서 살펴보겠습니다.

2.2.2 다중 수신자 패턴

단일 소비자 기반 비동기 메시징은 생산자가 메시지 브로커에 전달한 메시지를 오직 하나의 소비자만 사용하는 경우에만 쓸 수 있습니다. 만약 특정 이벤트에 관심 있는 여러 소비자에게 같은 메시지를 보내고 싶다면 어떻게 해야 할까요? 이런 경우 **다중 수신자**multiple-receiver 또는 **발행자-구독자** 패턴을 사용할 수 있습니다.

클라우드 네이티브 애플리케이션에서는 마이크로서비스가 특정 이벤트가 발생할 경우 비즈니스 로직을 실행하도록 만들거나, 다른 한 개 이상의 마이크로서비스에 이벤트가 발생했다는 사실을 알리도록 만드는 경우가 많습니다. 이런 상호작용이 필요한 경우 다중 수신자 패턴을 쓸 수 있습니다.

어떻게 동작할까요

다중 수신자 패턴에서 메시지는 하나 이상의 마이크로서비스 소비자에게 전달됩니다. 이런 방식의 비동기 메시지 전달을 지원하는 메시지 브로커나 이벤트 버스를 사용합니다. 어떤 마이크로서비스가 특정 **토픽**topic에 대한 메시지를 발행해서 이벤트 버스로 전달하면, 하나 이상의 마이크로서비스가 해당 토픽에 대해 구독하는 방식입니다. 메시지는 해당 토픽을 구독하는 모든 서비스에 비동기로 전달됩니다.

다중 수신자 패턴은 [그림 2-5]와 같이 이벤트 버스를 사용해서 구현합니다. 온라인 쇼핑몰을 다시 예로 들면, 상품관리 마이크로서비스가 특정 상품의 변동 가격을 반영하고 이를 '가격변동'이라는 토픽으로 메시지를 발행해서 전달합니다. 장바구니, 부정사용방지시스템fraud detection system(FDS), 상품구독과 같이 해당 토픽에 관심 있는 서비스들이 메시지를 전달받아서 적절한 작업을 수행합니다.

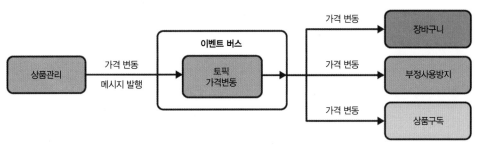

그림 2-5 다중 수신자 패턴으로 구현한 비동기 메시징 패턴

이벤트 버스는 메시지 생산, 구독과 같은 요청을 처리하고 구독자 서비스들에 메시지를 전달하는 책임을 맡고 있습니다. 이 패턴에서의 메시지 전달은 단일 수신자 패턴만큼 엄격하지는 않습니다. 대부분의 경우 이벤트 버스는 가능한 구독자들에게 메시지를 전달하기만 하면 됩니다. 구독자 서비스가 긴 시간 동안 동작하지 않아도 메시지를 전부 받도록 만들고 싶다면 이런 기능을 지원하는 이벤트 버스 솔루션을 사용해야 합니다. 메시지를 오랫동안 보관하고 전송할 수 있는 이벤트 버스의 경우 모든 구독자가 메시지를 전부 다 받을 때까지 메시지를 보관해야 하기 때문에 더 많은 부하가 가해집니다.

어떻게 사용할 수 있나요

다중 수신자 패턴은 발행자-구독자 메시징을 지원하는 메시지 브로커를 사용합니다. Active-MQ, RabbitMQ, 마이크로소프트 애저 서비스 버스와 같은 큐 기반 단일 수신자 패턴을 지원하는 일반적인 브로커들은 대부분 토픽 기반topic-based 메시징도 지원합니다. 아파치 카프카Apache Kafka나 NATSNeural Autonomic Transport System, 아마존 SNSAmazon Simple Notification Service, 마이크로소프트 애저 이벤트 그리드Azure Event Grid와 같은 이벤트 기반 다중 소비자 지원 모델들 역시 다중 수신자 패턴에 사용할 수 있는 이벤트 주도 메시징event-driven messaging을 지원합니다.

전송 기법의 경우 다중 수신자 패턴에서는 생산자가 만든 모든 이벤트를 영구 스토어persistent store에 저장하고 관리하는 영구 전송persistent delivery을 지원합니다. 그렇다고 이벤트가 모든 구독자 서비스에 전달된다고 보장하지는 않습니다. 대비를 하더라도 구독자에게 이벤트를 전달할 수 없는 상황이 발생할 수도 있기 때문이죠. 이런 방식은 '최소 한 번 전달'과 같은 요구사항이 필요한 경우 사용할 수 없습니다. 몇몇 브로커의 경우 **내구성 토픽**durable topic와 같은 개념을 통해 메시지 전송을 보장하기도 합니다. 내구성 토픽에서는 내구성 소비자들이 전달받은 메시지들을 모두 자체적으로 복사해서 가지고 있기 때문에 브로커는 모든 내구성 소비자에 대한 각 메시지별 인스턴스를 논리적으로 영구 보관합니다.

일반적으로 여러 소비자에게 동일한 메시지를 전달할 때 최소 한 번 전달과 같은 요구사항을 만족시키고자 할 경우 다중 소비자 패턴을 사용하기보다는 단일 수신자 패턴처럼 각 소비자별로 큐를 따로 두고 이 큐에 메시지를 전달하는 방식을 더 많이 사용합니다.

고려해야 할 사항들

이벤트 버스 컴포넌트가 여러 마이크로서비스가 사용하는 중앙화된 런타임 컴포넌트로 동작합니다. 다시 말하자면 다중 수신자 패턴에서는 여러 소비자가 하나의 브로커 인스턴스를 공유하는 것이죠. 그래서 메시지 속성 등을 통해서 메시지를 라우팅하는 등 브로커에 비즈니스 로직을 구현하는 것보다는 브로커가 최대한 비즈니스 로직과 독립적이게 유지하는 것이 무엇보다 중요합니다. 브로커는 메시징 인프라스트럭처로만 사용하는 것이 가장 좋습니다. 그러면 소비자가 메시지를 소비하는 방식을 더 자유롭게, 더 쉽게 구현하고 제어할 수 있습니다.

또한, 앞서 설명한 내구성 토픽이나 내구성 구독과 같은 특별한 메시지 전달 기법은 반드시 그런 기능이 필요할 때만 사용해야 합니다. 이벤트 버스 수준에서 구독과 메시지 전달에 대한 더 세세한 제어를 제공할 수도 있으며, 그 외에도 계층적 주체와 라우팅 규칙 등의 개념도 지원할 수 있기 때문입니다. 더 자세한 내용은 5장에서 다루겠습니다.

관련 패턴들

이벤트 주도 아키텍처는 다중 수신자 패턴을 핵심 기능으로 사용합니다. 5장에서 더 많은 다중 수신자 메시징 패턴 관련 내용을 알아보겠습니다.

2.2.3 비동기 요청–응답 패턴

지금까지는 비동기 통신이 마치 단방향one-way 메시징인 것처럼 이야기했습니다. 데이터를 보내고 응답을 기다리지 않는 것이죠. 하지만 어떤 경우에는 생산자가 브로커를 통해 소비자에게 메시지를 전송하고 다른 브로커 채널을 통해 응답을 받을 수도 있습니다. 이런 방식을 **비동기 요청-응답 패턴**이라고 합니다.

어떻게 동작할까요

비동기 요청–응답 패턴에서는 기본적으로 단일 수신자 패턴과 같은 메시징 모델을 사용합니다. 생산자 서비스는 메시지를 발행해서 메시지 브로커의 큐에 넣고, 소비자는 큐에서 메시지를 꺼내서 사용하는 것입니다. 전송하는 메시지 메타데이터에 메시지를 전송한 측에 응답을 보내달라는 요청사항과 어떻게 응답을 보낼 수 있는지를 지정할 수 있습니다. 소비자는 메시지를 생성한 생산자 측에 다른 메시지 브로커 채널로 응답 메시지를 생성해서 전달할 수 있습니다.

[그림 2-6]에서 생산자 서비스인 즉시구매는 메시지 브로커의 **요청 큐**^{request queue}를 통해 작업을 요청하는 메시지를 보냅니다. 응답을 보내달라고 요청해야 하니, 메시지에 생산자와 관련된 ID와 응답 채널 정보를 함께 보냅니다. 메시지를 큐에 전달하면 생산자는 생산한 메시지를 큐에 제대로 전달했다는 보장을 받습니다. 이 과정에서 응답 메시지에 대해서 신경 쓸 필요는 없습니다. 응답 메시지는 생산자에서 전혀 다른 방식으로 처리합니다. 생산자는 미리 정의해 둔 메시지 브로커의 다른 **응답 큐**^{response queue}(또는 **콜백 큐**^{callback queue})에 별도의 구독 요청을 보내서 응답 메시지를 받을 준비를 합니다.

소비자 측에서 메시지를 전달받아 처리하면 메시지 안에 응답 채널과 생산자 정보, 그리고 응답을 보낼 응답 또는 콜백 큐 정보를 확인할 수 있습니다. 현재 생산자 측에서 메시지를 기다리고 있으므로, 소비자가 응답 메시지를 만들어서 응답 큐에 전송하면 응답 메시지를 비동기로 처리하게 되는 것입니다.

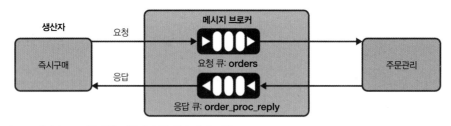

그림 2-6 메시지 브로커를 통한 비동기 요청-응답 패턴 구현

위 예제에서는 즉시구매 서비스가 주문ID와 응답 큐 이름(`order_proc_reply`)를 메시지에 넣어서 주문 처리를 요청합니다. 소비자인 주문 처리 서비스는 요청 주문을 처리한 다음 응답 메시지를 응답 큐에 전달합니다.

어떻게 사용할 수 있나요

비동기 요청-응답 패턴은 이전에 살펴본 응답-요청 패턴을 대체할 목적으로 사용하는 것이 아닙니다. 이 패턴은 특별한 목적이 있습니다. 바로 전달받은 비동기 메시지에 응답을 해달라는 비즈니스 데이터가 있다면 이 패턴을 쓰는 것입니다. 단일 수신자 패턴을 지원하는 대부분의 방법으로 비동기 요청-응답 패턴을 구현할 수 있습니다. RabbitMQ나 ActiveMQ, 마이크로소프트 애저 서비스 버스와 같은 브로커들로도 비동기 요청–응답 패턴을 구현할 수 있습니다. 이런 브로커들로 만들 수 있는 다른 패턴들은 5장에서 더 많이 살펴보겠습니다.

고려해야 할 사항들

요청–응답 패턴과 비슷하기 때문에 비동기 요청 응답 패턴이 더 신뢰할 수 있고 더 나은, 동기 요청–응답 메시징의 대체제라고 생각할 수 있습니다. 메시지 브로커의 큐를 사용하면 통신 참여자 사이의 메시지를 영구적으로 보관하고 관리할 수도 있기 때문이죠. 하지만 이 두 개의 패턴은 그 용도가 전혀 다르다는 점을 명심하시기 바랍니다. 비동기 요청–응답 패턴은 두 개의 단방향 메시지를 조합하는 것입니다. 요청과 응답 모두에 메시지 큐를 사용하기 때문에 성능이 떨어지고, 관련 메시지 처리에 추가적인 부하가 발생하기 때문에 이 패턴을 적용하기 전에 이러한 사항을 충분히 고민해보아야 합니다. 실제 구현에서는 다른 비동기 통신 패턴에 비해 자주 쓰이지 않습니다.

관련 패턴들

이 패턴은 사실 메시지 전송 방향이 서로 반대인 두 개의 비동기 단일 수신자 패턴을 조합한 것이라고 볼 수 있습니다. 그래서 단일 수신자 패턴에 적용할 수 있는 내용은 모두 이 패턴에 적용할 수 있습니다.

2.2.4 비동기 메시징 패턴 비교

[표 2–2]에서 비동기 메시징 패턴들에 대해서 비교해보았습니다.

표 2-2 비동기 메시징 패턴

패턴	사용하면 좋은 경우	사용해서는 안 되는 경우
단일 수신자	• 한 마이크로서비스가 다른 마이크로서비스에 비동기로 명령을 전송하는 경우 • 메시지를 순서대로 전송해야 하는 경우 • 메시지 전송을 보장받고 싶은 경우	• 최소 한 번 이상 전달과 같은 특별한 전송 규칙이 필요 없고, 효율적인 데이터 전송이 요구되는 경우
다중 수신자	• 하나 이상의 소비자가 같은 메시지나 이벤트에 관심이 있는 경우	• 메시지 전송을 보장해야 하는 대부분의 경우

패턴	사용하면 좋은 경우	사용해서는 안 되는 경우
비동기 요청–응답	• 요청과 응답 사이에 특별한 관계가 필요한 비동기 메시징 처리의 경우	• 동기 요청–응답 패턴 대신 신뢰할 수 있는 메시징 방식이 필요한 경우

2.3 서비스 정의 패턴

클라우드 네이티브 애플리케이션 간 통신 구현에서 고민해야 할 부분 중 하나는 바로 **서비스 정의**service definition입니다. 사용자에게 마이크로서비스 인터페이스를 어떻게 사용할 것인지 정의하는 부분이죠. 서비스를 정의하는 기술과 사용하는 방법은 서로 다릅니다. 우선 동기 통신에서 서비스 정의를 어떻게 하는지 살펴보겠습니다.

2.3.1 동기 통신에서의 서비스 정의

동기 통신을 사용하는 서비스의 경우, 서비스 정의는 **서비스 레지스트리**service registry라고 부르는 중앙화된 곳에서 이루어집니다. 다른 마이크로서비스 및 개발자들과 상호작용할 수 있는 일종의 메타데이터 스토어라고 볼 수 있습니다. 서비스 인터페이스는 HTTP 프로토콜을 이용한 RESTful 또는 gRPC와 같이 비동기 통신에 사용하는 프로토콜에 따라서 다양한 기술을 골라서 정의할 수 있습니다.

어떻게 동작할까요

서비스 정의는 소비자 또는 클라이언트가 원하는 서비스를 어떻게 사용할 것인지를 정의합니다. 사용자는 동기 통신이 이루어지는 서비스 간 통신 채널을 만들기 전 서비스 정의를 참조할 것입니다. [그림 2-7]에서도 볼 수 있듯 마이크로서비스는 자신의 서비스에 대한 정의를 서비스 레지스트리에 자동으로 발행하거나, 서비스 소유자 또는 개발자가 수동으로 서비스 정의를 작성해서 발행할 수도 있습니다. 사용자는 서비스 레지스트리에 접근해서 서비스 정의를 찾습니다. 이 과정을 **서비스 검색**이라고 합니다.

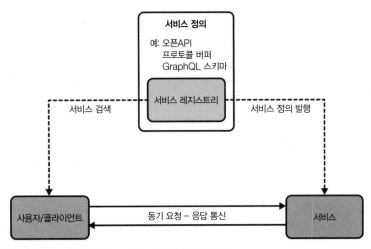

그림 2-7 서비스 레지스트리를 통한 서비스 정의 관리 및 서비스 검색

사용자가 찾아낸 서비스 정의는 클라이언트 애플리케이션을 만들거나 서비스와 통신할 수 있는 적절한 클라이언트 라이브러리를 생성할 때 사용합니다. 서비스 정의에는 서비스가 제공하는 인터페이스와 더불어 마이크로서비스와 클라이언트 사이에 주고받는 메시지 형식, 데이터 타입 스키마 정보가 포함되어 있습니다.

서비스 레지스트리는 서비스 정의를 저장하는 것 외에도 사용자 평점, 리뷰, 다양한 API 관련 요구사항을 만족하기 위한 부수적인 기능을 제공합니다. 서비스 레지스트리와 검색 패턴은 3장에서 더 자세하게 배워보겠습니다.

어떻게 사용할 수 있나요

서비스 레지스트리는 서비스 정의와 기타 메타데이터를 관리할 수 있는 API를 제공하는 메타데이터 스토어 형태로 구현하는 경우가 많습니다. 이런 형태로 사용할 수 있는 서비스 레지스트리로는 콘술Consul, etcd, 아파치 주키퍼Zookeeper를 들 수 있습니다. 대개 서비스 레지스트리는 중앙화된 컴포넌트로 배포해서 사용합니다. 더 자세한 내용은 3장에서 살펴보겠지만, 서비스 정의 패턴이라는 맥락에서 서비스 레지스트리는 간단히 서비스 메타데이터를 읽고 쓸 수 있는 메타데이터 스토어라고 정의할 수 있습니다.

서비스 정의 기술은 프로토콜별로 다양합니다. 예를 들어 RESTful 서비스는 오픈API를, gRPC는 프로토콜 버퍼를, GraphQL은 GraphQL 스키마를 사용해서 서비스 인터페이스를 정의합니다. gRPC와 같은 프로토콜은 서비스 정의가 반드시 있어야 하는 반면, REST와 같은 방식은 서비스 정의가 필수가 아니기도 합니다. 하지만 클라우드 네이티브 애플리케이션에서는 수많은 마이크로서비스가 상호작용을 해야 하는 만큼 검색하고 사용해야 하는 서비스 각각을 전부 서비스 정의로 만들고 서비스 레지스트리를 통해 원하는 서비스를 검색할 수 있도록 만드는 것이 좋습니다.

오픈API와 콘술을 사용해서 RESTful 서비스에 대한 서비스 정의 만들기

클라우드 네이티브 애플리케이션의 마이크로서비스가 제공하는 비즈니스 인터페이스는 오픈API와 같은 서비스 정의 명세 기술을 사용해서 정의할 수 있습니다. 만들어진 서비스 정의는 콘술과 같은 서비스 레지스트리에 저장하여 서비스 사용자가 서비스에 대한 메타데이터를 검색하고 사용할 수 있도록 합니다. 오픈API 정의를 사용하면 사용자는 코드를 생성하고 문서를 참조할 수 있으며 서비스 수준 협약service-level agreement이나 보안 스키마와 같은 정보를 얻을 수 있습니다. 콘술과 같은 서비스 레지스트리는 서비스 카탈로그처럼 서비스 메타데이터에 접근할 수 있는 일원화된 방법을 제공하고 서비스에 대한 정보를 검색하고 얻을 수 있도록 해줍니다.

고려해야 할 사항들

서비스 정의를 만들고 공유하는 방법은 클라우드 네이티브 애플리케이션을 만드는 전반에 걸친 거버넌스governance와 아주 밀접한 연관을 가집니다. 대개 서비스 정의는 중앙화된 서비스 레지스트리에 저장해서 마이크로서비스를 사용하고자 하는 모든 사용자가 서비스를 검색하고 사용할 수 있도록 합니다. 따라서 서비스 레지스트리는 오픈API 명세나 gRPC 서비스 정의, GraphQL 스키마 등 다양한 종류의 서비스 정의를 모두 다룰 수 있어야 합니다.

서비스 정의를 도입하면 마이크로서비스의 개발 라이프사이클이 변할 수도 있습니다. 서비스 정의를 사용한다면 마이크로서비스 구현에 필요한 코드를 서비스 정의를 통해 생성하거나 혹은 코드 검증을 서비스 정의에 기반해서 할 수도 있습니다. 이렇게 서비스를 구현하면 외부에 알려진 서비스 정의와 릴리스하는 마이크로서비스의 구현이 일치하는지 확인할 수 있습니다.

관련 패턴들

서비스 정의 패턴은 3장에서 살펴볼 서비스 레지스트리 및 검색 패턴과 밀접한 연관을 가집니다. 또한 이전에 살펴본 동기 요청–응답 또는 원격 프로시저 호출이나 7장에서 살펴볼 API 관리 패턴에도 서비스 정의 패턴을 적용할 수 있습니다.

2.3.2 비동기 통신에서의 서비스 정의

비동기 통신에서 생산자와 소비자가 주고받는 메시지는 **스키마**^{schema}를 사용해서 직렬화 또는 역직렬화해야 하는 데이터가 포함되어 있습니다. 이 스키마에는 통신에 참여하는 주체들이 주고받는 데이터를 정의하고 검증할 수 있는 정보가 담겨있습니다. 비동기 통신에서는 메시지 브로커나 이벤트 버스를 통해 비동기적으로 통신이 이루어지기 때문에 메시지를 생산하는 마이크로서비스와 메시지를 소비하는 서비스가 동일한 스키마를 사용해야 합니다. 동기 메시징의 경우와 비슷하게 비동기 통신에서도 생산자와 소비자는 중앙화 메타데이터 레지스트리에 스키마를 저장하고 사용합니다.

어떻게 동작할까요

비동기 통신 패턴에서는 생산자와 소비자 간 직접적인 연결이 만들어지지 않습니다. 그래서 특정 토픽에 관련된 아무 메시지나 발행하고 소비자가 알아서 이 메시지를 사용하도록 만들 수 있다고 생각하기 쉽습니다. 하지만 이는 현실과는 동떨어진 생각이죠.

마이크로서비스 간 신뢰할 수 있는 튼튼한 비동기 통신을 구현하려면 서비스 정의로 비동기 메시징을 만들고 사용할 때 필요한 명세를 만들어야 합니다. 이 서비스 정의에는 생산자와 소비자 간 서로 주고받는 메시지 유형 등도 포함됩니다. 이 외에 서비스 정의에 스키마 정의를 포함하는 경우도 많습니다.

마이크로서비스 간에 비동기 메시지 주도 통신 방식을 사용할 경우, 메시지 생산자는 스키마 레지스트리에 저장된 스키마로 생산한 메시지가 올바른지 검증한 다음 메시지 브로커의 큐에 메시지를 넣습니다. [그림 2–8]의 온라인 쇼핑몰 애플리케이션의 경우, 즉시구매 서비스는 주문 관련 메시지의 스키마 정보를 레지스트리의 주문 관련 서비스 정의에서 가져온 다음 이를 메시지 직렬화에 사용합니다. 스키마에 비교하여 메시지 검증에 실패한 경우, 생산자는 해당 메시지를 브로커에게 보낼 수 없습니다. 내부적으로 생산자는 스키마 레지스트리에 접근하여 스키마와 서비스 정의를 찾아서 메시지 유효성을 검증합니다.

메시지 소비자 역시 동일한 패턴을 따라서 레지스트리에서 서비스 정의에 기록된 스키마 정보를 가져온 다음 전달받은 메시지를 역직렬화합니다. 이 예시에서는 주문관리 서비스가 서비스 레지스트리에서 주문 스키마를 가져와서 사용합니다.

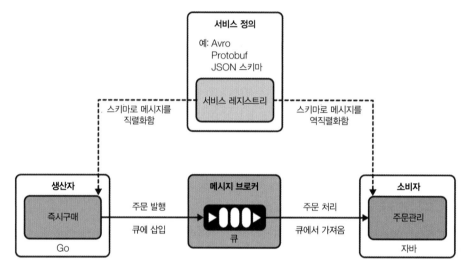

그림 2-8 서비스 정의 및 메시지에 대한 스키마 정보를 저장하는 서비스 레지스트리

보내거나 받는 데이터가 서로 일치하지 않는 경우, 이를테면 생산자에서 만든 메시지의 타입이 소비자 측에서 기대한 데이터 타입과 다른 경우 생산자가 메시지를 만들거나 소비자가 메시지를 사용하는 과정에서 메시지가 잘못되었다는 것을 알 수 있습니다.

스키마 기반 데이터 직렬화 및 역직렬화를 사용하면 비동기 메시징 기반 통신을 구현할 때 데이터 타입에 대한 메타데이터 양을 줄이고 메시지를 만들 때마다 필드 이름을 기입할 필요가 없다는 장점이 있습니다.

어떻게 사용할 수 있나요

초기 비동기 통신 구현에서는 스키마나 스키마 레지스트리를 많이 사용하지 않았습니다. 하지만 마이크로서비스 간 비동기 통신 사용이 증가함에 따라 생산자와 소비자 간 주고받는 메시지에 대한 규약을 명확하게 정의하고 사용할 필요성도 높아졌습니다. 이러한 이유로 수많은 메시지 브로커 솔루션이 메시지를 생산하고 소비하는 방법의 일환으로 스키마 레지스트리를 함께 지원하는 경우가 많아졌습니다.

동기 통신의 서비스 정의에서 사용하는 서비스 레지스트리와 마찬가지로 중앙화된 메타데이터 스토어를 사용할 수 있습니다. 또한 스키마 정의에 아파치 Avro, 프로토콜 버퍼, JSON 스키마와 같은 다양한 기술을 사용할 수도 있습니다. 사용하는 브로커 종류에 따라 스키마 정의 기술도 달라집니다. 예를 들어 아파치 카프카는 Avro를, 마이크로소프트 애저는 이벤트 허브 메시징 서비스에서 애저 스키마 레지스트리를 사용합니다. AsyncAPI와 같은 새로운 유형의 비동기 서비스 정의 기술을 사용하면 메시지에 대한 스키마뿐 아니라 서비스에 대한 모든 내용을 명세할 수도 있습니다.

이벤트 주도 아키텍처 애플리케이션의 경우 CloudEvents와 같은 솔루션을 통해 서비스 정의에서 이벤트를 설명하는 명세까지 다룰 수 있습니다. 이벤트를 정의하고 이벤트를 여러 마이크로서비스나 다른 시스템에 더 간단하게 전달할 수 있습니다. 이 기술은 5장에서 자세히 알아보겠습니다.

카프카 스키마 레지스트리를 사용한 스키마 정의

카프카 스키마 레지스트리를 사용하면 생산자와 소비자가 비동기 메시징에 사용하는 메시지에 대한 스키마를 저장하고 조회할 수 있기 때문에 메시지 생산자와 소비자를 통합할 수 있습니다. 카프카 스키마 레지스트리에는 Avro, JSON, 프로토콜 버퍼 형태의 스키마를 모두 저장할 수 있으며 생산자와 소비자 서비스는 메시지를 생산하거나 소비하는 과정에서 스키마 레지스트리에 접근해서 메시지를 스키마와 검증해볼 수 있습니다.

카프카 스키마 레지스트리는 스키마에 대한 버전 변경 내역을 관리해주며 카프카 클라이언트에 사용할 수 있는 직렬화 기능도 제공합니다. 이 기능을 사용하면 지원되는 형태로 카프카 메시지를 전송할 경우 해당 스키마를 저장하고 검색할 수 있습니다. 아마존 키네시스 Amazon Kinesis나 애저 이벤트 허브와 같은 클라우드 메시징 서비스 역시 스키마 레지스트리를 통한 통합 메시징 서비스를 제공합니다.

AsyncAPI로 서비스 정의하기

스키마 레지스트리는 생산자와 소비자 간 메시지에 대한 스키마 정보만 제공합니다. 생산자와 소비자 간 메시지의 다른 상세한 규약 정보 등은 다루지 않습니다. AsyncAPI는 생산자와 소비자 사이의 비동기 메시징에 필요한 서비스 규약 등에 대한 정의를 표준화합니다. 현재로서는 널리 사용되지 않고 있지만, 비동기 메시징 아키텍처에서 서비스 정의 표준 기술이 될 수 있는 훌륭한 특성을 많이 가지고 있습니다.

고려해야 할 사항들

대부분의 비동기 메시징은 스키마 기반 직렬화 및 역직렬화를 사용하기 않고 구현합니다. 이런 구현 방식은 생산자와 소비자 간 메시지나 데이터 타입의 불일치를 가져오는 경우가 많습니다. 또한 메시지를 보낼 때 함께 보내는 메타데이터 때문에 메시지 크기가 커지므로 비동기 통신의 성능을 좋지 않게 합니다. 클라우드 네이티브 애플리케이션에서 신뢰할 수 있고 안전한 비동기 메시징을 구현하기 위해서는 스키마를 사용하는 것이 좋습니다. 물론 생산자와 소비자 측에서 스키마에 기반해서 메시지를 검증하는 경우 모든 메시지가 검증 절차를 거쳐야 한다는 점에서 성능상 부하가 필연적으로 발생합니다. 또한 레지스트리에서 스키마 정보를 가져오는 등의 성능 병목을 피하기 위해서 별도의 캐싱 기법 등을 도입해야 할 수도 있습니다.

관련 패턴들

서비스 정의 패턴은 3장에서 설명할 서비스 레지스트리 및 검색 패턴과 밀접한 연관성을 가집니다. 이 패턴은 비동기 요청-응답 및 원격 프로시저 호출 패턴이나 7장에서 살펴볼 API 관리 패턴에 적용할 수 있습니다.

지금까지 클라우드 네이티브 애플리케이션 개발에 필요한 기본적인 통신 패턴을 살펴보았으니 패턴을 구현할 때 사용할 수 있는 기술들을 알아보도록 하겠습니다.

2.4 동기 메시징 패턴 구현에 사용할 수 있는 기술

요청—응답 패턴에서는 HTTP와 같은 다양한 프로토콜을 사용해서 각기 다른 데이터 표현 방법이나 마이크로서비스 간 데이터를 주고받는 기술을 구현할 수 있습니다.

2.4.1 RESTful 서비스

RESTful 서비스는 클라우드 네이티브 애플리케이션의 마이크로서비스에서 요청—응답 패턴을 구현하는 잘 알려진 방법입니다. RESTful 서비스는 REST 구조상에서 구현합니다. REST 모델은 네트워크상에서 서비스와 객체를 고유한 주소 형태, 즉 URI로 표현하는 방식을 사용합니다. 이를 **자원**resource이라고도 일컫습니다. 이런 자원은 객체의 타입, 연관 데이터, 다른 자원과의 관계, 자원을 사용할 수 있는 방법 등을 나타냅니다. 예를 들어 온라인 쇼핑몰 애플리케이션에서 '주문'은 생성이나 조회, 삭제 등 다양한 액션을 취할 수 있는 자원이라고 볼 수 있습니다. 클라이언트는 각 자원의 고유한 URI를 사용해서 접근 또는 요청을 보낼 수 있으며 각 자원은 이에 대한 응답으로 자원에 대한 데이터를 보내줍니다.

REST 스스로는 어떤 프로토콜을 사용해야 한다고 강제하지는 않지만 대부분의 경우 HTTP 프로토콜로 구현합니다. HTTP 프로토콜로 RESTful 자원에 접근하는 경우 URI는 각 자원을 구분할 수 있는 고유한 식별자로 사용하며 GET/PUT/DELETE/POST/HEAD와 같은 표준 HTTP 메서드를 사용해서 자원에 필요한 액션을 수행합니다. 즉, 모든 요청은 이런 HTTP 규약에 따라 보내야 합니다.

[그림 2-9]는 온라인 쇼핑몰 애플리케이션의 주문 서비스를 RESTful 서비스로 구현했을 때의 모습입니다.

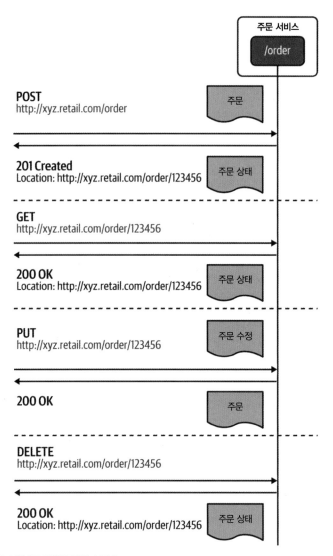

그림 2-9 RESTful 형태로 구현한 주문 서비스

여기에서는 주문을 하나의 자원으로 보고, 표준 HTTP 규약에 따라 해당 자원에 대해 요청을 보내고 있습니다. 요청과 응답 데이터 형태는 REST 구조와는 별개로 어떻게 구현하느냐에 따라 자세한 내용을 정합니다. 주로 JSON이나 XML, 그 외에 텍스트로 데이터를 나타낼 수 있는 형태를 주로 사용합니다. 위 예시에서는 주문을 생성하기 위해 주문 자원에 해당하는 URL로 HTTP POST 메시지를 전송할 수 있습니다. 그리고 HTTP GET, PUT, DELETE 메서드를 통해

각각 자원의 조회, 수정, 삭제를 요청할 수 있습니다.

2.4.2 GraphQL

GraphQL은 최근 유행하고 있는 요청–응답 패턴 구현 기술 중 하나입니다. RESTful 서비스와는 달리 GraphQL은 마이크로서비스에 대한 요청을 질의 형태로 보냅니다. 질의는 클라이언트가 알고자 하는 데이터를 나타내며 마이크로서비스는 가지고 있는 데이터와 비즈니스 로직을 통해 이 질의 내용을 만족하는 데이터를 응답 메시지로 보냅니다.

GraphQL에서는 어떤 데이터를 원하는지, 어떤 방식으로 할지, 어떤 데이터 형태가 필요한지를 클라이언트가 지정할 수 있습니다. RESTful 서비스에서는 반면 클라이언트가 응답 받을 메시지를 결정할 수 없습니다. GraphQL에서는 사용자와 서비스 간 상호작용에 주로 **질의**query와 **뮤테이션**mutation, **구독**subscription을 사용합니다. 클라이언트는 질의를 통해 서버에 원하는 데이터를 요청하며, 뮤테이션으로 서버에 있는 데이터의 수정을 요청합니다. 또한 GraphQL은 구독을 비동기 이벤트 주도 통신과 같은 다른 메시징 방식도 지원합니다.

[그림 2–10]은 GraphQL 마이크로서비스가 어떻게 동작하는지 보여줍니다. 그림에서 클라이언트는 GraphQL 질의를 통해 어떤 데이터를 받고 싶은지 마이크로서비스에 알려줍니다. 해당 질의에서 요청하는 데이터가 여러 마이크로서비스와 연관된다 하더라도 명시적으로 개별 마이크로서비스에 요청을 보내 데이터를 받을 필요가 없습니다. 그냥 하나의 GraphQL 질의를 보내면 됩니다. GraphQL 요청은 HTTP 프로토콜로 전송합니다. 아래 예시에서 GraphQL 질의 요청은 HTTP POST 메시지로 전송하며, 이때 바디body에 JSON으로 인코딩된 데이터를 전송할 수 있도록 콘텐츠 타입을 application/JSON으로 지정합니다. HTTP GET 방식을 사용할 경우 쿼리 파라미터query parameter를 사용할 수 있습니다.

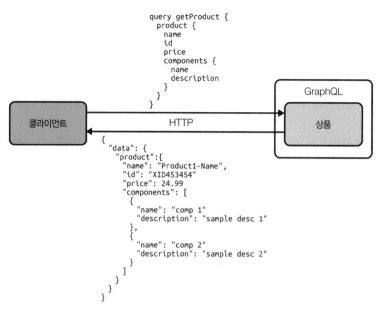

그림 2-10 GraphQL 서비스와 상호작용

GraphQL은 모바일 애플리케이션과 같은 소비자나 클라이언트에 바로 노출되는 마이크로서비스나 API, 또는 서버에 요청하는 데이터를 제어할 필요가 있는 경우 주로 사용합니다. 요청-응답 패턴과 더불어 GraphQL은 발행자-구독자와 같은 다른 메시징 패턴도 지원합니다.

REST 방식과 비교하였을 때 GraphQL은 필요 없는 데이터까지 받거나, 필요한 데이터를 충분히 받지 못해서 다른 마이크로서비스나 API에 추가로 요청을 보내는 경우가 없습니다. GraphQL을 사용하면 클라이언트가 원하는 데이터만 정확히, 단 한 번의 요청으로 받을 수 있습니다. 그 외에도 데이터 검증 및 타입 검사, 자세한 에러 처리, 하위 호환을 위한 버전 관리 등의 기능을 지원합니다.

2.4.3 웹 소켓

웹 소켓web socket 프로토콜로도 동기 요청-응답 패턴을 구현할 수 있습니다. 웹소켓은 간단히 말해 웹에서 TCP를 구현한 것이라 할 수 있습니다. 웹 소켓은 양방향 통신을 지원하며 한 번 연결하면 비동기 메시징이 가능하기 때문에 단순한 요청-응답 프로토콜에 비해 훨씬 강력합니다. 웹소켓은 단일 TCP 연결을 사용해서 양방향 통신이 가능하며 [그림 2-11]과 같이 HTTP

상에서 핸드셰이킹handshaking을 통해 연결을 만듭니다. 즉, HTTP를 지원하는 기존의 인프라스트럭처를 그대로 사용해서 핸드셰이킹하고 연결을 만들 수 있습니다. 일단 연결이 맺어지면 그 뒤에는 저수준 TCP 소켓처럼 동작합니다.

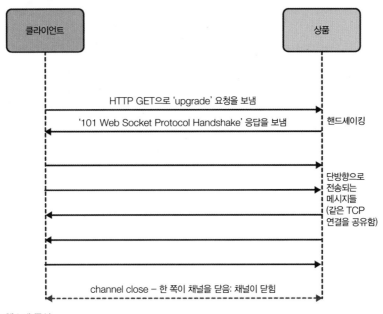

그림 2-11 웹소켓 통신

웹소켓은 특정 메시지 직렬화 포맷을 강요하지 않기 때문에 원하는 아무 메시지 포맷을 사용해도 됩니다. 웹소켓은 서버와 클라이언트 애플리케이션이 양방향 동기 요청-응답 통신을 해야 하는 경우 사용하는 것이 좋습니다.

2.4.4 gRPC

gRPC는 RPC 기반 통신 기술입니다. gRPC를 사용하면 제각각 서로 다른 마이크로서비스 간 연결을 마치 지역 함수 호출처럼 쉽게 만들 수 있습니다. gRPC는 기존 RPC 기술들의 한계를 극복하고 인터넷 규모의 서비스 간 통신 기술이 가능하도록 설계되었습니다. 프로토콜 버퍼라는 효율적인 이진 데이터 직렬화 포맷을 통해 클라이언트와 서버 애플리케이션이 데이터를 마샬링 또는 언마샬링하도록 해줍니다. gRPC는 HTTP2 프로토콜에 기반하여 구현되었기 때문에 상호 운용이 가능하고 효율적인 RPC 기술이 될 수 있었습니다. 아울러 여러 프로그래밍 언어에서 사용 가능한 라이브러리 등을 지원하기 때문에 다양한 언어로 클라우드 네이티브 애플리케이션을 구현할 수 있습니다. [그림 2-12]는 두 개의 마이크로서비스 간 통신을 gRPC로 구현하였을 때 어떻게 동작하는지를 보여줍니다.

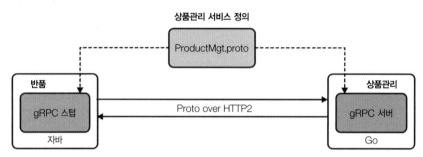

그림 2-12 gRPC로 구현한 마이크로서비스 간 통신

gRPC 애플리케이션의 첫 단계는 서비스 인터페이스를 정의하는 것입니다. 서비스 인터페이스는 사용자가 서비스를 어떻게 써야 하는지, 원격에서 사용자가 어떤 메서드를 호출해야 하는지, 메서드에 어떤 인자를 전달하고 어떤 메시지 포맷을 사용해야 하는지를 알려줍니다. gRPC는 프로토콜 버퍼를 통해 서비스 인터페이스를 정의합니다.

서비스 인터페이스를 사용해서 서버와 클라이언트 스터브를 만들 수 있습니다. 서비스 인터페이스 정의에 명세한 메서드를 사용해서 클라이언트가 원격 메서드를 마치 로컬 함수를 호출하듯 사용할 수 있습니다. 기저의 gRPC 프레임워크가 메서드 호출이 서비스 규약에 맞는지 검사하고 데이터를 직렬화하며 네트워크 연결, 인증, 접근 제어, 관측 가능성을 제공하는 등의 모든 복잡한 작업을 처리해줍니다.

gRPC와 비슷한 아파치 Thrift는 자체 인터페이스 정의 언어를 제공하며 폭 넓은 프로그래밍 언어를 지원합니다. gRPC는 프로토콜 버퍼만 사용하기 때문에 Thrift에 비해 좀 더 폐쇄적이지만 HTTP2를 잘 지원합니다. HTTP2상에 구현된 gRPC는 프로토콜의 기능을 십분 활용하여 효율적이며 스트리밍과 같은 메시징 패턴을 잘 지원할 수 있습니다.

2.4.5 동기 메시징 기술 비교

[표 2-3]에 지금까지 설명한 다양한 동기 메시징 기술을 비교해보았습니다.

표 2-3 동기 메시징 기술

동기 메시징 기술	사용해야 할 경우
RESTful	• 비즈니스 엔티니나 기능을 HTTP 자원과 동작과 같은 자원 지향 모델로 표현하는 것이 적합한 경우 • 웹 클라이언트 및 모바일 애플리케이션 등 다양한 클라이언트와 상호작용하는 서비스의 경우 • 클라이언트 요청에 따라 JSON, CSV, XML과 같은 다양한 콘텐츠 타입을 지원해야 하는 서비스의 경우 • 사람이 쉽게 읽고 이해할 수 있는 텍스트 기반 메시지 포맷을 사용해야 할 경우
GraphQL	• 클라이언트 측에서 어떤 데이터를 어떻게 원하는지, 어떤 데이터 포맷을 사용하는지 결정하도록 하고 싶은 경우 • 서비스 간 통신에서 유연하지만 잘 정의된 스키마를 사용하고 싶은 경우 • 서비스로부터 필요한 비즈니스 데이터를 더 적은 수의 요청으로 얻고 싶은 경우
gRPC	• 서비스 간 저지연, 고성능 통신이 필요한 경우 • 마이크로서비스 간 타입 안정성을 보장하는 믿을 수 있는 데이터 교환이 필요한 경우 • 클라이언트 혹은 서버 애플리케이션에서 스트리밍 처리가 필요한 경우
웹소켓	• 고유 데이터 포맷으로 양방향 메시징을 구현해야 하는 경우

2.5 비동기 메시징 패턴 구현 기술

이번에는 비동기 메시징 패턴 구현에 사용할 수 있는 기술들을 알아보겠습니다. 먼저 AMQP 부터 살펴보겠습니다.

2.5.1 AMQP

AMQP는 단일 수신자 메시징 패턴 구현에 가장 자주 쓰이는 프로토콜입니다. AMQP는 메시지 생산자, 브로커, 소비자 사이에 믿을 수 있는 통신을 제공합니다. 빠르고 신뢰할 수 있는 메시지 전송을 제공하며 생산자 및 소비자 서비스 측에서 메시지 확인acknowledgment도 가능합니다. 생산자가 메시지를 큐에 전달하면 브로커는 이에 대한 확인을 보내며 브로커가 메시지를 소비자에게 전달하면 소비자는 자동 또는 애플리케이션 코드로 메시지에 대한 확인을 보낼 수 있습니다. 메시지 확인 모드에서는 브로커가 메시지에 대한 확인을 받은 경우에만 해당 메시지를 큐에서 제거합니다.

AMQP는 프로그래밍 언어와 무관한 프로토콜이기 때문에 다양한 프로그래밍 언어와 프레임워크로 만들어진 여러 마이크로서비스 또는 애플리케이션 간 비동기 메시징 통신을 구현할 때 AMQP를 사용할 수 있습니다. 5장에서 AMQP를 사용한 다양한 패턴과 AMQP를 구현한 몇 가지 메시지 브로커에 대한 자세한 내용을 알아보겠습니다.

2.5.2 아파치 카프카

아파치 카프카 오픈소스 이벤트 버스/브로커로서 메시지나 이벤트를 분산 커밋^{commit} 로그로 관리합니다. 카프카는 메시지를 순서대로 내구성을 보장할 수 있도록 저장하며 여러 소비자가 각기 원하는 속도로 메시지를 읽을 수 있도록 해줍니다. 카프카는 설계부터 고가용성과 분산 이벤트를 지원하는 브로커를 지향하였기 때문에 생산자와 소비자가 메시지를 더 쉽게 제어할 수 있는 튼튼하고 믿을 수 있습니다. 또한, 효과적이며 크기 조절이 쉬운 메시징 인프라스트럭처를 제공합니다. 그래서 카프카는 서비스 로직에 아주 무거운 비즈니스 로직들이 구현되어 있는 클라우드 네이티브 애플리케이션의 비동기 통신 패턴을 구현하기에 적합합니다.

카프카는 이벤트를 전달한 뒤에 이벤트를 삭제하지 않기 때문에 이벤트 재생^{replay}이 가능합니다. 각 이벤트는 **순번**^{sequence number}을 가지고 있어서 메시지 소비자 측은 이 번호를 통해 메시지 스트림에서 일부만 선택해서 재생할 수도 있습니다. 카프카는 AMQP나 STOMP^{Streaming Text Oriented Messaging Protocol}, MQTT^{Message Queuing Telemetry Transport}와 같은 프로토콜을 지원하지 않고 이벤트 큐 시맨틱^{semantic}을 제공하지도 않습니다. 그럼에도 훌륭한 성능과 이벤트 전달을 보장한다는 특성 때문에 이벤트 주도 아키텍처에서 널리 사용하고 있습니다. 그리고 확장 기능으로 스트림 처리 시스템을 제공하기도 합니다.

2.5.3 NATS

NATS는 클라우드 네이티브 애플리케이션을 위해 만든 간단한 오픈소스 메시징 인프라스트럭처입니다. NATS은 개발자와 사용자가 쓰기 쉬우며 성능이 뛰어납니다. 또한, 고가용성을 보장하고 가벼운 메시징이 가능하며 여러 프로그래밍 언어를 지원합니다. 단일 수신자와 다중 수신자 패턴에서 사용하는 최소 한 번 이상 전달이나 최대 한 번 전달과 같은 메시지 전송 규칙을 지원합니다. 카프카와 마찬가지로 로그를 사용해서 이벤트를 저장하고 이벤트 순번을 통해 이벤트를 추적하고 관리하며 재생 기능 역시 제공합니다.

NATS 역시 ANQP나 STOMP, MQTT와 같은 프로토콜을 지원하지 않습니다. 하지만 태생적으로 도커나 쿠버네티스, 서비스 메시, 그 외 클라우드 네이티브 기술을 염두에 두고 만들어졌으며 가볍고, 확장성이 뛰어나기 때문에 클라우드 네이티브 분야에서 각광 받는 메시지 브로커가 되었습니다. 이벤트 스트리밍, 사물 인터넷Internet of Things(IoT)의 명령 및 제어 관리command-and-control management, 에지 시스템edge system도 지원합니다.

그 외 이벤트 주도 클라우드 네이티브 애플리케이션에서 사용할 수 있는 다른 비동기 메시징 기술은 5장에서 알아보겠습니다.

2.6 테스팅

클라우드 네이티브 애플리케이션에서는 여러 마이크로서비스가 각기 서로 다른 통신 패턴으로 협업하고 동작합니다. 이런 환경에서 애플리케이션에 대한 테스트 전략은 당연히 각 서비스가 사용하는 통신 패턴에 따라 달라지기 마련입니다.

동기 통신의 경우 테스트하고자 하는 서비스를 독립 실행한 다음 서비스 인터페이스에 대해 테스트를 수행할 수 있습니다. 테스트의 일환으로 서비스 인터페이스에 테스트 요청을 보내고 기대하는 응답이 오는지 검사하고 성능 지수나 에러 메시지 등을 추가로 확인할 수 있습니다. 서비스가 다른 여러 서비스 또는 시스템을 사용하는 경우 조합 서비스들에 대한 테스트를 진행하여 서비스 조합으로 만들어진 비즈니스 기능을 검사할 수 있습니다. 이렇게 서비스 조합에 대해서 테스트하는 것은 3장에서 자세히 살펴보겠습니다.

비동기 통신에 대한 테스트 전략은 동기 통신과는 확연히 다릅니다. 비동기 통신에서는 서비스에 그냥 요청을 보내고 응답 데이터를 검사하는 것만으로 테스트를 진행할 수는 없습니다. 가장 간단한 생산자 소비자 비동기 메시징 시나리오에서도 메시지를 만들어서 메시지 브로커의 큐에 전달하고 소비자가 특정 토픽을 구독해야 하며 메시지를 전달받은 소비자가 이를 처리해야 하기 때문입니다. 비동기 통신을 구성하는 모든 요소가 서로 의존성이 없기 때문에, 비동기 메시징 기능을 유닛 테스트로 검사하는 것은 정말 어렵습니다. 그래서 비동기 통신 시나리오는 세부 단계로 나누고 생산자 서비스가 필요한 메시지를 만들어서 브로커에게 제대로 전달하는지, 브로커에서 메시지를 전달받고 소비해서 메시지를 검사하는 식으로 테스트해야 합니다. 마찬가지로 소비자의 비즈니스 로직은 브로커로부터 동일한 메시지를 전달받아서 테스트할 수 있습니다.

이렇게 세분화해서 테스트하면 생산자와 소비자가 제대로 동작하는지 테스트할 수 있지만, 종단간 통신이라는 관점에서는 단일 환경에서 생산자와 소비자, 브로커를 한꺼번에 테스트해야 할 필요도 있습니다. 생산자와 소비자에게 필요한 설정에 따라 테스트 환경을 구성하고 테스트하는 것은 본질적으로 통합 테스트라고 할 수 있습니다. 이런 통합 테스트는 도커 컴포즈docker Compose나 쿠버네티스를 통해 자동화할 수 있습니다.

2.7 보안

어떤 애플리케이션이라도 안전한 통신 패턴 구현은 필수 사항입니다. 사용하는 통신 패턴에 따라서 클라우드 네이티브 애플리케이션을 안전하게 만드는 방법 역시 조금씩 다릅니다. 동기 메시징 패턴의 경우 TLS^{Transport Layer Security}로 마이크로서비스 간 통신 채널을 안전하게 합니다. RESTful이나 gRPC, GraphQL 등 모든 동기 메시징 기술에 TLS를 적용할 수 있습니다. 동기 메시징에는 또한 OAuth 2.0이나 JWT^{JSON Web Token}과 같은 사용자 인증 및 접근 관리 패턴과도 함께 쓸 수 있습니다.

비동기 메시징의 경우 동기 통신의 서비스 간 보안과 같은 개념이 적용되지 않습니다. 대신 생산자와 브로커, 브로커와 소비자 사이의 연결을 안전하게 만드는 것이 필요합니다. 생산자와 소비자를 인증하고, 브로커에 접근할 수 있는 곳을 TLS로 안전하게 만들어서 생산자와 소비자가 안전하게 메시지를 생산하고 소비할 수 있도록 합니다. 접근 제어 목록access control list (ACL)과 같은 기술을 통해 브로커에 인증된 생산자 또는 소비자만 접근할 수 있도록 합니다. 대부분의 브로커는 ACL 기능을 제공합니다. 이벤트 주도 및 스트리밍 아키텍처에서 고려해야 할 보안 사항은 5장과 6장에서 더 자세히 알아보겠습니다.

2.8 관측 가능성 및 모니터링

클라우드 네이티브 애플리케이션의 관측 가능성은 사용하는 통신 기술과는 다소 별개입니다. 간단하게 에이전트나 플러그인 등을 사용해서 애플리케이션 메트릭을 수집 및 추적하고 로그를 기록하며 서비스를 시각화할 수 있습니다. 기저의 관측 가능성 도구는 관측 가능성 관련 데이터를 수집하고 분석해보여주는 데에 초점을 맞춥니다.

이 장에서 설명한 모든 동기 통신 관련 기술은 이러한 관측 가능성 도구를 최우선으로 제공합니다. 이런 기술을 사용하면 클라우드 네이티브 애플리케이션 개발자들이 관측 가능성을 구현하기 위해 해야 할 일이 별로 없습니다. 비동기 통신의 경우 메시지 브로커와 같은 중개자가 있기 때문에 애플리케이션이 메시지 관련 ID를 추가로 입력해서 메시지 흐름을 추적하거나 하는 부수적인 작업이 필요합니다. 클라우드 네이티브 애플리케이션의 관측 가능성과 모니터링을 어떻게 구현하는지에 대한 자세한 설명은 이 책에서는 다루지 않습니다.

2.9 데브옵스

소프트웨어 개발과 IT 운영 간의 프로세스 자동화와 통합과 관련된 대부분의 플랫폼이나 도구들은 이 장에서 설명한 모든 통신 패턴과 문제없이 동작합니다. 특히 동기 통신 패턴은 대부분의 클라우드 서비스 회사에서 제공하는 쿠버네티스와 같은 플랫폼과 아주 잘 맞습니다. 비동기 통신 패턴의 경우 배포 방법, 워크로드 상태, 크기 조절이나 고가용성에 대한 요구사항이 동기 통신과는 매우 다릅니다. 예를 들어 쿠버네티스 클러스터상에서 메시지 브로커의 수를 조절하고자 하는 경우 상태를 저장할 수 있는 스토어를 제공하는 등의 추가 작업이 필요할 수 있습니다. 대부분의 비동기 메시징 솔루션은 데브옵스 작업을 더 쉽게 하거나, 또는 데브옵스 관련 작업이 클라우드 서비스 자체의 일부로 제공되도록 몇 가지 추상화를 제공합니다. 이런 추상화는 대표적으로 카프카나 RabbitMQ를 쿠버네티스 오퍼레이터operator 형태로 제공하는 것을 들 수 있습니다.

데브옵스는 클라우드 네이티브 애플리케이션에만 제대로 적용할 수 있습니다. 클라우드 네이티브 애플리케이션에 적용할 수 있는 다양한 애플리케이션 배포 전략과 데스옵스 패턴을 설명한 마틴 파울러의 'Software Delivery Guide'(*https://oreil.ly/NI0c6*)을 꼭 읽어보시길 바랍니다.

2.10 마치며

클라우드 네이티브 통신 패턴은 애플리케이션의 마이크로서비스가 다른 마이크로서비스 또는
외부 시스템과 통신할 때 적용할 수 있습니다. 마이크로서비스의 수가 증가하고 비즈니스 요구
사항이 점점 더 복잡해짐에 따라 클라우드 네이티브 애플리케이션을 구현할 때 여러 통신 패턴
을 사용하는 경우가 늘어나고 있습니다.

동기 통신 패턴에서는 클라이언트 또는 사용자 서비스/애플리케이션이 서비스를 요청하고 그
에 대한 응답을 주어진 시간 내에 받고자 합니다. 주로 요청—응답 또는 원격 프로시저 호출 패
턴을 사용합니다.

비동기 통신은 메시지 브로커나 이벤트 허브라고 불리는 중간 메시징 인프라스트럭처를 통해
생산자와 소비자 간 메시지를 전달합니다. 단일 수신자나 다중 수신자 패턴이 주로 사용하는
패턴입니다. 단일 수신자 패턴은 큐 기반 메시지 전달 기법을 사용해서 생산자와 단일 소비자
간 메시지를 순서대로 전달할 수 있는 신뢰성을 가진 방법입니다. 다중 수신자 패턴은 여러 소
비자가 같은 메시지를 한꺼번에 받아야 할 때 사용할 수 있습니다.

클라우드 네이티브 애플리케이션에서 서비스 정의 역시 사용하는 통신 패턴에서 중요한 역할
을 맡고 있습니다. 서비스 정의 기술은 사용하는 통신 프로토콜마다 천차만별이지만, 중앙화
된 서비스 레지스트리로 스키마를 관리하고 사용하는 것은 모든 통신 패턴에 비슷하게 적용됩
니다.

이 장에서는 클라우드 네이티브 애플리케이션의 기본적인 통신 패턴에 대해서 살펴보았습니
다. 다음 장에서는 클라우드 네이티브 애플리케이션의 마이크로서비스들을 어떻게 연결하고
서비스나 시스템들을 어떻게 조합하는지 알아보겠습니다.

CHAPTER 3

연결성 및 조합 패턴

클라우드 네이티브 애플리케이션은 본질적으로 여러 마이크로서비스가 내부 통신으로 연결되는 구조입니다. 클라우드 네이티브 애플리케이션을 만들게 되면 이런 서비스 간 연결을 만드는 것이 무엇보다 중요하며 이런 연결을 통해 여러 서비스를 조합하여 비즈니스 기능들을 만들고 제공할 수 있습니다.

이 장에서는 이렇게 마이크로서비스 간, 또는 마이크로서비스와 기존의 다른 시스템 간 연결성을 확보하는 다양한 패턴에 대해서 살펴보겠습니다. 또한 **서비스 조합**service composition 패턴을 통해 여러 서비스를 통합하여 새로운 비즈니스 기능을 만드는 법도 배워보겠습니다. 우선 클라우드 네이티브 애플리케이션의 연결성 조합부터 알아보겠습니다.

3.1 연결성 패턴

연결성 패턴connectivity pattern은 클라우드 네이티브 애플리케이션 내의 마이크로서비스 간, 혹은 마이크로서비스와 다른 시스템 간 연결성을 확보하는 방법입니다. 1장에서도 설명했다시피 클라우드 네이티브 애플리케이션은 여러 마이크로서비스로 구성되며 기존의 자산이나 레거시 시스템, SaaSSoftware-as-a-Service와 같은 외부 서비스, 데이터베이스, 메시징 인프라스트럭처 등 외부 시스템과도 연결될 수 있기 때문에 연결성 확보가 매우 중요합니다.

비즈니스 기능의 관점에서 볼 수 있는 연결성의 요구사항 이 외에도, 보안이나 관측 가능성, 신뢰성, 부하 분산과 같은 비즈니스 기능 외적인 요구사항도 있습니다. 인증 관리나 모니터링 도구와 같은 다른 시스템과 클라우드 네이티브 애플리케이션의 마이크로서비스들을 연결할 때 특히 이런 요구사항이 부각됩니다. 클라우드 네이티브 애플리케이션을 만들 때 이런 서비스들을 쉽고 매끄럽게 연결해서 사용할 수 있어야 합니다. 이 절에서는 마이크로서비스들과 다른 시스템들 간 연결성을 만드는 핵심 패턴들을 알아봅니다.

3.1.1 서비스 연결성 패턴

서비스 연결성 패턴은 고수준 조합 패턴입니다. 이 패턴으로 마이크로서비스들과 외부 시스템들을 어떤 형태로 구성하고 연결해서 애플리케이션을 구성하는지, 애플리케이션 사용자들에게 어떤 식으로 서비스 인터페이스를 제공하는지 명세할 수 있습니다.

어떻게 동작할까요

서비스 연결성 패턴은 마이크로서비스나 외부 시스템, 사용자에게 노출된 API 등과 같은 다양한 컴포넌트를 서로 연결할 수 있는 일관적인 방법을 제공합니다. 동기 또는 비동기 통신과 같은 하나 이상의 기본적인 통신 패턴으로 클라우드 네이티브 애플리케이션 내의 연결성을 만들어 냅니다. 애플리케이션의 백엔드에서 구현하는 모든 종류의 비즈니스 기능에 적용할 수 있습니다. 프런트엔드와 백엔드의 연결성에 대해서는 이 장의 후반에서 살펴보겠습니다.

[그림 3-1]은 다양한 통신 패턴으로 서비스 조합 패턴을 구현하는 방식을 나타냅니다. 서비스들은 데이터베이스나 메시지 브로커 등 다양한 시스템과 연결됩니다. 또한, 사용자에게 제공할 비즈니스 기능들은 API 게이트웨이를 사용해서 관리형 API로 노출합니다.

[그림 3-1]에서 마이크로서비스들은 동기 통신 방식으로 다른 서비스들과 연결됩니다. 이때 연결성 확보를 위해 요청-응답 또는 RPC 패턴을 사용합니다. 다른 서비스들은 이벤트 또는 메시지 브로커를 사용해서 큐 기반 단일 수신자 통신 또는 발행자-구독자 기반 다중 수신자 통

신을 사용할 수도 있습니다.

이런 상호작용과 더불어 마이크로서비스들은 외부의 서비스나 데이터베이스와도 연결할 수 있습니다. API 관리 계층의 경우 다른 모든 비즈니스 기능의 최상위 계층에 존재하며 이런 비즈니스 기능들이 관리형 API로 사용자에게 제공합니다. API 관리 패턴은 7장에서 자세히 알아봅니다. 특정한 경우에는 이벤트 스트림 처리 등의 방법을 통해 외부 또는 내부 이벤트 스트리밍 소스의 데이터를 처리해야 할 필요도 있습니다. 이 패턴은 6장에서 자세히 다룹니다.

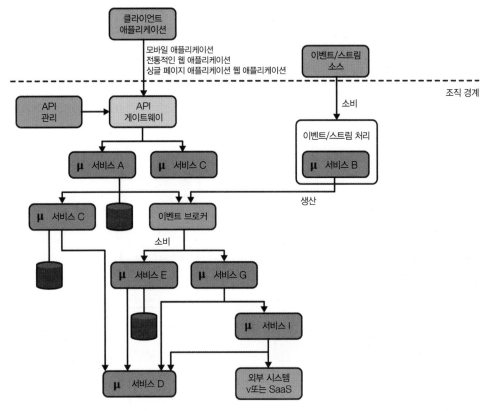

그림 3-1 서비스 연결성 패턴

서비스 연결성 패턴은 고수준 패턴으로 서비스 간, 또는 서비스와 외부 시스템 간 연결성을 확보하고 클라우드 네이티브 애플리케이션의 비즈니스 기능들을 조합하는 것이 핵심입니다.

어떻게 사용할 수 있나요

서비스 연결성 패턴은 거의 모든 클라우드 네이티브 애플리케이션에 적용할 수 있습니다. 하나 이상의 마이크로서비스나 시스템을 가지는 애플리케이션은 서비스 연결성 패턴을 통해 서비스들을 연결하고 비즈니스 기능을 구현할 수 있습니다. 마이크로서비스와 시스템들을 연결하는 과정에서 몇 가지 기본적인 통신 패턴을 적용하게 됩니다.

[그림 3-2]는 온라인 쇼핑몰 애플리케이션에 이 패턴을 적용한 것입니다. 서비스 연결성 패턴은 서비스들과 시스템들을 기본적인 통신 패턴으로 어떻게 연결할 것인지만 보여주기 때문에, 그림에서는 각 서비스 간 연결에 적합한 다양한 통신 패턴을 사용하는 것을 알 수 있습니다. 예를 들어 상품목록이나 주문과 같이 외부에 제공되는 서비스의 경우 REST나 GraphQL을 이용한 요청-응답 메시징 패턴을 사용하는 반면, 주문과 결제 서비스 간 통신과 같은 내부 서비스에는 카프카 브로커를 이용한 비동기 메시징 패턴을 사용합니다.

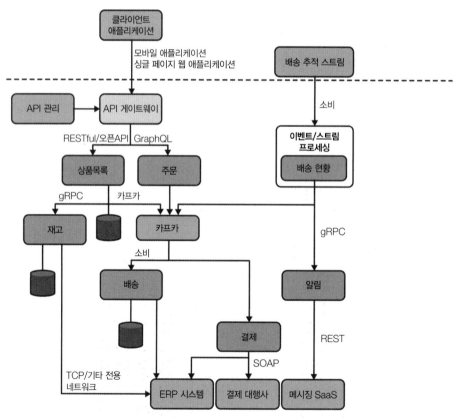

그림 3-2 서비스 연결성 패턴을 적용한 온라인 쇼핑몰 애플리케이션

예시로 든 온라인 쇼핑몰 애플리케이션은 API 게이트웨이로 모바일 클라이언트나 웹 애플리케이션과 같은 외부 사용자 또는 애플리케이션에 API를 제공합니다. 대부분의 마이크로서비스 간 통신은 gRPC와 같은 RPC로 구성합니다. 그 외 전용 또는 레거시 시스템은 마이크로서비스가 비즈니스 로직을 구현하는 과정에서 필요한 경우 연결해서 사용합니다. 예를 들어 재고 서비스는 전용 ERP^enterprise resource planning 시스템을 사용합니다. 배송 현황 서비스와 같은 특정 애플리케이션의 경우 외부 이벤트 스트림을 받아서 처리합니다.

고려해야 할 사항들

[그림 3-1]에서도 볼 수 있다시피 연결해야 하는 마이크로서비스와 시스템이 늘어날수록 클라우드 네이티브 애플리케이션의 복잡도도 증가합니다. 따라서, 이 패턴을 적용하기 전에 서비스를 어느 정도 단위로 세분화해서 나누고 있는지를 잘 파악해야 합니다. 만약 마이크로서비스 간의 연결과 상호작용이 너무 많다면, 서비스를 너무 잘게 나눈 것입니다. 이런 경우에는 마이크로서비스 설계 단계로 돌아가서 서비스를 개별 기능이나 도구 단위가 아닌 비즈니스 기능 단위로 다시 정의하는 것이 좋습니다.

또한 2장에서도 설명한 바와 같이 애플리케이션에서 사용하는 기본적인 통신 패턴은 비즈니스 기능별로 결정해야 합니다. 예를 들어 온라인 쇼핑몰 애플리케이션에서 상품을 검색하는 기능에는 동기 요청-응답 통신 패턴을, 주문을 생성하고 처리할 때는 비동기 단일 수신자 패턴과 같이 더 튼튼하고 신뢰할 수 있는 메시지 전달 패턴을 사용하는 것이 좋습니다. 이런 맥락에서 보았을 때 서비스 간 통신을 어떤 패턴으로 구현해야 하는지 파악하고 어떤 프로토콜을 사용할지 결정하는 데 상당한 시간을 소요하게 됩니다. 이런 작업은 일반적으로 마이크로서비스를 설계하는 단계에서 이루어집니다. 만약 이런 통신 패턴을 서드파티^third-party 시스템으로 처리하면 개발자들이 이런 통신 패턴을 직접 처리하거나 관리할 수 없으며 해당 시스템이 제공하는 상호작용 인터페이스나 프로토콜에만 의존해야 합니다.

서비스 상호작용을 구현할 때 명심해야 할 것은 비즈니스 로직과 관련되지 않은, 인프라스트럭처나 네트워크와 같은 기저 정보를 연결성 구현에 사용하거나 노출해서는 안 된다는 점입니다. 만약 이런 기저 정보를 연결성 구현에 사용할 경우 애플리케이션 비즈니스 로직이 인프라스트럭처나 기타 환경과 밀접한 연관성을 가지게 되며 애플리케이션의 이식성이 극도로 떨어집니다. 애플리케이션이 동작하는 데 꼭 필요하지 않은 기능은 사이드카와 같은 다른 계층에서 구현해야 합니다. 이 방법은 이 장의 뒷부분에서 자세히 설명하겠습니다.

관련 패턴들

서비스 연결성 패턴은 일반적인 클라우드 네이티브 애플리케이션을 마이크로서비스와 지원 시스템들의 연결들로 구성하는 관점을 제공합니다. 따라서 2장에서 설명한 대부분의 클라우드 네이티브 통신 패턴, 그리고 이장에서 살펴볼 그 외 패턴들과 밀접한 관련이 있습니다. 이런 패턴들은 모두 서비스 연결성 패턴 내에서 사용할 수 있습니다.

3.1.2 서비스 추상화 패턴

클라우드 네이티브 애플리케이션의 마이크로서비스들이 다른 마이크로서비스나 외부 시스템과 상호작용할 경우 그 구현이나 상호작용하는 대상, 배포 구조 등에 대한 자세한 내용을 숨기기 위해 추상화를 많이 사용합니다. 이 추상화가 바로 서비스 추상화 패턴의 핵심입니다. 기저 서비스를 추상화하고자 할 때 이 패턴을 많이 사용합니다.

어떻게 동작할까요

마이크로서비스나 외부 시스템을 그냥 서비스로만 표현하면, 세부적인 구현 내용을 숨길 수 있습니다. 예를 들어 어떤 서비스는 동시에 서로 다른 곳, 서로 다른 DNS 이름과 IP 주소를 가지고 동시에 여러 인스턴스가 실행될 수 있습니다. 이런 서비스들을 추상화하지 않으면, 이 서비스를 사용하는 다른 모든 클라이언트나 서비스는 이런 세세한 내용을 전부 다 알아야만 해당 서비스를 사용할 수 있습니다. 그래서 [그림 3-3]과 같이 서비스나 시스템에 추상화를 적용하는 것입니다.

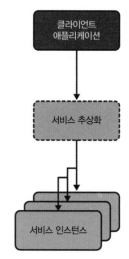

서비스는 동일한 마이크로서비스 또는 시스템이 실행되는 여러 인스턴스로 묶을 수 있습니다. 이런 시스템에는 클라우드 네이티브 애플리케이션이 상호작용하는 전통적인 모놀리식 시스템도 포함됩니다.

그림 3-3 추상화를 통해 서비스나 시스템의 세부 구현 내용을 숨김

인스턴스는 사라지거나 새로 생길 수 있으며 각 인스턴스의 IP 역시 사용자 측에 아무런 영향 없이 변경될 수 있습니다. 서비스 추상화 패턴에는 아래와 같은 장점이 있습니다.

- 클라우드 네이티브 애플리케이션 내의 마이크로서비스나 시스템의 위치를 IP와 같이 고정하거나 안정된 위치로 나타낼 수 있습니다.
- 내장 서비스 검색 기능을 통해 세부 구현 내용을 몰라도 사용할 수 있는 일반적인 이름 표기 방법(이를테면 http://hostname:port/checkout과 같은 URL)을 사용할 수 있습니다. 이는 서비스 레지스트리 및 검색 패턴의 핵심 아이디어인데, 이를 통해 모든 마이크로서비스와 시스템의 위치를 중앙에서 관리해서 사용자가 서비스를 검색하거나 새로운 서비스를 등록할 수 있습니다.
- 부하 분산과 장애 복구 기능을 아주 매끄럽게 제공할 수 있습니다.
- 서비스 인스턴스가 언제든지 새로 생기거나 사라질 수 있기 때문에 마이크로서비스나 시스템의 동적 크기 조절이 가능합니다.

어떻게 사용할 수 있나요

서비스 추상화는 주로 서비스나 시스템과 함께 만들어집니다. SOA와 같은 분야에서도 서비스 인스턴스나 시스템을 추상화할 수 있습니다. 또한 컨테이너와 쿠버네티스가 널리 사용됨에 따라 서비스 추상화 역시 점점 더 많이 사용되고 있습니다.

쿠버네티스 서비스

쿠버네티스와 같은 플랫폼은 서비스 추상화 기능을 기본적으로 제공합니다. 서비스 추상화 기능은 쿠버네티스 서비스와 상호작용해야 하는 마이크로서비스 또는 시스템을 개발자들이 더 쉽게 만들 수 있도록 도와줍니다.

쿠버네티스 서비스는 여러 파드의 엔드포인트를 하나의 자원으로 묶습니다. 그리고 서비스에 접근할 때 부하 분산을 적용할지, 또는 클러스터IP를 적용할지 등 다양한 설정도 가능합니다. [그림 3-4]는 쿠버네티스에 배포한 상품목록 파드들을 하나의 상품목록 서비스로 묶은 서비스 추상화를 보여주고 있습니다. 기저의 상품목록 파드 수나 주소가 계속 바뀌는 상황에도 서비스 사용자에게 안정적인 접속 엔드포인트를 제공할 수 있습니다. 온라인 쇼핑몰 애플리케이션을 쿠버네티스에 배포할 경우 상품목록 서비스를 호출할 수 있는 안정적인 클러스터 내부 IP를 할당받습니다. 클라이언트는 쿠버네티스 클러스너 내의 안정적인 IP 주소로 요청을 보내며 이 요청은 상품목록 서비스로 묶여있는 여러 파드 중 한 곳으로 전달됩니다.

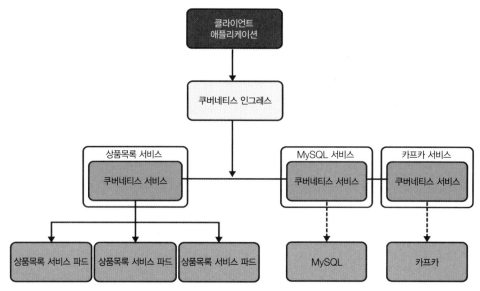

그림 3-4 여러 상품목록 파드를 하나의 쿠버네티스 서비스로 묶은 상품목록 서비스

쿠버네티스 서비스는 묶여있는 여러 파드 간 부하 분산 기능도 제공합니다. 쿠버네티스에서는 마이크로서비스나 다른 시스템에 접근할 수 있는 다양한 방법을 제공합니다. 예를 들어 쿠버네티스 서비스의 유형을 LoadBalancer로 지정하면 쿠버네티스는 AWS나 애저, GCP와 같은 기저의 클라우드 플랫폼이 제공하는 네트워크 부하 분산 서비스를 만듭니다. 이런 부하 분산 서비스는 쿠버네티스 클러스터를 지원하는 환경에서 실행되며, 제대로 구성했을 경우 외부에서 접근 가능한 IP 주소를 가지며 해당 주소로 요청을 보내면 쿠버네티스 노드의 적절한 포트로 요청을 분산해서 보냅니다.

서비스 추상화 패턴을 사용하면 클라우드 네이티브 애플리케이션이 사용하는 모놀리식 또는 전용 시스템 역시 추상화할 수 있습니다. 쿠버네티스의 경우 서비스 유형을 External-Name으로 지정하면 외부 DNS 이름을 내부에서 사용할 수 있는 별칭으로 만들어서 제공합니다. [그림 3-4]에서 기존에 사용하던 외부 카프카 서비스를 내부 쿠버네티스 서비스로 묶어서 마이크로서비스에 제공하는 모습을 볼 수 있습니다.

고려해야 할 사항들

서비스 추상화는 클라우드 네이티브 애플리케이션을 만들 때 대부분 사용하므로 어느 정도는 필수적인 패턴이라고 볼 수 있습니다. 서비스 추상화의 강력함은 확장성, 이중화와 같은 인스턴스 중복성, 그리고 세부 구현 내용을 숨길 수 있는 캡슐화에서 나옵니다. 서비스 추상화 패턴을 구현할 만한 플랫폼이 없는 경우, 쿠버네티스와 같이 서비스 추상화를 최우선으로 제공하는 플랫폼을 사용할 것을 권장합니다.

관련 패턴들

서비스 추상화는 이 장에서 설명한 대부분의 연결성 패턴과 함께 사용합니다. 이 다음에 설명할 서비스 레지스트리 및 검색 패턴의 경우에도 서비스 추상화를 함께 사용합니다.

3.1.3 서비스 레지스트리 및 검색 패턴

클라우드 네이티브 애플리케이션을 개발하다 보면, 서비스들에 대한 정보를 별도로 보관하고 관리할 필요가 있습니다. 이렇게 서비스 정보를 한데 모아서 관리하면 사용자가 서비스를 검색하고 정보를 얻기도 쉬워집니다. **서비스 레지스트리 및 검색**service registry and discovery 패턴이 바로 이럴 때 필요합니다.

어떻게 동작할까요

클라우드 네이티브 애플리케이션의 기능들을 서비스 추상화 패턴을 통해 서비스로 표현할 수 있다면, 사용자가 이런 서비스 정보를 검색하고 사용할 수 있도록 서비스 정보를 모아서 관리해야 합니다. 이런 서비스 정보와 메타데이터를 저장하는 스토어를 서비스 레지스트리라고 부릅니다. 이런 정보에는 서비스 URL, 오픈API나 gRPC ProtoBuf 정의와 같은 서비스 인터페이스 정의, 서비스 수준 협약service- level aggrement (SLA) 등 사용자가 필요로 하는 대부분의 정보가 포함됩니다. 서비스 레지스트리는 일반적으로 각 서비스를 정규화된 표현 방식으로 나타내기 때문에, 서비스를 구현한 기반 기술과 관계 없이 서비스 메타데이터를 정의하고 저장할 수 있습니다.

서비스 레지스트리는 레지스트리 스토어 API와 검색 API를 제공하는 또 다른 서비스 형태로 제공됩니다. 서비스 사용자나 클라이언트 애플리케이션은 [그림 3-5]와 같이 서비스 레지스트리 API를 통해 서비스 정보를 검색하고 가져올 수 있습니다. 서비스 소유자나 개발자는 만든 서비스의 세부 내용을 API를 통해 레지스트리에 등록합니다. 서비스 소유자는 서비스 레지스트리에 저장한 서비스 정보를 최신으로 유지하고 관리할 책임이 있습니다. 서비스 사용자는 이렇게 등록된 서비스 정보를 가져와서 서비스를 어떻게 쓸 수 있는지 알 수 있습니다.

서비스 레지스트리 및 검색 패턴은 두 가지 방법으로 구현할 수 있습니다. 첫 번째 방법은 **클라이언트 측 서비스 검색**client-side service discovery으로써 클라이언트가 서비스를 검색하고 사용합니다.

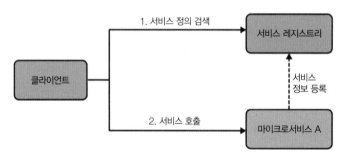

그림 3-5 서비스 레지스트리 및 검색 패턴, 클라이언트 측의 서비스 검색

서비스 레지스트리에는 서비스 정의나 서비스 규약을 등록할 수 있습니다. 사용자가 서비스 정보를 검색해서 발견하면, 관련 서비스 정보를 통해 서비스를 호출할 수 있습니다. 서비스 레지스트리는 애플리케이션이 실행되거나 개발하는 과정 모두에서 사용할 수 있습니다. 애플리케이션이 실행되는 동안에는 서비스 제공 주소나 보안 정책과 같은 서비스 정보를 얻기 위해, 개발 과정에서는 서비스 규약과 정보를 얻어서 서비스를 사용하는 애플리케이션을 이 규약 및 정보에 맞게 개발하기 위해 사용합니다.

특정 상황에서는 로드밸런서와 같은 컴포넌트에서 서비스를 검색하기도 합니다. 이렇게 서비스를 검색하는 방식을 **서버 측 검색**server-side discovery이라고 합니다. 이 방식에서 사용자나 클라이언트는 [그림 3-6]과 같이 서비스를 참조하는 로드밸런서에 적절한 메시지와 함께 서비스를 요청하기만 하면 됩니다.

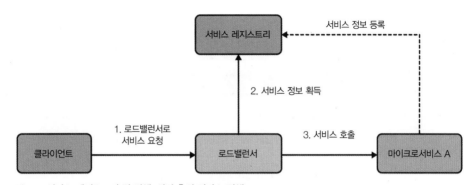

그림 3-6 서비스 레지스트리 및 검색, 서버 측의 서비스 검색

로드밸런서는 서비스 레지스트리를 사용하도록 미리 설정해 둔 상태이기 때문에, 특정 서비스에 대한 요청이 들어오는 경우 로드밸런서는 서비스 레지스트리로부터 서비스 접근 URL과 같은 서비스 정보를 가져온 다음 서비스를 호출합니다. 대부분의 경우 로드밸런서는 서비스 호출 요청이 올 때마다 서비스 레지스트리에 접근하지 않고 대신 로드밸런서의 캐시에 서비스 정보를 저장하고 사용합니다.

어떻게 사용할 수 있나요

서비스 레지스트리 및 검색 패턴 역시 마이크로서비스의 불변성이라는 특성 때문에 클라우드 네이티브 애플리케이션에서 거의 필수로 사용하는 패턴입니다. 실제 이 패턴을 적용할 때는 대개 [그림 3-7]과 같이 서비스 레지스트리를 별도로 구현한 콘술과 같은 애플리케이션을 사용합니다. 배포 과정에서 모든 마이크로서비스를 서비스 레지스트리에 등록합니다. 서비스가 주기적으로 레지스트리에 하트비트heartbeat를 보내서 레지스트리가 사용할 수 없는 서비스가 있는지 검사하도록 설정할 수도 있습니다.

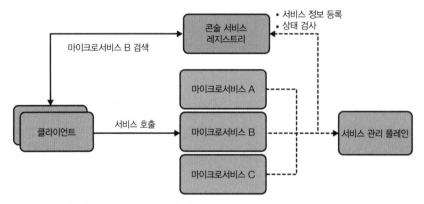

그림 3-7 콘술을 활용한 서비스 레지스트리 및 검색 패턴

별도의 서비스 관리 플레인service management plane이나 거버넌스 플레인을 사용할 경우 서비스 레지스트리를 관리 플레인의 서비스 스토어로도 사용할 수 있습니다. 서비스 레지스트리는 클라이언트 측 검색이나 로드밸런서와 같은 서버 측 검색을 지원하도록 설정할 수 있습니다.

쿠버네티스의 서비스 검색

쿠버네티스에서 한 서비스가 다른 서비스를 호출하는 경우, 호출하는 서비스가 실제 어느 위치에 있는지 신경 쓸 필요 없습니다. 쿠버네티스는 파드를 검색하기 위해 기본적으로 DNS 이름을 사용합니다. 예를 들어 Foo 서비스에서 Bar 서비스를 호출하고 싶다면, 코드를 작성할 때 서비스 주소인 `http://bar:<port>`로 접근할 수 있습니다. 쿠버네티스는 이 이름을 실제 서비스 주소로 변환해서 서비스를 호출합니다. 쿠버네티스는 etcd라는 분산 키–값 스토어를 내부적으로 서비스 레지스트리처럼 사용합니다. 하지만 이런 기본 서비스 레지스트리는 콘술과 같은 별도의 서비스 레지스트리와 같은 수준의 서비스 메타데이터 관리 기능을 제공하지는 않습니다. 쿠버네티스에서 더 복잡한 서비스 등록 및 검색 기능이 요구되는 경우, 쿠버네티스의 서비스 레지스트리 외에 별도의 서비스 레지스트리를 사용하는 것이 좋습니다.

고려해야 할 사항들

서비스 레지스트리 및 검색 패턴은 클라우드 네이티브 애플리케이션 개발에 필수 패턴이라 할 수 있습니다만, 그렇다고 개발을 시작하자마자 완전한 서비스 레지스트리 애플리케이션을 갖추고 서비스를 검색할 수 있도록 만들어야 하는 것은 아닙니다. 쿠버네티스와 같은 대부분의 클라우드 네이티브 애플리케이션 플랫폼은 이런 서비스 레지스트리 및 검색 기능을 기본 기능으로 제공합니다. AWS나 애저, GCP와 같은 클라우드 서비스에서도 역시 클라우드 서비스의 일환으로 서비스 레지스트리 및 검색을 제공합니다. 그렇기 때문에 애플리케이션을 개발해 가면서 서비스 의존성과 연관성 등 복잡한 정보를 관리하거나, 서비스 상태를 점검하거나, 리더 선출leader election과 같은 추가 기능이 필요할 때 꼭 맞는 별도의 서비스 레지스트리 애플리케이션을 검토해도 늦지 않습니다.

관련 패턴들

서비스 레지스트리 및 검색 패턴은 이 장에서 설명하는 대부분의 연결성 패턴과 밀접한 연관을 가집니다. API 관리 측면에서는 특정 비스니스 기능들을 API로 외부에 제공하는 경우, **API 개발자 포털**이라고 불리는 별도의 API 레지스트리를 사용하는 데 이는 서비스 레지스트리와 비슷합니다. 물론 API 레지스트리는 외부 사용자에게 제공할 일부 비즈니스 기능만 저장하며, 모든 서비스를 다 저장하고 제공하는 것은 아니라는 점에서 차이가 있습니다.

3.1.4 탄력적인 연결성 패턴

마이크로서비스 간, 또는 다른 시스템 간 연결성을 구현할 때는 네트워크를 사용할 수밖에 없습니다. 분산 컴퓨팅 분야에서 일반적으로 네트워크는 신뢰할 수 없는 영역으로 간주합니다. 그렇기 때문에 마이크로서비스나 시스템들을 연결할 때는 반드시 탄력적인 연결성 기법을 사용해야 합니다.

어떻게 동작할까요

탄력적인 연결성 패턴resilient connectivity pattern은 마이크로서비스 간, 또는 마이크로서비스와 다른 시스템 간 탄력적인 상호작용을 설계하여 만약 연결에 문제가 발생할 경우 이를 처리하거나 복구할 수 있도록 합니다. 예를 들어 A와 B 두 개의 마이크로서비스로 이루어진 클라우드 네이티브 애플리케이션이 있다고 가정해봅시다. A는 네트워크 통신을 통해 B의 서비스를 호출하며 이 과정에서 통신이 탄력적으로 이루어졌으면 합니다. 이 경우 B의 서비스를 호출하는 로직은 반드시 발생할 수 있는 오류를 처리할 수 있어야 하며 가능한 경우 오류를 복구하거나 또는 향후에 발생할 수 있는 오류를 피할 수 있도록 조치를 취할 수 있어야 합니다. 핵심은 마이크로서비스 A가 서비스 런타임의 일부로서 탄력적인 통신 로직을 구성해야 한다는 것입니다.

서비스 간 통신에서 발생할 수 있는 오류의 특정에 따라서 탄력적인 통신은 여러 가지 방법으로 구현할 수 있지만, 상위 아키텍처에서 보았을 때는 아래 [그림 3-8]과 같이 일반화할 수 있습니다.

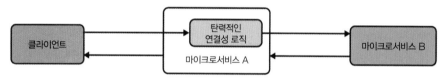

그림 3-8 마이크로서비스 또는 시스템 간 탄력적인 서비스 호출

어떻게 사용할 수 있나요

탄력적인 연결성 패턴은 여러 통신 요구사항을 만족할 수 있어야 합니다. 여기에서는 여러 가지 탄력적인 통신 방식에 대해서 알아보겠습니다.

> **NOTE_** 탄력적인 연결성 패턴을 구현한 애플리케이션 일부는 스스로를 분리 패턴(separate pattern)이라고 정의하기도 합니다. 더 자세한 정보는 마이클 나이가드(Michael Nygard)가 쓴 『Release It 릴리스 잇』(위키북스, 2007)을 참고하시기 바랍니다.

타임아웃

타임아웃은 서비스가 다른 서비스를 호출하고 응답을 기다리는 경우 사용합니다. 다른 서비스 또는 시스템 호출 시 타임아웃을 사용하지 않으면, 어떤 경우에는 해당 서비스를 영원히 기다리는 상황이 발생할 수도 있습니다. 이런 상황이 발생하면 클라우드 네이티브 애플리케이션의 응답성이 떨어집니다. 장애가 발생해도, 그 사실을 인지하는 데 영원한 시간이 걸리는 것이죠. 따라서 서비스를 호출하는 측의 연결성 로직에서 응답을 기다리는 것을 멈추게 하기 위해서 타임아웃이라는 일정한 시간을 두는 것입니다. 서비스 호출 측에서는 타임아웃 시간이 지나면 지정된 타임아웃 처리 로직을 실행해서 응답이 오지 않는 상황을 처리합니다. 아래 [그림 3-9]에서 마이크로서비스 A는 탄력적 통신 로직을 통해 마이크로서비스 B를 호출하며 이때 20ms의 타임아웃 시간을 가집니다. 네트워크에서의 지연시간이 10ms이며 마이크로서비스 B의 처리 시간에 30ms가 소요되기 때문에 RTT^{Round-Trip Time}에 40ms 가 걸리며, 이는 타임아웃으로 지정한 20ms보다 길기 때문에 결국 타임아웃 처리 로직이 실행됩니다.

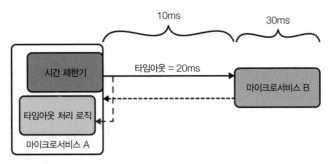

그림 3-9 타임아웃을 적용한 탄력적 연결성

타임아웃 시간은 현실적으로 지정해야 합니다. 타임아웃 시간이 너무 짧거나 너무 길면 만족할 만한 결과를 얻을 수 없습니다. 타임아웃은 평균적인 네트워크 지연 시간과 호출할 서비스의 처리 시간을 최우선으로 반영해야 합니다.

타임 아웃을 사용하면 동작하지 않거나 이상 동작하는 다른 서비스들을 격리할 수 있으며 이들 서비스가 전체 서비스에 문제를 일으키는 것을 방지할 수 있습니다.

재시도

네트워크를 통한 서비스 간 통신은 간헐적인 오류가 생기기도 합니다. **재시도**^{retry} 로직의 핵심은 네트워크의 오류 등과 같은 상황에서 동일한 서비스를 한 번 이상 반복 호출하여 원하는 응답을 얻는 것입니다. 재시도를 처리하는 탄력성 연결 로직에서는 원하는 결과를 얻을 때까지 최대 몇 번의 재시도를 할 것인지, 그리고 각 재시도 간 어느 정도의 시간 간격을 둘 것인지 지정합니다. [그림 3-10]의 마이크로서비스 A는 재시도 로직을 통해 마이크로서비스 B를 호출합니다. 마이크로서비스 A는 최대 3회, 그리고 각 시도간 10초의 시간 간격을 두고 원하는 응답을 얻을 때까지 서비스를 반복 호출합니다.

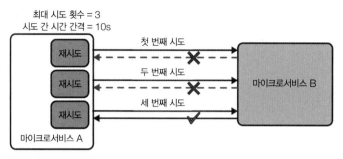

최대 시도 횟수 = 3
시도 간 시간 간격 = 10s

첫 번째 시도

두 번째 시도

세 번째 시도

재시도

재시도

재시도

마이크로서비스 A

마이크로서비스 B

그림 3-10 지정된 시간 간격을 두고 최대 횟수만큼 서비스를 반복 호출하는 재시도 로직

재시도 로직과 함께, 최대 횟수까지 시도했음에도 서비스 호출에 성공하지 못한 경우 처리할 수 있는 로직도 정의해서 사용할 수 있습니다.

데드라인

데드라인^{deadline}은 또 다른 탄력적 연결성 기법으로 타임아웃과 비슷합니다. 타임아웃은 서비스를 호출하고 기다리는 시간을 지정하는 반면, 데드라인은 가령 오후 7시 50분과 같이 서비스 호출이 완료되어야 하는 고정 시각을 지정합니다. 데드라인 기법은 서비스에 대한 요청이 여러 서비스 간 연계로 이루어질 때 효과적입니다. [그림 3-11]에서 클라이언트는 상품관리 서비스를 호출하며, 상품관리 서비스는 재고 서비스를 호출합니다. 클라이언트가 요청을 보내는 시점에 각 요청에 대한 데드라인을 지정하고, 이 데드라인은 서비스 스트림을 따라 연계되는 서비스들로 전파됩니다. 데드라인을 구현한 탄력적 연결성 로직에서 각 서비스는 주어진 요청에 대한 데드라인을 확인합니다. 데드라인 시각을 초과한 경우 데드라인 초과 처리 로직을 호출합니다.

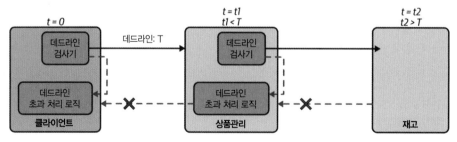

$t = 0$

$t = t1$
$t1 < T$

$t = t2$
$t2 > T$

데드라인 검사기

데드라인: T

데드라인 검사기

데드라인 초과 처리 로직

데드라인 초과 처리 로직

클라이언트

상품관리

재고

그림 3-11 데드라인

각 서비스의 데드라인 검사기는 데드라인 시각을 초과하지 않았는지 검사하며, 서비스 연계 과정에서 다음 서비스로 데드라인을 전달합니다. 요청을 보내는 측에서 데드라인을 지정하는 경우, 요청 또는 메시지 내용에 미리 정의한 메타데이터에 데드라인 정보를 포함합니다. 이 메타데이터는 대개 메시지 헤더 또는 메시지 페이로드의 일부로 기록합니다.

회로 차단기

서비스나 시스템을 호출할 때 해당 서비스가 계속 실패하는 경우, 해당 서비스를 다시 호출하면 시스템에 더 큰 손상이 일어나고 오류가 전파될 가능성이 있습니다. 이런 상황을 막기 위해서 마이크로서비스 호출 측의 탄력적 연결성 로직에서 **회로 차단기**를 구현할 수 있습니다. 회로 차단기 로직은 이 전의 서비스 호출이 실패하고 실패 횟수가 특정 임계치를 넘을 경우 동작하여 해당 서비스에 대한 호출을 막습니다.

정상적인 경우 회로는 **닫힌**closed 상태이며 이는 해당 서비스를 아무 문제 없이 호출할 수 있음을 뜻합니다. 하지만 서비스 호출이 실패하고 실패 횟수가 임계치를 넘으면 회로 차단기는 해당 회로를 **열린**open 상태로 바꾸고 서비스 호출을 차단합니다. [그림 3-12]에서 이 과정을 나타내고 있습니다.

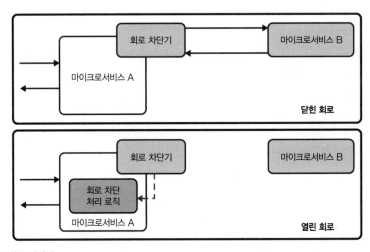

그림 3-12 회로 차단기

회로 차단 로직을 설정할 때 여러 가지 설정을 지정할 수 있습니다. 서비스 호출이 실패할 경우 회로 차단기는 회로를 계속 닫힌 상태를 유지하고 실패 횟수를 기록할 수 있습니다. 지정된 임계치, 또는 실패 횟수 빈도에 따라 회로 차단기는 회로를 열린 상태로 바꿉니다. 회로가 열린 상태로 바뀌면 해당 서비스에 대한 실제 호출을 차단하며 회로 차단기는 실제 서비스를 호출하지 않고 즉각 에러를 반환합니다.

회로가 지정된 시간 동안 열린 상태를 유지하고 있으면, 회로를 닫힘 상태로 바꾸고 실제 서비스 호출이 가능하도록 만드는 초기화 동작을 적용할 수도 있습니다. 이 시간을 **회로 초기화 타임아웃**circuit reset time-out이라고 부릅니다. 회로가 지정된 시간동안 열린 상태로 있으면 회로 차단기는 해당 회로를 **반만 열린**half-open 상태로 바꾸고 하나 또는 그 이상의 서비스 호출을 시험 삼아 허용합니다. 그동안 서비스 호출이 성공하면 회로를 닫힌 상태로 바꾸고 서비스 호출이 또다시 실패하면 다시 회로를 열린 상태로 유지합니다.

회로 차단기는 시스템이 예상한 대로 동작하지 않을 때 성능을 저하시킴으로써 시스템에 추가적인 피해가 발생하거나 오류가 전파되는 것을 막을 수 있습니다. 회로 차단기는 다른 다양한 백오프 기법이나 타임아웃, 초기화 간격, 회로를 열림 상태로 바꿀 수 있는 에러 코드, 응답을 무시하도록 만드는 에러 코드 등 다양한 설정을 지정하여 사용할 수 있습니다.

페일 패스트

분산 컴퓨팅 분야에서는 대개 빠른 실패 응답이 느린 실패 응답보다 더 좋다고 여깁니다. **페일 패스트**fail-fast의 핵심은 서비스 연결성과 관련된 비정상적인 동작이나 오류를 최대한 빨리 탐지하는 것입니다. 탄력적 통신 로직은 아래 [그림 3-13]과 같이 요청을 보내기 전 검증을 먼저 요구함으로써 실제 서비스나 시스템을 호출하지 않고도 문제 상황을 탐지할 수 있도록 구현할 수 있습니다.

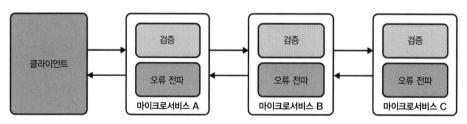

그림 3-13 페일 패스트 구현을 위한 검증 요청

오류는 다양한 방법으로 탐지할 수 있으며 각각의 경우에 따라 서로 다른 방법으로 탐지해야 할 수도 있습니다. 메시지 내용만으로도 오류가 발생했는지 알아낼 수도 있고, 스레드 풀이나 서비스 간 연결들, 소켓 제한, 데이터베이스 등과 같은 시스템 자원을 검사하거나 요청 처리 과정에서 서버가 클라이언트 측으로 데이터를 보내는 컴포넌트 상태를 점검해서 오류를 찾을 수도 있습니다.

대부분의 클라우드 네이티브 애플리케이션에서 탄력적 연결성은 단독으로 사용할 수도, 아니면 타임아웃과 회로 차단기를 함께 쓰는 것처럼 두 가지 이상의 기법을 조합해서 구현할 수도 있습니다.

고려해야 할 사항들

탄력적 연결성은 사실 클라우드 네이티브 애플리케이션에서 핵심적인 요소라 할 수 있습니다. 탄력적 연결성을 구현할 수 있는 라이브러리 등을 통해 서비스의 비즈니스 로직에 구현하거나, 다음에 살펴볼 **사이드카**라는 별도의 런타임을 통해 구성하거나, 혹은 클라우드 서비스 플랫폼에서 제공하는 기능을 단순히 설정해서 쓰는 방법 등으로 구현할 수 있습니다. 탄력적 연결성은 2장에서 살펴볼 동기 혹은 비동기 통신 패턴과 같이 다양한 통신 방법으로 구현할 수 있습니다.

관련 패턴들

탄력적 연결성 패턴은 이 장의 나중에 살펴볼 사이드카와 서비스 메시 패턴과 함께 쓰는 경우가 많습니다. 그 외에도 서비스 간 통신에 사용하는 대부분의 패턴에 탄력적 연결성 패턴을 함께 적용할 수 있습니다.

3.1.5 사이드카 패턴

사이드카 패턴sidecar pattern은 주 마이크로서비스 곁에 또 다른 애플리케이션 또는 마이크로서비스 컨테이너를 함께 쓰는 방식을 통칭하는 말입니다. 사이드카 컨테이너는 주 컨테이너의 기능을 확장하거나 향상시킵니다. 서비스 연결성의 관점에서 보았을 때 사이드카 패턴은 마이크로서비스와 다른 마이크로서비스 간 또는 다른 시스템 간 연결성 로직을 구현할 때 자주 사용합니다.

어떻게 동작할까요

서비스 연결성 관점에서 사이드카 패턴을 어떻게 사용하는지 알아보겠습니다. [그림 3-14]와 같이 두 개의 마이크로서비스 A와 B가 서로 통신해야 할 필요가 있다고 가정합시다. 일반적으로 서비스의 비즈니스 로직 간 통신을 위해서 내부 통신 로직을 직접 구현합니다. 하지만 통신 로직이 서비스의 비즈니스 기능과 관계없는 복잡한 네트워크 통신 기능을 필요로 할 경우, 서비스 개발자는 이 통신 기능을 구현하는 데만 상당한 시간과 노력을 쏟아부어야 합니다. 그리고 여러 마이크로서비스를 개발하는 경우, 여기저기에서 똑같은 네트워크 기능을 요구할 경우 똑같은 기능을 반복해서 개발해야 하며 심지어 다른 프로그래밍 언어나 프레임워크를 지원하도록 만들어야 하기도 합니다.

사이드카 패턴을 사용하면 마이크로서비스 런타임과는 별개의 다른 런타임에 서비스 간 통신 로직을 구현할 수 있습니다. 클라우드 네이티브 애플리케이션을 배포할 때 컨테이너를 사용한다면, 사이드카는 비즈니스 로직을 실행하는 주 컨테이너와 함께 배포하도록 만듭니다.

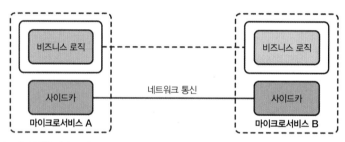

그림 3-14 사이드카를 통한 서비스 간 통신 기능 분리

서비스 간 통신을 위해 사이드카를 쓰면 각 서비스의 비즈니스 로직에서는 기저 네트워크 통신에 대해서 신경 쓸 필요가 없습니다. 사이드카가 다 알아서 해주기 때문이죠. 개발자는 주 컨테이너 옆에 사이드카 컨테이너를 끼워 넣고 서비스 간 통신을 제대로 할 수 있도록 적당한 설정을 해주어야 합니다. 주 컨테이너는 로컬호스트localhost와 같은 접근 방법을 통해 함께 배포되는 사이드카 컴포넌트를 호출하며 사이드카는 외부와 연결되는 통신을 책임집니다. 이 방식을 쓰면 모든 주 서비스 컨테이너는 다른 서비스나 시스템과 직접 통신하지 않습니다.

사이드카 패턴 적용을 위해 사용하는 대부분의 런타임 환경들은 보안 통신이나 트래픽 라우팅, 서비스 검색과 같은 다양한 기능을 제공하여 서비스 간 통신을 지원합니다. 또한 YAML이나 JSON과 같은 고수준 언어를 통해 사이드카를 쉽게 설정할 수 있습니다. 그리고 사이드카와 주 컨테이너는 라이프사이클을 공유합니다. 사이드카는 주 마이크로서비스의 다양한 기능을 확장하고 향상시키는 목적으로 사용할 수 있지만, 여기에서는 그중에서도 서비스 연결성에 대해서만 살펴본다는 사실을 기억하시기 바랍니다.

어떻게 사용할 수 있나요

대개 사이드카 패턴은 쿠버네티스와 같은 플랫폼을 사용하는 경우에 적용할 때가 많습니다. 쿠버네티스 파드와 같은 것으로 사이드카 마이크로서비스를 함께 배포하는 것이 쉽기 때문입니다. 이렇게 사이드카 컨테이너를 함께 배포하는 것을 멀티 컨테이너 파드라고 합니다. 하나는 주 컨테이너고, 다른 하나는 사이드카 컨테이너인 것이죠. 마치 한 덩어리인 것처럼 전체 애플리케이션을 관리하고 크기를 조절하면서도, 비즈니스 로직과 그 외의 기능 확장 또는 기능 향상 로직을 완전히 분리해서 사용할 수 있습니다.

사이드카 패턴을 여러 가지 방법으로 사용해서 서비스 간 또는 다른 시스템 간 연결성을 구현할 수 있습니다.

사이드카 프록시

사이드카를 **프록시**proxy처럼 사용해서 주 마이크로서비스로 들어오거나 나가는 통신을 관리할 수 있습니다. 사이드카가 프록시로 동작하기 때문에 주 컨테이너는 외부 서비스나 시스템 호출을 위해 로컬호스트의 사이드카를 호출합니다. 사이드카 프록시는 보안이나 서비스 검색 로직과 같은 추가 네트워크 통신 기능을 더해서 외부로 요청을 보냅니다. [그림 3-15]는 일반적인 클라우드 네이티브 애플리케이션에 사이드카 프록시를 적용한 모습입니다. 즉시구매와 재고 이 두 개의 마이크로서비스는 엔보이Envoy (*https://www.envoyproxy.io/*)라는 사이드카 프록시를 통해 HTTP 프로토콜로 통신합니다. 재고 서비스는 엔보이를 통해 외부의 몽고DB 데이터베이스와도 연결합니다. 이 경우 재고 서비스는 TCP/IP와 같은 점대점 데이터 통신 프로토콜wire protocol을 통해 엔보이를 거쳐 몽고DB와 연결됩니다.

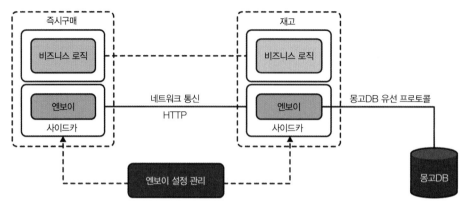

그림 3-15 엔보이 사이드카

엔보이 설정 관리 API와 같은 도구를 통해 사이드카 프록시 동작을 조절할 수 있습니다. 예를 들어 엔보이 프록시끼리 통신할 때 엔보이가 제공하는 보안 및 신뢰성 기능을 통해서 서로 데이터를 주고받도록 할 수 있습니다. 또는 엔보이가 제공하는 몽고DB 스니핑 필터sniffing filter를 적용해서 재고 서비스와 외부 몽고DB와 통신을 모니터링하고 다른 모니터링 도구에 이 내용을 전달할 수도 있습니다.

사이드카 브리지

사이드카 프록시 방식에서는 프록시가 내부로 들어오는 프로토콜이나 외부로 나가는 프로토콜을 바꾸지 않습니다. 그냥 똑같은 프로토콜을 써서 주 컨테이너와 외부 서비스 또는 시스템을 연결해줄 뿐입니다. 하지만 사이드카 브리지 기법을 사용해서 두 개의 서로 다른 프로토콜을 연결해줄 수 있습니다. 예를 들어 주 컨테이너는 오직 HTTP 프로토콜만을 허용하지만 카프카와 같은 메시징 시스템에도 접근하고 싶어한다고 생각해봅시다. 이 경우 주 컨테이너와 사이드카는 완전히 다른 프로토콜과 메시징 패턴을 사용할 것입니다. 이때 사이드카 브리지를 사용해서 두 프로토콜을 연결할 수 있습니다. 아래 [그림 3-16]에서는 Dapr(*https://dapr.io/*)을 사이드카로 사용합니다. 마이크로서비스 A는 HTTP를 통해 사이드카 API를 호출해서 카프카 메시지를 만듭니다. 사이드카는 카프카 서비스와 연결되도록 설정되어 있으며 이점은 마이크로서비스 측에서는 보이지 않습니다. 소비자에 해당하는 마이크로서비스 B는 역시 HTTP를 통해 사이드카 API를 호출해서 카프카에 소비하고자 하는 토픽을 등록합니다. 카프카에 해당 토픽을 가진 메시지가 도착하면 Dapr 사이드카가 이 메시지를 카프카에서 받은 다음 HTTP를 통해 마이크로서비스 B에 전달합니다.

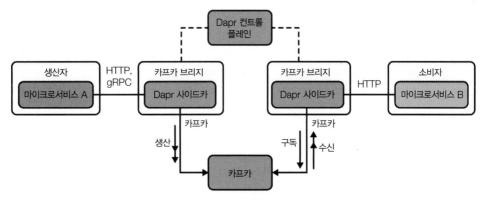

그림 3-16 Dapr 사이드카를 통해 HTTP 프로토콜과 카프카를 서로 연결

보시다시피 사이드카의 프로토콜 브리지 기능을 사용하면 마이크로서비스의 비즈니스 로직을 아주 간단하게 만들 수 있습니다. 개발자로서 마이크로서비스의 비즈니스 로직에만 집중하면 되고, 그 외 시스템이나 서비스 간 연결 등은 최소한의 노력만으로 전부 사이드카가 처리하도록 할 수 있습니다.

고려해야 할 사항들

사이드카 패턴은 클라우드 네이티브 애플리케이션 개발에서 인기 있는 패턴 중 하나입니다. 주 컨테이너의 기능을 몰라보게 향상시키고 확장할 수 있기 때문이죠. 하지만 이 패턴을 적용할 때는 그에 걸맞는 대가도 따라온다는 사실을 명심하세요. 아래에 이 패턴을 사용할 때 꼭 명심해야 하는 점들을 정리해보았습니다.

- 마이크로서비스를 사이드카와 함께 사용한다는 것은 그만큼 관리하고 실행해야 할 인스턴스 수도 증가함을 의미합니다. 네 개의 마이크로서비스가 사이드카와 함께 실행된다면 총 여덟 개의 인스턴스가 실행되는 것입니다.

- 사이드카 컨테이너 관리는 별도의 컨트롤 플레인 컴포넌트에 의해 이루어져야 합니다. 물론 HTTP나 gRPC와 같은 프로토콜을 통해 설정 API를 호출해서 사이드카를 관리할 수도 있겠지만, 별도의 컨트롤 플레인 컴포넌트를 사용하는 것이 훨씬 효율적이고 관리하기도 쉽습니다.

- 사이드카 설정 자체가 아주 복잡한 로직이 될 수도 있습니다. 연결하는 서비스와 시스템이 많아질수록 관리하는 사이드카 설정이 점점 복잡해집니다.

- 비즈니스 로직과 관련된 기능을 절대 사이드카에 구현하지 마세요. 사이드카의 핵심을 벗어나는 일입니다. 비즈니스 로직을 여러 계층에 노출시킬 뿐 아니라 관리나 소유권 등에서 끔찍한 문제가 발생할 수도 있습니다.

사이드카 패턴의 엄청난 인기와 성공에 따라 쿠버네티스와 같은 몇몇 플랫폼에서는 사이드카를 기본 제공하는 것을 검토하고 있습니다.

관련 패턴들

사이드카 패턴은 다음에 설명할 서비스 메시 패턴과 밀접한 관계를 가집니다.

3.1.6 서비스 메시 패턴

서비스 메시 패턴service mesh pattern은 사이드카 패턴을 확장한 것으로 클라우드 네이티브 애플리케이션의 통신 인프라스트럭처로서 주로 사용합니다.

서비스 메시 패턴은 클라우드 네이티브 애플리케이션의 마이크로서비스 간, 그리고 시스템 간 연결성을 구현할 때 맞닥트리는 문제를 해결하고자 제안되었습니다. 1장에서도 살펴보았지만 예전에는 중앙 집중화된 ESB 아키텍처를 통해 서비스나 시스템들을 연결했었습니다. 하지만 ESB를 사용하지 않게 되면서 각 마이크로서비스들이 서비스 간 통신 로직을 책임지고 처리해야만 했습니다.

[그림 3-17]에서 두 가지 아키텍처를 보여주고 있습니다. 왼쪽은 ESB이고 오른쪽은 마이크로서비스로 구성되어 있습니다. 타임아웃과 재시도 기법 등을 포함한 탄력적 연결성 기능을 제공해야 하며 다른 서비스들에 비즈니스 기능을 제공해주어야 한다고 가정해보겠습니다. 왼쪽의 ESB 구조의 경우 최소한의 노력만으로 ESB 내장 기능을 사용해서 신뢰할 수 있는 통신 기능을 구현할 수 있습니다. 반면 오른쪽 마이크로서비스 아키텍처의 경우 내부 통신 로직이 각 마이크로서비스별로 구현되어야만 합니다. 결국 마이크로서비스가 비즈니스 로직과 연결성 로직 모두를 책임지고 관리해야 하는 것이죠.

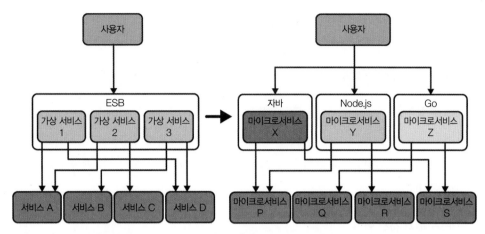

그림 3-17 ESB 구조(왼쪽)과 마이크로서비스 구조(오른쪽)에서의 서비스 간 통신

마이크로서비스에서 네트워크 통신 로직을 구현하기 시작하면 비즈니스 로직의 복잡도가 급속도로 증가하며 마이크로서비스 개발에 소요되는 시간 또한 크게 증가합니다. 이 경우 Resilience4j와 같은 외부 라이브러리를 사용해서 서비스 간 통신 기능을 구현할 수도 있습니다. 여러 프로그래밍 언어로 애플리케이션을 만들고 있다면 여러 기술 스택에 똑같은 기능을 반복해서 구현해야 하는 추가적인 노력도 필요합니다. 이를테면 똑같은 회로 차단기 기능을 각각 자바, Node.js, Go 버전으로 구현해야 한다던지요.

이런 서비스 간 통신 기능은 서로 다른 여러 마이크로서비스에서도 비슷한 요구사항을 가지는 경우가 많기 때문에 사이드카와 같은 다른 계층에 이런 기능들을 구현함으로써 서비스 코드를 독립적으로 유지할 수 있습니다. 이것이 바로 서비스 메시 패턴의 핵심입니다.

어떻게 동작할까요

서비스 메시 패턴을 통해 마이크로서비스 간, 그리고 다른 서비스와 통신할 수 있는 내부 통신 인프라스트럭처를 만들 수 있습니다. 이 구조에서 마이크로서비스는 다른 마이크로서비스와 직접 통신하지 않습니다. 대신 모든 서비스 간 통신은 사이드카 프록시를 통해 이루어집니다. [그림 3-18]에서도 볼 수 있다시피, 서비스 메시 패턴은 간단하고 확장 가능하며 쉽게 설정할 수 있는 통신 인프라스트럭처를 제공하기 위해 다음과 같은 컴포넌트들을 사용합니다.

서비스 메시 사이드카 프록시

데이터 플레인data plane이라고도 불리며 서비스/시스템 간 주고받는 데이터나 메시지에 내부 통신 로직이 적용되는 곳입니다.

컨트롤 플레인

사이드카 프록시들은 컨트롤 플레인을 통해 제어합니다. 이 중앙 집중화된 컴포넌트는 다양하면서도 쉬운 API를 통해 데이터 플레인에 위치한 사이드카 프록시들을 제어하는 기능을 제공합니다.

서비스 메시 설정 언어

데이터 플레인 설정을 통해 서비스 간 통신 로직을 제어할 수 있는 설정 API를 제공합니다.

내장 기능들

그 외에 신뢰성, 보안, 관측 가능성, 서비스 검색, 정책 적용 등과 같은 다양한 부가 기능을 제공합니다.

클라우드 네이티브 애플리케이션은 이 컴포넌트들을 함께 사용해서 내부 연결성을 구현합니다. 서비스 개발자로서 해야 할 일은 마이크로서비스를 만들고 사이드카와 함께 배포하는 것이 전부입니다. 이 과정을 **사이드카 삽입**sidecar injection이라고 부릅니다. 사이드카는 수동으로 직접, 또는 배포 과정에서 자동으로 삽입할 수 있습니다. 사이드카 패턴에서도 설명했다시피 비즈니스 로직은 로컬호스트를 통해 사이드카와 통신합니다. 이는 [그림 3-18]에서 기본 네트워크 기능으로 표시된 부분입니다. 그리고 사이드카는 외부 시스템과 비즈니스 로직을 연결해줍니다. 사이드카와 주 컨테이너는 쿠버네티스 파드와 같이 하나의 단위로 배포됩니다.

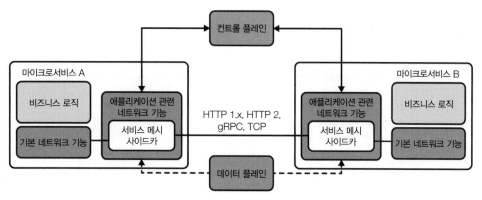

그림 3-18 서비스 메시 컴포넌트

서비스 메시는 설정에 사용할 언어 또는 API를 통해 데이터 플레인을 관리하고 다양한 기능을 제어합니다. 컨트롤 플레인은 중앙에서 모든 사이드카를 연결하고 개발자가 이를 통해 서비스 메시에서 실행되고 있는 서비스들을 제어할 수 있도록 해줍니다. 데이터 플레인은 신뢰성, 보안, 관측 가능성, 서비스 검색, 정책 적용과 같은 다양한 기능을 제공하고 적용하며 이는 모두 컨트롤 플레인에서 제어할 수 있습니다.

어떻게 사용할 수 있나요

서비스 메시는 마이크로서비스의 수가 증가함에 따라 마이크로서비스 배포와 관리가 점점 어렵고 복잡해질 때 사용하게 됩니다. 서비스 메시는 쿠버네티스와 같은 컨테이너 오케스트레이션 계층 위에 구성해서 쿠버네티스가 제공하는 서비스나 파드와 같은 추상화 개념을 통해 컨테이너 관리 부담을 덜 수 있습니다. 서비스 메시 적용에 사용할 수 있는 솔루션은 현재로서는 그다지 많지 않습니다. 대표적으로 Istio와 Linkerd가 가장 널리 사용되고 있습니다. 각 서비스 메시 솔루션은 고유의 설정 언어나 API를 제공하고 있습니다.

[그림 3-19]는 이중 Istio의 구조를 나타내고 있습니다. 마이크로서비스에 Istio 사이드카를 삽입하면 사이드카 프록시가 마이크로서비스와 다른 서비스 또는 시스템 간 모든 네트워크 통신을 가로챕니다. 그리고 Istio 컨트롤 플레인을 통해 통신을 설정하고 관리할 수 있습니다. 컨트롤 플레인은 **Istiod** 컴포넌트로 구성되어 서비스 검색이나 설정, 인증서 관리등의 기능을 제

공합니다. 사이드카 프록시들은 Istiod에 의해 관리되며 사용자 역시 Istiod를 통해 서비스 메시를 제어합니다.

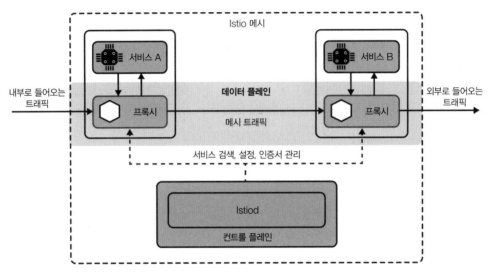

그림 3-19 Istio 서비스 메시 컴포넌트 구조

Istio는 아래의 핵심 기능들을 제공합니다.

자동 부하 분산

HTTP, gRPC, 웹소켓, TCP 트래픽에 대한 자동 부하 분산을 제공합니다.

트래픽 제어

라우팅 규칙, 재시도, 장애 조치fail-over, 결함 주입fault injection 등의 기능을 제공합니다.

정책 적용

자유롭게 추가하거나 제거할 수 있는 정책 계층과 설정 API를 통해 접근 제어, 속도 제한, 자원 제한 등의 정책 적용 기능을 제공합니다.

관측 가능성

지표, 로그, 클러스터 내의 트래픽 추적 등에 대한 관측 가능성 기능을 제공합니다.

보안

클러스터 내의 서비스 간 통신을 강력한 신원 기반 인증identity-based authentication 및 권한 부여 authorization로 보호합니다.

구글 클라우드와 같은 클라우드 공급 업체에서는 독립형 서비스 메시 제품 외에 Istio를 관리형 서비스로 제공하기도 합니다.

고려해야 할 사항

서비스 메시 패턴이 최근 많은 인기를 끌고 있지만 실제 클라우드 네이티브 애플리케이션에 이 패턴을 적용할 때는 항상 주의해야 합니다.

- 서비스 메시 배포 관리는 예상보다 훨씬 더 복잡할 수 있습니다. 서비스 메시의 복잡도는 서비스 인스턴스 마다 추가로 실행되는 사이드카들의 구조와 서비스 메시 구현에서 사용되는 서비스 메시 컴포넌트들에 의해 결정됩니다.
- 서비스 메시는 컨테이너와 쿠버네티스와 같은 컨테이너 오케스트레이션 플랫폼에 기반하여 만들어지기 때문에 더더욱 복잡합니다.
- 모든 사이드카 프록시를 실행하고 관리하는 데에 따른 성능 부하가 발생합니다.
- 서비스메시는 아직 비동기 이벤트 주도 통신과 같은 주요 통신 기법을 지원하지 않습니다.

서비스 메시 애즈 어 서비스service mesh as-a service는 상당히 실용적이며 직접 운영할 때 발생하는 복잡도나 어려움을 대부분 해결할 수 있습니다.

관련 패턴들

서비스 메시 패턴은 이 장에서 설명한 서비스 연결성 패턴이나 사이드카 패턴과 밀접한 연관성을 가집니다.

3.1.7 사이드카 없는 서비스 메시 패턴

서비스 메시 패턴은 클라우드 네이티브 애플리케이션의 각 마이크로서비스 인스턴스별로 사이드카 프록시를 둡니다. 이로 인해 발생하는 성능 부하가 서비스 메시 패턴을 사용하기 꺼려지게 만드는 이유 중 하나입니다. **사이드카 없는 서비스 메시 패턴**sidelcarless service mesh pattern은 이렇게 사이드카를 써야만 해서 발생하는 문제를 해결하고자 제안되었습니다. 아직 초기 개발 수준이기는 하지만 독특한 특성과 그로 인한 이점으로 인해 마이크로서비스 연결성 구현에 상당히 기대되는 패턴입니다.

어떻게 동작할까요

사이드카 없는 서비스 메시 패턴의 핵심은 바로 이것입니다. 컨트롤 플레인이 사이드카 프록시의 네트워크 통신을 관리하고 제어할 수 있다면, 주 컨테이너의 클라이언트 컴포넌트는 왜 바로 관리할 수 없냐는 것이죠. [그림 3-20]과 같이 두 개의 마이크로서비스가 서로 통신해야 한다고 가정해봅시다. 서비스 메시 패턴과 비슷하게 마이크로서비스 간에 발생하는 메시 트래픽을 관리하고 설정할 컨트롤 플레인을 사용합니다. 그리고 서비스 간 통신을 처리할 사이드카 프록시를 별도로 두는 대신, 마이크로서비스 런타임 자체에 사이드카 프록시 로직을 내장합니다. 즉 마이크로서비스 A의 런타임에 비즈니스 로직과 메시 트래픽을 처리할 로직이 함께 존재하는 것입니다. 내장 런타임은 컨트롤 플레인 통신 프로토콜을 통해 컨트롤 플레인으로부터 설정을 전달받습니다.

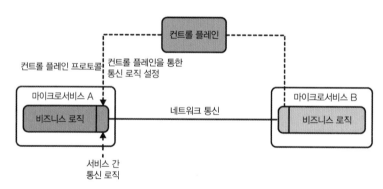

그림 3-20 사이드카 없는 서비스 메시

컨트롤 플레인은 설정 API와 컨트롤 플레인 프로토콜을 정의합니다. 두 개의 마이크로서비스 클라이언트를 구현할 때 사용한 기술 스택은 모두 컨트롤 플레인 프로토콜과 설정을 이해하고 실행할 수 있습니다. 이를 통해 사이드카 없이 마이크로서비스의 런타임 그 자체만으로 중앙의 컨트롤 플레인을 통한 서비스 간 통신 설정을 적용할 수 있습니다. 하지만 마이크로서비스를 구현하는 각 기술 스택이 컨트롤 플레인 API와 각 네트워크 통신 계층별로 요구하는 네트워크 통신 로직을 지원해야 한다는 문제점이 있습니다.

어떻게 사용할 수 있나요

사이드카 없는 서비스 메시 패턴으로 다양한 마이크로서비스 간 통신을 구현할 수 있습니다. 서비스 메시 전체를 구현할 수도 또는 서비스 메시의 일부 기능만 사이드카 없이 구현할 수도 있습니다.

구글 트래픽 디렉터의 사이드카 없는 gRPC 서비스

구글 클라우드의 트래픽 디렉터traffic director에서도 사이드카 없는 서비스 메시 패턴을 제공합니다. [그림 3-21]에서 트래픽 디렉터는 엔보이의 설정 API xDS를 통해 Envoy 사이드카 프록시를 제어하는 컨트롤 플레인 역할을 담당합니다. gRPC 기반 마이크로서비스를 사이드카 없이 배포하면 gRPC 클라이언트에서 엔보이의 설정 프로토콜인 xDS를 통해 컨트롤 플레인과 통신하여 설정을 전달받습니다.

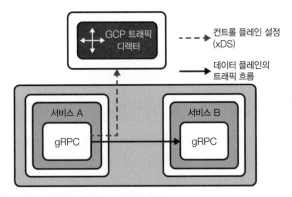

그림 3-21 사이드카 없는 서비스 메시를 제공하는 트래픽 디렉터

트래픽 디렉터는 gRPC 클라이언트에 어떤 서비스와 연결해야 하는지, 서버가 여러 인스턴스로 실행될 때 어떻게 부하 분산 요청을 보내는지, 서버가 실행 중이 아닐 때 어떻게 요청을 보내야 하는지 등을 알려줍니다. 마이크로서비스의 gRPC 클라이언트에서 엔보이 xDS API를 사용한다면 gRPC 애플리케이션에 서비스 메시 기능을 구현하기 위해 별도의 사이드카 프록시를 삽입할 필요가 없습니다. 위 그림에서 gRPC 클라이언트는 서비스 메시 기능 중 일부만 구현한 상태이지만, 향후에는 서비스 메시의 모든 기능을 지원할 것이라 예상합

니다.

사이드카 없는 서비스 메시를 적용할 때, 개발자가 컨트롤 플레인 설정 API를 직접 다루어야 할 일은 없습니다. 개발자 관점에서 이런 설정 API는 보이지 않고 대신 프레임워크나 클라이언트 라이브러리의 네트워크 통신 로직에 구현되어 있습니다.

고려해야 할 사항들

사이드카 없는 서비스 메시 패턴은 최근 떠오르고 있는 패턴으로 기존 사이드카 기반 서비스 메시 구조의 한계를 극복하기 위해 제안된 것입니다. 하지만 마이크로서비스 비즈니스 로직을 구현하는 라이브러리나 프레임워크가 서비스 메시 컨트롤 플레인 설정 API를 지원하고 클라이언트 라이브러리 자체가 네트워크 통신 로직을 구현해야 한다는 복잡한 문제가 있습니다. 예를 들어 외부 서비스 호출에 회로 차단 기능을 구현해야 한다고 생각해봅시다. 이 경우 마이크로서비스를 개발할 때 다른 서비스를 호출하기 위해 사용하는 클라이언트 라이브러리가 컨트롤 플레인의 xDS 프로토콜을 지원함과 동시에 실제 회로 차단 로직도 함께 제공해야 할 것입니다. 이 패턴을 적용할 수 있는지 여부는 결국 사용하는 프로그래밍 언어에서 사용할 수 있는 적당한 네트워크 통신 라이브러리가 있는지에 달려 있습니다.

관련 패턴들

사이드카 없는 서비스 메시 패턴은 사이드카 프록시를 사용하는 서비스 메시 패턴 대신 적용할 수 있습니다. 탄력적 통신 구현과 관련된 패턴은 마이크로서비스를 만들 때 사용하는 클라이언트 라이브러리의 컨트롤 플레인 설정 영역에 주로 구현됩니다.

3.1.8 서비스 연결성 패턴 구현에 사용하는 기술

이제 연결성 패턴을 구현할 때 사용할 수 있는 기술들을 살펴봅시다. 클라우드 네이티브 애플리케이션의 연결성을 위해서, 쿠버네티스와 같은 대부분의 플랫폼은 서비스 추상화나 서비스 레지스트리 및 검색, 사이드카와 같은 패턴을 제공합니다. 물론 AWS나 애저, GCP와 같은 클라우드 제공 업체에서 기본 클라우드 서비스로도 제공합니다.

쿠버네티스는 컨테이너와 컨테이너 오케스트레이션이라는 관점에서 기본적으로 서비스 추상화 패턴을 제공합니다. 하지만 다른 클라우드 서비스에서는 대개 서비스라는 개념을 사용합니다. 서비스라는 것의 범위나 기능은 어떤 관점에서, 어떻게 정의하느냐에 따라 그 의미에 큰 차이를 보입니다. 예를 들어 Knative(*https://knative.dev*)와 같은 서버리스 플랫폼의 경우 애플리케이션 배포에서 서비스 추상화를 사용하는 반면, Istio와 같은 서비스 메시 솔루션에서는 가상 서비스virtual service(*https://oreil.ly/uqnMz*)라는 추상화 개념을 통해 애플리케이션별로 서비스 레지스트리에 고유한 이름을 부여합니다. Istio 서비스는 파드나 컨테이너, VM등에서 실행되는 다양한 워크로드 인스턴스를 통해 구현할 수 있는 여러 개의 네트워크 엔드포인트로 구성됩니다. 그렇기 때문에 여러분들의 클라우드 네이티브 애플리케이션에서 필요로 하는 서비스 추상화에 알맞은 구현 기술을 선택해야 합니다.

서비스 메시 솔루션들은 탄력적 통신, 보안, 관측 가능성, 서비스 검색, 트래픽 라우팅과 같은 기능을 기본 제공합니다. 서비스 메시 기술 영역은 급속도로 발전하고 있으며, 이 중 Istio와 Linkerd가 가장 널리 사용되고 있습니다. 하지만 실제 운영중인 애플리케이션에 서비스 메시를 적용하는 경우는 적은 편인데, 이는 각 서비스 인스턴스별로 사이드카가 실행되어야 하며 이로 인한 자원 소모량 증가와 복잡도 증가가 크기 때문입니다. GCP와 같은 클라우드 제공 업체는 관리형 서비스 메시를 제공하기 때문에 상대적으로 사용하기 쉽습니다.

서비스 메시 솔루션을 사용하지 않거나, 혹은 탄력적 통신이나 서비스 검색과 같이 필요한 기능을 지원하지 않는 플랫폼을 사용하는 경우 마이크로서비스에서 이런 기능을 지원하는 클라이언트 라이브러리를 사용하거나 직접 기능을 구현해야 합니다. 특히 탄력적 통신 기능을 사용해야 하는 경우, 프로그래밍 언어에 따라 사용할 수 있는 몇 가지 라이브러리가 있습니다. 자바의 경우 Resilience4j(*https://oreil.ly/KgIvr*)이나 쿼커스Quarkus(*https://oreil.ly/dNdm2*), 고Go에서는 Go kit(*https://oreil.ly/ZZYpw*)등의 라이브러리를 사용할 수 있습니다.

특정 연결성 패턴 구현을 위해 사이드카 구조를 도입하고자 할 경우 여러 연결성 패턴을 지원하는 엔보이를 사이드카로 사용할 수 있습니다. Dapr(*https://github.com/dapr/dapr*)와 같은 프로젝트의 경우에는 사이드카 브릿지와 같은 연결성 구현에 사용할 수 있습니다. 사이드카 없는 서비스 메시 패턴은 아직 초기 개발 단계이며, 구글 클라우드에서 gRPC와 같은 일부 프로토콜에서만 지원하고 있습니다. 사이드카 없는 서비스 메시 패턴에서는 엔보이의 xDS와 같은 컨트롤 플레인 설정 프로토콜이 중요한 역할을 맡고 있습니다.

3.1.9 연결성 패턴 정리

아래 [표 3-1]에 각 연결성 패턴들을 언제 사용하면 좋은지, 언제 사용해서는 안 되는지를 정리해보았습니다.

표 3-1 연결성 패턴

패턴	사용해야 할 경우	사용해서는 안 되는 경우
서비스 연결성	• 일반적인 패턴으로 거의 모든 클라우드 네이티브 애플리케이션의 연결성 구현에 사용	• 없음
서비스 추상화	• 쿠버네티스 또는 그 외 클라우드 서비스를 사용하면 명시적으로 사용해야 하는 경우가 많음 • 클라우드 네이티브 애플리케이션을 기존의 모놀리식 시스템과 연결할 때 유용함	• 클라우드 서비스에 전적으로 의존하거나 서버리스 플랫폼을 사용할 경우 일부러 이 패턴을 적용할 필요는 없음
서비스 레지스트리 및 검색	• 광범위한 클라이언트가 사용하는 수십, 수백개의 서비스를 관리하는 경우 완전한 서비스 레지스트리 및 검색 패턴이 반드시 필요하며, 대부분의 경우 쿠버네티스와 같은 플랫폼이 제공하는 서비스 검색 기능만으로도 충분함 • AWS나 애저, GCP와 같은 클라우드 서비스를 사용하면 관련 기능들이 대부분 기본으로 제공됨	• 관리해야 하는 서비스가 적으면 완전한 서비스 레지스트리 및 검색 서비스는 필요 없음 • 하지만 DNS와 같은 서비스 검색 기법에 사용하는 일부 기술들은 서비스 위치와 배포 세부사항 등을 캡슐화하기 위해 사용해야 함
서비스 탄력성	• 여러 서비스와 시스템과 연결해야 하는 신뢰할 수 있는 클라우드 네이티브 애플리케이션 구현에는 적용해야 함 • 클라우드 네이티브 애플리케이션과 레거시 시스템 연결에는 필수로 사용해야 함 • 기저의 서비스 메시 솔루션 또는 클라우드 서비스가 탄력적 연결성을 지원하지 않으면 명시적으로 구현해야 하는 경우가 있음	• 기저의 서비스 메시 솔루션이나 클라우드 서비스에서 이러한 기능을 제공하는 경우, 또는 서버리스 플랫폼을 사용하는 경우 명시적으로 서비스 탄력성을 구현할 필요가 없음
사이드카	• 비즈니스 로직과 연결성 로직을 서로 분리하고 싶을 때 사용 • 연결성 로직이 너무 복잡할 경우 별도의 런타임으로 분리하는 것이 좋음 • 동일한 연결성 기능을 다양한 프로그래밍 언어에서 사용할 수 있음	• 데브옵스 조직에서 사이드카 구조의 복잡성을 다룰 수 없으면 적용해서는 안됨 • 컨테이너 오케스트레이션을 사용하지 않으면 사이드카 구조를 지원하는 것이 너무 복잡함

패턴	사용해야 할 경우	사용해서는 안 되는 경우
서비스 메시	• 여러 마이크로서비스 연결에 탄력성, 트래픽 라우팅, 보안 통신, 서비스 검색, 관측 가능성과 같은 기능을 구현하고자 할 때	• 사이드카 패턴과 동일함
사이드카 없는 서비스 메시	• 사이드카로 인한 성능 저하가 두드러질 경우 • 기저의 기술 스택이 사이드카 없이도 컨트롤 플레인을 통한 설정 관리 및 적용이 가능할 때	• 초기 단계의 기술이기 때문에 GCP 트래픽 디렉터와 같이 적용할 수 있는 기술 스택이 없는 경우 사용하지 않는 것이 좋음

3.2 서비스 조합 패턴

클라우드 네이티브 애플리케이션에서의 비즈니스 기능은 마이크로서비스 간의 상호작용을 통해 완성됩니다. 온라인 쇼핑몰 애플리케이션에서 주문 서비스와 상품목록 서비스, 결제 서비스가 한데 어우러져서 사용자에게 필요한 기능을 제공하는 것처럼 말이죠. 비즈니스 기능을 만들 때 하나 이상의 마이크로서비스 또는 시스템들을 연결하게 됩니다. 이전 절까지 서비스와 시스템들을 어떻게 연결하는지를 알아보았다면, 이번 절에서는 서비스의 비즈니스 로직을 파악하고 여러 서비스나 시스템을 통해 새로운 기능을 조합하는 방법을 알아볼 것입니다.

서비스 조합service composition은 여러 서비스와 시스템들을 통합하고 연결해서 어떻게 비즈니스 기능을 구현하는지를 다룹니다. 새로 만드는 서비스는 명확한 비즈니스 요구사항에 의해 결정되며 정확한 비즈니스 관점을 가지고 기존의 서비스들을 조합하여 만든다는 점이 중요합니다. 물론 임의의 서비스들을 아무렇게 연결해서 새로운 서비스를 만들 수는 없습니다. 예를 들어 주문 관리와 같은 특정 비즈니스 기능을 구현한다고 가정해보면, 필요한 서비스와 시스템들을 조합하고 마지막에 API를 만들어서 사용자가 필요한 기능을 사용할 수 있도록 해야 합니다. 이제 서비스 조합 패턴에서 가장 자주 사용하는 세 가지 패턴인 서비스 오케스트레이션, 서비스 코레오그래피, 그리고 사가 패턴을 살펴보겠습니다.

3.2.1 서비스 오케스트레이션 패턴

서비스 오케스트레이션 패턴service orchestration pattern은 SOA 분야에서는 잘 알려진 조합 패턴입니다. 클라우드 네이티브 애플리케이션 영역에서도 역시 이 패턴을 통해 단일 서비스에 조합 로직을 구현하고 여러 서비스와 시스템을 호출해서 비즈니스 기능을 구현할 수 있습니다. 이 패턴을 적용할 때는 대개 동기 통신 방식을 사용하며 그 상태를 저장하지 않는 무상태(스테이트리스)stateless 방식으로 동작합니다.

어떻게 동작할까요

서비스 오케스트레이션 패턴에서는 여러 마이크로서비스와 시스템들을 통합하고 호출해서 비즈니스 로직을 구현합니다. [그림 3-22]에서 새로운 비즈니스 기능을 가지는 마이크로서비스 Z를 만든다고 가정해봅시다. 마이크로서비스 A와 B, C와 같은 기존의 여러 마이크로서비스를 통합해야 할 것입니다. 이를 위해 마이크로서비스 Z의 로직에서 메시지를 통해 마이크로서비스 A, B, C를 호출하고 그 응답들을 조합해서 사용자에게 다시 전달하도록 만듭니다. 사용자가 마이크로서비스 Z의 기능을 호출할 때는 다른 메시지 형식과 통신 프로토콜을 사용할 수도 있습니다. 이 모든 복잡한 상황을 마이크로서비스 Z에서 처리해야 합니다. 그리고 완성한 조합 로직은 마이크로서비스 Z의 로직에 포함합니다.

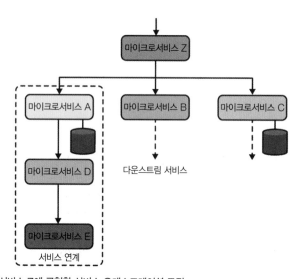

그림 3-22 마이크로서비스 Z에 구현한 서비스 오케스트레이션 로직

다운스트림 서비스에서는 동기 또는 비동기 통신 모두를 사용할 수 있습니다. 다운스트림 서비스에서는 또 다른 서비스를 호출할 수도 있습니다. 이를 서비스 연계service chain라고 합니다. 마이크로서비스 Z와 같은 조합 서비스의 관점에서는 이런 서비스 연계가 있는지 알 수 없습니다.

어떻게 사용할 수 있나요

서비스 오케스트레이션은 비즈니스 기능을 구현하기 위해 여러 마이크로서비스나 시스템 기능을 호출해야 하는 클라우드 네이티브 애플리케이션에서 대부분 사용하는 패턴입니다. 클라우드 네이티브 분야 이전에도 이미 ESB나 워크플로 엔진과 같이 통합 로직을 구현하기 위한 기술들을 사용해 왔습니다. 물론 클라우드 네이티브에서 ESB나 워크플로 엔진과 같은 모놀리식 구조를 사용하는 경우는 거의 없습니다. 대신 마이크로서비스를 만들어서 조합 로직을 구현하고 서비스들을 통합합니다. [그림 3-23]은 실제 온라인 쇼핑몰 애플리케이션에 서비스 오케스트레이션 패턴을 적용한 경우를 보여줍니다. 주문 서비스의 비즈니스 로직은 상품목록, 재고, 배송, 그리고 고객(CRM) 서비스를 호출하고 조합해야 합니다. 각 서비스 호출은 HTTP 기반 REST나 gRPC, SOAP등 다양한 통신 프로토콜로 이루어집니다. 그리고 주문 서비스의 비즈니스 로직에 오케스트레이션 로직을 함께 구현합니다.

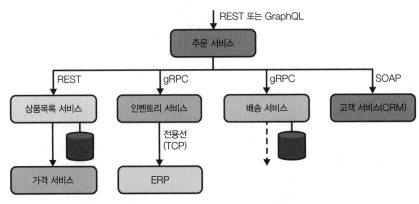

그림 3-23 서비스 오케스트레이션 적용 사례

이런 통합 서비스를 만들 때는 가급적이면 자바나 고, C#과 같이 많이 사용하는 프로그래밍 언어나 아파치 캐멀과 같이 서비스 통합을 간단하게 구현할 수 있는 많은 추상화 기능을 제공하는 클라우드 네이티브 통합 프레임워크를 사용하는 것이 좋습니다.

고려해야 할 사항들

서비스 오케스트레이션을 적용할 때 다음과 같은 사항들을 고려해야 합니다.

- 여러 다운스트림 기능을 조합해서 특정 비즈니스 기능을 만들 수 있는 경우에만 적용해야 합니다. 그렇지 않으

면 여러 비즈니스 기능을 가지는 모놀리식 서비스를 만드는 것에 불과할 뿐입니다.

- 서비스 오케스트레이션은 상태를 저장하지 않는 방식으로 구현할 수 있을 때만 적용하는 것이 좋습니다. 그래야 다른 서비스들의 상태를 관리하지 않아도 되기 때문입니다.
- 조합 로직에서 호출하는 서비스를 되도록 적게 유지하는 것이 좋습니다. 조합 로직에서 네다섯 개의 서비스를 호출해야 한다는 것은 서비스를 잘못 나누었거나, 또는 서비스들을 너무 작게 나누었다는 뜻일수도 있습니다.
- 서비스 오케스트레이션 패턴에서는 조합 로직을 하나의 서비스에서만 처리하며, 이 서비스는 연결된 다른 모든 서비스에 강한 의존성을 가집니다.

전통적인 ESB나 워크플로 엔진과 같은 모놀리식 기술들은 클라우드 네이티브 애플리케이션에 적합하도록 설계되지 않았기 때문에 가급적이면 사용하지 않는 것이 좋습니다.

서비스 오케스트레이션 패턴을 통해 만든 조합 서비스는 7장에서 설명할 API 관리 계층을 통해 사용자에게 제공합니다.

관련 패턴들

서비스 오케스트레이션은 서비스 코레오그래피와 같은 다른 서비스 조합 패턴과 함께 사용할 수 있습니다. 대개 두 가지 패턴을 함께 쓰는 경우가 대부분이죠. 또한 2장에서 살펴본 기본적인 통신 패턴을 사용해서 서비스 오케스트레이션 로직을 만듭니다.

3.2.2 서비스 코레오그래피 패턴

서비스 조합 패턴을 적용할 때 조합 로직을 단일 서비스에 집중해서 구현하지 않고 여러 서비스에 나누어 만들고 싶을 수도 있습니다. **서비스 코레오그래피 패턴**service choreography pattern은 마이크로서비스와 시스템 간 비동기 통신을 통해 서비스를 조합하고 비즈니스 기능을 만듭니다.

어떻게 동작할까요

서비스 코레오그래피 패턴은 여러 마이크로서비스와 시스템 간 상호작용을 통해 새로운 비즈니스 기능을 만들 때 메시지 브로커나 이벤트 허브를 통한 비동기 이벤트 주도 통신 방법을 사용합니다. 이런 상호작용 로직은 여러 마이크로서비스에 널리 퍼져 있으며 마이크로서비스 간 직접적인 연결은 만들어지지 않습니다. 서비스 오케스트레이션 패턴과는 달리 마이크로서비스가 다른 마이크로서비스들을 직접 호출하지 않으며 대신 서비스로 유입되는 이벤트와 메시지를 통해 외부 서비스 호출에 반응합니다. 그래서 서비스 코레오그래피 패턴에서 사용하는 마이크로서비스들을 **반응형 마이크로서비스**reactive microservice라고 부르기도 합니다. 서비스 코레오그래피 패턴의 몇 가지 핵심 개념은 5장에서 살펴본 이벤트 주도 아키텍처 패턴과 밀접한 연관을 가집니다.

마이크로서비스들은 [그림 3-24]에서처럼 브로커를 통해 생산되거나 전달된 이벤트에 기반하여 서로 상호작용합니다.

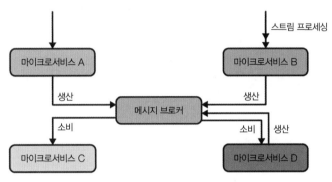

그림 3-24 서비스 코레오그래피 패턴

조합 로직은 큐 또는 토픽에 메시지를 발행하고 이 메시지들을 구독하여 소비하는 마이크로서비스들로 구성됩니다. 큐 기반 단일 수신자나 발행자-구독자와 같은 다중 수신자 패턴과 같은 비동기 메시징 패턴을 통해 여러 마이크로서비스에 비동기 조합 로직을 분산해서 구현할 수 있습니다.

[그림 3-24]에서 마이크로서비스 A는 이벤트를 받아서 이를 처리한 결과를 메시지로 만들어서 브로커의 큐에 넣습니다. 다른 서비스는 이렇게 큐에 들어간 메시지를 가져와서 그 내용을 바탕으로 자신의 비즈니스 로직을 실행합니다. 토픽을 통해 여러 소비자 서비스에 동일한 메시지를 한꺼번에 전달할 수도 있습니다. 해당 토픽을 구독하는 서비스는 자동으로 비즈니스 로직을 실행하게 되며 이벤트를 처리해 그 결과를 메시지로 생성해서 브로커의 큐에 다시 전달하는 식으로 반응합니다. 마이크로서비스 B와 같이 이벤트 스트림을 처리해서 그 결과를 브로커의 큐에 메시지로 전달하기도 합니다. 요구사항에 따라서 5장에서 살펴볼 최소 한 번 전달과 같은 신뢰성 보장 규칙을 적용해서 각 서비스에 메시지를 전달할 수도 있습니다.

서비스 코레오그래피 패턴을 사용할 때 메시지 브로커를 **기본 메시징 인프라스트럭처**primitive messaging infrastructure로 사용한다는 점을 명심하시기 바랍니다. 브로커에는 메시지 내용에 따라 라우팅하는 등의 비즈니스 로직을 구현해서는 안 됩니다. 이런 모든 비즈니스 로직 관련 기능을 생산자나 소비자 마이크로서비스에 구현해야 합니다.

어떻게 사용할 수 있나요

서비스 코레오그래피 패턴을 구현할 때 특별한 기술이나 프레임워크를 사용할 필요는 없습니다. 메시지 브로커를 통한 비동기 메시징으로 서비스와 시스템들을 잘 조직하기만 하면 됩니다. [그림 3-25]의 온라인 쇼핑몰 애플리케이션에서는 여러 서비스가 비즈니스 요구사항에 따라 서로 이벤트를 주고받습니다. 예를 들어 주문 서비스는 주문 발행 이벤트를 받아서 이를 브로커 큐에 메시지로 넣습니다. 지불 서비스는 주문을 처리하는 큐에서 이 메시지를 가져온 다음 지불 정보를 확인합니다. 지불 내용을 확인하고 나면 그 내용을 배송 서비스가 처리하는 메시지 큐로 전달합니다. 배송 서비스로 전달되는 메시지는 이미 지불 확인이 끝났다는 것을 의미하기 때문에 바로 배송 작업에 들어갈 수 있습니다. 배송 추적 서비스의 경우 이벤트 스트림을 전달받아서 처리 결과를 적절한 브로커 토픽에 전달합니다. 배송 현황 서비스나 주문 상태 서비스와 같이 이 토픽을 구독하는 서비스들은 구독-발행 패턴을 통해 이 메시지들을 전달받게 됩니다.

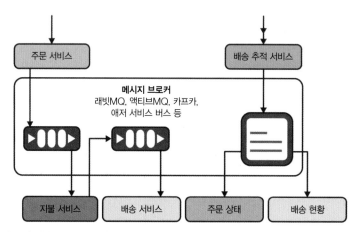

그림 3-25 큐와 토픽 기반 비동기 메시징을 사용한 실제 서비스 코레오그래피 적용 사례

서비스 간 통신을 더 효율적으로 만들기 위해 여러 개의 서로 다른 브로커 솔루션을 사용할 수도 있습니다. 반드시 단일 메시지 브로커를 써야 할 필요는 없으며, 서로 다른 비동기 통신 방법을 사용해야 하는 경우 당연히 여러 가지 메시지 브로커를 써야 합니다. 서비스 간 전달이 보장되고 신뢰할 수 있는 메시지 브로커가 필요한 경우 AMQP 기반 브로커를 써야 하고 메시지 전송에 특별한 제약은 없으나 높은 확장성을 가지는 발행자—구독자 패턴 적용이 필요한 경우 카프카를 사용하면 됩니다.

고려해야 할 사항들

서비스 코레오그래피 패턴을 적용할 때는 아래와 같은 내용을 고려해보아야 합니다.

- 서비스 조합 로직이 여러 마이크로서비스에 분산되어 있습니다. 서비스 오케스트레이션은 조합 로직을 하나의 서비스에 구현하기 때문에 이것만 봐도 비즈니스 로직이 어떤지 이해할 수 있지만, 서비스 코레오그래피 패턴의 비즈니스 로직은 하나의 서비스 로직만 보고 이해할 수 없습니다.
- 서비스는 서로 느슨하게 결합됩니다. 서비스 오케스트레이션에 비해 서비스를 추가하거나 빼는 것이 훨씬 쉽습니다.
- 서비스 코레오그래피 패턴이 비동기 이벤트 주도 통신을 사용하기 때문에 서버리스 플랫폼으로 구현할 수도 있습니다. 예를 들면 이벤트 주도 마이크로서비스들을 전부 서버리스 기능으로 만들 수 있습니다.

관련 패턴들

서비스 코레오그래피 패턴은 서비스 오케스트레이션 패턴과 함께 사용하는 경우가 많습니다. 그래서 동기 및 비동기 서비스 상호작용을 한꺼번에 구현하는 경우가 대부분이죠. 서비스 코레오그래피를 구현할 때는 2장에서 설명한 단일 수신자나 다중 수신자와 같은 비동기 통신 패턴을 사용합니다.

3.2.3 사가 패턴

여러 마이크로서비스를 묶어서 새로운 서비스 조합을 만들 때, 이 서비스 간 상호작용을 트랜잭션으로 동작하게 해야 할 경우가 있습니다. 예를 들어 한 서비스에서 동작이 실패하면, 다른 서비스 상호작용을 전부 취소한다던가 말이죠. 이런 경우 트랜잭션의 경계가 여러 마이크로서비스와 서비스에 걸쳐 있기 때문에, **분산 트랜잭션**distributed transaction이라고 부르기도 합니다.

사가 패턴은 이전에 소개한 서비스 오케스트레이션과 서비스 코레오그래피 패턴 모두에 적용할 수 있습니다.

어떻게 동작할까요

사가 패턴은 트랜잭션을 여러 하위 트랜잭션 및 연계되는 보상 트랜잭션compensating transaction으로 나누어 마이크로서비스들과 시스템에 배치함으로써 분산 트랜잭션을 만듭니다. 사가 패턴의 모든 트랜잭션은 전체가 성공해야 트랜잭션이 완성되며, 하나라도 실패하는 경우 보상 트랜잭션을 실행해 전체 하위 트랜잭션들을 취소하고 원래 상태로 복구합니다.

사가 패턴을 어떻게 구현하는지 자세히 살펴보기 전에, 우선 사가 패턴이 어떤 문제를 해결하고자 하는지를 알아봅시다. 사가 패턴은 앞서 설명한 바와 같이 클라우드 네이티브 애플리케이션의 여러 마이크로서비스에 걸쳐 있는 분산 트랜잭션을 만들기 위해 사용합니다.

[그림 3-26]와 같이 여러 마이크로서비스 간 서비스 조합을 구성해야 한다고 생각해봅시다. 조합 로직은 단일 트랜잭션 내에서 호출되어야 하며, 하위 트랜잭션인 T1과 T2, T3는 전부가 실행되거나 혹은 전혀 실행되지 않은 상태가 되어야 합니다. 조합한 비즈니스 기능은 마이크로서비스 X와 같은 다른 마이크로서비스에 구현해서 분산 트랜잭션 전체를 실행하고 관리하도록 합니다.

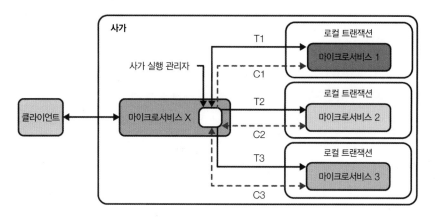

그림 3-26 사가 패턴으로 구현한 분산 트랜잭션 서비스 조합

사가 패턴에서는 분산 트랜잭션을 여러 로컬 트랜잭션으로 나누고, 각 로컬 트랜잭션을 취소하고 상태를 원래대로 돌릴 보상 트랜잭션과 함께 묶어서 배치합니다. T1 트랜잭션이 실패하면 C1 트랜잭션을 실행해서 원래 상태로 복구하는 것이죠. 마이크로서비스 X는 이런 로컬 트랜잭션들을 묶어서 분산 트랜잭션으로 만들고, 각 마이크로서비스는 로컬 트랜잭션을 실행해서 데이터베이스에 데이터를 추가하거나 큐에 메시지를 전달하는 등의 트랜잭션 작업을 수행합니다. 로컬 트랜잭션을 취소하고 원래 상태로 돌아가기 위해 각 마이크로서비스는 **보상 작업**compensating operation을 실행합니다.

마이크로서비스 X의 조합 로직은 **사가 실행 관리자**saga execution coordinator(SEC)로 구현합니다. 실행 관리자는 트랜잭션에 필요한 모든 서비스 호출, 즉 T1과 T2, T3를 호출합니다. 이 중 어느 하나라도 실패하면 마이크로서비스 X의 SEC 로직은 트랜잭션을 취소하기 위해 보상 작업(C1, C2, C3)을 실행하고 상태를 원래대로 되돌립니다.

사가 패턴의 개념 자체는 어렵지 않고 BPMN^{Business Process Model and Notation}과 같은 중앙집중형 워크플로 솔루션들은 대부분 사가 패턴과 동일한 개념으로 구현되어 있습니다. 하지만 클라우드 네이티브 애플리케이션의 사가 패턴은 여러 마이크로서비스에 분산해서 구현해야 하며 마이크로서비스들이 추가되거나 제거될 수 있기 때문에 각 분산 트랜잭션의 보관 기간이 짧습니다. 그래서 클라우드 네이티브 애플리케이션에서 사가 패턴을 구현할 때는 반드시 사가 로그^{log}를 통해 트랜잭션을 기록하고 별도로 영구히 보관해야 합니다. 사가 로그는 분산 로그로서 SEC 컴포넌트가 관리하게 됩니다. 사가 로그를 통해 서비스 조합 로직에서 실행되는 모든 트랜잭션을 기록하고 보관합니다. 로그에는 사가 시작, 사가 종료, 사가 취소, T-i 시작, T-i 종료, C-i 시작, C-i 종료와 같이 상태가 변하는 작업 정보가 담겨 있습니다. 이렇게 분산 로그에 상태가 변하는 이벤트들을 기록함으로써 문제가 생겼을 때 원하는 상태로 언제든지 돌아갈 수 있습니다. SEC 로직이 구현된 마이크로서비스 X는 사가 로그를 통해 언제든지 원하는 상태로 돌아갈 수 있기 때문에 새로운 인스턴스로 다시 실행하는 등 인스턴스 수명이 짧은 상황에서도 문제가 없습니다.

SEC 컴포넌트는 사가 패턴의 모든 트랜잭션 실행을 조율하고 관리합니다. SEC는 사가 로그를 기록하고 다시 실행할 수 있지만, 모든 서비스의 메모리 상태까지 전부 관리할 수는 없습니다. 사가 패턴을 구현할 때는 마이크로서비스 로직 안에 SEC를 만들 수 있는 프레임워크나 기술을 사용하며 SEC는 분산 로그를 통해 조합 로직의 상태를 관리합니다.

사가 패턴은 주로 서비스 오케스트레이션 패턴과 함께 사용합니다. 물론 서비스 코레오그래피에서도 사용할 수 있지만 이 경우 중앙의 SEC 컴포넌트가 없으며 각 마이크로서비스가 브로커를 통해 트랜잭션 작업을 수행해야 합니다. 보상 작업을 비롯한 모든 작업은 브로커의 큐를 통해 메시지나 이벤트 형태로 주고받습니다. 트랜잭션의 경계는 브로커의 큐와 같은 요소와 연결되는 마이크로서비스에 지정됩니다.

어떻게 사용할 수 있나요

사가 패턴은 마이크로서비스들과 시스템들을 조합해서 분산 트랜잭션을 만들고 비즈니스 기능을 구현할 때 사용합니다. [그림 3-27]과 같은 여행지 예약 서비스를 만든다고 생각해봅시다. 이 서비스에서는 고객이 항공권과 호텔, 렌트카를 한 번의 트랜잭션으로 예약할 수 있습니다. 항공권과 호텔, 텐트카 예약 기능들은 각각의 마이크로서비스에 구현합니다. 각 서비스는 자신의 로컬 트랜잭션을 통해 데이터베이스에 항공권 예약을 추가하고 브로커에게 호텔 예약 정보를 발행하며 또 다른 데이터베이스에 렌트카 예약 정보를 추가합니다.

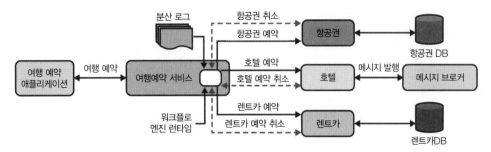

그림 3-27 여행지 예약 애플리케이션의 사가 패턴

사가 패턴을 적용하면 각 마이크로서비스에 로컬 트랜잭션과 더불어 연관 보상 트랜잭션도 함께 구현해야 합니다. 위 그림에서는 항공권 취소, 호텔 예약 취소, 렌트카 취소와 같은 작업이 이에 해당합니다. 각 로컬 트랜잭션은 해당 마이크로서비스가 안전하게 처리해야 합니다. 그래서 여행예약 서비스는 분산 로그를 사용해서 트랜잭션들을 기록하고 비즈니스 로직을 구현합니다. 사가 실행의 상태를 기록해 저장하고 트랜잭션을 재시작하거나 취소하는 것은 기저의 사가 구현체에서 대부분 처리합니다. 비즈니스 로직은 필요한 다른 비즈니스 기능들을 호출하고 필요한 경우 보상 작업을 호출하는 대에 집중합니다.

Camunda(*https://camunda.com*)나 아파치 캐멀(*https://oreil.ly/C1via*)과 같은 프레임워크나 워크플로 엔진, 그리고 애저와 같은 클라우드 서비스에서는 서버리스 기능과 이벤트 브로커를 통한 사가 패턴 구현을 지원합니다.

고려해야 할 사항들

사가 패턴을 적용해서 분산 트랜잭션을 통해 서비스를 조합하고 비즈니스 기능을 만드는 것은 꼭 필요한 경우에만 사용해야 합니다. 대부분의 경우에는 여러 서비스에서 실행하는 분산 트랜잭션을 필요로 하지 않습니다. 애플리케이션에서 반드시 분산 트랜잭션을 사용해야 한다면 다음과 같은 사항을 고려하시기 바랍니다.

- 사가 패턴을 구현할 때는 사가 실행 관리자(SEC)를 통해 서비스 간 비즈니스 트랜잭션의 상태를 저장하고 관리할 수 있는 사가 프레임워크나 워크플로 엔진을 사용해야 합니다. 바닥부터 모든 것을 완전히 새로 만드는 것은 너무 복잡하고 규모가 큽니다.

- 분산 서비스에서 실행되는 비즈니스 트랜잭션을 디버깅하고 문제를 해결하기 위해서 적절한 관측 가능성 솔루션을 반드시 함께 실행해야 합니다.
- 사가 프레임워크는 반드시 확장 가능한 분산 로그를 지원해야 합니다. 단일 트랜잭션에서 사가 로그에 엄청난 양의 이벤트를 기록할 수도 있기 때문입니다.

관련 패턴들

사가 패턴은 서비스 오케스트레이션에서 서비스 조합을 만들 때 자주 사용합니다. 각 서비스에서 처리하는 로컬 트랜잭션들은 4장에서 살펴볼 데이터 관련 패턴들을 사용합니다.

3.2.4 서비스 조합 패턴 구현 기술

서비스 조합 패턴은 여러 가지 구현 기술들로 만들어집니다. 클라우드 네이티버 애플리케이션에서는 스프링부트나 쿼커스, Micronaus, Go kit와 같은 마이크로서비스 개발 프레임워크를 사용하거나 Go, 파이썬, Node.js, C#등과 같은 프로그래밍 언어로 직접 서비스 조합을 구현합니다. 하지만 서비스 조합을 구현할 때 여러 프로토콜과 메시징 패턴을 사용해야만 해서 그 구현이 어렵고 무거워지면, 서비스 조합 전용 로직을 별도로 만들거나 아파치 캐멀과 같은 독립적인 통합 프레임워크를 사용하는 것이 좋습니다. MuleSoft나 RedHat Fuse, WSO2 Micro Integrator와 같은 전통적인 통합 플랫폼 제공 업체들에서 서비스 조합 패턴 구현에 사용할 수 있는 다양한 클라우드 네이티브 플랫폼을 제공합니다. 이들 업체들은 iPaaS^{integration platform as a service}의 형태로 Boomi, 애저 Logic Apps, Mulesoft Anypoint와 같은 플랫폼 서비스를 제공합니다. 워크플로와 사가 구현을 위해서 Camunda나 넷플릭스 Conductor, 우버 Cadence와 같은 솔루션을 사용해서 서비스 조합을 상태 저장 및 관리가 가능한 트랜잭션 형태로 구현할 수도 있습니다.

3.2.5 서비스 조합 패턴 정리

[표 3-2]에 서비스 조합 패턴을 언제 사용할지, 언제 사용하면 안되는지 정리해보았습니다.

표 3-2 서비스 조합 패턴

패턴	사용해야 할 경우	사용해서는 안되는 경우
서비스 오케스트 레이션	• 비즈니스 기능을 구현할 때 하나의 서비스가 다른 서비스 및 시스템과의 상호작용을 제어해야 할 경우 • 대부분의 인터랙티브 서비스에 잘 맞음	• 서비스 간 의존성이 문제가 될 경우 • 애플리케이션이 주로 비동기 메시징이나 이벤트를 사용하는 경우
서비스 코레오 그래피	• 이벤트 주도 마이크로서비스들로 서비스 조합을 만들어야 하는 경우 • 클라우드 네이티브 애플리케이션의 마이크로서비스들 간 의존성이 없도록 만들고자 할 경우	• 사용자에게 제공하는 API와 같은 인터랙티브 서비스의 경우
사가	• 여러 마이크로서비스 간 분산 트랜잭션 구현이 반드시 필요한 경우	• 트랜잭션 실행에 필요한 보상 작업을 실행할 수 없는 서비스인 경우 • 프레임워크나 솔루션이 사가 실행을 지원하지 않는 경우(사가 패턴을 바닥부터 전부 새로 만드는 것은 너무 복잡함)

3.3 마치며

클라우드 네이티브 애플리케이션은 분산 애플리케이션으로서 여러 마이크로서비스와 시스템으로 구성됩니다. 이 장에서는 마이크로서비스와 시스템 간 연결성을 쉽고 탄력성있으며 안전하고 확장 가능하게 구현하는 방법들을 알아보았습니다. 또한 여러 서비스와 시스템을 조합해서 새로운 비즈니스 기능을 구현하는 패턴들도 살펴보았습니다. 7장에서는 이 기능들을 사용자에게 어떻게 관리형 API로 제공할 수 있는지를 더 자세히 알아봅니다.

CHAPTER 4

데이터 관리 패턴

데이터는 모든 애플리케이션의 핵심 요소입니다. 간단한 에코 서비스조차 메시지를 받아야 이에 응답할 수 있죠. 이 장에서는 클라우드 네이티브 애플리케이션에서의 데이터와 데이터 관리 방법에 대해서 살펴볼 것입니다.

우선 데이터 아키텍처에 대해서 알아봅니다. 데이터 아키텍처가 어떻게 데이터를 모으고 처리하고 저장하는지 살펴봅니다. 그다음 애플리케이션에서 데이터를 사용하는지, 데이터의 구조가 어떠한지, 그 크기는 어떤지에 따라 데이터들을 여러 관점에서 살펴봅니다. 그리고 각 데이터 유형에 따라 어떤 스토리지를 사용할 수 있으며 처리 방법은 무엇이 있는지도 알아봅니다.

그다음에는 데이터와 관련된 다양한 패턴을 배워봅니다. 데이터의 중앙집중화와 분산처리, 데이터 조합, 캐싱, 관리, 성능 최적화, 신뢰성, 보안 등의 요소를 다룹니다. 아울러 실제로 많이 사용하는 클라우드 네이티브 애플리케이션 개발 패턴 관련 기술들이 무엇이 있는지도 알아봅니다.

이런 데이터와 데이터 관련 패턴들, 그리고 기술들을 알아두면 클라우드 네이티브 애플리케이션을 그 목적과 다루는 데이터에 따라 설계할 수 있습니다.

4.1 데이터 아키텍처

클라우드 네이티브 애플리케이션은 [그림 4-1]과 같이 데이터를 모으고, 저장하고, 처리하고 이 데이터들을 다양한 방법으로 사용하고 표현합니다.

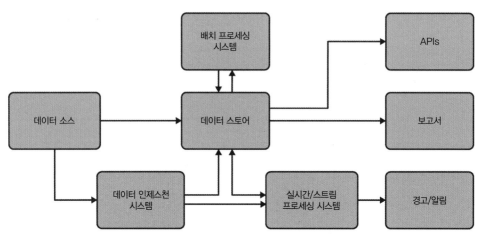

그림 4-1 클라우드 네이티브 애플리케이션의 데이터 아키텍처

데이터 소스data source는 사용자 입력이나 센서 측정 값과 같이 클라우드 네이티브 애플리케이션으로 데이터를 입력하는 곳입니다. 메시지 브로커와 같은 **데이터 인제스천 시스템**data ingestion system에 데이터를 입력하거나, 또는 가능하다면 데이터 스토어로 직접 데이터를 입력할 수도 있습니다. 데이터 인제스천 시스템은 데이터를 이벤트나 메시지 형태로 다른 애플리케이션이나 데이터 스토어로 전달합니다. 이 방법을 사용하면 신뢰할 수 있는 비동기 데이터 처리 기법을 구현할 수 있습니다. 데이터 인제스천 시스템에 대한 자세한 내용은 5장에서 다룹니다.

데이터 스토어data store는 데이터 아키텍처에서 핵심적인 부분입니다. 데이터 스토어는 다양한 형태의 데이터를 저장하고 경우에 따라 해당 공간을 확장할 수 있습니다. 데이저 스토어를 원천으로 보고서를 만들고 데이터 관련 **API**를 제공할 수도 있습니다. 데이터 스토어에 대한 자세한 사항은 다음 절에서 살펴봅니다.

실시간/스트림 프로세싱 시스템real-time/stream-processing system은 이벤트를 그때그때 처리하여 경우에 따라 유용한 결과를 만들어내거나 관련 경고 또는 알림을 제공하기도 합니다. 6장에서 자세한 내용을 다룹니다. **배치 프로세싱 시스템**batch processing system은 배치를 통해 데이터 소스로부터 데이터를 전달받아 처리해서 그 결과를 데이터 스토어에 저장합니다. 저장한 결과는 다시 보고서 또는 API 등을 통해 외부에 제공할 수 있습니다. 이 경우 프로세싱 시스템은 파일 시스템과 같은 다른 데이터 스토어에서 데이터를 읽어서 그 결과를 관계형 데이터베이스 같은 또 다른 유형의 데이터 스토어에 저장할 수도 있습니다. 클라우드 네이티브 애플리케이션의 배치 프로세싱은 전통적인 배치 데이터 프로세싱과 비슷하기 때문에 여기에서는 자세히 설명하지 않겠습니다.

클라우드 네이티브 마이크로서비스들이 크기 조절이 자유롭고 탄력적이며 관리가 쉽다는 특성이 있는 것처럼, 클라우드 네이티브 데이터들 역시 전통적인 데이터 처리 분야에서 사용하던 데이터와는 다른 고유한 특성을 가집니다. 가장 중요한 특성은 바로 클라우드 네이티브 데이터들이 데이터 포맷이 서로 다르거나, 데이터 스토어가 다른 등등 여러 가지 형태로 존재한다는 것입니다. 클라우드 네이티브 데이터는 고정된 스키마를 가지지 않으며 가용성, 성능 등의 이유로 여러 곳에 중복해서 존재하는 것이 좋습니다. 또한 클라우드 네이티브 애플리케이션의 여러 서비스가 가급적 같은 데이터베이스를 사용하지 않도록 하고 대신에 각 서비스 고유의 데이터 스토어를 가지며 데이터에 접근할 수 있는 API를 제공한다는 점 또한 중요한 특성입니다. 이런 데이터의 분리를 통해 클라우드 네이티브 데이터가 그 크기를 쉽게 확장할 수 있게 됩니다.

4.2 데이터의 타입과 형태

데이터는 다양한 형태로 존재하며 애플리케이션에 지대한 영향을 미칩니다. 클라우드 네이티브 애플리케이션이든 아니든 관계 없이 말이죠. 이 절에서는 데이터가 어떻게 애플리케이션의 실행에 영향을 미치고, 데이터가 어떤 형태를 가질 수 있는지, 데이터를 어떻게 잘 전달하고 저장할 수 있는지 알아봅니다.

애플리케이션의 실행은 아래 세 가지 주요 데이터 타입에 큰 영향을 받습니다.

입력 데이터

사용자 또는 클라이언트를 통해 입력되는 메시지들입니다. 많은 경우 JSON 또는 XML 메시지 형태로 입력되며, gRPC나 Thrift와 같은 이진 데이터 형태로도 입력되기도 합니다.

설정 데이터

환경 등과 관련된 값을 변수 형태로 전달받습니다. XML이 이런 설정 언어 쪽에서 오랫동안 사용되어 왔지만, 최근 클라우드 네이티브 애플리케이션 분야에서는 YAML 형태가 사실상 표준으로 사용되고 있습니다.

상태 데이터

애플리케이션 자체가 현재 메시지나 이벤트 등에 기반한 상태state를 기록하고 저장하는 데이터입니다. 현재 상태를 저장하고 애플리케이션 시작 시에 읽어올 수 있다면, 애플리케이션이 재시작하는 경우에도 이전에 처리하던 작업을 끊김 없이 계속 진행할 수 있습니다.

애플리케이션이 오직 입력 및 설정 데이터에만 영향을 받는 경우 이를 **무상태(스테이트리스) 애플리케이션**stateless application이라고 부릅니다. 이런 애플리케이션은 구현하기가 비교적 쉽고 언제든지 재시작해도 그 실행에 문제가 없기 때문에 확장이 쉽습니다. 반면 입력 및 설정, 그리고 상태 데이터가 필요한 애플리케이션을 **상태(스테이트풀) 애플리케이션**stateful application이라고 합니다. 상태 애플리케이션은 상대적으로 구현이 어렵습니다. 애플리케이션의 상태를 반드시 데이터 스토어 등에 저장하고 관리해야 애플리케이션의 문제가 발생해서 재시작하는 경우에도 문제없이 실행을 재개할 수 있습니다. 클라우드 네이티브 애플리케이션 역시 상태와 무상태 두가지 분류로 나눌 수 있습니다. 3장에서는 무상태 애플리케이션을 다루었으며, 이 장에서는 상태 애플리케이션을 주로 다룹니다.

클라우드 네이티브 애플리케이션은 다양한 형태의 데이터를 다루는 데 크게 세 가지로 분류할 수 있습니다.

정형 데이터

정형 데이터structured data는 미리 정의한 스키마에 잘 맞는 데이터입니다. 예를 들면 회원가입 시 작성하는 양식 데이터는 관계형 데이터베이스에 쉽게 저장할 수 있습니다.

반정형 데이터

반정형 데이터semi-structured data는 데이터가 일부 구조적 형태를 띱니다. 데이터가 참조를 위한 키 또는 이름을 가지고는 있지만, 모든 데이터의 해당 키가 같은 갯수의 필드나 하위 데이터를 가지고 있다고 보장할 수는 없습니다. 이런 형태의 데이터는 JSON이나 XML,

YAML로 쉽게 표현할 수 있습니다.

비정형 데이터

비정형 데이터unstructured data는 참조 등을 위한 의미 있는 필드를 전혀 가지고 있지 않습니다. 이미지나 비디오, 저수준 텍스트 콘텐츠가 이에 해당합니다. 이런 콘텐츠는 대개 콘텐츠를 이해할 필요 없이 그냥 저장합니다.

4.3 데이터 스토어

클라우드 네이티브 애플리케이션이 사용하는 데이터에 따라 적합한 데이터 스토어를 사용해야 합니다. 정형, 반정형, 비정형 데이터에 따라, 그리고 확장성과 가용성 요구사항에 따라 적절한 데이터 스토어를 선택합니다. 다양한 스토어를 사용할 수 있으며 각 스토어는 서로 다른 특성을 가집니다. 어떤 스토어는 고성능을, 어떤 스토어는 높은 확장성을 보이기도 합니다. 물론 서로 다른 스토어들을 함께 사용해서 이렇게 서로 다른 특성들을 한꺼번에 사용할 수도 있습니다. 이 절에서는 많이 사용하는 데이터 스토어 유형들을 살펴보고, 클라우드 네이티브 애플리케이션에 언제, 어떻게 사용할 수 있는지 알아봅니다.

4.3.1 관계형 데이터베이스

관계형 데이터베이스relational database는 미리 정의한 스키마에 따라 정형 데이터를 저장하기에 적합합니다. 이런 데이터베이스는 SQLStructured Query Language을 사용해서 데이터를 처리하고 저장하고 접근할 수 있습니다. 또한 데이터베이스에 데이터를 쓰기 전에 데이터 스키마를 정의해야 하는 스키마 온 라이트schema on write 정책을 따르기도 합니다.

관계형 데이터베이스는 색인과 정규화 작업을 통해 데이터 읽기 및 쓰기를 최적화합니다. 이런 데이터베이스들은 ACID, 즉 원자성atomicity와 일관성consistency, 고립성isolation, 지속성durability를 지원하기 때문에 트랜잭션 또한 보장할 수 있습니다. **원자성**은 트랜잭션의 모든 동작이 하나의 동작처럼 이루어지는 것을 보장합니다. **일관성**은 트랜잭션 이전과 이후의 데이터가 한결같음을 보장합니다. **고립성**은 트랜잭션 동안의 중간 상태 데이터가 다른 트랜잭션에는 전혀 보이지 않음을 보장합니다. 마지막으로 **지속성**은 트랜잭션이 성공한 경우 시스템에 문제가 생기거나 실패하더라도 데이터가 기록되고 저장됨을 보장합니다. 이런 특성들 때문에 관계형 데이터베이스는 특히 중요한 금융 관련 애플리케이션에서 많이 사용됩니다.

관계형 데이터베이스는 반정형 데이터에는 잘 맞지 않습니다. 예를 들어 온라인 쇼핑몰 애플리케이션에서 상품 목록 데이터를 저장할 때, 해당 상품에 대한 자세한 정보와 가격, 상품 관련 사진들, 그리고 리뷰 정보를 입력 받아서 저장한다고 하면 이 모든 정보를 관계형 데이터베이스에 넣는 것은 힘듭니다. 대신 상품ID나 이름, 세부 정보, 가격과 같이 중요하고 자주 사용하는 필드들은 관계형 데이터베이스에, 그리고 상품 리뷰 목록들은 NoSQL 데이터베이스에, 사진들은 파일 시스템에 저장할 수 있습니다. 하지만 이런 방식으로 구현하면 상품 관련 데이터를 여러 곳에서 가져와야 하기 때문에 성능 부하가 발생할 수 있습니다. 이런 경우 꼭 필요한 상품 썸네일 등의 비정형 또는 반정형 데이터를 관계형 데이터베이스의 블랍blob이나 텍스트 형태로 저장해서 읽기 성능을 향상시킬 수 있습니다. 물론 이런 방법을 사용할 때는 관계형 데이터베이스를 사용하는 비용이나 저장 공간 소비 정도를 고려해야만 합니다.

관계형 데이터베이스는 물론 클라우드 네이티브 애플리케이션 데이터 저장에도 사용할 수 있는 좋은 선택지입니다. 각 마이크로서비스가 별도의 관계형 데이터베이스를 사용하는 것이 확장성도 뛰어나고, 마이크로서비스와 데이터베이스를 단일 단위로 묶어서 배포하기에도 좋습니다. 사실 관계형 데이터베이스는 그 설계부터 확장성이 떨어집니다. 확장성이라는 관점에서 관계형 데이터베이스는 주primary와 부secondary 구조밖에 지원하지 않으며, 여러 노드 중 단 하나의 노드에만 쓰기가 가능하고 나머지 워커 노드는 읽기만 지원합니다.

따라서 클라우드 네이티브 애플리케이션에서 관계형 데이터베이스는 저장해야 하는 레코드 수가 데이터베이스가 효과적으로 처리할 수 있는 수를 넘지 않을 때만 사용하는 것이 좋습니다. 고객 주문이나 로그, 알림 등을 저장하는 것과 같이 데이터 크기가 계속 증가할 것으로 예상되는 경우, 관계형 데이터베이스를 나중에 살펴볼 데이터 확장 패턴을 통해 배포하거나, 또는 다른 데이터 스토어를 사용하는 것이 좋습니다.

4.3.2 NoSQL 데이터베이스

NoSQL이라는 단어를 **not SQL**이라고 이해하는 경우가 많은데, 그보다는 **not only SQL**이라고 이해하는 것이 좀 더 정확합니다. NoSQL 데이터베이스 역시 SQL과 유사한 질의 구문을 지원하면서도 확장성이나 반정형 데이터를 저장하고 처리할 수 있는 장점도 있기 때문입니다. NoSQL 데이터베이스는 **스키마 온 리드**schema on read, 다시 말해 데이터를 읽고 처리하는 시점에 데이터에 대한 스키마가 정의되어 있어야 하는 정책을 따릅니다. 데이터를 디스크에 쓸 때는 스키마가 정의되어 있을 필요가 없습니다. NoSQL 데이터베이스는 확장성과 성능이 중요한 빅데이터를 처리하는 데 적합합니다. NoSQL 데이터베이스는 기본적으로 데이터를 분산 저장하기 때문에 여러 클라우드 네이티브 애플리케이션에서 사용할 수 있습니다. 성능 최적화를 위해 NoSQL 데이터베이스는 대개 데이터를 정규화normalized하지 않으며 중복 필드를 가질 수 있습니다. 데이터를 정규화할 경우 데이터를 가져올 때 테이블 조인 등의 연산이 발생하는데, 이는 분산 저장이라는 NoSQL 데이터베이스의 특성으로 인해 시간이 많이 소요되는 작업입니다. 아울러 성능 및 확장성 문제로 인하여 소수의 NoSQL 데이터베이스만 트랜잭션을 지원합니다. 당연히 트랜잭션 작업이 필요한 경우 NoSQL에 데이터를 저장하는 것은 좋지 않습니다.

클라우드 네이티브 애플리케이션에서 NoSQL 데이터베이스를 사용하는 방법은 아주 다양하며, NoSQL 데이터베이스의 종류도 많습니다. 그리고 관계형 데이터베이스와는 달리 NoSQL 데이터베이스들은 동작하는 방법이 제각각 다릅니다. NoSQL 데이터베이스는 데이터를 저장하고 일관성과 가용성을 제공하는 방식에 따라 아래와 같이 분류할 수 있습니다.

키–값 스토어

키–값 스토어key-value store는 레코드를 키–값 쌍으로 저장합니다. 이를테면 로그인 한 사용자의 세션 정보를 세션ID 키 값에 저장하는 경우 사용할 수 있습니다. 키–값 스토어는 데이터 캐싱에 아주 많이 사용합니다. 레디스Redis는 대표적인 오픈소스 키–값 스토어 중 하나입니다. 그 외에도 Memcached나 Ehcache역시 널리 사용됩니다.

컬럼 스토어

컬럼 스토어column store는 [그림 4–2]처럼 각 행row에 여러 개의 키(컬럼column)–값 쌍을 저장합니다. 또한 스키마 온 리드 정책의 좋은 예시이기도 합니다. 데이터를 쓸 때는 몇 개의 컬럼이든 자유롭게 기록하고, 데이터를 읽어올 때는 원하는 컬럼만 명시할 수 있습니다. 아파치 카산드라Cassandra가 가장 널리 사용되는 컬럼 스토어입니다. 또한 빅데이터와 아파치 하둡Hadoop 인프라스트럭처를 사용하는 경우, 아파치 HBase를 사용할 수도 있습니다.

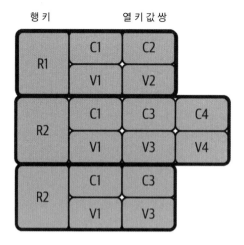

그림 4-2 컬럼 스토어

도큐먼트 스토어

도큐먼트 스토어document store는 JSON이나 XML 도큐먼트와 같은 반정형 데이터를 저장할 수 있습니다. JSON과 XML의 경로 표현식path expression을 통해 저장된 데이터를 처리할 수도 있습니다. JSON 및 XML 메시지를 저장할 수 있기 때문에 프런트엔드 애플리케이션이나 통신에 사용하는 API 분야에서 널리 사용합니다. 몽고DBMongoDB, 아파치 카우치DBCouchDB, 카우치베이스CouchBase가 주로 사용됩니다.

그래프 스토어

그래프 스토어graph store는 데이터를 노드node로 저장하고 에지edge를 통해 데이터 노드 간 관계를 표현합니다. 저장되는 데이터는 다차원 형태이며, 소셜 미디어의 인맥 네트워크나 물품 거래 네트워크를 구축하고 거래 사기를 탐지하는 목적으로 사용할 때 좋습니다. 현재 업계에서는 그래프 스토어로 Neo4j를 가장 많이 사용하고 있습니다.

오브젝트 스토어나 시계열time-series 데이터 스토어와 같은 다른 유형의 NoSQL 데이터베이스들은 특정 목적을 가지고 사용하는 데이터를 저장하고 질의할 때 많이 사용합니다. 또한 몇몇 NoSQL 데이터베이스는 여러 분류에 포함되는 이른바 멀티 모델 형태로 동작하기도 합니다. 예를 들어 아마존 다이나모DBAmazon DynamoDB는 키-값 스토어이며 도큐먼트 스토어이기도 합니다. 애저 코스모스DB^{Azure CosmosDB} 역시 키-값, 도큐먼트, 그래프 스토어로 사용할 수 있습니다.

NoSQL 데이터베이스는 기본적으로 분산 동작하기 때문에, CAP 이론을 적용할 수 있습니다. CAP은 일관성, 가용성^{availability}, 분할 내성^{partition tolerance}을 나타내며, CAP 이론은 어떤 분산 시스템도 일관성과 가용성, 분할 내성 이 세가지를 모두 만족할 수 없다는 것을 뜻합니다. 네트워크상에서 분할 내성을 만족하며 동시에 일관성과 가용성을 제공할 수는 없습니다. 여기서 **가용성**이란 분산 시스템의 일부 노드가 문제가 발생해도 전체 시스템이 문제없이 동작하는 것을 의미하며, **일관성**은 특정 노드에 있는 데이터에 대한 수정 또는 변경이 시스템의 다른 모든 노드에 전파되는 것을 말합니다. **분할 내성**은 일부 노드가 다른 노드와 연결될 수 없는 상황, 즉 분할이 발생한 경우에도 시스템에 이상이 생기지 않는 것을 뜻합니다. 세 가지 모두를 만족할 수 없기 때문에, 어떤 NoSQL 데이터베이스는 가용성보다 일관성을 더 중시하고, 또 다른 데이터베이스는 일관성보다 가용성을 더 중시하는 등의 설계를 보입니다.

한 국가의 국민 수를 알아내고 알려주는 애플리케이션이 있다고 가정해보겠습니다. 만약 최신 데이터를 계산에 포함시키지 못한다면, 최종 결과에 심각한 문제가 생깁니다. 이런 애플리케이션의 경우 데이터 가용성에 더 우선순위를 두어야 합니다. 비즈니스 목적에 따라 트랜잭션을 처리하고 관리해야 한다면, 일관성을 더 중요시하는 데이터 스토어를 사용하는 것이 좋겠죠. 아래 [표 4-1]에서 각 NoSQL 데이터베이스들을 일관성과 가용성 관점에서 나누어보았습니다.

표 4-1 우선시하는 특성별 NoSQL 데이터 스토어 분류

	일관성 우선	가용성 우선
키-값 스토어	레디스, Memcached	다이나모DB, Voldemort
컬럼 스토어	구글 클라우드 빅테이블, 아파치 HBase	아파치 카산드라
도큐먼트 스토어	몽고DB, 테라스토어	카우치DB, 심플DB
그래프 스토어	애저 코스모스 DB	Neo4j

경우에 따라 일관성 또는 가용성을 더 우선시하지만, 카산드라나 다이나모DB와 같은 NoSQL 데이터베이스는 일관성과 가용성을 모두 제공하긴 합니다. 카산드라의 경우 일관성 수준을 ONE, QUORUM, ALL 수준 중 하나로 지정해서 사용할 수 있습니다. ONE으로 지정하면 데

이터는 클러스터 내의 하나의 노드에서 읽거나 쓸 수 있습니다. 이 경우 약한 일관성weak/eventual consistency[1]를 제공하기 때문에 결국 데이터는 언젠가는eventually 다른 노드로 전달되며 그동안에는 다른 노드에서 최신 데이터를 읽을 수 없고 예전 데이터만 가져올 수 있습니다. ALL 수준으로 지정하게 되면 클러스터의 모든 노드에서 데이터를 읽고 쓰는 것이 가능합니다. 성능은 떨어지지만, 강한 일관성을 제공하는 것입니다. QUORUM으로 지정하면, 클러스터의 51%에 해당하는 노드에서 데이터를 읽고 쓰습니다. 이 경우 최소 하나의 노드에서 최신 데이터를 가져올 수 있음을 보장하기 때문에 최소한의 성능 부하로 일관성과 가용성을 만족할 수 있습니다.

클라우드 네이티브 애플리케이션에서 NoSQL 데이터베이스를 사용하려면, 우선 이런 NoSQL 데이터 스토어의 다양한 특성을 이해하고 애플리케이션에 적합한 NoSQL 데이터베이스를 고르는 것이 좋습니다. 데이터 형태뿐만 아니라 일관성이나 가용성 요구 조건 역시 데이터 스토어를 고르는 중요한 요인이 됩니다.

4.3.3 파일 시스템 스토리지

파일 시스템 스토리지는 클라우드 네이티브 애플리케이션에서 비정형 데이터를 저장할 때 쓸 수 있는 가장 좋은 방법입니다. NoSQL 스토어와 달리 데이터에 대한 이해가 필요하지 않으며, 데이터 읽기 및 쓰기 성능 최적화에 초점을 둡니다. 또한 대용량 애플리케이션 데이터를 저장하는 캐시로 사용해서 네트워크를 통해 데이터를 가져오는 비용을 절감할 수도 있습니다.

가장 저렴한 방법이긴 하지만, 텍스트나 반정형 데이터를 저장하기에는 좋지 않을 수 있습니다. 단일 데이터에서 검색 등의 작업을 할 때 여러 파일을 읽어와야 하는 경우가 발생하기 때문이죠. 이런 경우 아파치 Solr이나 엘라스틱서치와 같은 색인 시스템의 검색 기능을 사용하는 것이 좋습니다.

저장하는 데이터의 크기가 점점 증가하는 경우 분산 파일 시스템을 사용할 수 있습니다. 가장 널리 사용되는 오픈소스로는 HDFSHadoop Distributed File System가 있으며 클라우드 서비스의 경우 아마존 S3Amazon Simple Storage Service, 애저 스토리지 서비스, 구글 클라우드 스토리지 등이 있습니다.

---

[1] 옮긴이_ weak consistency는 약한 일관성으로, eventual consistency는 최종 일관성으로 번역할 수 있으나 혼란을 피하기 위해서 약한 일관성으로 통일했습니다.

4.3.4 데이터 스토어 정리

여기에서는 관계형, NoSQL, 파일 시스템 이렇게 세 가지 유형의 데이터 스토어에 대해서 알아보았습니다. 클라우드 네이티브 애플리케이션이 트랜잭션을 보장해야 하고 애플리케이션과 데이터가 아주 강한 연관성을 가지는 경우 관계형 데이터 스토어를 사용하는 것이 좋습니다. 데이터가 반정형 혹은 비정형 필드를 가지고 있다면 해당 내용은 NoSQL 또는 파일 시스템 스토어에 저장해서 트랜잭션을 보장하면서도 확장성을 제공할 수도 있습니다. 데이터가 아주 크고 질의 기능을 제공해야 하거나 데이터가 반정형이거나 그래프 처리와 같은 특별한 기능을 필요로 한다면 NoSQL을 사용하는 것이 좋습니다. 그 외의 경우 콘텐츠 처리가 필요 없고 데이터 읽기 및 쓰기 최적화에 중점을 두는 파일 시스템 스토어를 사용하는 것이 좋습니다.

다음에는 클라우드 네이티브 애플리케이션에서 데이터를 어떻게 배포하고 관리하고 공유할 수 있는지 알아보겠습니다.

4.4 데이터 관리

이 절에서는 데이터와 데이터 스토어를 어떻게 배포하고 관리하며, 애플리케이션들이 이들을 어떤 방식으로 공유할 수 있는지 알아봅니다. 데이터는 중앙화된 방식과 분산 방식, 또는 이 두 가지를 섞은 방법으로 관리할 수 있습니다.

4.4.1 중앙 데이터 관리

중앙 데이터 관리centralized data management 방식은 전통적인 데이터 중심 애플리케이션에서 가장 자주 사용하는 방식이었습니다. 모든 데이터를 단일 데이터베이스에 저장하며 애플리케이션의 여러 컴포넌트가 [그림 4-3]과 같이 단일 데이터베이스에 접근하여 데이터를 처리합니다.

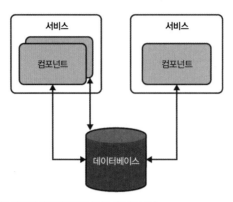

그림 4-3 전통적인 데이터 중심 애플리케이션에서의 중앙 데이터 관리

이 방식은 데이터베이스 테이블들을 정규화할 수 있으며 아주 높은 데이터 일관성을 제공하는 등의 장점이 있습니다. 여러 컴포넌트가 데이터베이스의 모든 테이블에 접근할 수 있기 때문에 중앙 데이터 스토어가 여러 테이블에 데이터를 빠르게 저장하고 가져올 수 있습니다. 반면 데이터베이스와 애플리케이션들 간에 강한 연관성이 생기며 애플리케이션을 독립적으로 개선하고 발전시키기 어려워집니다. 이런 특성 때문에 중앙 데이터 관리 방식은 클라우드 네이티브 애플리케이션에서 피해야 할 패턴으로 여겨집니다.

4.4.2 분산 데이터 관리

중앙 데이터 관리의 문제를 해결하기 위해, 각각의 독립적인 기능들을 마이크로서비스로 설계하고 아래 [그림 4-4]와 같이 각 마이크로서비스가 별도의 데이터 스토어를 사용하도록 만들 수 있습니다. 이런 **분산 데이터 관리**decentralized data management 방식은 각 마이크로서비스가 다른 마이크로서비스에 아무런 영향을 미치지 않고도 그 크기를 자유롭게 조절할 수 있도록 해줍니다. 이런 방식으로 데이터베이스를 사용하게 되면 데이터베이스가 애플리케이션과 강한 연관성을 가지지 않으며, 쉽게 애플리케이션을 바꿀 수 있게 됩니다. 애플리케이션 소유자 입장에서는 데이터를 관리하거나 바꿀 여지가 그렇게 많지 않지만, 개발 팀이나 소유자가 별도로 나누어져 있는 각 마이크로서비스별로 데이터를 분리하게 되면 데이터 관리나 데이터 소유권 문제를 쉽게 해결할 수 있을 뿐만 아니라, 새로운 기능을 구현하고 릴리스하는 데 소요되는 개발 시간을 단축하기도 합니다.

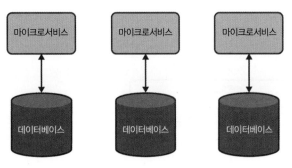

그림 4-4 분산 데이터 관리

분산 데이터 관리 방식을 사용하면 각 서비스별로 데이터에 더 적합한 데이터 스토어를 사용할 수도 있습니다. 예를 들어 온라인 쇼핑몰 애플리케이션의 지불 서비스의 경우 트랜잭션 처리를 위해 관계형 데이터베이스를 사용하고, 조회 서비스는 각 조회 내용에 대한 세부 정보를 저장하기 위한 도큐먼트 스토어를, 장바구니 서비스는 고객이 골라 담은 아이템을 저장하기 위한 분산 키-값 스토어를 사용할 수 있습니다.

4.4.3 하이브리드 데이터 관리

단일 데이터베이스를 사용하게 되면 이전에 설명한 것 외에도 많은 운영상의 장점이 있습니다. 이를테면 최근의 데이터 보호 관련 법률을 적용하거나, 보안 정책을 강제하는 것은 중앙 데이터베이스에 하는 것이 더 쉽겠죠. 소수의 마이크로서비스가 엄격한 보안 정책 하에서 모든 고객 정보에 접근하는 것에 대한 통제도 가능합니다. 또한 데이터 보호 정책에 대해서 잘 훈련받은 몇몇 팀 만이 이런 고객 정보에 접근할 수 있도록 강제할 수도 있습니다.

분산 데이터 관리 방식의 단점 중 하나로는 각 서비스별로 별도의 데이터 스토어를 사용하는 데 따른 비용 부담입니다. 그래서 크지 않은 조직의 경우 [그림 4-5]와 같이 **하이브리드 데이터 관리**hybrid data management 방식을 사용하기도 합니다. 이 방식에서는 여러 마이크로서비스가 같은 데이터베이스를 공유하며, 같은 팀이 이 서비스들을 관리하고 같은 바운디드 컨텍스트 내에 존재하게 됩니다.

하지만 하이브리드 데이터 관리 방식을 사용할 때는 다른 서비스가 사용하는 데이터베이스 테이블에 직접 접근하지 않도록 주의해야 합니다. 어떤 서비스가 다른 서비스의 테이블에 직접 접근하게 되면 시스템의 복잡도가 아주 크게 증가하며 나중에 데이터베이스를 여러 데이터베이스로 나누고 데이터를 분리할 때 문제가 생길 수 있습니다.

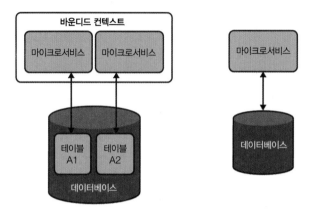

그림 4-5 하이브리드 데이터 관리

4.4.4 데이터 관리 정리

이 절에서는 클라우드 네이티브 애플리케이션을 어떻게 독립적인 마이크로서비스들로 설계할 수 있는지, 그리고 확장성과 유지보수성, 보안성을 만족하기 위해 [그림 4-6]과 같이 각 마이크로서비스별 독립적인 데이터 스토어를 사용하는 방법을 알아보았습니다.

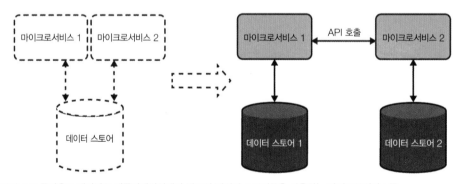

그림 4-6 클라우드 네이티브 애플리케이션에서 별도의 데이터 스토어들을 사용하는 마이크로서비스들

이런 구조에서 각 마이크로서비스는 잘 정의된 API를 통해 서로 통신하며, 데이터 스토어에 직접 접근하지 않고도 애플리케이션에서 원하는 데이터를 가져올 수 있습니다.

지금까지 데이터의 유형과 포맷들, 그리고 사용할 수 있는 스토리지와 관리 방식에 대해서 알아보았으니 이제 클라우드 네이티브 애플리케이션에 적용할 수 있는 데이터 관련 패턴들을 살펴보겠습니다. **데이터 관리 패턴**data management pattern은 데이터 조합과 확장성, 성능 최적화 및 신뢰성과 보안성을 어떻게 제공할 수 있는지 이해하는 데 도움이 됩니다. 다음 절에서는 관련 데이터 관리 패턴들의 자세한 내용과 더불어 어떻게 사용할 수 있는지, 실제 사용 예시, 고려해야 할 사항들, 그리고 관련 패턴들에 대해서 알아봅니다.

4.5 데이터 조합 패턴

이 절에서는 데이터를 공유하고 종합하여 어떻게 의미 있는 클라우드 네이티브 애플리케이션을 만드는지 그 방법에 대해서 알아봅니다. 아래 [그림 4-7]과 같이 간단한 클라우드 네이티브 애플리케이션이 있다고 생각해봅시다. 애플리케이션의 마이크로서비스는 데이터 스토어에 있는 데이터에 대한 소유권을 가지고 있습니다.

그림 4-7 기본적인 클라우드 네이티브 마이크로서비스

서비스에 부하가 많이 발생하는 경우, 데이터를 가져오는 시간이 오래 걸리기 때문에 지연 시간이 증가하게 됩니다. 이 경우 [그림 4-8]과 같이 캐시를 사용해서 지연 시간을 줄일 수 있습니다. 데이터베이스에 여러 읽기 요청에 따른 부하를 줄일 수 있으며, 서비스의 전반적인 성능을 향상시킬 수 있습니다. 캐싱 패턴에 대한 자세한 내용과 다른 성능 최적화 방법에 대한 것은 이 장의 뒷부분에서 다룹니다.

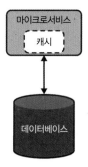

그림 4-8 캐시를 사용하는 클라우드 네이티브 마이크로서비스

서비스 기능의 더 복잡해지면, [그림 4-9]와 같이 서비스들을 더 작은 마이크로서비스들로 나눌 수 있습니다. 이 과정에서 여러 서비스가 같은 데이터를 공유하지 않도록 연관 데이터 역시 분리해서 새로운 서비스 쪽으로 이동합니다.

그림 4-9 기능에 따른 마이크로서비스 분리

데이터를 두 개의 데이터베이스로 나누는 것이 직관적이지 않을 수 있으며, 경우에 따라서는 다른 방법을 사용해서 데이터를 안전하게, 재사용 가능한 방법으로 공유해야 할 수도 있습니다. 데이터 서비스 패턴으로 이런 상황을 어떻게 처리하는지 알 수 있습니다.

4.5.1 데이터 서비스 패턴

데이터 서비스 패턴data service pattern은 데이터베이스의 데이터를 서비스 형태로 제공하며, 이를 **데이터 서비스**라고 지칭합니다. 데이터 서비스가 데이터의 소유권을 가지며, 데이터 스토어에 데이터를 추가하고 가져오는 책임을 가집니다. 서비스는 간단한 조회 기능만 할 수도, 또는 데이터 요청에 대한 응답을 만들기 위한 복잡한 작업을 할 수도 있습니다.

어떻게 동작할까요

[그림 4-10]과 같이 데이터를 데이터 서비스로 제공하게 되면 데이터에 대해 더 많은 제어가 가능해집니다. 여러 클라이언트에 다양한 조합으로 데이터를 제공할 수 있으며 보안 기능을 적용하고 정책 기반 자원 사용 제한을 통해 부하가 높거나 시스템에 문제가 있는 등 시스템 자원이 부족한 상황에서 핵심 서비스만 데이터에 접근하도록 만들 수도 있습니다.

데이터 서비스들은 데이터베이스에 간단한 읽기 및 쓰기 작업을 할 수도, 또는 응답 데이터를 효과적으로 만들기 위해 여러 테이블에 대한 조인 연산이나 저장 프로시저를 실행하는 등의 복잡한 작업을 할 수도 있습니다. 캐시를 통해 읽기 성능을 향상시키는 것도 가능합니다.

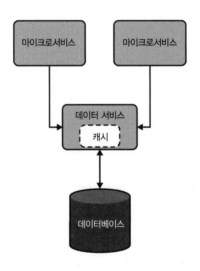

그림 4-10 데이터 서비스 패턴

어떻게 사용할 수 있나요

단일 마이크로서비스가 아닌 여러 마이크로서비스가 데이터에 접근하거나, 레거시 혹은 전용 데이터스토어를 다른 클라우드 네이티브 애플리케이션에서 사용할 수 있도록 추상화할 때 이 패턴을 사용할 수 있습니다.

여러 마이크로서비스가 같은 데이터에 접근하는 경우

여러 마이크로서비스가 데이터에 접근하는 경우 이 패턴을 사용할 수 있습니다. 이 경우 특정 단일 마이크로서비스가 해당 데이터에 대한 소유권을 가지지 않으며 여러 마이크로서비스가 작업에 이 데이터를 사용하게 됩니다. 공통으로 사용하는 데이터는 독립적인 데이터 서비스로 제공하여 데이터를 사용하는 모든 애플리케이션이 API를 통해 데이터에 접근하도록 만듭니다.

레거시 또는 전용 데이터 스토어를 추상화하는 경우

레거시 또는 전용 데이터 스토어를 추상화해서 클라우드 네이티브 애플리케이션에서 사용할 때도 이 패턴을 적용할 수 있습니다. 전용 온프레미스 애플리케이션에서 비즈니스 트랜잭션을 기록하는 레거시 데이터베이스가 있다고 생각해봅시다. 클라우드 네이티브 애플리케이션에서 이 데이터에 접근해야 하는 경우, C# 등으로 만들어진 데이터베이스 전용 드라이버를 사용해야 하고 데이터 접근에 필요한 모든 테이블 및 데이터베이스 구조를 다 파악해야 합니다.

하지만 이렇게 드라이버를 통해 데이터베이스에 직접 접근하는 것은 좋은 방법이 아닙니다. 클라우드 네이티브 애플리케이션을 드라이버에 맞는 C#으로 만들어야 하며, 데이터베이스에 접근하는 모든 서비스가 테이블에 대한 정보를 알아야만 합니다. 이렇게 직접 접근하는 대신, 레거시 데이터베이스 앞에 단일 데이터 서비스를 만들고 데이터베이스의 모든 데이터를 API를 통해 제공하도록 만들 수 있습니다. 그럼 클라우드 네이티브 애플리케이션의 다른 서비스들은 API를 통해 데이터에 접근할 수 있으며, 기저의 데이터베이스 테이블 구조나 드라이버의 프로그래밍 언어에 대해서는 신경 쓸 필요가 없어집니다. 또한 나중에 다른 마이크로서비스들에 전혀 영향을 주지 않고 데이터베이스를 다른 것으로 바꿀 수도 있습니다.

고려해야 할 사항들

클라우드 네이티브 애플리케이션에서 여러 마이크로서비스가 같은 데이터에 접근하는 것은 피해야 하는 패턴입니다. 같은 데이터에 접근하는 마이크로서비스 간 강한 연관성이 생기며 마이크로서비스들이 스스로 크기를 조절하거나 발전하기 어렵게 만들기 때문입니다. 하지만 데이터 서비스 패턴을 사용하면 관리형 API를 통해 데이터를 접근하게 만들어서 마이크로서비스 간 연관성을 조금 느슨하게 만들 수 있습니다.

특정 마이크로서비스가 데이터와 분명한 연관성을 가지는 경우 이 패턴을 사용해서는 안 됩니다. 해당 데이터에 대한 데이터 서비스를 만드는 경우 불필요한 마이크로서비스가 생기며 추가적인 관리 부담이 생기기 때문입니다.

관련 패턴들

아래와 같은 데이터 서비스 관련 패턴들은 모두 이 장에서 다룰 예정입니다.

캐싱 패턴

로컬 또는 분산 캐싱을 통해 데이터를 서비스 형태로 제공할 때 데이터 읽기 성능을 최적화할 수 있습니다.

성능 최적화 패턴

데이터 캐싱과 더불어 데이터베이스에서 테이블 조인 연산이나 저장 프로시저를 실행하는 등의 방법을 통해 복잡한 질의들을 처리함으로써 성능을 향상시킬 수 있는 방법입니다.

구체화된 뷰 패턴

API를 통해 데이터에 접근하는 방식은 많은 성능을 요구하기 마련입니다. 서로 다른 데이터 스토어에 저장된 데이터들을 조합해서 처리해야 하는 경우, 데이터를 로컬 스토어에 중복 저장하고 구체화된 뷰materialized view를 만들어서 질의 성능을 향상시킬 수 있습니다.

볼트 키 패턴

API 보안과 더불어 어떤 서비스가 데이터에 접근하는지 알 수 있으면 API 호출자가 누군지 알아내고 그에 적합한 보안 정책 및 데이터 보호 정책을 적용하는 데 도움이 됩니다.

4.5.2 조합 데이터 서비스 패턴

조합 데이터 서비스 패턴composite data services pattern에서는 하나 이상의 데이터 서비스로부터 데이터를 읽어서 조합하고 필요한 경우 더 복잡한 작업을 통해 풍부하고 명료한 데이터를 제공합니다. 사용자가 아닌 데이터 서비스 쪽에서 데이터를 조합하기 때문에 **서버사이드 매시업 패턴**server-side mashup pattern이라고도 부릅니다.

어떻게 동작할까요

조합 데이터 서비스 패턴은 3장에서 설명한 서비스 오케스트레이션 패턴과 비슷합니다. 여러 데이터 서비스와 자신만의 고유한 데이터 스토어로부터 데이터를 가져와서 조합한 데이터를 제공합니다. [그림 4-11]에서처럼 여러 마이크로서비스가 직접 데이터를 조합하는 수고를 덜어주기도 할 뿐 아니라, 조합한 데이터를 캐시에 저장해서 성능을 향상시킬 수도 있습니다.

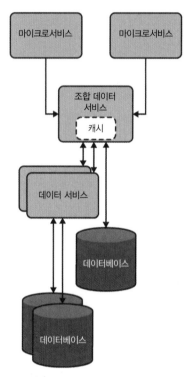

그림 4-11 조합 데이터 서비스 패턴

어떻게 사용할 수 있나요

여러 마이크로서비스가 비슷한 데이터 조합 방식을 사용할 경우 이 패턴을 사용해서 여러 마이크로서비스가 각각 데이터를 조합하는 상황을 피할 수 있습니다. 데이터 서비스가 잘게 나누어져 있으면 클라이언트는 원하는 데이터를 얻기 위해 여러 서비스에 질의를 보낼 수밖에 없습니다. 이를 공통 서비스 형태로 묶어서 제공함으로써 클라이언트 측에서 이루어지는 중복 작업을 줄일 수 있습니다.

풀필먼트 서비스를 제공하는 온라인 쇼핑몰 시스템을 생각해봅시다. 상품 재고를 확인하려면 물품을 제공하는 서로 다른 다양한 업체의 데이터 서비스를 통해 데이터를 제공받아야 합니다. 이 경우 모든 상품 제공 업체로부터 데이터를 받아서 상품 목록을 제공하는 공통 서비스를 만들어서 사용하면 마이크로서비스들이 데이터를 모아서 가공하는 중복 작업을 할 필요 없이 해당 서비스에서 데이터를 받으면 되고, 클라이언트의 복잡도가 낮아지며 클라이언트에 영향을 미치지 않고 데이터 서비스를 변경할 수도 있습니다. 또한 이런 데이터를 조합 데이터 서비스 측에 캐시로 저장하면 상품 재고 목록에 대한 질의 응답 시간이 빨라집니다. 특정 시간 내에 여러 마이크로서비스가 동일한 데이터에 접근하는 경우가 많기 때문에, 캐시를 통해 데이터 읽기 성능을 향상시킬 수 있기 때문입니다.

고려해야 할 사항들

이 패턴은 여러 마이크로서비스가 각각 조합하는 데이터들이 비슷한 경우에만 사용해야 합니다. 중복되지 않는 조합 데이터를 처리하기 위해 조합 데이터 서비스를 만들면 불필요한 서비스 계층만 추가하게 되고 조합한 데이터를 재사용하는 경우도 줄어듭니다. 클라이언트 측에서 데이터를 재사용하고 복잡도를 줄이는 정도와 서비스 계층을 추가함으로써 발생하는 추가 지연 시간과 관리 복잡도를 비교해서 이득이 클 경우에만 사용하는 것이 좋습니다.

관련 패턴들

조합 데이터 서비스 패턴은 이 장에서 다룰 아래 두 가지 패턴과 연관됩니다.

캐싱 패턴

데이터 읽기 성능 최적화를 제공하며 경우에 따라 백엔드 데이터 스토어 혹은 데이터 서비스를 사용할 수 없는 상황에서도 탄력적인 데이터 읽기 서비스를 제공할 수 있습니다.

클라이언트 사이드 매시업 패턴

사용자의 웹 브라우저와 같은 클라이언트 측에서 데이터를 조합할 수 있습니다. 비동기 데이터 읽기가 가능하고 부분 데이터 만으로 데이터 조합이 가능한 경우 좋은 선택이 될 수 있습니다.

4.5.3 클라이언트-사이드 매시업 패턴

클라이언트-사이드 매시업 패턴client-side mashup pattern에서는 클라이언트 측이 여러 데이터 서비스에서 데이터를 가져와서 조합하고 사용합니다. 클라이언트는 대개 웹 브라우저이며 비동기 Ajax 호출을 통해 데이터를 가져옵니다.

어떻게 동작할까요

이 패턴은 [그림 4-12]와 같이 비동기 데이터 로딩을 사용합니다. 브라우저가 이 패턴을 사용해서 웹 페이지를 읽어오는 경우, 우선 웹 페이지의 일부분을 가져와서 화면에 표시하면서, 동시에 웹 페이지의 나머지 부분을 불러옵니다. 이런 경우 자바스크립트와 같은 클라이언트 사이드 스크립트를 사용해서 웹 브라우저의 콘텐츠를 비동기적으로 불러옵니다.

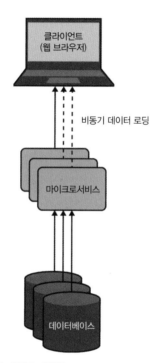

그림 4-12 웹 브라우저에서의 클라이언트-사이드 매시업

웹사이트의 모든 콘텐츠를 전부 읽어올 때까지 사용자를 기다리게 만드는 것보다는, 여러 번의 비동기 호출을 통해 웹 사이트 콘텐츠를 여러 조각으로 가져오고 가져온 부분을 그때그때

화면에 표시하는 것이 사용자 경험 측면에서 더 낫습니다. 이런 형태의 애플리케이션을 RIA
rich internet application이라고도 부릅니다.

어떻게 사용할 수 있나요

간략한 데이터는 가져오는 즉시 표시해주고 세부적인 데이터는 나중에 표시하거나, 또는 웹 페이지를 훨씬 빨리 불러오는 듯한 인상을 주기 위해서는 이 패턴을 사용하는 것이 좋습니다.

중요한 데이터를 낮은 지연 시간으로 보여주기

아마존과 같은 온라인 시스템을 생각해봅시다. 사용자가 상품 세부 페이지에 접근하면 시스템은 사용자가 원하는 중요한 정보를 최대한 빨리 제공해주는 것이 좋습니다. 상품 리뷰나 관련 이미지 파일들은 가져오는 데 시간이 걸리기 때문에 상품 페이지는 우선 기본 이미지와 함께 간단한 상품 정보를 표시해주고, 그 외 자세한 상품 이미지나 리뷰는 Ajax 호출을 통해 불러온 다음 동적으로 웹 페이지를 업데이트하는 것이 좋습니다. 이러면 전체 페이지 데이터를 가져오는 것을 기다리는 것보다 훨씬 빨리 사용자에게 중요한 정보를 제공할 수 있습니다.

웹 페이지를 훨씬 더 빨리 불러오는 듯한 효과

서로 느슨한 연관 관계를 가지는 HTML 콘텐츠들을 한데 모아서 웹 페이지를 만들고 사용자가 이 페이지를 불러온다면, 사용자에게 콘텐츠의 일부를 보여줌과 동시에 나머지 콘텐츠를 불러오는 것으로 웹 사이트를 아주 빨리 불러오는 듯한 착각을 일으킬 수 있습니다. 이러면 사용자가 웹 사이트의 나머지 데이터를 볼 수 있을 때까지 페이지에 머물러 있도록 잡아둘 수 있으며 궁극적으로는 사용자 경험을 크게 향상시킬 수 있습니다.

고려해야 할 사항들

부분 데이터를 사용자에게 바로 보여줄 수 있거나, 또는 일부 데이터를 의미 있게 사용할 수 있는 경우에만 이 패턴을 사용하는 것이 좋습니다. 전체 데이터를 조합하거나, 일부 데이터를 다른 데이터와 합쳐야만 사용자에게 표시할 수 있는 경우에는 사용하지 마세요.

관련 패턴들

클라이언트–사이드 매시업 패턴은 아래 두 가지 패턴과 연관됩니다.

조합 데이터 서비스 패턴

콘텐츠를 동기적으로 가져와서 데이터와 조합하는 것이 자주, 그리고 여러 서비스에서 사용되는 경우 적용하면 좋은 패턴입니다.

캐싱 패턴

전반적인 지연 속도를 개선하고자 하는 경우 캐시 데이터를 사용하는 것이 좋습니다.

4.5.4 데이터 조합 패턴 정리

이 절에서는 클라우드 네이티브 애플리케이션 개발에서 자주 사용하는 데이터 조합 패턴에 대해서 알아보았습니다. 아래 [표 4–2]에 패턴을 사용하면 좋은 경우와 그렇지 않은 경우, 그리고 이점에 대해서 정리해보았습니다.

표 4-2 데이터 조합 패턴

패턴	사용해야 할 경우	사용하면 안되는 경우	이점
데이터 서비스	• 단일 서비스가 데이터를 소유하지 않으며, 여러 마이크로서비스가 데이터에 의존하는 경우	• 데이터가 분명히 특정 서비스에 귀속되는 경우, 불필요한 마이크로서비스를 추가하게 되면 관리 복잡도만 증가함	• 서비스 간 결합도를 낮춰줌 • 공유 데이터에 대한 작업을 더 잘, 그리고 안전하게 제어할 수 있음
조합 데이터 서비스	• 많은 클라이언트가 필요한 데이터를 얻기 위해서 여러 서비스에 질의를 보내는 경우, 그리고 이런 데이터를 여러 클라이언트가 공통으로 사용하고 재사용이 가능한 경우	• 하나 또는 소수의 클라이언트에서만 사용하는 데이터의 경우 • 클라이언트에서 데이터를 조합하는 방법을 일반화하여 다른 클라이언트에서 재사용이 불가능한 경우	• 데이터를 얻기 위한 클라이언트 측의 중복 작업을 줄여주고 이를 공통 서비스로 제공 • 캐시나 정적 데이터 등을 통해 데이터를 더 탄력적으로 제공할 수 있음
클라이언트 사이드 매시업	• 일부 데이터 만으로도 의미 있는 작업이 가능한 경우, 예를 들어 웹 브라우저에서 다른 데이터에 종속적이지 않는 데이터만 별도로 표시하는 경우	• 별도로 가져온 데이터들을 합치거나 조합하는 등 별도의 처리 과정을 거쳐야만 의미 있는 작업이 가능한 경우	• 좀 더 응답이 빠른 애플리케이션을 만들 수 있음 • 사용자 대기 시간을 줄일 수 있음

4.6 데이터 확장 패턴

클라우드 네이티브 애플리케이션의 부하가 증가하게 되면 서비스나 데이터 스토어가 병목 지점이 될 수 있습니다. 서비스의 크기를 조절할 수 있는 패턴에 대해서는 3장에서 다루어보았으며, 여기에서는 어떻게 데이터를 확장할 수 있는지 알아보겠습니다. 데이터를 빅데이터로 분류할 수 있는 경우 NoSQL 데이터베이스나 분산 파일 시스템을 사용할 수 있습니다. 이런 시스템들은 데이터 확장이나 분할과 같은 어려운 작업을 대신해주어서 개발과 관리의 복잡도를 줄여줍니다. 물론 비즈니스 핵심 애플리케이션에서 데이터 일관성이나 트랜잭션과 같은 요구사항이 있는 경우 관계형 데이터베이스를 사용해야 할 것이며, 관계형 데이터베이스는 처음부터 확장성을 고려하지 않고 설계되었습니다. 따라서 이런 애플리케이션의 경우 그 구조를 변경해서 데이터 확장성을 구현해야 합니다. 이 절에서는 데이터 스토어 확장성을 구현해서 데이터를 읽고 쓰는 작업을 최적화할 수 있는 패턴들을 살펴보겠습니다.

4.6.1 데이터 샤딩 패턴

데이터 샤딩 패턴data sharding pattern에서는 데이터 스토어를 **샤드**shard로 나누어서 데이터 저장 및 읽기 규모를 자유롭게 조절할 수 있습니다. 데이터는 하나 또는 여러 속성에 따라서 분할되며 어떤 샤드에 데이터가 위치하는지 쉽게 알아낼 수 있습니다.

어떻게 동작할까요

데이터는 수평적이나 수직적, 또는 기능적 샤드로 나눌 수 있습니다.

수평적 데이터 샤딩

각 샤드는 같은 스키마를 사용하지만 샤딩 키에 따라 서로 다른 데이터 레코드를 가집니다. 데이터베이스의 테이블이 각 샤딩 키에 따라서 여러 노드에 나누어져 있는 형태입니다. 예를 들어 사용자 주문 정보는 아래 [그림 4-13]과 같이 주문 ID 값에 따라 세 개의 샤드로 나눌 수 있습니다.

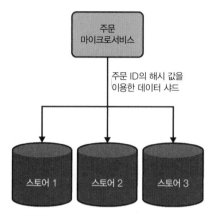

그림 4-13 해싱을 이용한 수평적 데이터 샤딩

수직적 데이터 샤딩

샤드들이 같은 스키마를 사용하지 않으며 서로 다른 데이터 필드를 가질 수 있습니다. 각 샤드는 다른 샤드에 있을 필요 없는 테이블 데이터 일부를 가집니다. 수직적 데이터 샤딩은 데이터 접근 빈도에 따라 데이터를 나눌 때 좋습니다. 가장 자주 사용하는 데이터들은 한 샤드에, 그렇지 않은 데이터들은 다른 샤드에 저장해서 사용할 수 있습니다. [그림 4-14]에서 사용자 데이터 중 자주 접근하는 데이터와 그렇지 않은 데이터를 어떻게 샤드로 나누는지 보여주고 있습니다.

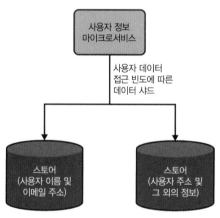

그림 4-14 데이터 접근 빈도에 기반한 수직적 데이터 샤딩

기능적 데이터 샤딩

데이터를 사용 목적이나 기능에 따라 나눌 수도 있습니다. 모든 데이터를 한꺼번에 보관하는 것보다, 제공하는 기능별로 서로 다른 샤드에 데이터를 분리하는 것입니다. 클라우드 네이티브 애플리케이션 구조에서 비즈니스 기능별로 서비스를 분리하는 것과도 잘 맞습니다. [그림 4-15]에서는 상품 세부 정보와 상품 리뷰 정보를 두 개의 데이터 스토어에 나누어서 저장하고 있습니다.

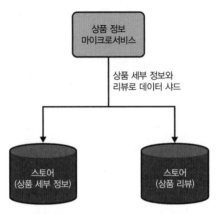

그림 4-15 기능적 데이터 샤딩을 통한 상품 세부 정보와 상품 리뷰 정보 분리

클라우드 네이티브 애플리케이션에서 데이터 확장을 위해 세 가지 방법을 모두 사용할 수 있지만, 수직적 그리고 기능적 데이터 샤딩은 데이터를 분리하는 정도에 확실한 한계가 있습니다. 결국 데이터를 더 확장하기 위해서는 수평적 데이터 샤딩을 사용할 수밖에 없는 시점이 옵니다. 수평적 데이터 샤딩을 사용할 때는 다음의 방법을 사용해서 데이터를 어디에 저장할지 결정하게 됩니다.

디렉토리 기반 샤딩

검색lookup 서비스 또는 분산 캐시를 통해 샤드 키와 실제 데이터의 위치 간 정보를 저장합니다. 데이터를 가져올 경우 클라이언트 애플리케이션에서는 우선 샤드 키를 통해 실제 데이터가 저장된 위치를 검색한 다음 해당 위치에서 데이터를 가져옵니다. 데이터가 재배치되는 경우 클라이언트는 변경된 위치를 알아내기 위해 다시 샤드 키를 통해 정확한 위치를 검색해야 합니다.

범위 기반 데이터 샤딩

샤딩 키로 사용하는 값이 연속적이라는 특성이 있으면 사용하기 좋은 방법입니다. 데이터는 범위로 나누어서 샤딩되며, 검색을 통해 해당 데이터가 어떤 범위에 속하고 어디에 저장되는지 알아낼 수 있습니다. 이런 방식은 주로 날짜나 시간에 따라 데이터를 나누고 저장할 때 유용합니다. 예를 들면 한 달 단위로 같은 데이터 샤드에 저장하고, 해당 범위 내의 데이터를 질의할 때는 여러 샤드에 질의할 필요 없이 하나의 샤드에만 접근하면 됩니다.

해시 기반 데이터 샤딩

데이터 필드를 샤드 키로 사용하거나, 날짜 범위 등으로 데이터를 나누는 경우 데이터가 항상 균등하게 배분되지는 않습니다. 샤드 간 데이터를 좀 더 균일한 양으로 나누고자 하는 경우, 해시 기반 데이터 샤딩을 사용할 수 있습니다. 해시 기반 데이터 샤딩에서는 샤드 키로 해시 값을 만들고, 해시 값에 기반하여 데이터 샤드 위치를 결정합니다. 데이터의 범위 단위로 질의를 하는 경우에는 잘 맞지 않지만, 개별 데이터를 질의할 때는 사용하기 좋은 방법입니다. 검색 서비스를 함께 써서 해시 값과 그에 대한 샤드 위치를 저장하고 데이터 위치를 찾아서 가져올 수도 있습니다.

샤딩을 제대로 쓰려면 고유 데이터를 식별할 수 있는 하나 이상의 데이터 필드가 있거나 데이터를 의미 있는 하위 그룹들로 나눌 수 있는 데이터 필드가 있어야 합니다. 이런 데이터 필드들의 조합을 통해 샤드 또는 파티션 키를 만들어서 데이터 위치를 결정합니다. 샤드 키와 관련된 데이터 필드 값은 고정되어 데이터가 변해도 해당 값은 절대 변하지 않아야 합니다. 만약 해당 데이터 필드 값이 바뀌게 되면 샤드 키 역시 바뀌게 되며, 바뀐 샤드 키가 다른 샤드 위치를 가리키게 되면 당연히 해당 데이터 역시 현재 위치에서 변경된 위치로 옮겨가야 합니다. 이렇게 데이터를 옮기는 것은 시간이 많이 소요되기 때문에, 비용상 문제로 이런 상황은 피하는 것이 좋습니다.

어떻게 사용할 수 있나요

이 패턴은 데이터를 싱글 노드에 저장하지 않는 경우, 또는 데이터를 분산해서 지연 시간을 낮출 때 사용할 수 있습니다.

싱글 노드에서 멀티 노드로 확장

스토리지나 연산, 네트워크 대역폭과 같은 자원들이 병목이 될 때 데이터 샤딩을 사용할 수 있습니다. 시스템의 디스크 공간이나 RAM, 네트워크 대역폭과 같은 자원을 확장하는 것은 그 한계가 있습니다. 언젠가는 애플리케이션이 자원을 다 사용할 것이기 때문이죠. 이런 단기 대책을 사용하는 것 대신 데이터를 나누고 수평으로 확장할 수 있게 만들어 두면 싱글 노드가 아닌 여러 노드로의 확장을 더 쉽게 만들 수 있습니다.

데이터 조회 시간 단축을 위한 데이터 분리

데이터의 여러 필드를 조합해서 샤드 키를 만들고 데이터를 분리할 수 있습니다. 예를 들어 온라인 의류 쇼핑몰의 경우, 옷의 유형을 나타내는 type 필드와 제조사를 나타내는 brand 필드를 조합해서 샤드 키를 만들고 데이터를 저장할 수 있습니다. 사용자가 찾고자 하는 옷의 유형과 제조사를 알고 있다면, 이 두 가지 정보를 조합해서 키 값을 만든 다음 해당 데이터를 더 빠르게 찾을 수 있습니다. 하지만 옷의 type과 size에 해당하는 값만 알 경우, 올바른 샤드 키를 만들 수 없습니다. 이때는 해당 필드 값을 가지는 데이터를 모든 데이터 샤드에서 검색하며, 성능에 큰 영향을 미칩니다. 이렇게 샤드 키를 만들 수 없는 경우, 계층적 샤드 키를 사용해서 성능 저하 문제를 해결할 수 있습니다. 예를 들어 옷의 type/brand 값 형태로 샤드 키를 만들면, 우선 해당 type 값을 가지는 모든 샤드를 먼저 검색한 다음 해당 샤드에서 size 값을 가지는 데이터를 검색할 수 있습니다. 전체 샤드가 아닌 일부 샤드만 검색하기 때문에 성능을 향상시킬 수 있습니다. 만약 type과 size 조합으로 검색하는 경우의 성능을 더 향상시키고 싶다면, 이 값들을 사용하는 부 색인을 만들 수도 있습니다. 부 샤드 키를 사용하면 데이터 검색 지연 시간을 단축시킬 수 있습니다. 하지만 이런 부 색인을 사용하면 데이터를 변경할 때마다 부 샤드 키 역시 변경해야 하기 때문에 데이터 수정에 소요되는 비용이 증가합니다.

날짜와 시간 범위로 데이터를 나눌 수도 있습니다. 주문을 조회하면, 대부분 옛날 주문보다는 최근 주문 내용을 검색하는 경우가 더 많습니다. 이 때 데이터를 시간 범위로 나누고 최근 한달 또는 최근 분기별 주문과 같은 최신 주문 내용을 핫hot 샤드에 저장하고, 나머지 주문들은 아카이브archive 샤드에 저장합니다. 그러면 더 자주 사용하는 최신 주문 데이터를 더 효과적으로 가져올 수 있습니다. 물론 시간이 지나면 최신 주문 데이터가 옛날 주문 데이터가 되기 때문에, 주기적으로 핫 샤드의 데이터를 아카이브 샤드로 옮겨주는 작업이 필요합니다.

지리적 데이터 분산

애플리케이션 클라이언트가 지역으로 분산되어 있는 경우, 데이터 역시 지역에 따라 나누고 가까운 데이터를 지역별로 모을 수 있습니다. 온라인 쇼핑몰 애플리케이션의 경우, 각 지역별 판매되는 상품의 세부 정보는 해당 지역에서 보관하고 제공할 수 있습니다. 이렇게 지역별로 데이터를 나누면 요청에 대한 응답 시간이 더 빨라지게 됩니다.

일부 사용자는 전 세계에서 판매되는 제품에 더 관심이 많을 수 있습니다. 이 때는 전 지역의 샤드에서 데이터를 조회하고 사용자에게 정보를 제공해야 할 것입니다. 이런 상황을 효과적으로 처리하려면 클라이언트의 요청을 모든 샤드로 확산하고 데이터를 동시에 조회합니다. 예를 들어 사용자가 상품을 검색하면, 해당 검색 요청을 모든 샤드로 확산한 다음 우선 가장 빠르게 응답한 첫 10개 목록을 먼저 보내줄 수 있습니다. 사용자가 특정 이름을 가지는 제품을 가장 낮은 가격 순으로 조회한다면, 이때는 어쩔 수 없이 전체 샤드에서 데이터가 올때까지 기다린 다음 그 결과를 모으고 낮은 가격 순으로 정렬해서 응답해야 할 것입니다. 물론 이 때도 캐시를 사용해서 성능을 더 향상시킬 수 있습니다.

고려해야 할 사항들

데이터 샤딩 패턴에서는 샤드의 데이터 양을 최대한 비슷하게 만들어서 부하가 가급적 고루 분산될 수 있도록 만들어야 합니다. 각 샤드별 부하를 관찰하고, 만약 부하가 고르게 분산되지 않을 경우 데이터를 재배치해야 합니다. 데이터를 추가 및 삭제, 또는 질의 방식의 변경 등으로 인한 샤드의 불균형은 언제든 일어날 수 있습니다. 빅 데이터와 같은 경우 데이터 스토어의 재배치는 수 시간 또는 수 일이 소요될 수도 있습니다.

이런 재배치 작업을 효과적으로 하려면 샤드 크기를 가급적 작게 유지하는 것이 좋습니다. 초기 시스템의 경우 데이터의 양이 작고 부하도 낮기 때문에 모든 샤드를 같은 노드에서 처리할 수도 있습니다. 하지만 부하는 점점 증가할 것이고, 하나 또는 여러 샤드가 다른 노드로 옮겨가게 됩니다. 이 때 샤드의 크기를 작게 유지하면 장기적으로는 더 뛰어난 확장성을 제공받을 뿐 아니라 전체 시스템에 영향을 적게 미치고도 데이터를 더 빠르게 재배치할 수 있게 됩니다.

또한 장애 상황에 대처하기 위해서 샤드 복사본을 여러 개 유지하는 것이 좋습니다. 특정 노드에 문제가 생기는 경우 다른 노드에서 동일 데이터에 접근할 수 있을 뿐 더러 전체 시스템을 중단시키지 않고도 유지보수 작업을 가능하게 만들어줍니다.

여러 샤드 간 데이터 애그리게이션aggregation 처리는 애그리게이션 종류별로 다릅니다. 더하기나 평균, 최솟값, 최댓값과 같은 애그리게이션은 각 샤드별로 데이터를 처리하고 결과를 반환한 다음 다시 최종 결과를 얻기 위해 결과 데이터들을 조합합니다. 반면 중앙값과 같은 경우에는 모든 데이터를 한꺼번에 처리해야 하기 때문에 샤딩된 데이터 만으로는 정확한 연산을 구현할 수 없습니다.

샤드 키를 만들 때는 자동으로 그 값이 증가하는 필드는 사용하지 않는 것이 좋습니다. 샤드끼리는 서로 통신하지 않기 때문에 자동으로 증가하는 필드 값을 샤드 키로 사용할 경우 여러 샤드가 동일한 샤드 키를 생성할 수 있으며 서로 다른 데이터를 로컬에서 같은 키로 참조하는 일이 일어날 수 있습니다. 이는 특히 데이터를 재배치하는 과정에서 데이터를 재분배할 때 문제가 될 수 있습니다.

아울러 샤드 키는 데이터를 가급적 균등하게 배분할 수 있는 값을 선택하는 것이 좋습니다. 샤드 크기가 균등하지 않으면 기대했던 만큼의 확장성이 나오지 않습니다. 가장 큰 샤드가 항상 가장 좋지 않은 성능을 보일 것이며 결국 병목 지점이 될 것입니다.

관련 패턴들

데이터 샤딩 패턴은 다음 패턴들과 연관성을 가집니다.

구체화된 뷰 패턴

이 패턴을 사용해서 각 샤드의 종속 데이터를 서비스의 로컬 스토어에 복제하여 데이터 질의 성능을 향상시키고 서비스 또는 데이터 스토어에 대한 여러 번의 검색 호출을 막을 수 있습니다. 로컬 스토어에 복제된 데이터는 약한 일관성을 가지기 때문에 이 패턴은 종속 데이터의 일관성이 그다지 중요하지 않는 경우에만 사용해야 합니다.

데이터 지역성 패턴

서로 연관이 있는 데이터들을 샤드에 모아서 색인을 만들고 더 효과적인 데이터 조회를 위해 저장 프로시져를 실행할 수 있습니다.

4.6.2 명령과 조회 책임 분리 패턴

명령과 조회 책임 분리, 즉 CQRS^{Command and Query Responsibility Segregation}는 데이터 셋의 변경과 질의를 분리하고 각각의 동작이 서로 다른 데이터 스토어를 다루도록 해서 데이터의 변경과 조회를 더 빠르게 처리합니다. 데이터를 더 다양한 방법으로 다룰 수 있도록 해주며, 높은 확장성과 보안성을 보입니다. 또한 데이터 변경 및 질의 모델을 독립적으로 변경이 가능하며 각 모델에 영향을 거의 미치지 않습니다.

어떻게 동작할까요

데이터 변경 또는 쓰기와 같은 명령과 데이터 읽기에 해당하는 조회를 아래 [그림 4-16]과 같이 별도의 서비스로 나눕니다. 각 서비스가 데이터 변경과 데이터 읽기를 서로 다른 노드에서 수행할 수 있을 뿐 아니라, 각 서비스를 쉽게 모델링하고 서비스들이 독립적으로 크기를 확장할 수 있습니다.

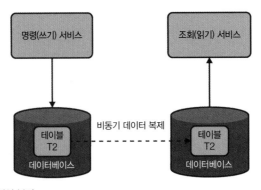

그림 4-16 명령 및 조회 작업 분리

명령 및 질의에는 데이터 스토어에 특화된 정보를 제공해서는 안 되며, 애플리케이션과 관련된 데이터를 다루어야 합니다. 서비스에 명령을 전달하면 서비스는 메시지를 해석해서 이에 따라 데이터 스토어를 변경합니다. 변경된 내용은 이벤트 형태로 비동기로 질의를 처리하는 서비스에 전달되며, 질의 서비스는 데이터 모델을 토대로 데이터를 만듭니다. 카프카와 같은 로그 기반 큐 시스템을 활용한 이벤트 소싱 패턴으로 서비스 간 이벤트들을 전달할 수 있습니다. 이를 통해 질의 서비스는 이벤트 큐에서 데이터를 읽은 다음 데이터 질의에 최적화된 형태로 자신의 로컬 스토어 데이터를 변경합니다.

어떻게 사용할 수 있나요

명령과 질의 영역에서 서로 다른 도메인 모델을 사용하고자 할 때, 또는 성능이나 보안 문제로 데이터 변경과 데이터 읽기를 분리하고자 할 때 이 패턴을 사용할 수 있습니다.

명령과 질의에 서로 다른 도메인 모델 사용하기

온라인 쇼핑몰 웹 사이트의 경우, 상품 세부 정보와 제고 정보를 정규화된 관계형 데이터베이스 저장해서 사용할 수 있습니다. 고객이 상품을 구매할 때마다 효과적으로 재고 정보를 갱신할 수는 있지만, 웹 브라우저에서 상품 세부 정보와 재고 정보를 요청할 때는 이 데이터들을 묶어서 JSON 형태 등으로 변환할 때 시간이 많이 소요됩니다. 이 경우 CQRS 패턴을 사용해서 비동기 질의 데이터 셋을 만들고 이를 JSON 형태로 도큐먼트 스토어에 저장해 둔다음 실제 질의 요청에 이 데이터 스토어를 사용할 수 있습니다. 이러면 명령과 질의를 처리하는 데 최적화된 각각의 분리된 데이터 모델을 사용하게 됩니다.

명령과 질의 모델이 강하게 결합되지 않았기 때문에, 명경과 질의 관련 애플리케이션을 서로 다른 팀에서 각각 만들 수 있으며, 사용자 경험에 따라서 각 모델을 독립적으로 발전시킬 수도 있습니다.

작업 분산과 데이터 경합 감소

클라우드 네이티브 애플리케이션에서 보안성 검증이나 메시지 변환과 같은 높은 성능을 요구하는 데이터 쓰기 작업, 또는 복잡한 조인 연산이나 데이터 매핑과 같은 질의 작업을 처리해야 하는 경우 CQRS 패턴을 사용할 수 있습니다. 데이터 갱신이나 질의에서 동일한 데이터 스토어 인스턴스를 사용하면 데이터 스토어에 많은 부하가 몰리게 되고 결국 전반적으로 성능이 떨어집니다. 이 경우 명령과 질의 작업을 분리해서 각 작업이 시스템에 미치는 성능 영향을 줄여서 전반적인 성능을 개선할 뿐 아니라 시스템의 확장성도 향상시키며, 더 높은 보안 정책이 요구되는 작업들을 구분해서 처리할 수 있게 됩니다.

CQRS에서는 명령과 질의를 서로 다른 데이터 스토어에서 처리하도록 하기 때문에, 명령과 질의 관련 서비스들이 서로 다른 확장성 요구사항을 처리할 수도 있습니다. 온라인 쇼핑몰 애플리케이션의 경우 일반적으로 데이터 갱신과 같은 명령보다는 상품 조회와 같은 질의 서비스를 더 많이 사용하며, 마찬가지로 상품 구매보다는 상품 정보 조회가 더 빈번하게 일어납니다. 따라서 쇼핑몰 애플리케이션에서 명령 서비스보다 더 많은 질의 서비스를 사용함으로써 성능을 개선할 수 있습니다.

고려해야 할 사항들

CQRS 패턴은 명령과 질의 작업을 분리함으로써 높은 가용성을 제공합니다. 명령 혹은 질의 서비스 중 하나가 동작하지 않는 경우에도 전체 시스템이 멈추지는 않습니다. 질의 서비스의 경우 무한한 확장이 가능하며, 적절한 수의 데이터 복제본이 있다면 질의 서비스가 절대 동작을 멈추지 않는다고 보장할 수도 있습니다. 반면 명령 작업의 경우 데이터 샤딩 등의 패턴을 사용해서 데이터를 나누어서 데이터를 합치는 과정에서 발생할 수 있는 잠재적인 데이터 충돌을 방지해야 합니다.

CQRS는 명령과 질의 작업 간에 높은 일관성이 필요한 경우 사용해서는 안 됩니다. 데이터를 변경하면 갱신된 내용은 이벤트 소싱과 같은 패턴을 통해 이벤트 형태로 비동기적으로 질의 스토어에 전달됩니다. 즉 CQRS는 약한 일관성을 사용해도 무방한 경우에만 적용해야 합니다. 클라우드 네이티브 애플리케이션에서 동기화된 데이터 복제를 통해 일관성을 높게 되면 데이터 스토어에 대한 잠금^{lock}을 얻기 위해 서비스들이 경합하게 되고, 그 결과로 서비스의 지연 시간이 증가하게 됩니다.

또한 CQRS 패턴을 사용할 때 명령과 질의 모델을 분리하기 위해서 ORM$^{Object-Relational\ Mapping}$과 같은 자동화 도구를 사용할 수 없습니다. 이런 도구들은 대개 데이터베이스를 사용해서 조합 모델을 만들기 때문에, CQRS 패턴을 적용할 때는 생성된 모델을 직접 수정하거나 바닥부터 만들어야 합니다.

CQRS 패턴이 대단해 보이긴 하지만, 이 패턴을 적용하면 시스템 구조가 매우 복잡해진다는 점을 기억하세요. 이벤트 소싱 패턴 등을 통해서 데이터 소스가 변경되는 것을 관리해야 하며, 중복 또는 실패한 이벤트 역시 처리해야 합니다. 따라서 명령 및 질의 모델이 비교적 간단한 편이고 비즈니스 로직이 복잡하지 않다면 CQRS 패턴은 사용하지 않는 것이 좋습니다. 이 때도 CQRS 패턴을 적용한다면 그로 인한 이점보다는 관리의 복잡도 증가로 인한 단점이 더 클 것입니다.

관련 패턴들

이벤트 소싱 패턴

명령 서비스에서 데이터 갱신 이벤트를 질의 서비스로 전달할 때 이벤트 소싱 패턴을 사용할 수 있으며 명령과 질의 모델이 서로 다른 데이터 스토어에 적용될 수 있도록 만듭니다. 이 패턴은 명령과 질의 모델 사이에 약한 일관성을 제공하며 시스템 구조를 더 복잡하게 만들 수 있습니다. 5장에서 이 패턴에 대한 자세한 내용을 다룹니다.

구체화된 뷰 패턴

명령과 질의 모델이 간단하다면, CQRS 패턴 대신 구체화된 뷰 패턴을 사용해서 확장성을 높이는 것이 더 좋습니다. 구체화된 뷰 패턴은 다음 절에서 다룹니다.

데이터 샤딩 패턴

데이터 샤딩 패턴을 사용해서 데이터를 분리하고 명령 서비스를 확장할 수 있습니다. 질의 작업은 데이터를 복제하고 확장하는 것이 간단하고 쉽기 때문에, 이 패턴을 질의 서비스에 적용한다고 해도 성능상의 이점은 그다지 크지 않습니다.

API 보안

명령 및 질의 서비스의 보안성을 향상시키기 위해 이 패턴을 사용할 수 있습니다.

4.6.3 데이터 확장 패턴 정리

이 절에서는 클라우드 네이티브 애플리케이션의 데이터를 확장할 때 사용할 수 있는 패턴들을 다루어보았습니다. 아래 [표 4-3]에 이 패턴들을 언제 사용할지, 언제 사용해서는 안 되는지, 그리고 그 이점은 무엇인지 정리하였습니다.

표 4-3 데이터 확장 패턴

패턴	사용하면 좋은 경우	사용해서는 안 되는 경우	이점
데이터 샤딩	• 데이터에 각 데이터를 고유하게 식별할 수 있는 하나 또는 그 이상의 필드가 있어서 데이터를 하위 집합으로 묶을 수 있는 경우	• 샤드 키를 통해 각 샤드에 균등한 크기의 데이터를 저장할 수 없는 경우 • 전체 데이터 셋의 중앙 값 산출과 같이 데이터 처리 작업에 전체 데이터가 필요한 경우	• 각 데이터의 필드를 조합해서 샤드 키를 만들고 데이터를 샤드 단위로 묶을 수 있음 • 클라이언트와 지역적으로 가까운 곳에 관련 데이터를 저장하고 최적화할 수 있음 • 계층적 샤드 또는 시계열 기반 샤드를 만들어서 검색 시간을 최적화할 수 있음 • 샤드 키가 없는 질의를 부 색인을 사용해서 처리할 수 있음

명령 및 조회 책임 분리CQRS	• 애플리케이션에서 다음과 같이 고성능을 요구하는 데이터 변경 작업을 처리하는 경우:
	  – 데이터 검증
	  – 보안성 검증
	  – 메시지 변환
	• 복잡한 조인 연산 또는 데이터 매핑과 같이 고성능 질의 연산을 처리해야 하는 경우
		• 명령(데이터 변경)과 조회(데이터 질의) 서비스 간 높은 일관성이 요구되는 경우
		• 명령과 질의 모델 간 연관성이 큰 경우
			• 명령 및 질의 작업 간 영향도를 최소화 함
			• 명령 및 질의 데이터를 각각의 경우에 잘 맞는 별도의 데이터 스토어에 저장하고 사용할 수 있음
			• 명령 및 질의 간에 별도의 보안 정책을 적용할 수 있음
			• 명령 및 질의 서비스를 서로 다른 팀에서 개발하고 관리할 수 있음
			• 고가용성을 제공함

4.7 성능 최적화 패턴

분산 클라우드 네이티브 애플리케이션에서 데이터는 병목 현상의 주요 원인 중 하나입니다. 데이터는 확장하기 어렵고 일관성 등의 요구사항으로 인해 데이터에 대한 잠금을 얻기 위한 경합이 벌어지며 분산된 데이터에 대한 동기화 부하가 발생합니다. 이런 이유들로 시스템이 느리게 동작하게 됩니다.

데이터 사용에서 성능을 향상시킬 수 있는 기본적인 방법 중 하나는 색인을 만드는 것입니다. 색인을 만들면 검색 성능을 향상시킬 수 있지만, 과도한 색인 사용은 오히려 읽기와 쓰기 성능 모두 저하시킬 수 있습니다. 모든 쓰기 작업에 대해서 모든 색인이 변경되어야 하며, 데이터베이스가 여러 번의 쓰기를 수행해야 하기 때문입니다. 읽기의 경우 데이터 스토어가 모든 색인을 읽어서 메모리에 가지고 있을 수 없습니다. 따라서 질의를 처리할 때 여러 번의 읽기 작업이 수반되며, 데이터를 가져오는 데 더 많은 시간이 소요됩니다.

읽기 모델을 간단하게 만드는 데는 데이터 비정규화denormalization가 좋습니다. 데이터 비정규화는 조인 연산을 제거해서 읽기 성능을 비약적으로 향상시킵니다. 특히 쓰기 작업에는 정규화된 데이터 스토어를 써서 높은 일관성을 유지하면서 읽기 작업은 비정규화된 데이터 스토어를 통해 효율적으로 처리할 수 있다는 점에서 데이터 비정규화는 CQRS 패턴과 함께 사용하면 좋습니다.

이런 간단한 기법들 외에도 데이터를 처리하는 곳 가까이에 저장하거나, 또는 처리 코드를 데이터와 가까운 곳에서 실행하거나, 전송하는 데이터 양을 줄이거나 향후 사용할 데이터를 미리 전처리preprocess하는 등 성능을 향상시키는 방법은 얼마든지 있습니다. 이 절에서는 이런 성능 향상 패턴에 대해서 자세히 알아봅니다.

4.7.1 구체화된 뷰 패턴

구체화된 뷰 패턴materialized view pattern은 데이터를 처리하는 곳 가까운 곳에 미리 구체화된 뷰로 저장해 둠으로써 질의에 대한 데이터 조회를 효과적으로 처리하는 방법입니다. 이 패턴에서는 서비스와 관련된 모든 데이터를 로컬 데이터 스토어에 저장하고 데이터 포맷을 질의를 처리하는 데 최적화된 형태로 바꿉니다. 이를 통해 더이상 필요한 데이터를 가져오기 위한 서비스를 그때그때 호출할 필요가 없어집니다.

어떻게 동작할까요

구체화된 뷰 패턴에서는 아래 [그림 4-17]에서처럼 의존 서비스에서 데이터를 가져와서 로컬 데이터 스토어에 저장하고 구체화된 뷰를 만듭니다. 또한 조합 데이터 서비스 패턴과 비슷하게 질의를 효과적으로 처리할 수 있는 최적화된 뷰를 만들기도 합니다.

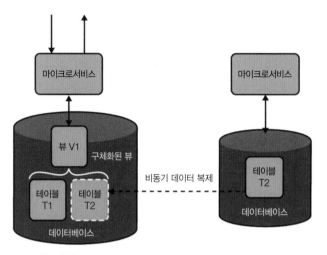

그림 4-17 구체화된 뷰 패턴을 적용한 서비스

이 패턴에서는 의존 서비스로부터 데이터를 비동기로 복제해서 사용합니다. 사용하는 데이터 베이스가 비동기 데이터 복제를 지원하면 이 기능을 사용해서 데이터를 다른 데이터 스토어에서 가져올 수 있습니다. 이런 기능이 없다면 이벤트 소싱 패턴을 통해 이벤트 스트림을 사용해서 데이터를 복제할 수도 있습니다. 데이터 소스를 가지는 서비스는 데이터 추가, 삭제, 변경 작업 각각에 대한 비동기 이벤트를 만들어서 전달하며, 이 이벤트는 해당 서비스의 데이터를 가져가서 구체화된 뷰를 만들어서 사용하는 서비스들로 전파됩니다. 그러면 해당 서비스들은 의존 서비스로부터 데이터를 복제해서 로컬 스토어에 저장합니다. 5장에서 이벤트 소싱 패턴에 대해 더 자세히 알아봅니다.

어떻게 사용할 수 있나요

구체화된 뷰 패턴은 복잡한 조인 연산을 제거하고 관련 서비스에 대한 결합도를 낮추어서 읽기 관련 작업을 효과적으로 처리합니다.

데이터 읽기 효율성 증대

이 패턴은 데이터 일부를 로컬에서 처리할 수 있고 나머지는 지연 시간이 긴 외부 데이터 소스에서 가져와도 관계없을 때 사용할 수 있습니다. 예를 들어 온라인 쇼핑몰 애플리케이션에서 상품 세부 페이지를 제공할 때, 리뷰나 별점과 같은 정보는 상대적으로 느린 리뷰 서비스에서 가져와야 하기 때문에 사용자에게 데이터를 제공하는 지연 시간이 증가합니다. 이때 전체 별점과 미리 계산한 최고의 리뷰와 최악의 리뷰를 가져와서 로컬 스토어에 복제해서 사용하면 상품 세부 정보를 제공할 때 더 효과적으로, 빠르게 처리할 수 있습니다.

같은 데이터베이스에서 데이터를 가져오는 경우에도, 여러 테이블을 조인하는 것은 시간이 많이 소요하는 일입니다. 이 경우에도 관계형데이터베이스의 뷰와 같은 기법을 사용해서 데이터를 좀 더 질의 처리에 알맞은 구체화된 뷰로 변환할 수 있습니다. 상품 세부 정보를 미리 구체화된 뷰로 저장해두면, 상품 세부 서비스가 데이터를 더 효율적으로 처리하고 제공할 수 있습니다.

안전한 시스템에서 민감하지 않은 데이터 제공

몇몇 서비스의 경우 보안 계층 너머에서 보안에 민감하지 않은 데이터를 제공해야 할 수도 있습니다. 이런 서비스들은 인증과 권한 검사, 검증 등의 작업을 거쳐서 데이터를 읽고 제공해야 합니다. 하지만 구체화된 뷰 패턴을 통해 서비스와 관련된 민감하지 않은 데이터들을 미리 복제해두면 호출 서비스가 로컬 스토어로부터 민감하지 않은 데이터들을 바로 읽어서 제공할 수 있습니다. 불필요한 보안 검사 및 검증을 피할 수 있을 뿐 아니라 성능 역시 향상됩니다.

고려해야 할 사항들

의존하는 데이터가 다른 유형의 데이터 스토어에 저장되어 있거나, 이런 데이터 스토어에 불필요한 데이터가 많이 포함되어 있을 수 있습니다. 이런 경우 서비스와 관련된 하위 데이터만 복제해서 구체화된 뷰를 만들 때 적합한 포맷으로 변경해서 저장해야 합니다. 데이터를 로컬에서 처리함으로써 전반적인 질의 성능이 향상되며, 전송하는 데이터 양을 줄여서 네트워크 대역폭 소모를 줄일 수 있습니다. 동기화 데이터 복제의 경우 데이터 잠금 경합이 발생해서 지연 시간이 증가할 수 있기 때문에, 데이터 복제는 반드시 비동기 방식을 사용해야 합니다.

구체화된 뷰 패턴은 데이터 읽기 성능을 향상시켜 서비스 성능을 향상시킬 뿐 아니라, 불필요한 데이터를 처리할 필요가 없고 의존하는 서비스를 파악하지 않아도 되기 때문에 서비스 로직이 간단해진다는 장점이 있습니다.

또한 이 패턴은 서비스 탄력성을 제공합니다. 데이터가 로컬 스토어에 복제되어 있기 때문에,

원천 데이터를 제공하는 서비스에 문제가 생기는 경우에도 아무런 문제 없이 계속 서비스를 할 수 있습니다.

하지만 데이터를 의존 서비스로부터 아주 빠르게 가져올 수 있는 경우나, 의존하는 서비스가 빠르게 바뀌는 경우, 또는 서비스 응답에 데이터의 일관성이 아주 중요한 경우 이 패턴을 사용해서는 안 됩니다. 구체화된 뷰 패턴은 이런 경우 오히려 데이터를 미리 저장하는 불필요한 작업을 할 뿐 아니라 데이터의 불일치로 초래하게 됩니다.

가져와야 하는 데이터의 양이 아주 크거나 원천 데이터가 자주 변경될 때 역시 이 패턴을 사용해서는 안 됩니다. 데이터 복제에 지연이 발생할 뿐 아니라 네트워크 대역폭을 많이 소모함으로써 전반적인 애플리케이션의 성능과 정확도에 영향을 미칩니다. 이 때는 나중에 다룰 데이터 지역성 패턴을 사용하는 것이 좋습니다.

관련 패턴들

다음과 같은 패턴들이 구체화된 뷰 패턴과 연관성을 가집니다.

데이터 지역성 패턴

코드 실행을 데이터와 가까운 곳에서 함으로써 데이터 조회를 더 효율적으로 합니다.

조합 데이터 서비스 패턴

데이터 조합을 서비스 수준에서 할 수 있거나 의존 서비스가 정적 데이터를 가지고 있어서 조합 데이터 서비스가 이 데이터를 캐시로 저장할 수 있는 경우, 구체화된 뷰 패턴 대신 사용할 수 있습니다.

명령 및 질의 책임 분리 패턴

구체화된 뷰 패턴에서 질의 처리를 위해 CQRS 패턴을 사용할 수 있습니다. 데이터에 대한 변경을 요청하는 명령은 의존 서비스에서 이루어지며, 읽기 요청을 담당하는 질의는 구체화된 뷰를 만든 질의 서비스에서 처리하게 됩니다.

이벤트 소싱 패턴

데이터를 한 원천에서 다른 곳으로 복제할 때 이 패턴을 사용합니다. 데이터에 대한 변경은 이벤트로 만들어져서 이벤트 스트림으로 전달되며, 이 이벤트들은 카프카와 같이 신뢰할 수 있는 로그 기반 이벤트 큐에 순서대로 기록합니다. 그리고 해당 데이터를 읽어서 사용하는 서비스들은 이벤트 스트림에서 이벤트를 읽어서 해당 내용에 따라 로컬 스토어의 데이터를 변경합니다. 5장에서 이 패턴을 자세히 살펴봅니다.

4.7.2 데이터 지역성 패턴

데이터 지역성 패턴data locality pattern의 목적은 데이터 처리 로직을 최대한 데이터와 가까운 곳에서 실행하는 것입니다. 서비스를 데이터와 같은 위치에 배포하거나 데이터 스토어에서 로직을 실행하는 것이 이에 해당합니다. 실행 코드가 거의 제한 없이 데이터에 접근할 수 있으며 빠른 실행이 가능하고 결과 데이터를 보낼 때 소비하는 대역폭을 줄일 수 있습니다.

어떻게 동작할까요

데이터를 옮기는 것보다 실행 코드를 옮기는 것이 성능을 더 향상시킬 수 있습니다. CPU 자원이 충분하다면 아래 [그림 4-18]처럼 데이터 노드에서 질의를 처리하는 서비스를 실행함으로써 네트워크를 통해 데이터를 전송할 필요 없이 대부분의 데이터를 로컬에서 접근함으로써 성능을 향상시킬 수 있습니다.

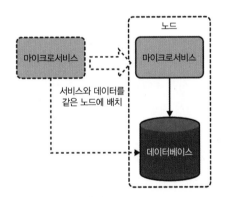

그림 4-18 마이크로서비스를 데이터 스토어와 가까이 배치

서비스를 데이터 스토어와 같은 노드에서 실행할 수 없다면 서비스를 같은 리전region이나 데이터센터에 배치해서 네트워크 대역폭 소비를 최소화할 수도 있습니다. 서비스가 결과 데이터를

캐시에 저장해서 데이터 질의를 더 효과적으로 처리할 수도 있습니다.

[그림 4-19]와 같이 실행 코드를 데이터 스토어의 저장 프로시저로 만들어서 실행할 수도 있습니다. 특히 관계형 데이터베이스의 기능을 최대한 사용해서 데이터 처리와 읽기를 최적화할 때 좋습니다.

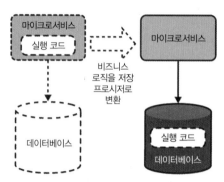

그림 4-19 실행 코드를 데이터 스토어의 저장 프로시저로 변환

어떻게 사용할 수 있나요

이 패턴은 실행 코드와 데이터를 묶어서 지연 시간을 줄이고 네트워크 대역폭 소비를 줄이거나, 네트워크로 연결된 환경에서 분산 클라우드 네이티브 애플리케이션이 더 효율적으로 동작할 수 있도록 해줍니다.

데이터 읽기 지연 시간 감소

하나 이상의 데이터 스토어로부터 데이터를 읽어와서 정렬이나 조인 연산과 같은 작업을 수행할 때 이 패턴을 사용하는 것이 좋습니다. 데이터를 처리하기 위해서는 서비스가 모든 데이터를 읽어와서 로컬 메모리에 저장해야 비로소 필요한 작업을 시작할 수 있습니다. 하지만 이 과정에서 데이터를 네트워크로 전송해야 하기 때문에 지연이 발생합니다. 데이터 스토어에서 서비스를 실행하거나, 또는 데이터 스토어가 많은 경우 가장 데이터를 많이 전송해야 하는 데이터 스토어에서 서비스를 실행하면 네트워크를 통해 전송해야 하는 데이터 양을 줄일 수 있으며 데이터 조회 시간을 단축시킬 수 있습니다. 또한 조합 서비스 패턴에서 서비스가 데이터 스토어와 다른 서비스들로부터 데이터를 받아서 조인 등의 연산을 실행하는 경우 이 패턴을 적용할 수 있습니다. 이런 조합 서비스들을 데이터 스토어와 같은, 또는 가까운 노드에서 실행하면 서비스의 전반적인 성능을 향상시킬 수 있습니다.

데이터 조회 시 네트워크 대역폭 소비 감소

이 패턴은 특히 데이터 애그리게이션이나 필터링 작업 등을 실행하기 위해 여러 데이터 원천에서 데이터를 가져와야 할 때 유용합니다. 이런 질의의 결과는 일반적으로 입력 데이터에 비해 그 크기가 매우 작기 때문입니다. 실행 코드를 데이터 원천에서 가까운 곳에서 실행하게 되면 아주 작은 크기의 데이터만 전송해도 되기 때문에 네트워크 대역폭 소비를 최적화할 수 있습니다. 이 패턴은 데이터 스토어가 아주 크고 클라이언트가 실행되는 곳이 지리적으로 분산되어 있을 때 사용하면 좋습니다. 또한 클라우드 네이티브 애플리케이션이 전반적으로 네트워크 대역폭에서 병목 현상을 겪는 경우에도 적용하는 것이 좋습니다.

고려해야 할 사항들

데이터 지역성 패턴은 데이터 노드의 CPU 자원 사용도 최대화할 수 있습니다. 대부분의 데이터 노드들은 I/O 작업에 치중하는 경향이 있기 때문에, 처리하는 질의가 간단한 편이라면 대부분의 CPU 자원이 유휴idle 상태일 것입니다. 따라서 실행 코드를 데이터 노드에서 실행하면 전반적인 자원 사용률을 최대화할 수 있으며 전체적인 성능 역시 향상시킵니다. 그렇다고 모든 실행 코드를 데이터 노드에서 실행해서는 안 됩니다. 데이터 노드에 지나치게 많은 부하가 가해질 수 있으며 데이터 조회 시 문제가 발생할 수 있기 때문입니다.

질의의 결과가 입력 데이터 크기와 거의 차이가 없는 경우 이 패턴은 사용하지 않는 것이 좋습니다. 성능 향상이나 대역폭 소비 절감 효과는 하나도 없이 데이터 노드에 부하만 가중시키기 때문입니다. 네트워크 대역폭 소비 감소와 CPU 사용률 최대화 간 이점들을 잘 조율해야 합니다. 데이터 노드에서 추가 코드를 실행함으로써 발생할 수 있는 문제점보다 전송하는 데이터 크기를 줄임으로써 얻을 수 있는 이점이 더 큰 경우에만 이 패턴을 적용해야 합니다.

데이터 스토어가 질의 마이크로서비스에서 전용으로 사용하는 경우에만 실행 코드를 데이터 스토어로 옮겨야 합니다. 공유 데이터베이스에서 저장 프로시저를 실행하는 것은 성능 및 관리 문제를 일으킬 수 있기 때문에 피해야 하는 패턴입니다. 또한 데이터베이스 관리 변경은 결코 무시해서는 안 되는 중요한 작업이며, 제대로 관리되지 않으면 저장 프로시저로 인해 데이터 스토어 장애가 발생할 수도 있습니다. 실행 코드를 데이터 스토어로 옮길 때는 항상 주의를 기울여야 하며, 성능상 이점이 없는 경우 데이터 스토어가 아닌 마이크로서비스에서 비즈니스 로직을 실행하는 것이 좋습니다.

관련 패턴들

구체화된 뷰 패턴

데이터 지역성 패턴 대신 구체화된 뷰 패턴을 사용해서 실행 코드 가까운 곳에 데이터를 배치할 수 있습니다. 이 패턴은 데이터 크기가 작거나 데이터 읽기 과정에서 복잡한 조인 또는 데이터 변환과 같이 CPU를 많이 소모하는 작업을 처리해야 하는 경우 적용하기 좋습니다.

캐싱 패턴

데이터 지역성 패턴에서 전처리한 데이터를 저장하고 반복된 질의에 해당 데이터를 제공함으로써 성능을 더욱 향상시킬 수 있습니다.

4.7.3 캐싱 패턴

캐싱 패턴caching pattern에서는 이전에 처리한 데이터 또는 조회한 데이터를 메모리에 저장하고 향후 유사한 질의에 대해서 저장한 데이터를 사용하는 방식입니다. 서비스에서 반복되는 데이터 처리를 줄여줄 뿐 아니라 이미 저장된 데이터와 연관된 의존 서비스를 호출하지 않아도 된다는 장점이 있습니다.

어떻게 동작할까요

캐시는 일반적으로 메모리에 데이터를 저장하는 데이터 스토어 형태로 이전에 처리한 데이터 또는 읽어온 데이터를 메모리에 저장하고 데이터를 다시 처리하거나 읽어올 필요 없이 메모리에 저장한 데이터를 재사용하게 해줍니다. 데이터 읽기 요청에 대해서 필요한 데이터가 캐시에 있는 경우를 **캐시 히트**cache hit라고 합니다. 반면 필요한 데이터가 캐시에 없으면 이를 **캐시 미스**cache miss라고 부릅니다.

캐시 미스가 발생하면 시스템은 데이터를 처리하거나 데이터 스토어에서 데이터를 읽어온 다음 향후 데이터를 캐시에서 읽을 수 있도록 캐시에 저장합니다. 이 방법을 **리드 스루 캐시 처리**read-through cache operation라고 합니다. 데이터에 대한 변경 요청을 처리하는 경우 데이터 스토어에 해당 내용을 반영하고 캐시에 저장된 해당 데이터를 삭제하는 데 이를 **라이트 트루 캐시 처리**write-through cache operation라고 합니다. 데이터에 대한 요청이 다시 들어올 경우 오래된 데이터를 반환하지 않고 데이터 스토어에서 변경된 새로운 데이터를 가져오고 이를 리드 스루 캐시 처리를 통해 캐시에 다시 저장하기 위해서 캐시 무효화cache invalidation가 반드시 필요합니다. 이렇게 데이터를 읽고 변경하는 방식을 흔히 캐시 배제aside 방식이라고 하며, 대부분의 상업용 캐시에서 이 기능을 기본으로 지원합니다.

데이터 캐시는 클라이언트나 서버, 혹은 양쪽 모두에 존재할 수 있습니다. 캐시 자체는 로컬 캐시로서 하나의 인스턴스에 대한 데이터만 저장하거나 공유 캐시로 여러 인스턴스의 데이터를 저장할 수도 있습니다.

캐시를 공유하지 않는 경우 사용 가능한 메모리를 전부 소진할 수 있기 때문에 결국 데이터를 캐시에 추가하지 못하는 상황이 발생합니다. 이런 경우 새로운 데이터를 캐시에 저장하기 위해서 예전 캐시 데이터를 삭제하는 정책을 사용합니다. 가장 자주 사용하는 삭제 정책은 **LRU**Least Recently Used이며, 가장 오랫동안 사용하지 않은 캐시 데이터를 삭제하고 그 자리에 새로운 데이터를 저장합니다. 그 외에도 가장 예전에 저장한 캐시 데이터를 삭제하는 FIFOFirst-In, First-Out 나 가장 최근에 사용한 데이터를 지우는 MRUMost Recently Used, 또는 발생한 이벤트의 값에 따라서 캐시 데이터를 삭제하는 방법 등을 사용할 수 있습니다. 캐시를 삭제하는 방식은 사용하는 애플리케이션의 특성에 따라 적절한 것을 선택하는 것이 좋습니다.

데이터를 캐시에 저장한 후, 데이터 스토어에 저장된 데이터가 다른 애플리케이션에 의해 변경될 수 있습니다. 이때 캐시에 데이터를 오랫동안 가지고 있게 되면 캐시의 데이터와 데이터 스토어의 데이터 간 불일치를 불러올 수 있습니다. 이 문제는 각 캐시 데이터별로 유효 시간을 지정함으로써 해결할 수 있습니다. 유효 시간을 지정하면 해당 시간이 지난 캐시 데이터를 캐시에서 삭제하고 데이터 스토어에서 다시 가져옴으로써 캐시와 데이터 스토어 간의 데이터 일관성을 유지할 수 있습니다.

어떻게 사용할 수 있나요

이 패턴은 하나 이상의 클라이언트가 반복적으로 동일한 질의를 요청할 때, 그리고 다음에 어떤 질의가 들어올 지 예상하기 어려울 때 사용하면 좋습니다.

데이터 조회 시간 단축

데이터 스토어에 있는 데이터를 읽어오는 것보다 캐시에 있는 데이터를 가져오는 것이 더 빠를 때 캐싱 패턴을 사용할 수 있습니다. 특히 데이터 소스에서 데이터를 가져올 때 복잡한 연산을 수행해야 하거나 데이터 스토어가 원격지에 있어서 네트워크 지연 시간이 높은 경우 사용하는 것이 좋습니다.

정적 콘텐츠를 가져오는 시간 단축

캐싱 패턴은 정적 데이터 혹은 거의 변경되지 않는 데이터를 제공할 때 특히 좋습니다. 메모리에 저장할 수 있는 정적 데이터의 경우 해당 데이터 전체를 메모리에 저장하고 유효 시간 제한을 두지 않음으로써 해당 데이터가 영구히 캐시에 존재하도록 만듭니다. 이를 통해 정적 데이터를 읽어오는 시간을 획기적으로 개선할 수 있으며 원천 데이터 스토어에서 데이터를 읽어 올 필요가 없도록 만듭니다.

데이터 스토어 경합 감소

캐싱 패턴을 사용하면 데이터 스토어에 데이터 읽기 요청을 적게 보내기 때문에, 데이터 스토어가 동시에 많은 요청을 처리하거나 데이터 스토어 간 경합이 발생하는 경우 캐싱 패턴을 사용해서 데이터 스토어에 대한 부담을 줄일 수 있습니다. 특히 애플리케이션이 데이터 불일치에 크게 영향을 받지 않는 경우(데이터가 변경된 지 수 분이 지난 오래된 데이터를 가진 경우) 쓰기 작업을 많이 처리하는 데이터 스토어에 이 패턴을 적용해서 데이터 읽기 부하를 줄이고 시스템의 안정성을 향상시킬 수 있습니다. 이 경우 언젠가는 캐시 데이터가 유효 시간이 지나거나 라이트 스루 캐시 처리 등의 동작을 통해 데이터 스토어와 일치하게 됩니다.

데이터 조회 시간 단축을 위한 데이터 미리 가져오기

주로 사용하는 질의 내용이 어떤 것인지 알고 있다면, 데이터 전체 혹은 일부를 미리 가져와서 캐시에 저장할 수 있습니다. 예를 들어 주문을 처리하는 경우 애플리케이션에서 대개 최근 일주일 이내의 주문 데이터를 요청하는 것을 예상하고 서비스를 시작할 때 최근 일주일 분량의 데이터를 미리 가져와서 캐시에 저장해 둘 수 있습니다. 이렇게 데이터를 미리 가져오면 데이터를 필요할 때마다 가져오는 것에 비해 더 좋은 성능을 보일 수 있습니다. 데이터를 미리 가져오지 않으면 초기 요청을 처리하는 과정에서 캐시 미스로 인해 서비스와 데이터 스토어에 많은 부하가 발생할 수 있습니다.

또한 그다음 질의에서 어떤 데이터가 필요한지 예측할 수 있을 때도 데이터를 미리 가져올 수 있습니다. 온라인 쇼핑몰 애플리케이션에서 사용자가 상품을 검색하고 첫 10개의 상품

목록만 화면에 표시한 경우, 아마 사용자는 그다음 10개의 상품 목록을 요청할 가능성이 큽니다. 이 경우 다음 10개의 상품 목록을 미리 불러와서 캐시에 저장해두면 실제 데이터가 필요할 때 불러오는 것보다 더 빠르게 상품 목록을 보내줄 수 있습니다.

데이터 스토어 의존성 해소를 통한 고가용성 구현

서비스 가용성이 데이터 일관성보다 더 중요한 경우, 캐싱을 통해 고가용성을 구현할 수 있습니다. 백엔드 데이터 스토어가 제대로 동작하지 않는 경우에도 서비스는 캐시 데이터를 통해 계속 동작할 수 있습니다. 아래 [그림 4-20]의 경우 캐싱 패턴을 통해 로컬 캐시에 데이터가 없는 경우 공유 혹은 분산 캐시에서 데이터를 가져오고, 분산 캐시에서도 데이터가 없는 경우 데이터 스토어에서 데이터를 가져오는 구조로 이루어져 있습니다. 이 패턴은 3장에서 설명한 탄력적 연결성 패턴의 회로 차단기와 함께 사용해서 몇 차례 실패 후 백엔드 서비스나 데이터 스토어가 정상이 되었을 때 다시 연결을 복구하도록 만들 수 있습니다.

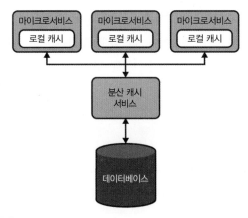

그림 4-20 다계층 캐시 폴백 구조

공유 캐시를 사용하는 경우 부 캐시 인스턴스를 항시 대기 상태로 만들어 두고 데이터를 복제해 두면, 주 캐시 인스턴스가 동작하지 않는 경우 애플리케이션이 부 캐시 인스턴스에서 데이터를 가져오도록 만들어서 가용성을 더 향상시킬 수 있습니다.

단일 노드에 저장할 수 없는 데이터를 캐시에 저장하기

로컬 캐시나 공유 캐시가 필요한 모든 데이터를 저장할 수 없는 경우 대신 분산 캐싱 시스템을 사용할 수 있습니다. 분산 캐싱 시스템은 데이터를 나누고 복제함으로써 확장성과 탄력성을 제공합니다. 리드 스루 및 라이트 스루 동작을 지원하며 데이터 스토어로부터 바로 데이터를 가져오고 데이터를 변경할 수도 있습니다. 분산 캐싱 시스템은 필요한만큼 캐시 서버를 추가함으로써 확장성을 간단하게 구현할 수 있습니다.

물론 분산 캐시에 많은 데이터를 저장할 수 있지만, 로컬 캐시만큼 빠르지 않으며 시스템에 복잡도가 증가한다는 문제가 있습니다. 데이터를 가져올 때 거쳐야 할 네트워크 노드 수가 증가하게 되며, 추가 서버 노드를 관리해야만 합니다. 가장 중요한 점은 분산 캐시를 구성하는 모든 노드가 같은 네트워크 내에 존재해야 하며, 서로 통신할 때 상대적으로 많은 대역폭을 사용할 수 있어야 합니다. 그렇지 않으면 데이터 동기화 지연 문제가 발생할 수 있습니다. 반면 클라이언트가 지리적으로 분산되어 있는 경우 분산 캐시를 사용해서 클라이언트가 가까운 곳에 필요한 데이터를 저장함으로써 더 빠르게 응답할 수 있습니다.

고려해야 할 사항들

캐시 데이터는 단일 데이터 소스로 사용해서는 안 되며, 고가용성을 반드시 만족할 필요도 없습니다. 캐시를 사용할 수 없는 경우에도 애플리케이션은 제대로 동작해야 합니다. 캐시가 데이터를 메모리에 저장하는 만큼 데이터가 언제든 사라질 수 있으며, 장기적으로 데이터를 영구히 저장하는 것은 반드시 데이터 스토어여야 합니다.

서비스 요청에 대한 응답 데이터의 대부분이 정적 데이터로 구성되고 데이터 일부만 자주 변경되는 경우도 있습니다. 데이터의 정적 부분을 만드는 비용이 비싸면 레코드를 정적과 동적 두 부분으로 나누어서 정적인 부분만 캐시에 저장합니다. 응답 데이터를 만들 때 캐시에서 정적 데이터를 가져오고 동적으로 나머지 데이터를 생성합니다.

캐시를 삭제하는 정책 대신, 데이터가 흘러 넘칠 때 로컬 캐시가 이에 대응하도록 만들 수 있습니다. 로컬 캐시는 데이터가 흘러 넘칠 경우 이 데이터를 디스크에 저장합니다. 캐시가 흘러 넘치는 경우 데이터를 관리해야 하기 때문에 복잡도가 증가하므로, 이 방식은 데이터를 원천 데이터 스토어에서 읽어오는 것보다 디스크에서 읽어오는 것이 더 빠른 경우에만 사용하는 것이 좋습니다.

캐시 유효 시간은 너무 길거나 짧지 않게, 적당한 시간을 지정합니다. 캐시 유효 시간이 너무 길면 데이터 스토어와 캐시 데이터 간 불일치가 많아지며, 너무 짧으면 데이터를 데이터 스토어에서 자주 가져와야 하기 때문에 캐시를 쓰는 의미가 없어집니다. 하지만 데이터 일관성보다 데이터를 조회하는 비용이 더 크고 중요한 경우 일부러 캐시 유효 시간을 길게 잡을 수도 있습니다.

캐시 데이터를 로컬에 저장할 때 가장 큰 문제점은 서비스를 확장할 때 각 서비스가 자신만의 로컬 캐시를 가지게 되며 서로 다른 시점에 데이터 스토어와 캐시 데이터를 동기화한다는 것입니다. 캐시 데이터가 동기화된 이후에 데이터 변경이 이루어지면, 각 마이크로서비스들의 캐시 데이터가 일치하지 않는 상태가 됩니다. 이로 인해 두 개의 서비스에 동일한 질의를 요청하는 경우 서로 다른 값을 반환할 수 있습니다. 이는 데이터 변경을 처리한 서비스에서만 캐시 무효화가 이루어지며, 다른 마이크로서비스들은 데이터가 변경되어 캐시가 무효화되었다는 사실을 알지 못하기 때문입니다. 데이터 스토어 수준에서 데이터가 변경되거나 복제되는 경우에도 각 마이크로서비스들의 캐시가 이를 알 수 없기 때문에 같은 상황이 발생할 수 있습니다.

이런 문제는 아래 [그림 4-21]과 같이 메시징 시스템을 통한 발행자-구독자 패턴이나 이벤트 소싱 패턴을 통해 데이터에 대한 변경이 일어나는 경우 모든 캐시에 무효화 정보를 전달함으로써 해결할 수 있습니다.

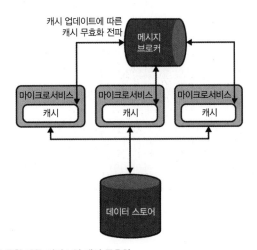

그림 4-21 메시지 브로커를 통한 모든 서비스의 캐시 무효화

불필요한 캐시 계층을 추가하면 메모리 소비가 증가하고 성능이 떨어지며 데이터 불일치가 발생할 수 있습니다. 캐싱 솔루션을 도입하기 전에 충분한 부하 테스트를 통해 성능과 더불어 캐시 히트 비율과 CPU, 메모리 사용량을 면밀히 파악해야 합니다. 캐시 히트율이 낮다는 것은

캐시 사용이 그다지 효과가 없다는 것을 의미하므로, 캐시가 더 높은 히트율을 보이도록 수정하거나 다른 대안을 사용하는 것이 좋습니다. 캐시 크기를 키우거나 캐시 유효 시간을 늘리거나 캐시에 데이터를 미리 가져와서 저장하는 등의 방법을 통해 캐시 히트율을 증가시킬 수 있습니다.

가능하다면 데이터 스토어와 마찬가지로 캐시에 대한 배치 데이터 업데이트를 수행하는 것이 좋습니다. 높은 부하가 걸리는 상황에서 대역폭 사용과 성능을 최적화할 수 있습니다. 여러 캐시의 데이터가 동시에 변경되는 경우 낙관적인 방식 또는 비관적인 방식을 사용할 수 있습니다. **낙관적 방식**optimistic approach은 여러 캐시에서는 여러 캐시에서 동시에 데이터를 변경하는 경우가 없다고 가정하며, 캐시를 업데이트 하기 이전에만 캐시에 동시에 쓴 경우가 있는지 검사합니다. 반면 **비관적 방식**pessimistic approach의 경우 전체 업데이트 시간 동안 잠금을 걸어서 동시에 다른 곳에서 데이터를 변경하지 못하도록 만듭니다. 비관적 방식의 경우 확장성이 떨어지기 때문에 아주 짧은 시간이 소요되는 작업에만 사용해야 합니다.

또한 캐시를 강제로 만료하거나 데이터를 다시 만들 수 있도록 하는 것이 좋습니다. 예를 들어 클라이언트 측에서 데이터가 잠재적으로 변경될 수 있다는 사실을 아는 경우, 클라이언트가 원하면 데이터를 조회하기 전 서비스가 캐시 데이터를 강제로 다시 읽어오도록 만들 수 있습니다. 캐시를 저장할 때 캐시 키에 임의이 값을 조합하는 방식으로 이를 구현할 수 있습니다. 클라이언트는 이 캐시 키를 계속 사용할 수 있으며, 원하는 경우 캐시 키를 바꾸어서 캐시를 강제로 새로 읽어오도록 만듭니다. 이 방식은 주로 웹 클라이언트가 브라우저 캐시를 초기화할 때 많이 사용합니다. 브라우저 캐시는 요청 URI별로 저장하기 때문에, URI에 임의의 값을 추가할 수 있으면 클라이언트 측에서 요청을 보낼 때 임의의 URI 값을 바꿈으로써 브라우저 캐시를 초기화할 수 있습니다. 간혹 서드파티 클라이언트 라이브러리 등이 강제 캐시 초기화 및 불러오기를 위해 계속 임의의 값을 생성해서 요청에 보내는 경우가 있기 때문에, 이로 인한 시스템 부하가 발생하는 상황에 주의해야 합니다. 만약 클라이언트 개발 팀이 같은 조직에 있다면, 협의를 통해 원만하게 해결할 수 있겠죠.

몇몇 상용 캐시 서비스는 볼트 키 패턴 등을 통해 데이터 보안성을 제공합니다. 하지만 대부분의 캐시는 보안성을 염두에 두고 설계되지 않았기 때문에, 캐시 데이터를 외부에 직접 제공하는 것은 피해야 합니다. 대신 아래 [그림 4-22]와 같이 데이터 서비스 패턴을 사용해서 데이터 서비스에 캐시를 구현하고 API를 통해 보안성을 제공하는 것이 좋습니다. 데이터에 대한 보호 기능을 제공하며 인증된 서비스에만 캐시를 통한 데이터 읽기 및 쓰기 기능을 제공할 수 있습니다.

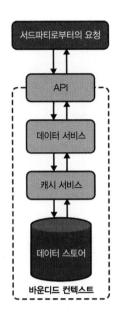

그림 4-22 캐시를 안전하게 외부에 제공

관련 패턴들

데이터 샤딩 패턴

데이터 스토어를 확장하는 것과 비슷한 방법으로 캐시를 확장할 수 있습니다. 또한 데이터를 지리적으로 분산해서 캐시에 있는 관련 데이터가 실제 사용하는 서비스와 가까운 곳에 배포할 수 있습니다.

탄력적 연결성 패턴

캐시 데이터를 사용할 수 없는 경우 데이터 원천을 통해 서비스를 계속 할 수 있습니다.

데이터 서비스 패턴

API 보안성과 데이터 서비스 패턴을 함께 사용해서 분산 캐시에 대한 서비스 계층을 제공하고 데이터 사용자에게 좀 더 비즈니스 친화적인 API를 제공할 수 있습니다.

볼트 키 패턴

액세스 토큰을 통해 서드파티가 캐시에 안전하게 직접 접근할 수 있도록 합니다. 이 패턴은 캐싱 시스템이 기능을 지원할 때만 사용해야 합니다. 그렇지 않으면 API 보안성과 데이터 서비스 패턴을 함께 사용하는 것이 좋습니다.

이벤트 소싱 패턴

모든 로컬 캐시에 캐시 무효화 요청을 전파할 때 사용합니다. 캐시 데이터에 대한 약한 일관성을 제공해주며 데이터 소스가 여러 서비스로 인해 변경되어 데이터가 쓸모 없어지는 경우를 최소화해줍니다.

4.7.4 정적 콘텐츠 호스팅 패턴

정적 콘텐츠 호스팅 패턴static content hosting pattern은 데이터 스토어의 정적 콘텐츠를 클라이언트와 가까운 곳에 배포하여 추가 자원 소모 없이 낮은 지연 시간으로 클라이언트에게 콘텐츠를 제공하는 방법입니다.

어떻게 동작할까요

클라우드 네이티브 웹 서비스는 클라이언트 요청에 따라 동적으로 콘텐츠를 만들어서 제공합니다. 하지만 일부 클라이언트는 정적 HTML 페이지나 자바스크립트 및 CSS 파일, 이미지, 다운로드 파일 등 많은 양의 정적 콘텐츠를 사용하기도 합니다. 이런 정적 콘텐츠를 제공할 때 마이크로서비스를 사용하는 것보다는 정적 콘텐츠 호스팅 패턴을 적용해서 CDNContent Delivery Network와 같은 정적 콘텐츠 스토리지에 보관하는 것이 좋습니다.

[그림 4-23]에서는 일반적인 웹 애플리케이션의 동작 방식을 보여주고 있습니다. 브라우저가 데이터를 요청하면 해당 요청을 처리하는 서비스가 동적 HTML 페이지를 만듭니다. 이 페이지에는 페이지 곳곳에서 사용하는 정적 데이터에 대한 내장 링크가 포함되어 있습니다. 브라우저는 이 내장 링크를 통해 정적 콘텐츠를 불러오는데, DNS를 통해 내장 링크에 대한 주소를 알아내고 그다음 가장 가까운 CDN에서 콘텐츠를 가져옵니다.

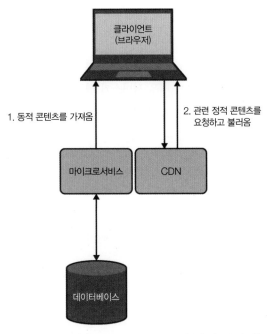

그림 4-23 마이크로서비스에서 동적 콘텐츠를 가져오고 CDN에서 정적 콘텐츠를 가져옴

어떻게 사용할 수 있나요

이 패턴은 클라이언트에게 정적 콘텐츠를 빠르게 제공해야 할 때, 그리고 렌더링^{rednering} 서비스의 부하를 줄이고자 할 때 사용합니다.

빠른 정적 콘텐츠 제공

정적 콘텐츠는 거의 변하지 않기 때문에 이 패턴을 통해 정적 데이터를 지리적, 환경적으로 다른 여러 곳에 복제하고 캐시에 저장해서 클라이언트에 가까운 곳에 콘텐츠를 배포합니다. 이를 통해 클라이언트에게 정적 데이터를 빠르게 제공합니다.

렌더링 서비스의 자원 사용량 감소

앞서 설명한 웹 브라우저의 경우와 같이 클라이언트에게 정적 그리고 동적 데이터를 모두 보내야 한다면, 정적 데이터를 CDN이나 S3 버킷과 같은 스토어로 옮겨서 클라이언트가 직접 정적 데이터를 가져가도록 만들 수 있습니다. 그러면 동적 콘텐츠를 제공하는 마이크로서비스가 정적 데이터까지 제공하지 않아도 되기 때문에 자원 사용량이 감소합니다.

고려해야 할 사항들

접근 시간이나 위치 등을 콘텐츠에 추가하는 등과 같이 클라이언트에게 정적 콘텐츠를 제공하기 전 수정해야 하는 경우에는 이 패턴을 사용할 수 없습니다. 또한 제공하는 정적 콘텐츠의 크기가 작은 경우에는 잘 맞지 않습니다. 이 경우 서비스가 정적 콘텐츠를 직접 제공하는 것이 클라이언트가 다른 데이터 스토어나 CDN으로부터 가져오는 것보다 더 빠릅니다. 애플리케이션이 정적 콘텐츠와 동적 콘텐츠를 모두 제공하고, 분명한 성능상 이점이 있는 경우에만 이 패턴을 사용하세요.

또한 이 패턴을 사용하면 클라이언트 구현이 더 복잡해질 수 있다는 점도 유념하시기 바랍니다. 동적 데이터가 클라이언트에게 전달되면 클라이언트는 관련 정적 데이터들을 가져와서 정적 데이터와 동적 데이터를 적절히 조합해야 하기 때문입니다. 웹 페이지를 표시해주는 브라우저가 아닌 다른 클라이언트에서 이 패턴을 사용하는 경우에도 마찬가지로 이런 복잡한 작업을 클라이언트에 전부 구현해야 합니다.

어떤 경우에는 정적 콘텐츠를 안전하게 보관해야 할 필요도 생깁니다. 만약 인증된 사용자만 정적 콘텐츠에 접근하는 것을 허용하고 싶다면, API 보안과 데이터 서비스 패턴을 함께 사용하거나 볼트 키 패턴을 같이 사용하는 것을 권장합니다.

관련 패턴들

데이터 샤딩 패턴

정적 데이터가 많을 때 이들을 샤드 단위로 나누어서 관리할 수 있습니다.

캐싱 패턴

콘텐츠를 캐시에 저장해서 더 빠르게 제공합니다. 정적 데이터는 거의 바뀌지 않기 때문에 캐시 데이터의 유효 기간을 지정할 필요가 없습니다.

볼트 키 패턴

정적 콘텐츠 시스템에 보안성을 제공합니다.

데이터 서비스 패턴

정적 콘텐츠를 제공하는 서비스에 API 보안 기능을 추가할 수 있습니다.

4.7.5 성능 최적화 패턴 정리

이 절에서는 클라우드 네이티브 애플리케이션 개발에서 성능 최적화에 자주 사용하는 패턴들을 살펴보았습니다. 아래 [표 4-4]에 이 패턴들을 언제 사용하면 좋고 언제 사용해서는 안 되는지, 그리고 이점은 무엇인지 정리했습니다.

표 4-4 성능 최적화 패턴

패턴	사용하면 좋은 경우	사용해서는 안 되는 경우	이점
구체화된 뷰	• 데이터 일부를 로컬에서 제공할 수 있으며 나머지 데이터는 지연 시간이 높은 외부 데이터 스토어에서 가져와서 처리할 수 있을 때 • 로컬 스토어로 옮기는 데이터 크기가 작으며 거의 변경되지 않을 때 • 보안 시스템을 통해서만 접근할 수 있지만 민감하지 않은 데이터를 제공해야 할 때	• 데이터를 의존 서비스에서 낮은 지연 속도로 가져올 수 있을 때 • 의존 서비스의 데이터가 빠르게 변경될 때 • 데이터의 일관성이 더 중요할 때	• 애플리케이션에 적합한 아무 데이터베이스에나 데이터를 저장할 수 있음
데이터 지역성	• 데이터를 여러 데이터 스토어에서 읽어서 조인이나 데이터 애그리게이션 연산을 수행할 때 • 데이터 스토어가 매우 크고 클라이언트가 지리적으로 분산되어 있을 때	• 질의의 결과가 입력 데이터 대부분을 포함할 때 • 데이터 노드에서 데이터를 처리하는 비용이 데이터를 네트워크로 전송하는 비용보다 클 때	• 데이터 조회 지연 시간을 낮추고 네트워크 대역폭 소모를 줄임 • CPU 사용 효율을 증대하고 전반적인 성능을 최적화함 • 결과 데이터를 캐시에 저장하고 요청을 더 효과적으로 처리함
캐싱	• 정적 데이터 또는 거의 변경되지 않는 데이터 처리에 적합함 • 애플리케이션이 하나 이상의 클라이언트로부터 동일한 질의를 여러 번 받는 경우, 특히 다음 질의가 어떤 데이터를 요구할지 예측할 수 없는 경우 • 데이터 스토어 간 경합이 심하거나 여러 클라이언트로부터 동시에 데이터 조회 요청이 발생하는 것을 제대로 처리할 수 없을 때	• 데이터가 자주 변경되는 경우 • 신뢰할 수 있는 데이터 원천으로 사용해서는 안됨 • 데이터가 아주 중요하며 시스템이 데이터 불일치를 처리할 수 없는 경우	• 데이터 일부를 캐시에 저장해서 성능을 향상시킬 수 있음 • 캐시 배제 기법을 통해 중복 연산을 제거하고 성능을 향상시킴 • 캐시에 정적 데이터를 미리 읽어와서 제공할 수 있음 • 캐시 삭제 정책과 함께 사용하면 최근 또는 요구되는 데이터를 캐시에 저장할 수 있음

패턴	사용하면 좋은 경우	사용해서는 안 되는 경우	이점
정적 콘텐츠 호스팅	• 클라이언트에서 요구하는 데이터 일부 또는 전체가 정적 콘텐츠인 경우 • 정적 데이터를 여러 환경 또는 지리적으로 떨어진 여러 위치에 제공해야 하는 경우	• 접근 시간이나 위치를 기록하는 것과 같이 클라이언트에 제공하기 전 정적 콘텐츠를 수정해야 하는 경우 • 제공하는 정적 콘텐츠의 크기가 작은 경우 • 클라이언트 측에서 정적 데이터와 동적 데이터를 받아서 조합할 수 없는 경우	• 지리적으로 데이터를 나누고 클라이언트와 가까운 곳에 저장함으로써 클라이언트에게 더 빠르게, 낮은 지연 시간으로 콘텐츠를 제공할 수 있음 • 렌더링 서비스의 자원 소모량을 줄일 수 있음

4.8 신뢰성 패턴

데이터 손실은 중요한 비즈니스 애플리케이션에서 결코 일어나서는 안 되는 일이기 때문에, 무엇보다 신뢰성이 가장 중요하다고 볼 수 있습니다. 데이터 스토어의 데이터 수정이나 애플리케이션 간 데이터 전송을 믿을 수 있는 방법으로 구현하는 것이 핵심입니다. 이 절에서는 트랜잭션 신뢰성 패턴을 통한 믿을 수 있는 데이터 저장 및 처리 방법 구현을 알아봅니다.

4.8.1 트랜잭션 패턴

트랜잭션 패턴transaction pattern은 여러 작업으로 이루어진 트랜잭션을 마치 하나의 작업 단위처럼 수행해서 일련의 작업들이 모두 완전히 끝나거나 전혀 이루어지지 않도록 만듭니다. 데이터 무결성을 유지해주며 서비스 실행에 문제가 발생하지 않도록 합니다. 특히 금융 애플리케이션의 완전한 동작을 위해서 필수불가결한 패턴입니다.

어떻게 동작할까요

이 패턴에서는 여러 작업을 묶어서 하나의 큰 작업으로 실행하며, 묶여 있는 여러 작업 전체가 실행되거나 또는 단 하나도 실행되지 않도록 합니다. 모든 트랜잭션은 다음의 단계를 거칩니다.

1. 시스템이 트랜잭션을 시작합니다.
2. 여러 데이터 변경 작업을 실행합니다.
3. 트랜잭션 종료 시 변경 내역을 적용하기 위해 커밋합니다.
4. 트랜잭션에 오류가 없다면 커밋이 성공하며 트랜잭션이 성공적으로 끝납니다. 그리고 변경한 내용이 데이터 스토어에 반영됩니다. 만약 오류가 있다면 트랜잭션의 모든 작업을 원래 상태로 복구하고 트랜잭션은 실패합니다. 데이터 스토어에는 그 어떤 변경도 반영되지 않습니다.

예를 들어 사용자 주문을 트랜잭션으로 처리하고 싶은 경우, 트랜잭션을 시작해서 주문한 상품의 양만큼을 재고 테이블에서 빼고 해당 상품을 사용자 주문 테이블에 넣은 다음 마지막으로 트랜잭션을 커밋합니다. 이 과정이 성공하면, 재고 테이블과 사용자 주문 테이블의 데이터 수정은 마치 하나의 원자적^{atomic} 명령처럼 이루어집니다. 만약 재고 테이블이 비어 있다면 트랜잭션은 실패하며 시스템은 원래 상태로 돌아갑니다. 하지만 두 작업 모두 성공하면 트랜잭션은 성공하며 변경한 내용은 데이터 스토어에 영구히 저장됩니다.

트랜잭션 패턴은 다음의 ACID 속성을 따릅니다.

원자성

모든 작업은 반드시 한 번에 이루어지거나, 혹은 전혀 일어나지 않아야 합니다.

일관성

트랜잭션 전과 트랜잭션 후 시스템은 올바른 상태를 유지해야 합니다.

고립성

동시다발적인 트랜잭션의 결과는 트랜잭션들이 순차적으로 일어난 것과 같은 결과를 보여야 합니다.

지속성

트랜잭션이 끝나면 커밋된 결과는 시스템이 실패한 상황에서도 커밋 상태를 유지해야 합니다.

트랜잭션의 고립성은 여러 수준으로 구현할 수 있으며, **직렬화가 가능한**^{serializable} 고립이 가장 높은 수준입니다. 직렬화가 가능한 고립은 트랜잭션 동안 선택한 데이터에 대한 병렬 읽기 및 쓰기 질의를 차단합니다. 아울러 트랜잭션에서 사용할 수도 있는 데이터 범위에 들어갈 수 있는 데이터에 대한 추가 또는 삭제 역시 차단합니다. 예를 들어 트랜잭션에서 30세 미만 사용자 정보를 수정할 경우, 트랜잭션이 실행되는 동안 동시에 23세 사용자 정보를 추가하는 것을 막아야 합니다. **반복 가능 읽기**repeatable read 고립은 그다음으로 높은 수준으로써 트랜잭션 동안 선택한 데이터에 대한 읽기 및 쓰기 질의를 차단하지만 트랜잭션 데이터 범위에 포함될 수 있는 데이터를 추가하거나 삭제하는 것은 허용합니다. **리드 커밋**read committed 고립은 데이터 쓰기만 차단하며 **리드 언커밋**read uncommitted 고립은 다른 트랜잭션에 의해 변경되었지만 아직 커밋되지 않은 데이터를 읽는 것을 허용합니다.

트랜잭션은 관계형 데이터베이스와 같은 단일 데이터 스토어에서 주로 사용하지만, 데이터베이스나 이벤트 스트림, 질의 시스템 등 여러 시스템 간의 작업이 이루어질 수도 있습니다. 주문이 새로 생성되면 시스템에서 관련 데이터베이스를 업데이트 함과 동시에 배송 메시지 큐에 주문 메시지를 발행해서 생산 업체 측에 배송 정보를 전달해야 하며, 이 모든 작업을 하나의 트랜잭션으로 실행해야 할 것입니다. 이렇게 여러 시스템에 걸쳐 이루어지는 트랜잭션은 XA 트랜잭션이나 Paxos, Raft와 같은 동의 알고리즘으로 처리합니다. 대개 두 단계 또는 세 단계 커밋 프로토콜을 사용해서 이런 작업들이 여러 시스템 간 원활하게 이루어지도록 합니다.

어떻게 사용할 수 있나요

트랜잭션은 여러 작업을 마치 하나의 작업으로 묶어서 실행하거나, 여러 시스템 간 협력 작업이 필요할 때 사용할 수 있습니다.

여러 작업을 단일 작업으로 묶어서 실행하기

여러 단계의 작업들을 묶어서 실행하고, 작업이 모두 성공해야만 해당 작업이 올바르게 끝났다고 볼 수 있는 경우 트랜잭션을 사용할 수 있습니다. 밥이 자신의 계좌에서 25달러를 앨리스에게 송금하는 과정은 두 가지 단계로 나누어볼 수 있습니다. 밥의 계좌에서 25달러를 차감하고, 앨리스의 계좌에 25달러를 더하는 것입니다. 한 단계라도 실패하면 전체 작업은 올바르지 않은 것이 되며 시스템은 작업을 실행하기 전 상태로 돌아가서 각 계좌들이 트랜잭션을 시작한 이전과 같은 금액이 되어야 합니다.

또한 여러 트랜잭션이 서로 간섭하지 못하도록 해야 합니다. 이를테면 밥과 이브가 동시에 앨리스의 계좌에 송금을 하는 경우 같이 말이죠.

여러 시스템 간 협력 작업

이벤트 큐로부터 이벤트를 전달받은 다음, 이에 기반하여 데이터 스토어를 업데이트하고 다른 이벤트 큐에 추가 처리 작업을 위한 메시지를 전달하는 이 일련의 작업을 아래 [그림 4-24]와 같이 단일 트랜잭션처럼 처리할 수 있습니다. 여러 시스템 간 작업을 동기화하기 위해서는 두 단계 커밋 프로토콜을 사용하는 XA 트랜잭션 등을 적용할 수 있습니다. 대부분의 데이터베이스나 이벤트 큐 시스템은 기본적으로 XA 트랜잭션을 지원하기 때문에, 트랜잭션 실행 도중 처리 시스템에 문제가 생기더라도 이벤트가 손실되지 않는 것을 보장받을 수 있습니다.

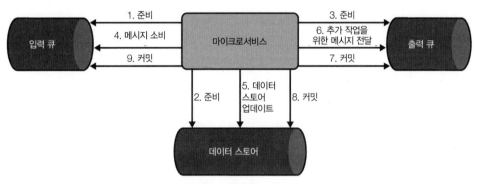

그림 4-24 XA 트랜잭션을 적용한 간단한 메시지 처리 트랜잭션

고려해야 할 사항들

작업이 단일 단계로 구성되어 있거나, 여러 단계로 구성되어 있지만 실패해도 문제가 없는 경우 트랜잭션 패턴을 사용하면 안 됩니다. 또한 XA 트랜잭션과 같은 합의 알고리즘을 사용하면 작업들을 동기화하고 지연이 발생한다는 점에 유념하세요. 트랜잭션 패턴은 트랜잭션이 상대적으로 짧고, 앞서 예로 든 주문 처리 시스템과 같이 적은 수의 시스템만 연관되는 경우에만 사용하시기 바랍니다.

그리고 가능하다면 작업들이 멱등성idempotent를 가지도록 만들길 바랍니다. 작업이 멱등성을 가지면 트랜잭션을 사용할 필요도 없어지고 시스템도 단순해집니다. 멱등성을 가지면, 같은 작업을 몇번이고 실행해도 그 결과는 항상 같습니다. 예를 들어 재고 테이블에 남은 상품의 수를 덮어쓰는 작업을 생각해봅시다. 같은 값을 몇 번이고 덮어쓰더라도 그 결과는 같으며 다른 영향을 미치지 않습니다. 시스템 장애로 인해 같은 이벤트를 몇 번이고 보내더라도 문제가 없습니다.

실행을 동기화해야 하고 여기에 세 개 이상의 시스템이 연계된다면, 3장에서 소개한 사가 패턴을 사용하는 것이 좋습니다. 사가 패턴은 여러 데이터 스토어와 마이크로서비스, 메시지 브로커를 통해 트랜잭션을 효과적으로 만들어 냅니다. 또한 여러 트랜잭션을 순서대로 실행할 수 있으며, 뒤따르는 트랜잭션이 실패하는 경우 앞서 실행된 트랜잭션에 대한 보상 작업을 수행합니다. XA 트랜잭션의 분산 잠금으로 인한 높은 지연 시간과 강한 결합성을 낮춰 주기도 합니다. 하지만 사가 패턴은 작업이 실패했을 때, 참여하는 트랜잭션 모두에 대한 보상 트랜잭션을 실행할 수 있어야만 적용할 수 있습니다. 이는 특히 작업에 실패할 경우 보상 작업을 실행할 수 없는 서드파티 시스템을 통합하는 경우 문제가 될 수 있습니다.

모든 업데이트가 단일 데이터 스토어에서 이루어지거나, 모든 단계가 마치 하나의 원자적 작업처럼 동시에 이루어져야 하는 경우 사가 패턴 대신 XA 트랜잭션을 사용하는 것이 좋습니다. 사가 패턴은 트랜잭션을 순서대로 실행하기 때문에 다른 시스템이 데이터 스토어나 마이크로서비스에 동시에 접근할 수도 있습니다. 그 결과로 트랜잭션 결과가 반영되지 않은 데이터 스토어에서 데이터를 읽어와서 다른 시스템과 결과가 일치하지 않는 문제를 초래할 수도 있습니다.

관련 패턴들

트랜잭션 패턴과 연관된 패턴은 사가 패턴밖에 없습니다. 사가 패턴은 여러 시스템의 협력을 통한 신뢰할 수 있는 실행을 구현하는 패턴으로 3장에서 다룬 바 있습니다.

4.8.2 신뢰성 패턴 정리

이 절에서는 클라우드 네이티브 애플리케이션 개발에서 신뢰성 구현에 사용할 수 있는 패턴에 대해 알아보았습니다. [표 4-5]에서 패턴을 언제 사용하면 좋은 지, 언제 사용해서는 안 되는 지, 그리고 그 이점은 무엇인지 정리했습니다.

표 4-5 트랜잭션 신뢰성 패턴

패턴	사용하면 좋은 경우	사용해서는 안 되는 경우	이점
트랜잭션	• 작업이 여러 단계나 작업으로 구성되어 있으며 모든 단계가 성공해야 해당 작업이 올바르게 끝났다고 볼 수 있는 경우	• 작업이 한 단계로 이루어진 경우 • 애플리케이션 작업이 여러 단계로 이루어져 있지만 몇몇 단계가 실패해도 문제가 되지 않는 경우	• ACID 속성을 따름 • 여러 독립적인 트랜잭션을 처리할 수 있음

4.9 보안: 볼트 키 패턴

보안 절에서 더 자세히 다루겠지만, 여기에서는 우선 볼트 키 패턴을 통해 데이터 스토어에 접근하는 것을 제어하고 보안 정책을 강제하는 방법에 대해서 알아보겠습니다. **볼트 키 패턴**vault key pattern은 신뢰할 수 있는 토큰을 가지고 데이터 스토어에 직접 접근할 수 있도록 해줍니다. 이 토큰을 **볼트 키**라고 부릅니다. 몇몇 유명한 클라우드 데이터 스토어는 볼트 키를 기능으로 제공하기도 합니다.

어떻게 동작할까요

볼트 키 패턴은 클라이언트가 제출하는 신뢰할 수 있는 토큰에 기반하여 동작합니다. 이 토큰은 데이터 스토어가 검증합니다. 볼트 키 패턴에서는 애플리케이션이 누구에게 데이터에 접근할 수 있을지 결정합니다.

[그림 4-25]는 이 패턴을 보여줍니다. 클라이언트 혹은 서비스 호출 측은 데이터 스토어에 접근할 수 있는 토큰을 요청합니다. 이 애플리케이션은 스스로 ID 제공자identity provider로 동작하거나 다른 ID 제공자에게 접근해서 서비스 호출자를 확인하고 데이트 스토어에 접근할 수 있는 볼트 키를 생성하고 제공합니다. 애플리케이션은 또한 서비스 호출 측이 데이터 스토어에서 수행할 수 있는 작업 범위를 지정할 수도 있습니다. 볼트 키를 생성할 때 유효 시간을 지정해서 해당 시간 동안에만 데이터 스토어에 접근하도록 강제할 수 있습니다. 클라이언트 측은 볼트 키를 통해 자원에 접근할 수 있으며 유효 시간 동안 허가된 작업을 수행할 수 있습니다.

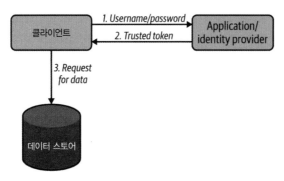

그림 4-25 볼트 키를 통한 클라이언트의 데이터 스토어 접근 및 데이터 조회

볼트 키의 유효 시간 동안 갱신 토큰refresh token을 통해 새로운 볼트 키를 발급받을 수 있습니다. 이 기능을 사용하면 클라이언트가 다시 인증 받을 필요 없이 서비스를 계속 호출할 수 있습니다.

어떻게 사용할 수 있나요

데이터 스토어가 데이터에 접근하고자 하는 클라이언트를 인증하고 확인하기 위해 ID 제공자에 접근할 수 없을 때 볼트 키 패턴을 사용할 수 있습니다. 볼트 키 패턴을 사용하면 데이터 스토어는 ID 제공자에 대한 인증서를 보관하며, 클라이언트가 제출한 볼트 키를 ID 제공자에 접근하지 않고도 복호화하고 인증할 수 있습니다. 토큰 검증을 위한 원격 서비스 호출이 필요하지 않기 때문에 최소한의 지연 시간으로 클라이언트를 인증할 수 있습니다.

고려해야 할 사항들

서비스 호출 측이 데이터 스토어에 대한 접근 권한을 얻고 나면 애플리케이션은 해당 서비스에 대한 클라이언트 측 접근을 제어할 수 없습니다. 이 패턴을 사용하면 데이터 스토어에 대한 세부 제어 없이 접근하게 만들면서도 보안을 강제할 수 있습니다. 하지만 반드시 데이터 스토어가 키를 검증할 수 있는 경우에만 이 패턴을 사용해야 합니다. 또한 접근 시 사용하는 토큰이 ID 제공자에 의해 발급되었으며 유효 시간이 지나지 않았다는 사실을 꼭 확인해야 합니다. 몇몇 데이터 스토어는 접근 범위를 지정할 수도 있습니다. 데이터 접근 요청에 대해서 데이터 스토어의 특정 테이블이나 레코드에 접근할 수 있는 권한이 있는지 검사할 수 있습니다. 데이터 스토어가 키에 기반한 데이터 접근을 검증할 수 없다면 대신 데이터 스토어 앞에 API 보안 등의 기능으로 보호할 수 있는 데이터 서비스를 두는 것이 좋습니다.

어떤 경우 악의적인 사용자가 볼트 키를 가로채거나 위조할 수 있습니다. 대부분의 데이터 스토어가 가로챈 토큰이나 위조된 토큰 사용을 사용하는 것을 막는 기능을 제공하지 않기 때문에, 이런 잘못된 토큰 사용을 막는 것은 거의 불가능합니다. 이런 상황을 막기 위해서는 볼트 키의 유효 시간을 적절한 값으로 지정해야 합니다.

관련 패턴들

볼트 키는 이 장의 첫 부분에서 설명한 데이터 서비스 패턴과 연관성을 가집니다. 볼트 키 패턴을 사용할 수 없는 경우 데이터 서비스에 API 보안 기능을 추가해서 제공하는 것이 좋습니다.

4.9.1 볼트 키 패턴 정리

이 절에서는 클라우드 네이티브 애플리케이션 개발에서 보안 성을 제공할 수 있는 볼트 키 패턴을 알아보았습니다. [표 4-6]에 패턴을 언제 사용하면 좋고 언제 사용해서는 안 되는지, 그 이점은 무엇인지 정리했습니다.

표 4-6 볼트 키 보안 패턴

패턴	사용하면 좋은 경우	사용해서는 안 되는 경우	이점
볼트 키	• 최소한의 지연 시간으로 데이터에 안전하게 접근하고자 할 때 • 데이터 스토어가 서비스 호출에 대한 인증 및 권한 검사를 할 수 있을 만큼 충분한 연산 능력을 가지지 못하는 경우	• 세밀한 데이터 보호가 필요한 경우 • 질의가 데이터 스토어에서 실행되며 고정밀성을 요구하는 경우 • 외부에 노출한 데이터 스토어가 키에 기반한 접근 검증을 할 수 없는 경우	• 볼트 키를 통해 데이터 스토어에 안전하게 직접 접근할 수 있음 • 데이터 접근 검증을 위해 중앙 ID 확인 서비스를 호출하는 것보다 적은 비용으로 검증할 수 있음

4.10 데이터 관리 패턴 구현 기술

소프트웨어 개발자 또는 아키텍터라면 상황에 맞는 가장 적절한 기술을 선택해야 합니다. 물론 적절한 데이터 스토어도 선택해야 하고요. 애플리케이션이 어떤 데이터를 저장하는지, 데이터 크기가 어느 정도일 지, 기대하는 읽기 및 쓰기 성능은 어느 정도이며 시스템의 가용성과 확장성, 일관성 등을 고려해야 합니다. 이 절에서는 클라우드 네이티브 애플리케이션에서 자주 사용하는 데이터 스토어들의 유형에 대해서 알아보고 어떤 것을 사용해야 하는지 살펴보겠습니다.

4.10.1 관계형 데이터베이스 관리 시스템

대부분의 전통적인 데이터베이스는 관계형 데이터베이스 관리 시스템relational database management system이라고 볼 수 있습니다. MySQL, 오라클, MSSQL, Postgres, H2와 같은 데이터베이스들이 이에 속합니다. 이런 관계형 데이터베이스들은 ACID 속성을 제공하며, SQL을 통해서 아주 복잡한 데이터 접근 패턴도 지원합니다. 하지만 XML이나 JSON, 이진 데이터 포맷과 같은 비관계형 데이터는 RDBMS와 잘 맞지 않으며 대신 분산 파일 시스템이나 NoSQL과 같은 데이터베이스에 데이터를 저장하는 것이 좋습니다.

클라우드 네이티브 애플리케이션을 만들 때 클라우드 인프라스트럭처에 데이터베이스를 직접 배포하는 것보다는 관리형 RDBMS를 사용하는 것이 좋습니다. 관리형 RDBMS로는 아마존 RDSAmazon Relational Database Service, 구글 클라우드 SQL, 애저 SQL 등이 있습니다. 관리형 RDBMS를 사용하면 복잡한 데이터베이스 관리에 대한 부담을 덜 수 있을 뿐 아니라 더 잘 조율된 환경을 제공받을 수도 있습니다.

RDBMS를 확장하려면 구체화된 뷰 패턴에서 설명한 바와 같이 주 데이터베이스와 복제 데이터베이스 형태로 배포하거나, 또는 샤딩 패턴을 통해 데이터를 샤드 단위로 나누어 저장합니다. 저장 공간이 부족한 최악의 경우 주기적으로 오래된 데이터를 백업하거나 드물지만 NoSQL과 같은 곳에 아카이브를 저장한 다음 해당 데이터를 데이터베이스에서 삭제할 수 있습니다.

4.10.2 아파치 카산드라

아파치 카산드라는 분산 NoSQL 데이터베이스로서 페이스북에서 내부적으로 사용하기 시작하였으며 2008년 7월 오픈소스 프로젝트로 릴리스 되었습니다. 카산드라 컬럼 스토어는 제로-다운타임, 즉 시스템 정지 없이 계속 동작할 수 있는 것으로 유명합니다. 그 외에도 높은 성능과 선형적인 확장성과 같이 최근 애플리케이션이나 마이크로서비스들이 요구하는 기능들을 제공합니다. 또한 데이터 센터 간 데이터 복제와 지리적으로 떨어진 리전 간 데이터 복제도 지원합니다. 카산드라는 페타바이트 단위의 데이터를 다룰 수 있으며 초당 동시 수 천개의 작업을 처리할 수 있고 하이브리드 클라우드 또는 멀티클라우드 환경에서 수많은 데이터를 다룰 수 있습니다. 클라우드 네이티브 애플리케이션을 만드는 경우 아마존 키스페이스 Amazon Keyspaces나 구글 클라우드아스타 Google Cloudasta와 같은 관리형 카산드라를 사용하는 것이 좋습니다.

카산드라의 쓰기 성능은 읽기 성능에 비해 훨씬 좋습니다. NoSQL 데이터베이스에 설명할 때 언급했다시피 카산드라는 설계상 약한 일관성을 제공합니다. 하지만 일관성 수준을 변경해서 애플리케이션에 따라 약한 일관성이나 강한 일관성을 모두 구현할 수 있습니다.

카산드라 성능은 데이터를 어떻게 저장하고 질의할지에 따라서도 달라집니다. 키 집합에 근거한 질의 데이터를 사용한다면 행 키(파티션 키)를 사용해야 합니다. 서로 다른 여러 키를 통해 데이터를 질의한다면 부 색인을 만드는 것이 좋습니다. 부 색인을 너무 많이 사용하면 데이터를 삽입할 때마다 색인을 업데이트해야 하기 때문에 데이터 스토어 속도가 느려질 수 있습니다. 또한 카산드라는 두 개의 컬럼을 조인하는 것이 비효율적이며 데이터를 자주 업데이트하는 경우에도 그다지 좋지 않습니다.

4.10.3 아파치 HBase

아파치 HBase는 확장 가능한 분산 NoSQL 컬럼 스토어로서 HDFS에서 동작합니다. HBase는 수십만 개의 행과 수백만개의 열을 가지는 아주 큰 테이블을 처리할 수 있으며 하둡 데이터에 대한 실시간, 랜덤 읽기/쓰기 접근을 제공합니다. 아주 큰 데이터 셋에 대한 선형적인 확장성을 제공하며 서로 다른 구조나 스키마를 가지는 데이터 원천을 쉽게 조합할 수 있습니다.

HBase가 컬럼 스토어이기 때문에 동적 데이터베이스 스키마를 지원하며 또한 HDFS에서 동작하기 때문에 맵-리듀스 작업을 처리할 수도 있습니다. 그만큼 HBase는 다른 시스템에 상호 의존적이며 설정이나 보안, 유지 관리가 더 어렵습니다.

카산드라와 달리 HBase는 마스터/워커 배포를 사용하기 때문에 단일 장애점을 가집니다. 따라서 애플리케이션에서 고가용성을 필요로 한다면 HBase 대신 카산드라를 사용하세요. 하지만 애플리케이션이 데이터 일관성을 더 중요시한다면 HBase가 더 낫습니다. HBase는 오직 데이터가 위치해야 하는 한 곳에만 데이터를 저장하며, 어디에서 데이터를 찾아야 하는지 압니다. 데이터 복제는 외부에서 HDFS에 의해 이루어집니다. 카산드라와 비슷하게 HBase는 데이터가 자주 삭제되거나 변경되는 경우 사용하기 어렵습니다.

4.10.4 몽고DB

몽고DB는 도큐먼트 스토어로 JSON과 같은 도큐먼트 형태의 데이터를 저장할 수 있습니다. 몽고DB의 도큐먼트와 컬렉션은 관계형 데이터베이스의 레코드와 테이블과 비슷합니다. 몽고DB 질의 언어를 사용해서 저장된 데이터에 접근할 수 있으며 도큐먼트 필드에 대한 애그리케이션 필터링이나 정렬, 그리고 도큐먼트 구조를 바꾸지 않고도 필드를 추가하거나 삭제할 수 있습니다. 몽고DB 클라우드는 클라우드 네이티브 애플리케이션에서 쓸 수 있는 몽고DB를 제공해 줍니다.

카산드라나 RDBMS와는 달리 몽고DB는 색인에 더 민감합니다. 색인이 없으면 성능이 떨어지며 컬렉션 전체를 검색해야 합니다. 몽고DB는 또한 가용성보다 데이터 일관성을 더 중요시합니다. 몽고DB의 가용성은 주 스토어에서만 가능한 읽기 및 쓰기, 그리고 여러 개의 복제를 통해 이루어집니다. 주 스토어가 사용이 불가능한 경우 읽기 및 쓰기 작업은 10–40초 가량 일시적으로 중단되며 그동안 복제 스토어 중 하나를 주 스토어로 선출합니다.

몽고DB는 모바일 애플리케이션이나 콘텐츠 관리, 실시간 분석, IoT 애플리케이션에서 많이 사용합니다. 몽고DB는 JSON 도큐먼트를 분명하게 나타낼 수 있는 뚜렷한 스키마가 없으며 데이터 스토어 일부를 사용하지 않는 경우에도 문제가 없을 때 사용하면 좋습니다. 물론 다른 NoSQL 데이터베이스가 그러하듯 데이터 트랜잭션에는 적합하지 않습니다.

4.10.5 레디스

레디스는 인메모리 키–값 데이터 스토어로 캐싱 패턴에서도 설명한 바와 같이 캐시를 저장하는 방법으로 많이 사용합니다. 문자열 키와 더불어 문자열이나 목록, 집합, 정렬된 집합, 해시, 비트 배열과 같은 다양한 값을 저장할 수 있습니다. 그래서 내부 데이터 구조를 그대로 레디스에 저장할 수 있기 때문에 애플리케이션 구조를 단순하게 구현할 수 있습니다. 레디스는 트랜잭션을 지원하며 키에 대한 유효 시간을 지정할 수 있고 LRU에 따른 키–값 삭제, 자동 복구, 그리고 넘치는 데이터를 디스크에 저장하는 등의 기능을 제공하기 때문에 캐시로 사용하기에 이상적입니다. AWS나 구글, Redis Labs, IBM등에서 레디스 클라우드 호스팅 기능을 제공하기 때문에 클라우드 네이티브 애플리케이션에서 사용하기에도 좋습니다.

레디스는 RDB[Redis Database Backup]와 AOF[Append Only File] 두 가지 형태로 데이터를 영구 저장할 수

있습니다. 두 가지 방법을 잘 사용하면 좋은 쓰기 성능을 유지하면서도 시스템 장애 상황에서 데이터 안정성을 적절한 수준으로 확보할 수 있습니다. 레디스는 CQRS 패턴에서 설명한 바와 같이 단일 마스터 노드와 여러 개의 복제 노드를 통해 고가용성을 구현합니다. 또한 데이터 샤딩 패턴을 통해 마스터와 복제 노드 간 데이터 샤딩을 통한 확장성도 제공합니다.

하지만 레디스는 질의 처리나 복잡한 데이터 처리, 데이터 애그리게이션과 같이 표준 관계형 데이터 스토어가 제공하는 기능이 없기 때문에 관계형 데이터베이스 대신 사용할 수 있는 NoSQL 대체품으로는 부적절합니다.

4.10.6 아마존 다이나모DB

아마존 다이나모DB^{Amazon DynamoDB}는 키−값 및 도큐먼트 데이터베이스로 낮은 지연 시간과 높은 확장성을 제공합니다. 하루에 수십 조 개의 요청, 그리고 초당 2천만 개 이상의 요청을 처리할 수 있습니다. 다이나모DB의 데이터는 SSD에 저장되며 자동으로 파티션으로 나누어지고 여러 가용 영역^{availability zone} 간에 복제됩니다. 또한 세밀한 데이터 접근 제어를 제공하며 검증된 보안 기법을 통해 사용자를 인증하고 인가되지 않은 데이터 접근을 막아줍니다.

다이나모DB는 AWS가 제공하는 서비스 중 하나이기 때문에 로컬 서버나 AWS가 아닌 다른 클라우드에 설치해서 사용할 수는 없습니다. 주요 인프라스트럭처로 AWS를 사용하는 경우에만 다이나모DB를 선택하시기 바랍니다. 또한 다이나모DB는 테이블 조인이나 외래 키^{foreign key}와 같은 기능을 제공하지 않아서 관계형 데이터 스토어에 비해 질의 기능에 제약이 있습니다. 대신 비정규화된 중복 데이터를 통해 성능을 향상시킵니다.

4.10.7 아파치 HDFS

아파치 HDFS은 널리 사용하는 분산 파일 시스템으로 비교적 저렴한 하드웨어에서 실행하더라도 최소 세 개의 복제본을 분산 저장함으로써 높은 데이터 탄력성을 가지도록 설계되었습니다. HDFS에 저장된 데이터는 변경이 불가능하며 데이터를 스트림 방식으로 읽고 쓰는 데 최적화되어 있기 때문에 분석 데이터를 저장하는 데 주로 사용합니다. 이 때문에 하둡 맵리듀스 작업에서 대용량 데이터를 효과적으로 처리하기 위한 데이터 소스로 HDFS를 사용하는 것입니다. 클라우데라^{Cloudera}나 대형 클라우드 벤더들은 클라우드 네이티브 애플리케이션에서 사용할 수 있도록 HDFS를 서비스로 제공합니다.

HDFS는 데이터를 여러 데이터 노드에 저장하며 데이터에 대한 모든 메타 데이터를 단일 네임 노드의 메모리에 저장합니다. 해당 노드에 장애가 발생하면 새로운 읽기 및 쓰기 작업을 할 수 없으며 시스템을 사용할 수 없는 상태가 됩니다. 또한 네임 노드의 메모리 크기에 따라 저장할 수 있는 파일 수에 제한이 생깁니다. 이런 이유로 HDFS에는 크기가 작은 많은 파일을 저장하는 것보다는 크기가 큰 적은 수의 파일을 저장하는 것이 좋습니다. 또한 순차적 읽기에 최적화되어 있기 때문에, 랜덤 엑세스가 필요한 경우에는 그다지 적합하지 않습니다.

4.10.8 아마존 S3

아마존 S3^{Simple Storage Service}는 AWS에서 제공하는 오브젝트 스토리지입니다. 데이터 레이크^{data lake}나 클라우드 네이티브 애플리케이션의 스토리지, 데이터 백업, 아카이브, 빅데이터 분석 등으로 사용할 수 있습니다. 또한 아마존 아테나^{Athena}의 표준 SQL 구문을 사용해서 데이터 노드에서 분석 작업을 실행하는 데이터 지역성 패턴도 지원합니다. S3 Select를 통해 전체 오브젝트가 아닌 오브젝트 데이터의 일부만 읽을 수도 있습니다. 이를 통해 데이터 접근 성능을 최대 4배까지 향상시킬 수 있습니다. 아마존 S3는 매우 높은 가용성을 제공하며 세밀한 데이터 접근 제어 기능 또한 제공합니다. 클라우드 네이티브 애플리케이션의 주요 플랫폼으로 AWS를 사용한다면 꼭 S3를 사용하시기 바랍니다.

4.10.9 애저 코스모스DB

애저 코스모스DB는 완전 관리형 NoSQL 데이터 스토어로 키-값, 도큐먼트, 컬럼, 그래프 데이터베이스로 사용할 수 있습니다. 낮은 지연 시간으로 데이터를 저장하고 조회할 수 있으며 단말 간 암호화나 접근 제어와 같은 엔터프라이즈 등급의 보안을 제공합니다. 몽고DB나 카산드라를 위한 오픈소스 API도 제공해서 클라이언트 애플리케이션 수정 없이 사용할 수 있도록 해줍니다.

코스모스DB는 애저가 제공하는 서비스이기 때문에 로컬 서버나 애저가 아닌 다른 클라우드에 설치해서 사용할 수 없습니다. 따라서 클라우드 네이티브 애플리케이션이 사용하는 주 클라우드 인프라스트럭처가 애저인 경우에만 코스모스DB를 사용할 수 있습니다. 다행히 코스모스

DB는 온프레미스 카산드라 클러스터로부터 데이터를 이전하고 동기화할 수 있는 방법을 제공합니다. 코스모스DB는 트랜잭을 지원하지만 논리적 데이터 파티션 내에서만 가능하다는 제약이 있습니다.

4.10.10 구글 클라우드 스패너

구글 클라우드 스패너 Cloud Spanner는 완전 관리형 관계형 데이터 스토어로서 무한한 크기 확장과 강력한 일관성을 제공합니다. SQL 질의를 처리할 수 있으며 클러스터의 모든 노드에서의 트랜잭션을 지원합니다. 읽기 및 쓰기 트랜잭션을 선형으로 확장할 수 있으며 데이터 계층에 대한 암호화와 접근 제어를 통한 보안을 제공합니다.

클라우드 스패너 역시 구글에서 제공하는 서비스이기 때문에 구글이 아닌 클라우드나 로컬 서버에 설치해서 사용할 수 없습니다. 따라서 구글 클라우드가 애플리케이션의 주요 플랫폼인 경우에만 사용할 수 있습니다. SQL을 지원하긴 하지만 ANSI SQL 명세를 전부 지원하지는 않기 때문에 표준 관계형 데이터베이스에서 스패너로 변경할 때 애플리케이션을 어느 정도 수정해야 하는지 확인해야만 합니다.

4.10.11 구현 기술 정리

이 절에서는 클라우드 네이티브 애플리케이션 개발에 자주 사용하는 데이터 스토어들에 대해서 알아보았습니다. [표 4-7]에 각 데이터 스토어를 언제 사용하면 좋을지와 언제 사용해서는 안 되는지 정리했습니다.

표 4-7 데이터 스토어

데이터 스토어	사용하면 좋은 경우	사용해서는 안 되는 경우
관계형 데이터베이스 관리 시스템 (RDBMS)	• 트랜잭션과 ACID 속성이 필요한 경우 • 데이터 간 상호 관계를 유지해야 하는 경우 • 작거나 중간 정도 양의 데이터를 다루는 경우	• IoT 데이터와 같이 데이터가 계속 증가하는 경우 • XML이나 JSON, 이진 데이터 포맷과 같은 데이터를 처리하는 경우 • 애플리케이션에서 일정 수준 이상의 가용성을 요구하는 경우

데이터 스토어	사용하면 좋은 경우	사용해서는 안 되는 경우
아파치 카산드라	• 고가용성이 필요한 경우 • 높은 확장성이 필요한 경우 • 중앙화되지 않은 솔루션이 필요한 경우 • 읽기보다 쓰기가 빨라야 하는 경우 • 데이터 조회가 대부분 파티션 키를 통해 이루어지는 경우	• 기존의 데이터가 자주 변경되는 경우 • 파티션 키에 해당하지 않는 컬럼으로 데이터에 접근해야 하는 경우 • 트랜잭션이나 복잡한 조인 연산, ACID 속성과 같은 관계형 기능을 필요로 하는 경우
아파치 HBase	• 일관성이 필요한 경우 • 확장성이 필요한 경우 • 중앙화되지 않은 솔루션이 필요한 경우 • 높은 읽기 성능이 필요한 경우 • 랜덤 접근 또는 실시간 데이터 접근이 필요한 경우 • 페타바이트 단위의 데이터를 저장해야 하는 경우	• 애플리케이션이 일정 수준 이상의 가용성을 요구하는 경우 • 기존의 데이터가 자주 변경되는 경우 • 트랜잭션이나 복잡한 조인 연산, ACID 속성과 같은 관계형 기능을 필요로 하는 경우
몽고DB	• 일관성이 필요한 경우 • 중앙화되지 않은 솔루션이 필요한 경우 • 도큐먼트 스토어가 필요한 경우 • 여러 키를 통한 데이터 검색이 필요한 경우 • 높은 쓰기 성능이 필요한 경우	• 애플리케이션이 일정 수준 이상의 가용성을 요구하는 경우 • 트랜잭션이나 복잡한 조인 연산, ACID 속성과 같은 관계형 기능을 필요로 하는 경우
레디스	• 확장성이 필요한 경우 • 인-메모리 데이터베이스가 필요한 경우 • 데이터 복구를 위해 영구히 저장할 수 있어야 하는 경우 • 캐시나 큐, 실시간 스토리지가 필요한 경우	• 복잡한 연산을 통한 저장 및 질의가 가능한 전통적인 데이터베이스가 필요한 경우
아마존 다이나모 DB	• 높은 확장성이 필요한 경우 • 도큐먼트 스토어가 필요한 경우 • 카-값 스토어가 필요한 경우 • 높은 쓰기 성능이 필요한 경우 • 세밀한 접근 제어가 필요한 경우	• AWS가 아닌 다른 클라우드를 사용하는 경우 • 트랜잭션이나 복잡한 조인 연산, ACID 속성과 같은 관계형 기능을 필요로 하는 경우

데이터 스토어	사용하면 좋은 경우	사용해서는 안 되는 경우
아파치 HDFS	• 파일 시스템이 필요한 경우 • 큰 파일을 저장하는 경우 • 데이터를 한 번 저장하고 여러 번 읽는 경우 • 파일에 대한 맵리듀스 작업을 처리하는 경우 • 확장성이 필요한 경우 • 데이터 탄력성이 필요한 경우	• 크기가 작은 파일을 저장하는 경우 • 파일 내용을 변경해야 하는 경우 • 랜덤 데이터 읽기가 필요한 경우
아마존 S3	• 오브젝트 스토리지가 필요한 경우 • 오브젝트에 대한 맵리듀스 작업을 처리하는 경우 • 높은 확장 기능이 필요한 경우 • 오브젝트 데이터의 일부만 읽어야 하는 경우 • 세밀한 접근 제어가 필요한 경우	• AWS가 아닌 다른 클라우드 플랫폼을 사용하는 경우 • 복잡한 질의를 처리해야 하는 경우
애저 코스모스DB	• 높은 확장 기능이 필요한 경우 • 도큐먼트 스토어가 필요한 경우 • 키-값 스토어가 필요한 경우 • 그래프 스토어가 필요한 경우 • 컬럼 스토어가 필요한 경우 • 세밀한 접근 제어가 필요한 경우 • 몽고DB와 카산드라 클리어언트 연결이 필요한 경우	• 애저가 아닌 다른 클라우드 플랫폼을 사용하는 경우 • 여러 데이터 파티션에 걸친 트랜잭션이 필요한 경우
구글 클라우드 스패너	• 높은 확장 기능이 필요한 경우 • 관계형 스토어가 필요한 경우 • SQL 질의 처리가 필요한 경우 • 클러스터의 모든 노드에 대한 트랜잭션 지원이 필요한 경우	• 구글 클라우드가 아닌 다른 클라우드 플랫폼을 사용하는 경우 • ANSI SQL 스펙 지원이 필요한 경우

4.11 테스팅

테스팅은 성공적인 클라우드 네이티브 애플리케이션 개발을 위해 중요한 단계입니다. 마이크로서비스에 대한 테스트는 2장에서 살펴보았으니 여기에서는 데이터 서비스와 데이터 스토어에 대한 테스트를 중점적으로 알아보겠습니다.

데이터 스토어는 데이터 서비스와의 상호작용을 통해 테스트할 수 있습니다. 데이터 서비스의 로직은 복잡할 수도 있고 간단할 수도 있으며, 애플리케이션의 병목이 될 수 있습니다. 아래 사항을 잘 지킨다면 이런 문제를 해결할 수 있습니다.

- 테스트는 깨끗하며 미리 생성한 데이터 스토어에서 이루어져야 합니다. 테스트는 데이터 스토어의 데이터를 초기화하는 코드와 작업 간 데이터 일관성이 유지되는지 확인하는 코드로 이루어집니다.
- 모든 데이터 스토어 타입과 버전을 테스트해서 발생할 수 있는 예외 상황을 확인해야 합니다. 테스트를 위한 데이터 스토어를 도커 인스턴스로 만들어서 여러 환경에서의 테스트를 빠르고 쉽게 시작하며 테스트가 끝나고 나면 테스트 환경을 간단하게 정리할 수 있습니다.
- 데이터 매핑을 테스트해서 데이터 스토어를 사용할 때 모든 필드가 제대로 매핑 되는지 확인합니다.
- 서비스가 데이터 삽입이나 쓰기, 삭제, 변경과 같은 작업을 할 때, 데이터베이스에 직접 접근할 수 있는 테스트 클라이언트를 통해 데이터 스토어의 상태를 점검해서 서비스가 기대한 대로 동작하는지 검증합니다.
- 관계 제약relational constraint 및 트리거trigger, 저장 프로시저가 제대로 된 결과를 만들어내는지 확인합니다.

추가로 실제 운영 환경과 비슷한 상황에서 데이터 서비스와 데이터 스토어에 대해 여러 클라이언트를 사용한 부하 테스트를 진행하는 것이 좋습니다. 부하 테스트를 통해 데이터베이스 잠금이나 데이터 일관성, 또는 그 외 성능 관련 병목이 발생하는지 확인할 수 있습니다. 또한 애플리케이션이 어느 정도까지의 부하를 견딜 수 있는지, 사용한 데이터 확장 패턴 및 기술에 어떤 영향을 주는지 파악할 수 있습니다.

다른 데이터 서비스에 의존하는 클라우드 네이티브 마이크로서비스를 테스트해야 하는 경우, 실제 데이터 스토어를 배포할 필요 없이 목업mockup 서비스 API를 사용해서 테스트할 수 있습니다.

4.12 보안

클라우드 네이티브 애플리케이션은 데이터를 보호하고 권한이 있는 사람들과 시스템들만 데이터에 접근할 수 있도록 해야 합니다. 데이터에 대한 보안은 데이터를 사용하지 않을 때나 데이터가 이동될 때나 모두 적용해야 합니다.

데이터에 대한 보안은 물리적, 그리고 소프트웨어 적으로 적용할 수 있습니다. 데이터 서버는 반드시 보호해야 하며 인가된 인원만 접근해야 합니다. 서버에서 실행되는 데이터 스토어는 볼트 키나 API 보안등을 통해 데이터 접근을 제어합니다. 민감한 데이터를 저장하는 경우 데이터 스토어에 저장하기 전 암호화합니다. 또한 데이터가 저장되는 파일 시스템을 암호화해서 추가적인 보호 장치를 마련하는 것이 좋습니다.

그리고 민감한 데이터는 다른 데이터와 격리해서 민감한 데이터에 대한 추가 보안 정책을 적용하고 수상한 접근 등의 행동을 감사하고 모니터링할 것을 권장합니다. 필요 없는 민감 정보를 수집하고 저장하지 마세요. 필요하면 사용자 이름이나 이메일 주소와 같은 민감 정보를 마스킹 처리합니다. 마스킹은 민감한 정보를 고유한 식별자로 대체하고, 식별자에 대해 매핑되는 민감 정보를 보호되는 데이터 스토어에 저장하는 방식으로 이루어집니다. 마스킹을 통해 데이터에 대한 분석 및 사용자 접근 감시를 계속 하면서도 필요한 경우 데이터 매핑을 삭제함으로써 모든 민감 정보를 삭제할 수 있습니다. 또한 EU의 일반 개인 정보 보호법general data protection regulation과 같은 개인 정보 및 데이터 보호법도 준수하게 됩니다.

메시지를 나누지 않고도 민감 정보를 보호하고 싶다면, 메시지의 민감 정보 부분만 암호화할 수 있습니다. 전체 메시지 내용이 각 클라이언트에 전달되어도, 민감 정보를 복호화할 수 있는 키를 가진 클라이언트만 해당 정보에 접근할 수 있으며 그 외의 클라이언트는 데이터에 접근할 수 없습니다.

4.13 관측 가능성 및 모니터링

관측 가능성과 **모니터링**은 클라우드 네이티브 애플리케이션의 지표나 로그, 분산 추적 결과 등을 통한 통찰력을 가져다줍니다. 마이크로서비스에 대한 관측 가능성 및 모니터링은 2장에서 알아보았으니 여기에서는 데이터 스토어에 대해서만 살펴봅니다.

관측 가능성과 모니터링을 통해 데이터 스토어의 성능을 측정하고, 애플리케이션의 변경 또는 부하 등으로 성능 지표에 차이가 보이면 이를 수정할 수 있습니다. 대부분의 애플리케이션에 들어오는 요청은 데이터 스토어와 상호작용하기 마련입니다. 따라서 데이터 스토어의 성능 문제 혹은 가용성 문제는 전반적인 시스템에 문제를 일으키며, 사용자 경험에 나쁜 영향을 미칩니다.

데이터 스토어 모니터링은 성능이나 가용성, 보안에서 발생할 수 있는 문제를 최소화하기 위한 꼭 필요한 기술입니다. 데이터 스토어에서 반드시 관찰해야 하는 핵심 지표들은 다음과 같습니다.

▶ 애플리케이션 메트릭

- **데이터 스토어 가동시간/상태**: 데이터 스토어의 각 노드가 동작 중이며 잘 실행되고 있는지를 나타냅니다.
- **질의 처리 시간**: 다섯 종류의 문제가 질의 처리 시간을 길게 만들 수 있습니다.
  - **비효율적인 질의**: 여러 개의 복잡한 조인 연산 또는 제대로 색인을 만들지 않는 테이블 사용과 같은 최적화된 질의를 사용하는 경우입니다.
  - **데이터 스토어의 데이터 증가**: 데이터 스토어가 처리할 수 있는 이상의 데이터를 저장한 경우입니다.
  - **동시성**: 같은 테이블이나 레코드에 동시에 이루어지는 작업은 데이터 스토어를 잠그고 성능에 영향을 줄 수 있습니다.
  - **CPU/메모리, 디스크 공간 등 시스템 자원의 부족**: 데이터 스토어가 실행되고 있는 노드의 시스템 자원이 부족해서 데이터 스토어가 요청을 제대로 처리할 수 없는 경우가 발생합니다.
  - **의존 시스템 또는 복제본이 사용 불가능한 상태**: 분산 데이터 스토어의 경우 검색 서비스와 같은 의존 시스템이나 복제본이 사용 불가능한 상태라면 해당 시스템을 다시 배포하거나 다른 인스턴스를 찾기 위한 추가 시간이 소요됩니다.
- **질의 실행 응답**: 질의 처리가 제대로 동작하는지 확인합니다. 질의가 실패하면 로그 등을 통해 더 자세한 내용을 확인합니다.
- **질의 작업 감사**Audit: 이상한 질의나 사용자 작업은 예상하지 못한 결과를 초래해서 데이터 스토어 성능에 영향을 미칠 수 있습니다. 로그 감사를 통해 이런 이상한 동작을 식별하고 방지할 수 있습니다.

▶ **시스템 지표**metric: CPU 점유율이나 메모리 사용량, 사용 가능한 디스크 공간, 네트워크 사용량, 디스트 I/O 속도 등을 모니터링 해서 효과적으로 데이터를 처리하기에 충분한 시스템 자원이 있는지 확인합니다.

▶ 데이터 스토어 로그

▶ **주 데이터스토어와 복제 데이터 스토어 간 통신에 소요되는 시간과 처리량**: 네트워크에서 발생하는 문제를 파악할 수 있으며 상태가 좋지 않은 데이터 스토어 노드를 찾아서 대체할 수 있습니다.

지표들을 분석할 때 과거와 현재 지표를 비율로 계산해서 비교할 수 있습니다. 백분위 값으로 비교하면 이상한 동작들이나 분포들을 분명히 볼 수 있으며 근본 원인이 무엇인지 파악할 때 도움이 될 것입니다. SolarWinds나 SQL 파워툴은 질의 처리 시간과 응답 시간을 지표로 제공하며 엘라스틱 서치elastic search나 키바나Kibana는 데이터 스토어 로그를 분석해서 데이터 스토어 상태를 나타내며 질의가 실패한 원인을 알려줍니다. 구글 클라우드나 AWS, 애저와 같은 클라우드 벤더가 제공하는 관리형 데이터 스토어들 역시 모니터링 시스템과 데이터 스토어 지표들을 제공하는 모니터링 서비스를 제공합니다.

4.14 데브옵스

마이크로서비스나 데이터 스토어에 적용할 수 있는 몇 가지 데이터 관리 패턴에 대해서 이미 알아본 바 있습니다 2장에서 마이크로서비스들을 배포하고 관리하기 위한 데브옵스 프로세스를 살펴보았으니 이번에는 데이터 스토어에 대한 배포 및 관리 방법을 알아보겠습니다.

데이터 스토어를 배포하고 관리할 때는 다음의 단계 및 고려 사항을 따라야 합니다.

1. **사용할 데이터 스토어 유형을 정합니다.** 관계형 데이터베이스나 NoSQL, 파일 시스템과 같이 적절한 데이터 스토어 유형을 고르고 사용하기에 적절한 벤더도 정합니다.

2. **배포 패턴을 설정합니다.** 배포 패턴은 클라우드 네이티브 애플리케이션 배포 형태와 사용할 데이터 스토어에 따라 결정합니다. 결정한 내용에 따라 다음의 사항들을 고려해서 고가용성과 확장성 수준을 설정해야 합니다.

   - 클라이언트의 유형은?
   - 얼마나 많은 노드를 사용할 것인가?
   - 데이터 스토어를 클라우드 벤더에서 관리할 것인가, 혹은 자체 관리할 것인가?
   - 복제는 어떻게 할 것인가?
   - 데이터는 어떻게 백업할 것인가?
   - 재해 복구는 어떻게 할 것인가?
   - 데이터를 어떻게 보호할 것인가?
   - 데이터 스토어를 어떻게 모니터링 할 것인가?
   - 데이터 스토어와 그 관리 비용이 어느 정도인가?

3. **데이터 보호 정책을 적용합니다.** 데이터 스토어는 민감하고 중요한 비즈니스 데이터를 가지고 있을 수 있으므로 반드시 보호해야 합니다. 데이터 스토어는 물리적, 그리고 소프트웨어 적으로 보호하며, 엄격한 접근 제어와 데이터 암호화, 로그 감사로 이루어집니다.

4. **관측 가능성을 확보하고 모니터링을 설정합니다.** 마이크로서비스와 마찬가지로 데이터 스토어에도 관측 가능성을 설정하고 모니터링을 통해 계속 정상적으로 동작하도록 관찰할 수 있습니다. 이를 통해 데이터 샤드 재배치와 같은 데이터 확장 문제를 해결할 방법을 찾거나 애플리케이션의 성능 및 확장성을 향상시킬 수 있는 다른 디자인 패턴을 적용해볼 수 있습니다.

5. **자동화된 지속적인 전달**automated continuous delivery**을 사용합니다.** 데이터 스토어의 경우 자동화나 지속적인 전달이 그다지 직관적이지 않을 수 있습니다. 데이터 스토어 스키마를 처음 초기화하고 난 뒤, 애플리케이션이 점점 커지는 과정에서 하위 호환성을 유지하는 것은 결코 쉬운 일이 아닙니다. 하지만 하위 호환성은 중요한 요소입니다. 하위 호환성이 없다면 매끄러운 애플리케이션 업데이트나 실패 시 원상 복구가 불가능해집니다. 생산성을 향상시키려면 스크립트 등을 통해 지속적인 전달을 자동화해야 합니다. 또한 배포나 검증, 운영과 같이 다양한 배포 환경을 만들어 두고 각각을 격리해서 실제 운영 환경에 애플리케이션을 배포하기 전 충분히 검증해야만 합니다.

이 과정을 거치고 나면 클라우드 네이티브 애플리케이션을 빠르게 발전시키고 다른 시스템과 쉽게 통합하면서도 안전하게 배포할 수 있습니다.

4.15 마치며

이 장에서는 클라우드 네이티브 애플리케이션에 적용할 수 있는 다양한 데이터 관리 패턴에 대해서 알아보았습니다. 데이터 아키텍트에 대한 전반적인 내용과 입력, 설정, 상태 데이터와 같이 애플리케이션 동작에 영향을 미치는 다양한 데이터 유형에 대해서도 살펴보았습니다. 또한 정형이나 반정형, 비정형 데이터 포맷과 같이 여러 가지 종류의 데이터 포맷도 다루었습니다. 이런 내용을 토대로 관계형이나 NoSQL, 파일 시스템과 같이 다양한 데이터 스토어 중 애플리케이션에 더 효과적인 데이터 스토어를 선택하고 관리할 수 있습니다.

아울러 클라우드 네이티브 애플리케이션에서 데이터들을 어떻게 관리하고 공유할 수 있는지, 그리고 데이터 조합이나 데이터 확장, 성능 최적화, 신뢰성 및 보안과 같은 다양한 목적을 달성하기 위한 디자인 패턴도 살펴보았습니다. 데이터 관리를 위해 어떤 기술을 사용할 수 있는지, 그리고 데브옵스를 통해 데이터에 중점적인 클라우드 네이티브 애플리케이션을 어떻게 개발하고 테스트하고 지속적으로 배포할 수 있는지, 마지막으로 애플리케이션을 관찰하고 모니터링함으로써 지속적으로 동작하게 만들 수 있는 방법들을 알아보았습니다. 다음 장에서는 이벤트 주도 클라우드 네이티브 애플리케이션과 관련된 패턴들에 대해서 배워보겠습니다.

CHAPTER 5

이벤트 주도 아키텍처 패턴

이벤트 주도 아키텍처event-driven architecture는 소프트웨어 아키텍처 패러다임 중 하나로 이벤트에 기반한 일반화, 탐지, 이벤트 소비, 이벤트에 대한 반응을 사용합니다. 이벤트 주도 아키텍처를 통해 분산되고 확장 가능한 클라우드 네이티브 애플리케이션을 만들 수 있습니다. 동기 통신을 주로 사용하는 서비스 컴포지션 패턴과는 달리 이벤트 주도 아키텍처는 비동기로 동작합니다. 클라우드 네이티브 애플리케이션을 깔끔하게, 낮은 결합도로 개발할 수 있습니다. 확장도 쉽기 때문에 대규모 분산 클라우드 네이티브 애플리케이션 개발에서 기본이 되는 구조라 할 수 있습니다.

이벤트는 정보를 공유하기 위한 목적으로 사용합니다. 대부분의 경우 이벤트를 생성하는 애플리케이션은 어떤 응답을 기대하지 않으며 대신 이벤트를 소비하는 애플리케이션 측이 이벤트 정보로 무슨 일을 할 것인지 결정합니다. 이벤트를 생성하는 애플리케이션 측이 응답을 요구하는 경우에도, 이 응답은 직접적인 경로로 돌아오지 않습니다.

이벤트는 중요한 시스템 상태 변경 또는 상태 발생으로 볼 수 있습니다. 밥의 계좌에 50달러를 입금한다고 생각해봅시다. 밥의 계좌 잔액이 50달러만큼 증가하기 때문에, 시스템의 상태가 변경되었으며 이를 이벤트로 만들 수 있습니다. 시스템 상태 변경 이벤트는 다른 시스템으로 전달할 수 있는데, 이를 테면 밥에게 문자메시지로 입금 내역을 알려주는 등이 이에 해당합니다. 이벤트 알림은 대개 비동기 메시지로 생성되어 이벤트 관련 정보와 함께 전달됩니다. 이벤트는 생성될 뿐 돌아다니는 것은 아니기 때문에, 이벤트라는 용어는 이벤트를 나타내는 메시지라고 바꿔 부를 수도 있습니다. 그래서 이벤트 주도 아키텍처는 대개 이벤트 발생을 알리고 서로 주고받는 비동기 메시징 인프라스트럭처를 사용합니다.

몇몇 이벤트는 다른 시스템이 작업이나 명령을 실행해서 밥의 주소를 바꾸는 등의 일을 하도록 만듭니다. 이 경우 이벤트를 전송하는 애플리케이션은 이벤트를 소비하는 시스템이 어떤 작업을 할 것이라고 기대하며 메시지를 보내고, 메시지를 전달하는 시스템이 이 이벤트를 전달했다는 사실을 보장하길 원할 것입니다. 전달 사실을 보장할 필요가 없더라도, 신뢰할 수 있는 메시지 전송을 위해 메시지 브로커나 이벤트 버스를 사용할 수도 있습니다. 이벤트 전송 보장은 다음 절에서 더 자세히 살펴보겠습니다.

이벤트 주도 클라우드 네이티브 애플리케이션은 마이크로서비스나 아마존 람다나 애저 펑션과 같은 서버리스 컴퓨팅 플랫폼으로도 구현할 수 있습니다. 이런 서버리스 컴퓨팅 플랫폼은 기본적으로 이벤트 트리거 방식으로 동작합니다. 특히 이벤트가 발생하는 빈도가 낮고 인프라스트럭처에 소요하는 비용을 절감하고자 할 때 서버리스 컴퓨팅 플랫폼을 사용하면 좋습니다.

이 장에서는 여러 종류의 비연속적인 이벤트를 처리할 수 있는 이벤트 주도 클라우드 네이티브 애플리케이션을 만들 수 있는 패턴들을 중점적으로 알아봅니다. 어떤 경우 동작 또는 시간적 특성을 이해하기 위해 연속적인 이벤트를 처리해야 할 수도 있습니다. 이렇게 시간 축에 따라 정렬한 연속적인 이벤트들을 **스트림**이라고 부르며, 비연속적인 이벤트와는 처리하는 방법이 상당히 다르기 때문에 스트림 처리 패턴에 대해서는 6장에서 따로 살펴보겠습니다.

이 장에서는 이벤트 주도 아키텍처의 기본적인 내용과 더불어 이벤트 전달, 이벤트 기반 상태 관리, 이벤트 오케스트레이션과 같은 패턴들을 알아보겠습니다. 또한 각 패턴과 관련한 기술들이 무엇이 있는지, 어떻게 테스트할 수 있는지, 보안은 어떻게 적용할 수 있으며 데브옵스를 통한 지속적인 전달은 어떻게 구현하는지, 관측 가능성과 모니터링을 통한 운영은 어떤 식으로 이루어지는지도 함께 살펴보겠습니다.

5.1 이벤트 주도 아키텍처

2장에서 설명한 동기 통신 패턴과는 달리 이벤트 주도 아키텍처에서는 이벤트를 소비하는 애플리케이션 측에 항상 직접 메시지를 전달할 수는 없으며 이벤트를 성공적으로 전달받았다는 응답도 직접 받기 힘듭니다. 대부분의 경우 메시지 브로커와 같은 매개 시스템을 통해 이벤트를 소비하고, 저장하고 전달하며, 시스템에 문제가 생긴 경우에도 이벤트 소실이 발생하지 않는다는 사실을 보장받습니다. 메시지 브로커는 다음과 같이 다양한 이벤트 전달을 보장합니다.

최대 한 번 전달

이벤트는 소비자에게 한 번만 전달되거나 전달되지 않습니다. 이벤트가 전달되는 동안 소비자가 온라인 상태가 아니거나 네트워크 전송이 실패하면 소비자는 이벤트를 받지 못합니다. 더 중요한 점은 메시지 브로커가 같은 이벤트를 다시 전달하려고 시도하지 않는다는 것입니다.

최소 한 번 전달

이벤트가 소비자에게 전달된다는 것을 보장합니다. 하지만 소비자는 같은 이벤트를 한 번 이상 소비하는 경우도 발생하는데, 소비자 측에서 메시지 브로커 측에 이벤트를 전달받았다는 응답을 보내지 않으면 메시지 브로커는 이벤트가 전달되지 않았다고 생각하고 같은 이벤트를 계속 다시 보내기 때문입니다. 소비자는 이렇게 중복 발송되는 이벤트를 잘 처리할 수 있어야 합니다.

불행히도 이벤트가 소비자에게 딱 한 번만 전달되는 **딱 한 번만 전달**과 같은 보장은 네트워크와 시스템의 불확실성때문에 구현되지 않았습니다.

5.1.1 딱 한 번만 처리하기

이벤트는 최소 한 번 전달되도록 보장할 수 있지만, 비즈니스 로직이 이를 제대로 처리하려면 이벤트를 딱 한 번만 처리할 수 있도록 만들어야 합니다. 즉 이벤트가 반드시 한 번만 처리되도록 하는 것입니다. 예를 들어 '밥의 계좌에 50달러 입금'이라는 이벤트가 실제로는 한 번만 발생했지만 두 번 입금하는 불상사가 발생해서는 안 될 것입니다. 이벤트에 고유한 번호를 부여해서 소비자가 이벤트를 식별하고 중복 이벤트를 처리하지 않고 무시하도록 해서 이 문제를 해결할 수 있습니다.

이벤트가 멱등성을 가지는 경우에도 이벤트를 딱 한 번만 처리하도록 만들 수 있습니다. 사실 딱 한 번만 처리하는 것은 아니지만, 같은 이벤트를 여러 번 처리해도 그 결과가 이벤트를 한 번만 처리한 것과 같은 결과를 보입니다. 사용자 전화번호를 업데이트하기 위해 변경할 전화번호 정보가 담긴 이벤트를 생성했다고 생각해봅시다. 애플리케이션은 해당 이벤트의 정보에 기반하여 데이터베이스를 업데이트할 것인데, 이 이벤트를 여러 번 처리한다고 해도 결국 데이터베이스에는 같은 전화번호가 저장될 것입니다. 이벤트를 중복 처리해도 아무런 문제가 생기지 않는 것이죠.

사용자 트랜잭션 정보와 같은 중요한 비즈니스 정보는 이벤트를 최소 한 번 전달하고 딱 한 번만 처리하도록 합니다. 간단한 알림 정보나 주기적인 업데이트와 같이 손실되어도 크게 지장이 없는 이벤트는 최대 한 번 전달로도 충분합니다. 더 높은 수준의 전달 보장은 더 높은 성능이나 복잡도를 요구하기 때문에 반드시 보장해야 하는 최저 수준을 선택하는 것이 좋습니다.

5.1.2 메시지 브로커 유형

메시지 브로커는 크게 두 개의 유형으로 나눌 수 있습니다.

표준 메시지 브로커

표준 메시지 브로커는 이벤트를 데이터 스토어에 저장해서 필요로 하는 소비자에게 이벤트를 제공합니다. 이벤트를 소비자에게 전달하면 이벤트를 삭제합니다. 아파치 액티브MQ^{ActiveMQ}와 래빗MQ^{RabbitMQ}가 이런 브로커 유형에 속합니다.

로그 기반 메시지 브로커

이벤트들을 커밋 로그에 저장하는 메시지 브로커들입니다. 이벤트는 이벤트를 소비한 후에도 계속 보관됩니다. 따라서 소비자들은 특정 시점 이후의 이벤트들을 재생할 수 있습니다. 아파치 카프카나 NATS가 이런 유형에 속합니다.

유형과 관계 없이 서로 다른 메시지 브로커들이나 심지어 같은 브로커들 사이에도 서로 다른 방식의 전달 보장이 가능합니다. 메시지 브로커에 대한 자세한 내용과 유형, 지원 가능한 이벤트 전달 패턴은 이벤트 주도 아키텍처 기술 항목에서 확인하실 수 있습니다.

5.1.3 CloudEvents

API나 데이터와 마찬가지로 이벤트에 대해서도 스키마를 정의할 수 있습니다. 스키마를 정의하면 이벤트를 생산하는 측과 소비하는 측이 매끄럽게 상호작용할 수 있습니다. 클라우드 네이티브 애플리케이션의 이벤트를 설계하는 경우 CloudEvents 명세를 사용해서 이벤트 패이로드 구조를 설계할 것을 추천드립니다.

CloudEvents는 CNCS 프로젝트 중 하나로 클라우드 네이티브 애플리케이션 간에 주고받을 수 있는 이벤트를 나타낼 수 있는 표준 명세를 제공합니다. 이 표준 명세에는 이벤트ID나 이벤트 소스, 명세 버전과 유형, 그 외 이벤트 콘텐츠 타입과 스키마, 제목, 시간 등 부수적인 기록을 위한 일반적인 구조가 포함되어 있습니다. 또한 Go나 자바스크립트, 자바, C#, 루비, 파이썬과 같이 다양한 프로그래밍 언어를 위한 개발 도구를 제공하여 CloudEvent 기반 스키마를 쉽게 적용하도록 해줍니다.

5.1.4 이벤트 스키마

이벤트 데이터의 포맷으로 JSON이나 XML을 많이 사용하지만, 고성능이 필요한 경우에는 Avro나 Protobuf와 같은 이진 포맷 역시 많이 사용합니다. 어떤 데이터 포맷을 사용하든지 간에 스키마를 버전 별로 관리해서 포맷을 변경하는 경우에도 효과적으로 통신하고 관리할 수 있도록 해야 합니다. 또한 가능하면 2장에서 설명한 스키마 레지스트리를 사용해서 모든 이벤트 스키마를 저장하고 소비자들이 필요한 경우 스키마를 읽어서 데이터를 처리할 수 있도록 합니다. 아파치 카프카와 같은 메시지 브로커는 Avro 기반 이벤트와 스키마 레지스트리를 지원합니다.

이제 생산자–소비자나 구독자–발행자, 스토어 앤 포워드, 이벤트 소싱과 같이 다양한 이벤트 전달 패턴에 대해서 알아볼 차례입니다.

5.2 이벤트 전달 패턴

우선 이벤트 주도 아키텍처에서 두루 사용하는 이벤트 전달 패턴들에 대해서 알아보겠습니다. 이 패턴들은 2장에서 배운 비동기 통신 패턴들을 주로 사용합니다. 이 절에서는 다양한 전달 보장 방식과 스키마 관리 방법에 대해서 살펴봅니다.

5.2.1 생산자-소비자 패턴

생산자-소비자 패턴producer-consumer pattern은 생산자 애플리케이션과 소비자 애플리케이션이 이벤트 큐를 통해 서로 비동기로 통신합니다. 이벤트 큐는 어떤 소비자가 어떤 이벤트를 처리하게 할지, 그리고 이벤트 처리 동안 소비자가 제대로 동작하지 않은 경우 어떤 행동을 취할지 결정합니다.

어떻게 동작할까요

생산자-소비자 패턴은 [그림 5-1]과 같이 메시지 브로커를 통해 메시지 큐를 관리합니다. 하나 이상의 생산자가 큐에 이벤트를 보낼 수 있습니다. 메시지 브로커는 통상 큐 이벤트들을 내구성 있는 스토어에 영구적으로 저장합니다. 따라서 이벤트가 결국에는 소비자에게 전달될 것이라고 보장할 수 있습니다. 메시지 브로커는 이벤트를 제 때에 보내며 소비자가 요청하면 대개 먼저 들어온 순서대로 이벤트를 소비자에게 보냅니다. 그래서 소비자는 자신의 능력만큼 이벤트를 받아서 처리할 수 있으며 과부하가 걸리지 않습니다.

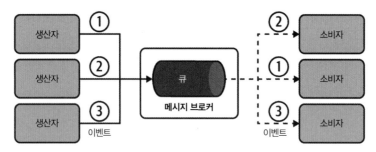

그림 5-1 생산자로부터 소비자로의 이벤트 전달

소비자가 이벤트를 다 처리하면 메시지 브로커에 응답을 보내서 메시지 브로커가 스토어에서 이벤트를 삭제하도록 합니다.

어떻게 사용할 수 있나요

이 패턴은 애플리케이션에서 애플리케이션으로 이벤트를 비동기로 전달하거나, 데이터를 반드시 한 애플리케이션에서만 처리하도록 만들거나, 이벤트를 반드시 전달하도록 보장하고 싶을 때, 애플리케이션 간 워크로드를 나누고자 할 때, 갑자기 발생한 이벤트를 처리할 때, 애플리케이션 간 결합도를 낮추고 싶을 때 등 다양한 상황에서 사용할 수 있습니다.

비동기 이벤트 전달

비동기 이벤트 전달은 생산자-소비자 패턴을 사용하는 주요한 이유 중 하나입니다. 한 애플리케이션은 하던 일을 중단하거나 기다릴 필요 없이 다른 애플리케이션에 이벤트를 전달할 수 있습니다. 대출 애플리케이션에 클라이언트 요청이 들어왔다고 가정해봅시다. 승인 프로세스에 오랜 시간이 소요되기 때문에 클라이언트 요청을 이벤트 큐에 추가하기만 하면 나중에 대출 처리 애플리케이션이 처리할 것입니다. 그와 동시에 사용자에게 대출 요청이 접수되었다는 알림을 보내고 대출 승인 결과를 이메일로 나중에 통보할 수 있습니다.

각 이벤트를 단일 애플리케이션에서 처리하기

가용한 소비자 애플리케이션 중 단 하나의 애플리케이션이 이벤트 하나를 소비하고 처리하도록 만들고 싶다면 생산자-소비자 패턴을 사용하면 됩니다. 이벤트 큐를 사용하면 이벤트가 여러 소비자에게 전달되지 않을 것이라고 보장할 수 있습니다. 대출 처리 애플리케이션의 경우 하나의 애플리케이션만 대출 요청 이벤트를 처리하도록 강제해서 여러 애플리케이션이 사용자 신용도를 검사하지 않도록 만듭니다.

이벤트 전달 보장

생산자와 소비자가 동시에 온라인이 아닌 경우에도 이벤트를 주고받도록 만드는 것 역시 생산자-소비자의 주요 사용 이유 중 하나입니다. 배터리로 동작하는 무선 모바일 장치에 이벤트를 전달하고 싶어도 해당 장치가 동작하고 있어서 실시간으로 이벤트를 전달받고 처리할 것이라고 보장할 수 없을 것입니다. 모바일 장치가 네트워크 연결 문제를 겪거나 배터리 잔량 부족으로 전원이 꺼졌을 수도 있습니다. 이런 경우 이벤트 큐를 통해 애플리케이션 간 결합도를 낮추면서 언젠가는 이벤트가 전달될 것이라고 보장할 수 있습니다.

생산자와 소비자, 메시지 브로커가 모두 온라인 상태라고 해도 네트워크 문제 등으로 이벤트 소실이 발생할 수 있습니다. 이벤트 소실 문제는 메시지 브로커가 제공하는 최소 한 번 전달 보장으로 해결할 수 있습니다. 메시지 브로커는 소비자로부터의 응답을 토대로 이벤트가 전달되었음을 보장합니다. 브로커가 이벤트를 전달받으면 브로커는 내구성 있는 스토어에 영구히 저장한 다음 생산자에게 응답을 보내서 이벤트를 잘 받았다는 사실을 알려줍니다. 생산자는 이벤트를 생산하면 메시지 브로커에게 응답을 받을 때까지 기다립니다. 메시지 브로커가 소비자에게 이벤트를 전달하면 메시지 브로커는 응답을 기다리며 소비자는 이벤트를 전달받으면 메시지 브로커에게 응답을 보냅니다. 메시지 브로커가 응답을 받지 못하면 브로커는 이벤트를 다시 전달하기 때문에 소비자가 중복 이벤트를 받는 경우도 발생합니다. AMQP와 같은 메시징 프로토콜이 이런 기능을 제공합니다.

갑자기 발생하는 대량의 이벤트 처리

짧은 시간 동안 발생하는 많은 양의 이벤트를 처리하고자 할 때도 이 패턴을 사용할 수 있습니다. 소비자를 늘리지 않아도 이벤트를 큐에 저장하고 처리할 수 있습니다. [그림 5-2]에서 데이터 처리 조직은 주기적으로 서버에서 로그를 보내서 이를 처리하기 때문에, 새로운 로그 파일을 보낼 때마다 다량의 이벤트가 발생하게 됩니다. 로그 처리 서비스에 다량의 로그 파일이 직접 전달되면 과부하가 발생해서 서비스에 문제가 발생할 수도 있습니다. 하지만 로그들을 큐에 쌓아 두면 로그 처리 서비스가 처리할 수 있는 만큼의 로그만 전송하고 나머지는 저장할 수 있습니다. 또한 풀pull 기반 방식을 사용하기 때문에 소비자는 자신이 처리할 수 있는 만큼의 이벤트만 가져갈 수 있어서 과부하가 발생하지 않습니다.

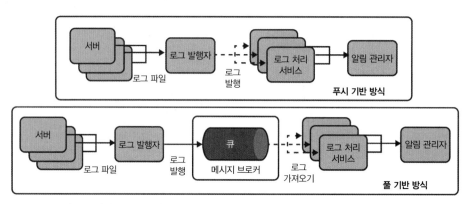

그림 5-2 푸시 및 풀 기반 대량의 로그 처리 시스템

워크로드를 공평하게 분배

생산자-소비자 패턴으로 워크로드를 여러 워커에 골고루 분배할 수 있습니다. 로그 이벤트 처리 예시를 다시 살펴보면, 로그 처리 서비스를 여러 개 두어서 메시지 브로커에서 이벤트를 동시에 받아서 각각 처리하게 만들 수도 있습니다. 로그 처리 서비스 간 이벤트를 가져가려고 경합을 벌이기 때문에, 이벤트가 발생하면 가능한 빠르게 처리될 것이라고 볼 수 있습

니다. 또한 최소 하나 이상의 로그 서비스가 있다면 이벤트가 처리될 수 있다고 보장할 수 있으며, 큐에 이벤트가 남아있는 한 로그 처리 서비스가 유휴 상태에 있지도 않습니다. 그리고 FIFO 방식으로 가장 오래된 이벤트를 최우선으로 처리할 수도 있습니다. 먼저 온 사람에게 서비스를 제공하는 것이죠. 생산자-소비자 패턴을 통해 클라우드 네이티브 애플리케이션에서 동일한 방식의 이벤트 처리 모델을 구현할 수 있습니다.

고려해야 할 사항들

대부분의 메시지 브로커는 최소 한 번 전달을 보장합니다. 소비자 애플리케이션이 이벤트 전달에 대해서 제대로 응답하지 못하거나 응답 시간을 초과하는 경우 브로커는 다른 소비자에게 이벤트를 전달해서 최소 하나의 소비자 애플리케이션이 이벤트를 처리할 수 있도록 합니다.

단일 메시지 브로커에서 여러 이벤트 큐를 제공할 수도 있습니다. 그러므로 각각의 상황에 맞는 별도의 큐를 사용하는 것이 좋습니다. 예를 들어 사용자 정보를 갱신하기 위한 이벤트 전용 큐를 따로 만들고, 지불 정보를 변경하는 이벤트 역시 고유의 큐를 따로 가지고 있도록 만드는 것이죠. 단일 큐에 서 여러 종류의 이벤트를 혼용하면 소비자가 여러 종류의 이벤트를 골라서 처리해야 하는 복잡한 일이 벌어집니다. 결국 설계가 복잡해지며 소비자가 전달받는 이벤트 양이 증가하기 때문에 성능이 떨어집니다.

큐를 사용할 때는 이벤트가 갑자기 몰리는 경우를 잘 처리해야 합니다. 큐가 이벤트를 쌓아 두려면 특정 시간 동안에 발생하는 이벤트를 다 저장하고 처리하기 위한 충분한 공간이 필요합니다. [그림 5-2]와 같은 로그 처리 예시에서도 볼 수 있듯 이벤트가 갑자기 많이 발생하는 경우, 소비자가 이벤트를 처리하는 속도가 이벤트 발생 속도를 따라잡지 못하면 이 패턴은 실패할 것입니다. 이 경우 소비자 수를 늘려서 소비 속도를 증가시킬 수 있습니다.

또한 생산자-소비자 패턴을 통해 시스템 간 결합도를 낮추고 생산자와 소비자를 독립적으로 자유롭게 추가하거나 제거할 수 있으며 전반적인 이벤트 처리 기능을 확장할 수 있습니다.

관련 패턴들

발행자-구독자 패턴

같은 이벤트를 여러 소비자에게 전달하고 처리할 수 있습니다.

파이어 앤 포겟 패턴

메시지 브로커 도움 없이 단일 소비자에게 최대 한 번 전달을 보장하고자 할 때 사용할 수 있는 패턴입니다.

스토어 앤 포워드 패턴

메시지 브로커 없이 이벤트에 대한 최소 한 번 비동기로 전달하고자 할 때 이 패턴을 사용합니다.

5.2.2 발행자—구독자 패턴

발행자-구독자 패턴publisher-subscriber pattern을 통해 특정 토픽에 대한 비동기 통신을 구현할 수 있습니다. 토픽을 통해 모든 이벤트를 모든 구독자에게 전달할 수 있습니다.

어떻게 동작할까요

이 패턴에서는 토픽을 사용해서 발행자가 구독자들에게 이벤트를 전파합니다. 토픽은 메시지 브로커에서 사용하는 개념입니다. 아래 [그림 5-3]과 같이 발행자들은 메시지 브로커가 제공하는 토픽에 대한 이벤트를 생성하고 전달합니다. 이렇게 전달한 이벤트는 해당 토픽을 구독하는 모든 구독자에게 전파되며, 모든 구독자가 이벤트를 전달받는 것을 보장해줍니다.

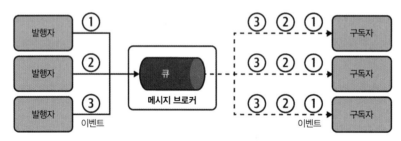

그림 5-3 발행자로부터 여러 구독자로 이벤트 전달

이 패턴은 기본적으로 베스트 에포트best effort로 동작합니다. 즉 이벤트가 최대 한 번 전달됩니다. 구독자 중 하나가 동작하지 않았거나 네트워크 문제 등으로 이벤트를 전달받지 못한 경우, 해당 구독자는 영원히 해당 이벤트를 받지 못합니다. 이 문제는 **내구성 있는 구독**durable subscription을 통해 모든 구독자에게 이벤트가 최소 한 번은 전달되도록 보장해서 이벤트가 전달되는 시점에 제대로 동작하지 않더라도 무조건 이벤트를 전달받도록 만들어서 해결할 수 있습니다.

어떻게 사용할 수 있나요

이 패턴으로 베스트 에포트 또는 최소 한 번 전달을 보장하면서 여러 구독자에게 같은 메시지를 동시에 전달할 수 있습니다.

이벤트 브로드캐스트

정보를 브로드캐스트할 때 사용하기 좋은 패턴입니다. 트위터와 같은 시스템을 만든다고 생각하면, #sports와 같은 토픽을 구독하는 모든 사용자에게 관련 트윗을 전달해야 할 것입니다. 단일 사용자나 애플리케이션이 아닌 토픽을 구독하는 모든 구독자에게 알림을 보낼 수 있다는 것이 이 패턴의 주요 장점 중 하나입니다.

베스트 에포트로 이벤트 전달

대개 발행자가 만든 이벤트는 구독자 측에 최대 한 번 전달되도록 보장받습니다. 따라서 이벤트가 전달되는 시점에 구독자가 동작하지 않고 있다면, 해당 구독자는 이벤트를 받지 못합니다. 하지만 상태 업데이트와 같은 상황에서는 최대 한 번 전달로 인한 이벤트 소실이 발생해도 큰 문제가 되지 않습니다. 예를 들어 날씨 토픽에 주기적으로 현재 날씨 정보를 발행하는 서비스의 경우 사용자들은 외출할 때 어떤 옷을 입을지 정하기 위해 해당 토픽을 구독할 것입니다. 사용자들이 가끔 최신 날씨 정보를 받지 못하더라도, 나중에 정확한 날씨 정보를 받을 수 있기 때문에 서비스 사용에 큰 문제가 생기지는 않습니다.

모든 이벤트가 모든 구독자에게 전달되는 것을 보장

베스트 에포트로 이벤트를 전달하는 것은 이벤트 소실이 시스템에 큰 영향을 미치는 경우 적절하지 않은 방법입니다. 예를 들어 자격증 시험에 응시하기 위한 날짜를 검색하기 위해 시험 정보를 구독하는 경우를 생각해봅시다. 베스트 에포트로 시험 정보를 전달하는 경우 사용자가 최신 정보를 받지 못하고 접수 일자를 지키지 못해 원하는 날짜에 시험을 응시하지 못할 수도 있습니다. 이런 문제는 내구성 있는 구독을 통해 동작하지 않던 구독자 애플리케이션이 다시 동작하면 받지 못한 이벤트를 전달받도록 보장함으로써 해결할 수 있습니다.

구독자에게 선택적 이벤트 전달

구독자에게 특정 이벤트만 전달해야 할 때 사용할 수 있습니다. 대개 계층적 토픽을 사용해서 구현하는데, 이를테면 news와 그 아래 news/sports, news/politics 등을 배치할 수 있습니다. 구독자가 news 토픽을 구독하면 news와 그 하위 토픽에 대한 모든 이벤트를 전달받을 것이며, 만약 sports 토픽만 구독하면 news/sports에 해당하는 이벤트만 받게 됩니다.

필터링 로직을 통해서도 선택적 전달을 구현할 수 있습니다. 구독자가 메시지 브로커에게 구독할 토픽을 지정할 때 news==sports 와 같은 필터링 조건을 전달하면 메시지 브로커는 해당 구독자에게 스포츠 관련 뉴스만 전달합니다.

워크로드 공유

이벤트를 복제하고 여러 워크에 분산할 때도 이 패턴을 사용할 수 있습니다. [그림 5-4]의 애플리케이션은 실시간으로 날씨 데이터를 주기적으로 발행합니다. 앨리스와 밥과 같은 사용자에게 모든 이벤트를 전달해서 날씨 정보를 제공함과 동시에 날씨 처리 마이크로서비스에 이벤트들을 분산 전달해서 메시지를 공유하고 처리할 수 있도록 해야 합니다. 이를 위해 우선 각 구독자에게 클라이언트ID를 부여합니다. 각 구독자는 alice, bob, P1와 같은 고유한 클라이언트ID를 가집니다. 클라이언트ID별로 각 토픽의 이벤트 전달을 추적해서 alice와 bob이라는 클라이언트ID를 가지는 모든 사용자 구독자에게 이벤트가 전달되는지 확인합니다. 반면 두 개의 날씨 처리 마이크로서비스 인스턴스들은 동일한 클라이언트ID P1을 부여합니다. P1 클라이언트 ID에도 모든 이벤트가 한 번씩 전달되기 때문에, 결국 각 이벤트는 두 개의 마이크로서비스 인스턴스 중 한 곳에만 전달됩니다. 이를 통해 마이크로서비스 간 워크로드를 공유하고 분산할 수 있습니다.

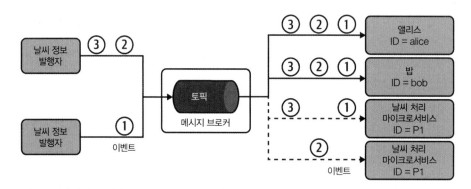

그림 5-4 여러 마이크로서비스 간 날씨 이벤트 복제 및 분산

고려해야 할 사항들

구독자가 오프라인 상태일 때 발행되는 이벤트를 놓쳐서는 안 되는 경우, 내구성 있는 구독을

사용해야 합니다. 메시지 브로커는 이벤트를 저장하고 구독자가 온라인 상태가 되는 즉시 전달할 책임을 가집니다. 각각의 내구성 있는 구독은 각 구독자 전용 이벤트 큐라고 볼 수 있습니다. 내구성 있는 구독 대신 카프카나 NATS와 같은 커밋 로그 기반 메시지 브로커를 사용해서 구독자가 오프라인 상태인 경우 발생하는 이벤트들을 전달할 수도 있습니다. 이런 유형의 메시지 브로커들은 모든 이벤트를 커밋 로그에 저장합니다. 메시지 브로커는 이벤트를 성공적으로 전달하든 전달에 실패하든 이벤트를 제거하지 않고 저장하기 때문에 구독자의 요청에 따라 이벤트를 다시 전달하거나 재생할 수 있습니다. 받지 못한 이벤트를 다시 받으려면 구독자는 반드시 마지막으로 처리한 이벤트의 순번이나 ID를 어딘가에 영구히 저장해 두어야 하며, 재시작 하는 동안 마지막으로 처리한 이벤트 이후로 발생한 모든 이벤트를 메시지 브로커에게 요청합니다. 이런 방법으로 시스템에 높은 수준의 전달 보장을 구현할 수 있습니다.

또한 이 패턴을 사용해서 시스템간 결합도를 낮추고 발행자나 구독자를 독립적으로 추가하거나 삭제할 수 있습니다. 발행자-구독자 패턴을 통해 여러 소비자 간 이벤트를 공유할 수도 있고 [그림 5-4]에서 본 것처럼 클라이언트ID에 기반하여 이벤트를 브로드캐스트 하거나, 같은 클라이언트ID를 가지는 구독자들에게 이벤트들을 공유하고 분산할 수도 있습니다.

관련 패턴들

구독자-발행자 패턴은 하나의 소비자에게 이벤트를 전달할 수 있는 생산자-소비자 패턴과 연관성이 있습니다.

5.2.3 파이어 앤 포겟 패턴

파이어 앤 포겟 패턴fire and forget pattern을 사용해서 메시지 브로커 없이 클라이언트(생산자)가 소비자(서비스)에게 최대 한 번 이벤트를 전달하도록 만들 수 있습니다. 이 패턴은 3장에서 설명한 방식처럼 표준 API를 사용해서 이벤트를 보냅니다.

어떻게 동작할까요

날씨 센서가 주기적으로 현재 온도와 습도를 측정해서 클라우드에서 서비스하는 날씨 예측 서비스로 정보를 전송한다고 생각해봅시다. 기술적인 제한 때문에 메시지 브로커를 사용하지 않고 대신 [그림 5-5]와 같이 HTTP와 같은 프로토콜로 서비스의 API를 호출합니다. 클라이언트의 관심사는 오직 서버가 이벤트를 전달받았느냐이며, 그 처리 결과는 그다지 중요하지 않습니다. 클라이언트는 서비스에 이벤트를 발행하고 난 뒤 '202 Accepted'와 같이 적절한 HTTP 상태 코드 응답을 기다립니다.

그림 5-5 파이어 앤 포겟 패턴을 통한 이벤트 전달

어떻게 사용할 수 있나요

중요하지 않은 데이터를 베스트 에포트 방식으로 전달하거나, 이벤트를 받는 서비스측이 구독 또는 클라이언트로부터 이벤트를 가져갈 수 없는 경우 이 패턴을 사용할 수 있습니다.

베스트 에포트 방식으로 이벤트 전달하기

앞선 예에서 날씨 서비스는 이벤트를 한 번만 전달하고 전달에 실패할 경우 이벤트를 그냥 버릴 수 있습니다. 서비스는 향후 클라이언트에서 전달할 이벤트를 가지고 실시간으로 계속 날씨를 예측할 수 있기 때문에 이런 방식으로 동작해도 문제가 생기지 않습니다.

구독 기능을 지원하지 않는 시스템에서의 이벤트 전달

클라이언트가 메시지 브로커를 통해 이벤트를 구독하고 가져가는 기능을 지원하지 않는 서드-파티 서비스에 이벤트를 전달하기 위한 용도로 이 패턴을 사용할 수 있습니다. 협업 조직의 서비스들은 대개 API를 제공하며, HTTP와 같은 프로토콜을 통해 이벤트를 전달받아서 사용할 수 있습니다. 또한 클라이언트가 내부 네트워크 환경에 위치해서 클라이언트와 서비스 간 연결을 만들 수 없는 환경에서도 이 패턴을 사용할 수 있습니다.

고려해야 할 사항들

이 패턴은 현재 날씨와 같이 시간이 지나면서 그 가치가 떨어지는 이벤트를 처리하기에 좋습니다. 지연된 이벤트들은 처리 시점에 이미 시간이 지나버린 뒤라서, 그보다는 최신 이벤트를 처리하는 것이 훨씬 가치가 높습니다. 파이어 앤 포겟 패턴을 통해 시간이 지나버린 이벤트를 버리고 다음 최신 이벤트를 처리할 수 있습니다. 만약 전송하지 못한 이벤트를 버려서는 안 되는 경우에는 생산자-소비자 패턴을 사용해야 합니다.

필요한 경우 전송이 실패한 이벤트를 재전송하도록 만들어서 전송 성공률을 올릴 수 있습니다. 날씨 예측 서비스의 예에서 각 날씨 측정 클라이언트는 서버로부터 '202 Accepted'와 같은 성공 응답을 받을 때까지 이벤트를 전송할 수 있습니다. 하지만 서버가 상당히 긴 시간 동안 접근이 불가능한 상태인 경우, 보내야 하는 이벤트를 서버가 정상이 될 때까지 클라이언트 측에 모아둘 능력이 없다면 최소 한 번 전달 보장은 불가능합니다.

또한 클라이언트가 여러 서비스에 이벤트를 고루 분산해야 하는 경우도 있습니다. 단일 날씨 측정 클라이언트가 다섯 개의 날씨 서비스에 돌아가며 이벤트를 전달한다고 생각해봅시다. 네트워크 부하 분산기와 같은 중간 매체를 사용해서 이벤트를 분산할 수도 있고, 클라이언트가 모든 날씨 서비스에 대한 접근 주소를 관리하고 스스로 이벤트를 분산해서 전달할 수도 있습니다. 두 번째 방법은 날씨 측정 클라이언트가 너무 복잡해지기 때문에 권장하지 않습니다.

관련 패턴들

생산자-소비자 패턴

소비자가 이벤트 큐를 구독함으로써 이벤트가 단일 소비자에게 전달하며, 높은 전달 수준을 보장합니다.

스토어 앤 포워드 패턴

서비스 엔드포인트로 이벤트를 전달하며 이때 최소 한 번 전달을 보장합니다.

5.2.4 스토어 앤 포워드 패턴

스토어 앤 포워드 패턴store and forward pattern을 사용하면 클라이언트가 서비스에 이벤트를 보낼 때 최소 한 번 전달을 보장할 수 있습니다. 파이어 앤 포겟 패턴과 마찬가지로 메시지 브로커를 사용하지 않으며 대신 API를 사용해서 직접 이벤트를 보냅니다.

어떻게 동작할까요

이 패턴은 최소 한 번 이벤트를 전달하는 것을 보장하기 때문에 클라이언트 구조가 복잡합니다. 클라이언트는 [그림 5-6]과 같이 이벤트를 서비스에 전달하기 전 데이터베이스나 메시지 브로커의 큐와 같은 내구성 있는 스토어에 이벤트를 우선 저장합니다. 이벤트를 성공적으로 전달하면 클라이언트는 스토어에서 이벤트를 지웁니다. 이벤트 전달에 실패하면 이벤트 전달을 재시도합니다. 그동안 클라이언트는 보내야 할 이벤트를 더 받을 수 있으며, 이 이벤트들은 스토어에 저장합니다. 서비스에 다시 연결이 가능해지면 대기 중이던 모든 이벤트를 전달하며 서비스가 이벤트를 받았다는 응답을 보내면 스토어에서 이벤트들을 지웁니다.

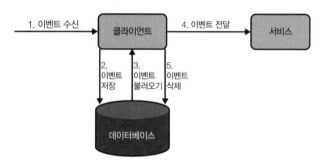

그림 5-6 스토어 앤 포워드 패턴을 이용한 클라이언트 측의 이벤트 전달

어떻게 사용할 수 있나요

클라이언트가 중요한 데이터를 전달해야 하거나, 또는 이벤트를 전달받는 서비스 측이 구독 또는 클라이언트에서 이벤트를 가져가는 기능이 없는 경우 사용할 수 있습니다.

구독을 지원하지 않는 서비스로의 이벤트 전달

주문받은 상품에 대한 주문 이벤트를 발행해서 풀필먼트 상품 제공 업체 측의 협력 서비스로 전달해주어야 한다고 가정해봅시다. 이런 협력 서비스들은 대개 API 형태로 제공되며, 메시지 브로커를 사용해서 이벤트를 구독하고 가져가는 능력이 없다고 하면 스토어 앤 포워드 패턴을 사용해서 HTTP 프로토콜로 서비스 API를 호출해서 이벤트가 최소 한 번 전달되도록 보장할 수 있습니다.

서비스가 동작하지 않을 때 발생한 모든 이벤트 전달 보장

앞서 살펴본 예에서, 상품 제공 업체의 파트너 서비스가 고가용성을 제공하지 않는다고 생각해봅시다. 이 경우 파트너 서비스가 종종 제대로 동작하지 않을 수 있으며, 이때 스토어 앤 포워드 패턴을 사용해서 서비스가 동작 중이 아닐 때 발생한 이벤트를 모두 저장한 다음 서비스가 다시 동작할 때 그동안 발생한 모든 이벤트를 전달할 수 있습니다.

고려해야 할 사항들

메시지 브로커를 사용할 수 없을 때, 하지만 이벤트에 대한 최소 한 번 전달 보장이 필요할 때 이 패턴을 사용하는 것이 좋습니다. 하지만 메시지 브로커를 사용하고 생산자-소비자 패턴을 적용할 수 있다면 구조를 훨씬 간단하게 만들고 운영 및 관리 비용을 낮출 수 있습니다.

이 패턴을 사용할 때 가능하면 각 클라이언트 애플리케이션별로 데이터베이스나 메시지 큐와 같은 내구성 있는 스토어를 사용해서 구조를 간단하게 합니다. 만약 확장성 때문에 다섯 개의 클라이언트가 협력 서비스 측에 주문 이벤트를 보낸다면 각 클라이언트가 독립적인 스토어를 사용할 수도 있겠지만, 이 경우에는 같은 이벤트 큐를 사용해서 다섯 개의 클라이언트가 이벤트를 저장하도록 만드는 것이 좋습니다. 그러면 이벤트를 서비스로 보내려고 할 때 이벤트를 여러 클라이언트에 분산할 수 있기 때문입니다. 또한 클라이언트가 동작하지 않으면 다른 클라이언트가 동작하지 않는 클라이언트를 대신해 이벤트 큐에서 이벤트를 가져와서 서비스로 전달할 수도 있습니다.

내구성 스토어로 데이터베이스를 사용한다면, 그리고 이 경우에도 여러 클라이언트가 이벤트를 전달하도록 만들고 싶다면, 어떤 클라이언트가 어떤 이벤트를 전달했는지 알아낼 수 있도록 만들어야 합니다. 여러 클라이언트가 데이터베이스에서 같은 주문 이벤트를 읽어서 서비스로 전달하는 것을 방지해야 합니다. 만약 주문이 중복해서 서비스로 전달되면 상품 생산 업체는 당연히 배송해서는 안 될 상품까지 추가로 생산해서 배송할 것입니다. 이 문제를 해결하기 위해 주문 번호의 해시 값 등을 이용해서 이벤트의 일부를 전담해서 보낼 단일 클라이언트를 지정할 수 있습니다. 주키퍼와 같은 서비스의 리더 선출 기능을 사용해서 전담 클라이언트를 선출할 수 있습니다. 필요한 경우 같은 클라이언트가 여러 이벤트 하위 집단을 한꺼번에 전달하도록 할 수도 있습니다. 이를테면 주문번호에 대한 해시 값 2, 5, 7에 해당하는 이벤트를 하나의 클라이언트가 전달하는 것이죠.

관련 패턴들

파이어 앤 포겟 패턴

클라이언트가 서비스 엔드포인트로 이벤트를 최대 한 번 전달할 때 사용합니다.

생산자–소비자 패턴

소비자 측이 이벤트 큐를 구독할 수 있으며 단일 소비자에게 높은 수준의 이벤트 전달 보장
이 필요할 때 사용합니다.

5.2.5 폴링 패턴

폴링 패턴polling pattern을 통해 웹 브라우저와 같은 클라이언트가 긴 시간이 소요되는 작업을 시
작하고 주기적으로 작업이 끝났는지 확인하도록 구현할 수 있습니다.

어떻게 동작할까요

프런트엔드 클라이언트나 웹 브라우저가 [그림 5–7]과 같이 요청을 보내 작업을 시작합니다.
작업에 시간이 많이 소요되기 때문에 백엔드 서비스는 우선 요청을 전달받았다는 응답을 즉
각 보내며, 동시에 비동기 처리 작업을 시작합니다. 클라이언트로 보내는 응답에 작업ID와 예
측한 작업 소요 시간을 함께 보냅니다. 이 정보를 기반으로 클라이언트는 백엔드에 주기적으
로 요청한 작업이 끝났는지 질의합니다. 작업이 끝난 경우 백엔드는 해당 질의의 응답으로 작
업 결과 데이터를 함께 보내거나 혹은 결과를 받을 수 있는 엔드포인트로의 리다이렉션redirection
응답을 보냅니다.

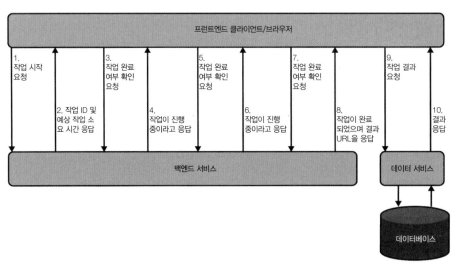

그림 5-7 프런트엔드 클라이언트/브라우저의 지속적인 백엔드 서비스 호출을 통한 작업 결과 확인

어떻게 사용할 수 있나요

구독 또는 콜백 없이 비동기 작업의 결과를 조회할 때 사용합니다.

알림을 보낼 수 없는 환경에서 긴 시간이 소요되는 작업 결과 조회하기

프런트엔드와 백엔드 애플리케이션에서 대개 프런트엔드가 백엔드로의 연결을 만들며 백엔드는 프런트엔드로 접근하거나 기능을 호출하기 어렵습니다. 백엔드 애플리케이션이 비동기 작업을 처리하고 있으면 프런트엔드와 백엔드 간 연결이 타임아웃 등으로 인해 끊어지며 따라서 클라이언트가 해당 연결을 통해 결과를 받아볼 수 없습니다. 이런 경우 클라이언트가 이 패턴을 사용해서 주기적으로 백엔드에 결과를 요청하도록 만듭니다. 마치 사람이 보험 회사에 접수 건이 제대로 처리되었는지 주기적으로 연락하는 것과 비슷하다고 볼 수 있습니다. 물론 최적의 방법은 아니지만, 백엔드 시스템이 클라이언트 측으로 변경 내용을 자동으로 보낼 수 없는 경우 클라이언트를 이 패턴으로 구현해야 할 것입니다.

구독 또는 콜백을 사용할 수 없는 클라이언트에게 이벤트 전달

클라이언트가 메시지 브로커를 구독할 수 없거나 백엔드로부터 업데이트를 받을 수 있는 엔드포인트를 외부에 제공하지 못하는 경우 이 패턴을 사용할 수 있습니다. 앞선 예의 경우 브라우저는 메시지 브로커를 직접 구독할 수 없기 때문에 대신 갱신된 내용을 받아 보기 위해 주기적으로 백엔드 서비스를 호출합니다.

고려해야 할 사항들

프런트엔드 클라이언트가 동작을 멈추거나 언제든지 재시작할 수 있으므로, 이 패턴을 구현할 때는 반드시 백엔드 서비스가 비동기 작업을 관리하도록 만들어야 합니다. 예를 들어 사용자의 웹 브라우저 윈도우 화면을 새로 고치면 사용자는 올바른 작업 진행 정보를 계속 얻을 수 없을 것입니다. 따라서 브라우저 측에서 화면을 새로 고친 후 다시 연결을 초기화하면, 백엔드 애플리케이션은 이전에 시작한 작업에 대한 새로운 요청을 받을 것이며, 요청받은 내용에 근거하여 적절한 응답을 클라이언트에게 돌려주도록 만들어야 합니다.

또한 백엔드 서비스를 계속 호출하는 것은 클라이언트와 백엔드 서비스의 자원을 모두 낭비하는 것이며, 다음 번에 클라이언트가 다시 서비스를 호출할 때까지는 백엔드가 클라이언트에게 정보를 줄 수 없기 때문에 응답에 지연이 생긴다는 점도 기억하시기 바랍니다. 클라이언트가 백엔드 서비스를 호출하는 전체 횟수는 긴 폴링 기법으로 어느 정도 줄일 수 있습니다. 긴 폴링 기법이란 서비스가 응답을 즉각 회신하지 않고 대신 작업 결과를 보낼 수 있거나 연결에 대한 타임 아웃이 발생할 때까지 기다리는 것입니다. 폴링 횟수를 줄일 뿐 아니라 백엔드 서비스 입장에서는 작업 결과가 나오는 즉시 결과를 클라이언트에게 보낼 수 있습니다. 긴 폴링 기법은 클라이언트와 서비스 간 연결의 타임아웃 시간이 상대적으로 길고 네트워크가 안정적이며 백엔드의 서비스 처리 능력이 연결의 타임 아웃 시간 동안 요청을 가지고 있을 수 있을 만큼 충분한 경우 사용하세요. 그렇지 않으면 주기적으로 폴링하는 것이 더 좋습니다.

애플리케이션이 웹훅과 같은 콜백 또는 웹소켓 등을 사용해서 통신하는 것이 훨씬 효과적이고 자원도 덜 사용하기 때문에, 이런 경우에는 폴링 패턴을 사용하지 마세요.

관련 패턴들

생산자-소비자 패턴

애플리케이션이 이벤트 큐에 이벤트를 발행하거나 구독할 수 있으면 이 패턴을 대신 사용할 수 있습니다.

요청 콜백 패턴

클라이언트와 서비스가 웹소켓 또는 웹훅을 사용할 수 있을 때 대신 사용할 수 있는 패턴입니다.

5.2.6 요청 콜백 패턴

요청 콜백 패턴request callback pattern을 사용해서 애플리케이션 간 비동기 통신 구현이 가능합니다. 애플리케이션은 서비스 요청 시 콜백 정보를 함께 제공해서 해당 콜백을 통해 응답을 전달하도록 합니다.

어떻게 동작할까요

이 패턴에서는 한 애플리케이션이 콜백 정보와 함께 요청을 보냄으로써 응답하는 애플리케이션 측이 해당 콜백을 사용해서 비동기로 응답을 전달하도록 합니다. 이 패턴은 2장에서 설명한 비동기 요청–응답 패턴으로 구현할 수 있으며, 웹소켓이나 웹훅 둘 중 하나를 사용할 수 있습니다.

웹소켓

웹소켓WebSocket을 사용하려면 클라이언트와 서비스 양측 모두 [그림 5-8]과 같이 웹소켓 프로토콜로 통신할 수 있어야 합니다. 우선 클라이언트는 서비스 측으로 연결을 만들어서 긴 시간동안 유지되도록 합니다. 클라이언트와 서비스는 연결을 계속 유지하면서 이벤트를 주고받아서 통신합니다. 클라이언트가 이벤트를 통해 정보를 요청하고 서비스가 응답할 때까지 기다리거나, 여러 이벤트를 주고받을 때 사용하기 좋습니다. 웹소켓은 HTTP 기반 기술이지만 HTTP2와 gRPC 역시 비슷한 콜백 기반 통신 방식을 제공합니다.

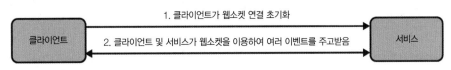

그림 5-8 클라이언트와 서비스 간 웹소켓 프로토콜을 이용한 통신

GraphQL은 구독 기능에서 웹소켓을 사용하기 때문에 클라이언트가 웹소켓으로 서비스에 접속할 수 있도록 할 뿐 아니라 구독중인 서비스에 보낸 GraphQL 질의의 실시간 이벤트를 계속 받아볼 수 있습니다. 서비스에 변경이 생길 때마다 관련 데이터를 클라이언트에 계속 보낼 수 있는 것입니다. 클라이언트는 서버에 메시지를 보내 구독을 종료하거나 또는 서버의 오류 및 타임아웃 등으로 구독을 멈출 수 있습니다. GraphQL에 대한 자세한 내용은 2장을 참고하시기 바랍니다.

웹훅

웹훅 방식에서는 [그림 5-9]와 같이 클라이언트 애플리케이션이 요청을 보내고 전달한 콜백 엔드포인트로 응답을 전달받습니다. 따라서 클라이언트는 요청에 콜백 URL을 함께 보냅니다. 콜백 URL이 항상 같다면, 이 값을 서비스 측에 미리 설정해 둠으로써 매번 요청을 보낼 때마다 콜백 URL을 보내지 않도록 할 수 있습니다. 응답은 지정된 콜백 URL로 전달됩니다.

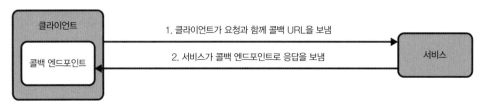

그림 5-9 웹훅을 이용한 클라이언트와 서버 간 통신

웹훅은 여러 가지 방법으로 구현할 수 있지만, 한가지 방법은 WebSub을 사용하는 것입니다. 오픈 프로토콜로 Atom및 RSS 프로토콜의 확장으로 처음 만들어졌으며 이후 2017년 4월부터 W3C(World Wide Web Consortium) 후보 권고안candidate recommendation으로 채택되었습니다. WebSub은 발행자, 허브, 그리고 구독자 마이크로서비스를 사용하며 통신에 HTTP 프로토콜을 사용합니다. 발행자는 허브에 HTTP 호출을 통해 콘텐츠를 발행하며 HTTP 헤더에 토픽 정보를 기록합니다. 구독자는 관심을 가지는 토픽을 허브에서 검색하며 HTTP POST 요청으로 허브에 원하는 토픽과 콜백 URL을 전달합니다. 이후 관련 콘텐츠가 발행되면 허브가 HTTP POST 호출을 통해 구독자에게 해당 정보를 전달합니다.

어떻게 사용할 수 있나요

비동기로 응답을 전달할 때, 또는 변경 내용을 계속 받고 싶을 때 이 패턴을 사용합니다. 전화번호를 보험 회사 담당자에게 알려주어서 보험 청구 내역에 대한 변경이 있을 때마다 전화를 하도록 요청하는 것과 비슷하다고 볼 수 있습니다.

비동기로 응답 전달

서비스가 연결의 타임아웃 이전에 제때 응답할 수 없을 때 이 패턴을 사용하면 좋습니다. 백엔드 서비스는 일단 요청에 대해서 즉각 응답하며, 작업이 끝난 경우 결과를 별도로 전달합니다. 백엔드 서비스의 결과가 준비되는 대로 응답할 수 있다는 장점도 있습니다.

지속적인 변경 내용 전달

주가 확인과 같이 지속적으로 실시간 변경 내용을 받아보아야 하는 경우에 이 패턴이 잘 들어맞습니다. 브라우저가 백엔드 서비스와 웹소켓 연결을 만들어서 가장 최근 변경 내용을 계속 전달받고 이를 동적으로 웹 페이지에 그릴 수 있습니다. 이 패턴은 클라이언트가 웹소켓 프로토콜과 같이 서버로부터 응답을 받을 수 있는 기술을 사용하거나 콜백으로 사용할 수 있는 엔드포인트를 외부에 제공할 수 있을 때만 사용할 수 있습니다.

고려해야 할 사항들

이 패턴을 사용할 때 콜백이 반드시 HTTP 엔드포인트일 필요는 없습니다. 콜백 주소는 이메일 주소나 이벤트 큐, 이벤트 토픽 등이 될 수 있습니다. 또한 이 패턴을 약간 수정해서 서비스의 처리 작업이 끝나면 클라이언트를 직접 호출하지 않고 대신 클라이언트가 제공한 콜백 정보에 따라서 다른 서비스가 결과를 처리하도록 만들 수도 있습니다. 결과 데이터가 크면 서비스가 결과를 아마존 S3와 같은 내구성 스토어에 저장한 다음 클라이언트에게 저장한 위치를 알려주어서 별도로 데이터를 가져가도록 할 수도 있습니다.

콜백 사용이 불가능한 경우나 네트워크 문제가 있을 경우 서비스가 응답을 못하기 때문에, 웹훅은 대개 최대 한 번 전달을 보장합니다. 하지만 콜백으로 이벤트를 전달할 때 스토어 앤 포워드 패턴을 사용하거나 메시지 브로커를 사용해서 최소 한 번 전달을 보장하도록 만들 수도 있습니다.

클라이언트와 서버가 비동기로 하나 이상의 메시지를 주고받는다면, 웹훅보다는 웹소켓을 사용하는 것이 좋습니다. 웹소켓은 통신하는 동안 연결이 지속되며, 새로운 메시지를 보내는 비용이 더 저렴합니다. 특정 주가 종목을 지정해서 해당 종목의 가격을 계속 전달받는 것이 좋은 예입니다. 반면 클라이언트가 딱 하나의 응답만 기대하며, 해당 응답을 언제 줄 수 있을지 모를 때, 또는 응답이 수 분 이후에나 가능한 경우 웹소켓보다는 웹훅을 쓰는 것이 좋습니다.

관련 패턴들

스토어 앤 포워드 패턴

콜백 이벤트 전달을 보장하고 싶다면 이 패턴을 함께 사용하는 것이 좋습니다.

폴링 패턴

콜백 연결을 제공할 수 없는 애플리케이션은 폴링 패턴을 대신 사용할 수 있습니다.

비동기 요청-응답 패턴

메시지 브로커를 사용해서 비동기 통신을 사용할 수 있습니다. 2장에서 설명한 바 있습니다.

5.2.7 이벤트 전달 패턴 정리

이 절에서는 이벤트 주도 아키텍처를 사용하는 클라우드 네이티브 애플리케이션에서 주로 사용하는 이벤트 전달 패턴에 대해서 알아보았습니다. 아래 [표 5-1]에 각 패턴을 언제 사용하면 좋은 지와 언제 사용해서는 안 되는지, 그리고 각각의 이점은 무엇인지 정리했습니다.

표 5-1 이벤트 전달 패턴

패턴	사용하면 좋은 경우	사용해서는 안 되는 경우	이점
생산자-소비자	• 하나의 소비자만 특정 이벤트를 소비하고 처리하는 경우 • 생산자와 소비자의 가용성을 결정할 수 없는 경우 • 짧은 시간 동안 많은 이벤트를 생산하는 경우 • 이벤트 처리를 공평하게 배분하고 싶은 경우	• 지속적으로 높은 트래픽이 발생하고 처리하는 이벤트보다 발생하는 이벤트가 계속 더 많은 경우 • 메시지 브로커를 사용할 수 없거나, 생산자 또는 소비자 측이 메시지 브로커에 접근할 수 없는 경우	• 이벤트 중복 없이 소비자에게 이벤트를 전달할 수 있음 • 생산자 및 소비자 측에 발생할 수 있는 가용성 문제를 해결할 수 있음 • 갑자기 증가한 트래픽이나 이벤트를 처리할 수 있음
발행자-구독자	• 알림 전달 시스템을 만들고자 할 경우 • 구독자가 최대 한 번 전달 보장도 문제가 없는 경우, 즉 이벤트가 발생한 시점에 해당 정보가 구독자에게 전달되지 않아도 크게 문제가 없는 경우 • 이벤트를 선택적으로 구독자에게 전달해야 하는 경우	• 구독자 측에 이벤트 손실이 발생해서는 안 되는 경우 • 메시지 브로커를 사용할 수 없거나, 발행자 또는 구독자 측이 메시지 브로커에 접근할 수 없는 경우	• 발행 및 구독 시스템을 각각 독립적으로 만들 수 있음 • 같은 토픽에 관심을 가지는 다른 구독자들에게 쉽게 확장할 수 있음
파이어 앤 포겟	• 최대 한 번 전달 보장으로 충분한 경우 • 비즈니스에 중요하지 않은, 그래서 이벤트 손실이 문제가 되지 않는 경우 • 소비자측이 메시지 브로커를 통해 변경 내용을 받아볼 수 없는 경우 • 소비자 일부에게만 알림을 보낼 수 있는 경우	• 비즈니스 핵심 데이터 등 손실이 발생해서는 안 되는 이벤트를 전달하거나 처리하는 경우 • 시스템에서 메시지 브로커를 사용할 수 있으며 생산자와 소비자가 메시지 브로커에 접근할 수 있는 경우	• 생산자에서 소비자로 메시지를 전송할 때 메시지 브로커를 사용할 필요가 없음 • 구현이 쉬우며 추가적인 배포가 필요 없고 유지 및 보수 복잡도가 낮음

패턴	사용하면 좋은 경우	사용해서는 안 되는 경우	이점
스토어 앤 포워드	• 생산자와 소비자가 모두 온라인이며 아무 때나 접근 가능하며 최소 한 번 전달을 보장하고자 할 경우 • 메시지 브로커를 사용할 수 없는 경우 • 소비자가 메시지 브로커에서 변경 사항을 받을 수 없는 경우	• 시스템에서 메시지 브로커를 사용할 수 있으며 생산자와 소비자가 메시지 브로커에 접근할 수 있는 경우	• 생산자가 소비자에게 메시지 브로커 없이 메시지를 전달할 수 있음
폴링	• 클라이언트가 메시지 브로커를 구독할 수 없거나 백엔드 시스템으로부터 업데이트를 받을 수 있는 엔드포인트를 외부에 제공할 수 없는 경우 • 서비스가 작업이 완료되었을 때 다른 엔드포인트를 호출할 수 없는 경우 • 긴 시간이 소요되는 작업을 처리하는 경우	• 작업 소요 시간이 짧아서 그 결과를 즉시 받을 수 있는 경우 • 애플리케이션이 웹훅이나 웹소켓과 같은 기술을 사용할 수 있는 경우	• 별도의 인프라스트럭처 없이도 긴 시간이 소용되는 작업에 대한 응답을 받을 수 있음
요청 콜백	• 통상적인 연결 타임아웃보다 더 긴 시간을 소요하는 작업을 요청하고 응답을 받는 경우 • 클라이언트가 하나 이상의 작업에 대한 응답을 요구하는 경우 • 애플리케이션이 웹소켓과 같은 기술로 통신할 수 있거나, 혹은 클라이언트가 콜백 URL을 외부에 제공해서 서비스가 해당 URL로 응답을 보낼 수 있는 경우	• 애플리케이션에서 웹소켓을 통한 통신이 불가능하거나, 클라이언트가 콜백 엔드포인트를 제공할 수 없는 경우	• 소요 시간이 긴 작업을 실행하고 트래픽 증가 없이 서비스로부터 지속적인 업데이트 내용을 받아볼 수 있음 • 작업이 끝나면 결과를 바로 보낼 수 있으므로 확장성이 더 뛰어남

5.3 상태 관리 패턴

이 절에서는 데이터베이스에 종속되지 않고 어떻게 클라우드 네이티브 애플리케이션의 상태를 만들고 관리할 수 있는지, 다양한 시점에 애플리케이션 상태를 어떻게 다시 만들 수 있는지, 같은 데이터에 대한 서로 다른 도메인 모델들을 어떻게 만드는지 알아봅니다. 우선 4장에서 살펴본 CQRS 패턴 등 다른 패턴을 만들 때 기본적으로 사용하는 이벤트 소싱 패턴부터 살펴보겠습니다.

5.3.1 이벤트 소싱 패턴

이벤트 소싱 패턴event sourcing pattern은 애플리케이션의 모든 상태 변화를 마치 일련의 이벤트처럼 저장합니다. 이 패턴으로 특정 시점에 애플리케이션의 상태를 다시 만들어낼 수 있을 뿐 아니라 서로 다른 도메인 모델을 적용해서 상태를 만들어 낼 수도 있으며 현재 애플리케이션 상태가 어떻게 만들어진 것인지 그 자취를 추적해서 감사audit할 수 있는 기능도 제공합니다.

어떻게 동작할까요

이벤트가 애플리케이션의 상태를 바꿀 때마다 해당 이벤트는 발생한 순서에 따라 영속 스토어 persistence store에 기록됩니다. [그림 5-10]은 은행에서 일어나는 계좌별 트랜잭션들을 예로 보여주고 있습니다. 밥의 계좌에 100달러를 입금하고, 20달러를 출금하고, 다시 50달러를 입금하는 등의 이벤트들이 발생합니다.

애플리케이션의 현재 상태만 따지고 본다면 밥의 현재 잔고는 140달러이지만, 왜 밥의 잔고가 140달러가 된 것인지는 알 방법이 없습니다. 그래서 각 이벤트들을 영속 스토어 또는 이벤트 로그에 이벤트가 발생한 순서에 따라 기록하며, 시간의 흐름에 따라 밥의 계좌에 어떤 변화가 생기고 왜 현재 잔고가 140달러가 되는지 이해할 수 있게 됩니다.

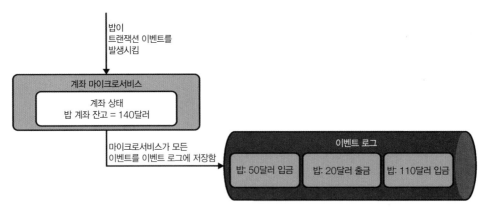

그림 5-10 계좌 마이크로서비스가 이벤트 로그를 생성함과 동시에 애플리케이션 상태를 변경

이벤트는 대개 아파치 카프카와 같은 커밋 로그로 저장해서 이벤트 순번 ID 등을 통해 특정 시점부터 이벤트를 재생할 수 있도록 합니다. 이벤트들을 다른 애플리케이션이나 시스템들이 읽어서 발생한 이벤트를 처리하거나 일부 또는 전체 이벤트를 가지고 애플리케이션 상태를 다시 만들 수도 있습니다.

어떻게 사용할 수 있나요

이벤트 소싱 패턴으로 시스템이 마치 시간 여행을 하듯 동작하게 만들 수 있습니다. 또한 같은 이벤트들을 기반으로 다른 도메인 모델들을 만들 수도 있으며 실패한 애플리케이션의 상태를 재현하고 임시 질의를 처리하고 이벤트를 재생할 수도 있습니다.

애플리케이션 상태 재현

시스템 장애로 인해 애플리케이션 상태가 나빠졌다고 가정해봅시다. 해당 상태가 될 때까지 모든 이벤트를 저장했기 때문에, 모든 이벤트를 재생해서 애플리케이션의 해당 상태를 재현할 수 있습니다. 물론 이렇게 상태를 재현할 때는 외부 시스템에 어떤 영향을 미치거나 알림을 보낼 수 있는 시스템들은 꺼야 합니다. 예를 들어 밥의 은행 계좌 상태를 재현하는 경우 실제 입금 또는 출금 이벤트를 전송해서는 안 됩니다.

다른 도메인 모델 생성

밥은 가맹점에서 물건을 구매하면 포인트를 돌려주는 보상 프로그램에 가입했습니다. 은행은 다른 도메인 모델을 사용해서 밥이 얻은 포인트를 추적하고 계산합니다. 이런 보상 서비스를 핵심 트랜잭션 애플리케이션과 단단히 결합하도록 구현하는 것보다는, 이벤트 소싱 패턴을 사용해서 커밋 로그의 트랜잭션들을 통해 밥의 포인트를 비동기로 계산하고 관리하는 것이 좋습니다. 이런 방식으로 다른 방식의 접근 패턴을 지원할 수 있는 특정 데이터 뷰를 적은 부하로 만들 수 있을 뿐 아니라, 보상 서비스와 같이 이벤트를 소비하는 시스템들이 독립적으로 발전하고 핵심 은행 시스템에는 아무런 영향을 미치지 않도록 만들어 줍니다.

임시 질의 실행

이 패턴으로 저장된 이벤트들에 임시 질의를 실행할 수도 있습니다. 예를 들어 은행이 잔고가 100달러 미만인 계좌에 대해서는 매달 5달러의 수수료를 부과한다고 가정해봅시다. 밥은 월말에 계좌 잔고가 140달러가 남아 있습니다. 하지만 처음 20달러를 출금하고 났을 때 밥의 계좌에는 90달러 밖에 남지 않았습니다. 이 상태만 봤을 때는 결국 5달러 수수료를 내야 하는 상황이 되는 것이죠. 커밋 로그에 이벤트를 저장하지 않으면, 이런 상황을 처리하도록 구현하는 것은 결코 쉬운 일이 아닙니다. 이벤트 로그로 인한 가시성은 완전한 무손실 아키텍처를 보여주는 것이며, 시간 여행 기능을 제공할 뿐 아니라 이런 기록된 데이터에 대한 다양한 시점을 제공하게 합니다.

이벤트 재생

이 패턴으로 또한 실수를 바로잡을 수도 있습니다. 은행 시스템에서 밥이 4월 15일 그의 계좌에서 50달러를 인출한 사실을 기록했다고 생각해봅시다. 하지만 밥은 해당 인출을 성공적으로 취소했습니다. 이 50달러를 인출한 사실이 남아있음을 인해 결국 은행은 4월 30일 밥의 계좌 잔고가 100달러 미만이라고 판단해서 5달러의 수수료를 부과합니다. 그리고 은행 측에서 이 실수를 5월 3일 발견합니다. 이벤트 소싱 패턴을 활용해서 은행은 밥의 계좌에 대한 이벤트들을 4월 15일부터 시작해서 출금을 제대로 취소한 다음 밥에게 4월 30일 부과한 5달러 수수료를 돌려줄 수 있습니다.

고려해야 할 사항들

이 패턴을 적용할 때 애플리케이션 상태 또는 이벤트 로그를 어디에 저장할지 결정해야 합니다. 만약 데이터베이스로 애플리케이션 상태를 저장하고 관리하려면 데이터베이스가 신뢰할 수 있는 원천이 되어야 하며 따라서 내구성이 보장되어야 합니다. 그리고 이벤트 로그를 감사 및 다른 도메인 모델 생성 용으로만 사용할 수 있습니다. 하지만 상태를 데이터 스터럭처나 인 메모리 데이터베이스, 캐시와 같이 메모리에 저장한다면 이때는 이벤트 로그를 신뢰할 수 있는 원천으로 사용하여 로그를 통해 이벤트를 재생하고 상태를 재현할 수 있습니다.

이벤트 로그를 신뢰할 수 있는 소스 원천으로 사용하면 시스템에 장애가 발생하였을 때 복구에 시간이 오래 소요될 수 있습니다. 이벤트 로그의 모든 이벤트를 재생해서 애플리케이션 상태를 재현해야 하기 때문이죠. 복구 시간을 줄이려면 주기적으로 애플리케이션 상태를 스냅숏 snapshot으로 저장합니다. 그리고 복구 시점에는 가장 최신 스냅숏부터 시작하는 이벤트 로그만 재생하면 됩니다.

이벤트를 재생하고 애플리케이션 상태를 재현하는 것은 특히 외부 서비스와 상호작용이 필요한 경우 상당히 까다로운 일입니다. 애플리케이션이 외부 서비스를 호출하지 못하도록 해야 한다면, 예컨대 밥이 50달러 출금 사실을 다시 통지받지 않도록 하려면 서비스를 아주 똑똑하게 만들어서 현재 이벤트를 재생 중이기 때문에 외부 시스템을 호출하거나 이벤트를 전달하지 않도록 하거나, 또는 외부 서비스와 서비스 사이에 API를 두어서 API를 통한 서비스 호출을 전부 무시하도록 만들 수도 있습니다. 여러 서비스에서 이벤트를 재생하고 서비스들이 서로 통신해야 한다면 날짜나 시간과 같은 일종의 참조 포인트를 두어서 다른 서비스를 호출할 때 사용하는 것이 좋습니다. 예를 들어 현재 계좌 잔액을 그냥 요청하는 것보다는 더 정확하게 3월 23일 오전 11시 15분의 계좌 잔고를 요청하도록 하는 것이죠. 그러면 애플리케이션이 해당 시점의 정확한 계좌 잔고를 알려줄 수 있으며 이벤트 재생 도중 애플리케이션의 일관성을 향상시킬 수 있습니다.

커밋 로그를 통해 이벤트를 정의하고 싶다면, 이런 이벤트들을 반드시 변경 이벤트로 모델링하는 것이 좋습니다. 은행 예시를 생각해보면 이벤트는 어떤 변화를 수반하는 것들을 의미합니다. 이를테면 50달러 입금이나 20달러 출금 이런 것들이죠. 반면 계좌 잔액을 150달러로 지정하거나 130달러로 지정하는 행동은 이벤트로 사용할 수 없습니다. 이벤트를 재생할 때 이벤트를 제거하거나 반대로 재생하면 수정된 계좌 잔액을 구하게 됩니다.

서비스를 설계할 때 애플리케이션 상태를 간단한 객체로 저장해서 애플리케이션이 직접 다루게 할 수도 있지만 도메인 모델 그 자체로 상태를 정의할 수도 있습니다. 도메인 모델로 상태를 정의하는 것이 더 유연하며, 특히 처리 로직이 복잡할수록 더 그러하기 때문에 도메인 모델로 상태를 정의하는 것을 추천합니다. 하지만 이벤트를 취소하고 상태를 원래대로 돌려야 하는 경우에는 이 방법을 사용할 수 없습니다. 이벤트를 취소하고 상태를 되돌리기 위해서는 우선 각 상태 변경 시 마다 그 결과를 저장해야 하며, 이벤트 취소가 필요한 경우 이전 상태를 불러와서 적용해야 하기 때문입니다. 그래서 애플리케이션의 구조가 아주 복잡해집니다. 이런 이벤트 취소 및 상태 복구가 필요하다면 애플리케이션과 이벤트 저장 로직을 별도로 구현해서 사용하는 것이 좋습니다.

같은 이벤트 소스에서 다른 도메인 모델을 만들 때 명심해야 할 점은 이런 모델들이 대개 비동기로 만들어지며 약한 일관성 밖에 보장받지 못한다는 것입니다. 로그에 이벤트를 기록하는 것이 네트워크나 애플리케이션의 처리 지연으로 인해 늦어질 수 있으며 그 후에 다른 서비스들이 애플리케이션의 상태를 읽고 사용할 수 있기 때문입니다. 따라서 약한 일관성을 사용해서는 안 되는 경우 이 패턴을 적용하면 안 됩니다. 필요한 경우 아파치 카프카나 NATS를 통해 로그 기반 이벤트 질의로 이벤트 로그를 만들어서 이벤트를 순서대로 저장하고 필요한 경우 과거 이벤트들을 재생할 수도 있습니다.

이 패턴으로 이벤트들을 시간 순으로 다시 재생할 수도 있지만, 이 때문에 이벤트 스키마에 제약이 생기기도 합니다. 이벤트에 새로운 속성을 추가하는 것은 가능하지만 기존의 속성 값을 제거하거나 바꾸는 것은 불가능한 것처럼 말이죠. 만약 이런 스키마를 수정할 수 있다면 시스템이 예전 이벤트를 재생할 경우 애플리케이션 상태가 서로 호환되지 않을 것입니다. 애플리케이션의 코드에서 여러 버전의 이벤트 스키마를 다루어야 하는 경우 시스템이 아주 복잡하고 유지 및 보수하기도 어려워질 것입니다.

이벤트 소싱 패턴 그 자체가 이미 구현이나 유지 측면에서 복잡하며, 이는 특히 이벤트 스키마를 변경하는 경우나 다른 여러 외부 서비스와 통신해야 하는 경우 도드라집니다. 이벤트 소싱 패턴은 반드시 애플리케이션의 상태를 재현하거나 다른 도메인 모델을 만드는 것이 필수인 경우에만 사용하시기 바랍니다.

관련 패턴들

주기적 상태 스냅숏 패턴

데이터 스토어 스냅숏을 생성해서 애플리케이션 상태 복구를 더 빠르게 합니다. 이 내용은 6장에서 더 자세히 다룹니다.

CQRS 패턴

명령들을 저장해서 여러 애플리케이션이 질의를 처리할 수 있도록 만듭니다. 4장에서 살펴본 바 있습니다.

구체화된 뷰 패턴

데이터를 저장해서 이벤트에 기반한 구체화된 뷰를 만들 수 있습니다. 이 패턴 역시 4장에서 살펴보았습니다.

5.3.2 상태 관리 패턴 정리

이 절에서는 이벤트 소싱 패턴과 이를 이용한 클라우드 네이티브 애플리케이션 상태 관리에 대해서 알아보았습니다. [표 5-2]에 이 패턴을 언제 사용해야 하며 언제 사용해서는 안 되는지, 그리고 그 이점은 무엇인지 정리해보았습니다.

표 5-2 이벤트 소싱 패턴

패턴	사용하면 좋은 경우	사용해서는 안 되는 경우	이점
이벤트 소싱	• 여러 애플리케이션이 같은 데이터를 사용하며 서로 다른 도메인 모델을 적용하는 경우 • 기록된 데이터에 대해 임시 질의를 실행해야 하는 경우 • 시스템이 시간 여행을 통해 과거에 일어난 이벤트를 변경해야 할 필요가 있을 때 • 감사 정보를 추적해야 할 필요가 있을 때	• 데이터 모델이 간단하며 데이터를 소비하는 애플리케이션이 질의를 의도한 대로 처리할 수 있는 경우 • 이벤트 스키마가 계속 변경되는 환경인 경우 • 이벤트를 소비하는 모든 애플리케이션의 일관성이 항상 보장되어야 하는 경우	• 각 이벤트 소비자들이 자신의 도메인 모델과 접근 패턴에 따라서 애플리케이션 상태를 최적화할 수 있음 • 데이터를 여러 애플리케이션에 복제함으로써 가용성이 증가함 • 이벤트 재생을 통한 시스템 복구를 지원함

5.4 오케스트레이션 패턴

이 절에서는 효과적으로 이벤트 주도 아키텍처를 만들 때 사용할 수 있는 다양한 오케스트레이션 패턴orchestration pattern에 대해서 알아볼 것입니다. 동기적 서비스 호출을 통한 협업 및 조율을 구현하는 3장의 서비스 조합 패턴과 비슷하다고 볼 수 있습니다. 오케스트레이션 패턴은 대부분 비동기 이벤트 전달 패턴을 사용해서 여러 애플리케이션 간 이벤트를 전달하고 관리합니다.

작은 크기의 이벤트 주도 클라우드 네이티브 애플리케이션은 간단하게 만들 수 있겠지만, 더 많은 마이크로서비스를 사용할수록 아키텍처는 점점 더 복잡해지고 관리하기 어려워집니다. 이 절에서는 중재자, 파이프 앤 필터, 우선순위 큐 등을 통해 이벤트 흐름을 효율적으로 만들고 애플리케이션 복잡도를 관리하는 방법을 알아봅니다. 이 패턴들 역시 이벤트 주도 아키텍처에서 기본적으로 많이 사용되는 것들입니다.

5.4.1 중재자 패턴

중재자 패턴mediator pattern은 이벤트 오케스트레이션에 대한 중앙화된 관리를 제공합니다. 중재자는 이벤트를 이해하고 경로를 재설정할 뿐 아니라 여러 애플리케이션 간 이벤트를 순차적 또는 병렬로 조율하고 오류를 처리하기도 합니다. 이 패턴을 통해 중앙에서 협력 로직을 실행하고 시스템의 전반적인 동작을 간단하게 조율하고 변경할 수 있습니다

어떻게 동작할까요

이 패턴의 핵심은 클라우드 네이티브 애플리케이션의 일부로 구현된 중재자 마이크로서비스 런타임입니다. 중재자는 이벤트 큐와 토픽, API를 통해 모든 마이크로서비스와 상호작용하며, 다양한 프로토콜로 애플리케이션에 따라 이벤트들을 변환합니다. 이런 중재자 마이크로서비스들은 대개 상태를 저장하고 관리하지 않으며 필터링이나 분류, 이벤트 변환과 같은 일을 맡기도 합니다. 하지만 필요한 경우 순차적 또는 병렬 작업들을 조절할 수도 있습니다.

[그림 5-11]에서는 새로운 보험 요청이 접수된 경우 주소 및 신용 확인, 그리고 추천 확인을 동시에 진행하는 것을 보여주고 있습니다. 병렬 작업들이 끝나면 할인율 적용 및 최종 승인 작업이 이어집니다. 중재자는 작업에 참여하는 마이크로서비스들을 2장에서 설명한 비동기 요청–응답 패턴으로 호출합니다. 중재자는 첫 이벤트를 병렬로 정보 확인 마이크로서비스들에 전달하며 응답 데이터들을 받은 다음 이들을 조합하고 할인 및 승인 작업을 순서대로 진행합니다. 마지막으로 결정 큐에 결과 데이터를 발행해서 다운스트림 시스템에 어떤 결정이 이루어졌는지 알려줍니다.

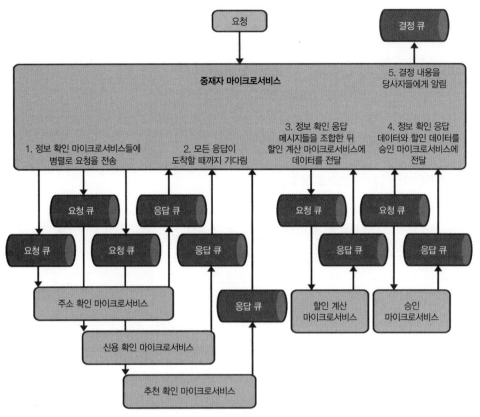

그림 5-11 중재자 마이크로서비스의 새로운 보험 요청에 대한 오케스트레이션

중재자는 필요에 따라 여러 시스템으로부터 이벤트를 받아서 조합해야 하기 때문에 상태를 관리해야 하는 경우도 있습니다. 예를 들어 각 정보 확인 마이크로서비스들이 다른 시각에 결과 데이터를 전달하는 경우, 중재자는 모든 결과를 받을 때까지 먼저 받은 결과 데이터들을 어딘가에 영구히 저장해 두고 전부 조합한 다음 이벤트를 만들어서 할인 계산 마이크로서비스에 전달할 것입니다.

어떻게 사용할 수 있나요

이 패턴으로 이벤트를 분류하고 분산하거나 이벤트들을 하위 이벤트들로 나누어서 각 이벤트들을 병렬 또는 순차적으로 처리할 수도 있으며 결과를 조합해서 다른 데이터를 만들어 낼 수도 있습니다.

이벤트 분류 및 분산

이벤트들을 여러 프로세스로 분류하고 처리할 수 있습니다. 단일 큐를 통해 주문 정보들을 전달받으면 중재자는 주문들을 각 지역별로 분류하는 것을 예로 들 수 있습니다. 독립적인 생산자 및 소비자 애플리케이션들을 통합할 때 유용한데, 특히 이들 애플리케이션들이 외부에 있을 때 잘 맞습니다. 이벤트를 분류하고 분산할 때 중재자는 이벤트의 포맷을 적절히 바꾸고 필요한 프로토콜 변환 작업을 수행합니다.

이벤트를 여러 하위 이벤트로 분할

이 패턴으로 하나의 이벤트를 여러 하위 이벤트로 나눌 수 있습니다. 위 보험 청구 예시와 같이 요청받은 이벤트들을 주소 확인이나 신용 확인과 같은 여러 하위 이벤트로 나누어서 이들을 여러 시스템에 분산하고 하위 작업을 수행하도록 만들 수 있습니다.

순차적인 작업 수행 보장

중재자 패턴은 어떤 작업은 순차적으로 수행하고 어떤 작업은 병렬로 동시에 수행해야 할 때 쓸 만한 패턴입니다. 여러 부모 작업의 결과를 조합해서 이 결과에 의존하는 작업에 데이터를 넘겨주고 작업을 시작하도록 할 수 있죠. 위 보험 청구 예시의 경우 각 확인 작업은 병렬로 진행하고 할인 및 승인 작업은 순서대로 진행합니다. 할인 작업은 모든 확인 작업이 끝나고 그 결과가 조합된 뒤에 시작합니다.

고려해야 할 사항들

시스템이 빠르게 변하는 환경이라면 파이프 앤 필터 패턴 대신 이 패턴을 사용하는 것이 좋습니다. 이 패턴을 사용하면 중재자만 수정함으로써 통합 로직과 작업 순서를 변경할 수 있기 때문입니다. 파이프 앤 필터 패턴의 경우 시스템 변화를 따라잡으려면 여러 애플리케이션과 큐를 변경해야 합니다.

중재자가 모든 협력 로직을 가지고 있기 때문에 시간이 지날수록 중재자 로직이 복잡해질 수 있으며 관리도 어려워집니다. 이런 협력 로직을 여러 독립적인 중재자 마이크로서비스에 나누어서 좀 더 쉽게 관리할 수 있습니다. 또한 WSO2 Micro Integrator나 아파치 캐멀, Siddhi, BPMN 프레임워크와 같은 설정 기반 도구로 마이크로서비스들을 통합할 수도 있습니다.

중앙 오케스트레이션이 필요하지 않으면 이 패턴을 사용하지 않길 권합니다. 이 패턴을 너무 많이 사용하면 결국 중재자 마이크로서비스를 만드는 단일 팀이 모든 오케스트레이션에 대한 책임을 가지게 되어 다른 팀의 자율성을 제약할 수도 있고 결국 클라우드 네이티브 애플리케이션 개발의 기본적인 원칙에 위배되는 결과를 낳게 됩니다.

관련 패턴들

파이프 앤 필터 패턴

애플리케이션 간 이벤트 오케스트레이션을 중앙 집중적 방식이 아닌 분산 방식으로 구현할 수 있습니다.

이벤트 전달 패턴

중재자 패턴은 애플리케이션 간 통신을 위해 이벤트 전달 패턴을 사용합니다.

5.4.2 파이프 앤 필터 패턴

파이프 앤 필터 패턴pipe and filter pattern은 분산 방식으로 이벤트들을 조율합니다. 여러 개의 이벤트 큐와 토픽을 사용해서 클라우드 네이티브 애플리케이션의 마이크로서비스 간 이벤트 흐름을 조절합니다.

어떻게 동작할까요

파이프 앤 필터 패턴은 여러 이벤트 큐와 토픽을 사용해서 마이크로서비스들을 연결합니다. 비즈니스 요구사항을 충족할 수 있는 마이크로서비스 간 거대한 그래프를 만든다고 볼 수 있죠. [그림 5-12]는 이 패턴을 사용한 신용카드 결제 애플리케이션의 처리 흐름을 보여주고 있습니다. 다양한 마이크로서비스가 토픽을 통해 서로 통합되어서 비동기로 작업을 처리하고 모니터링하며, 다른 마이크로서비스가 사용할 수 있도록 결과를 이벤트 큐에 발행합니다.

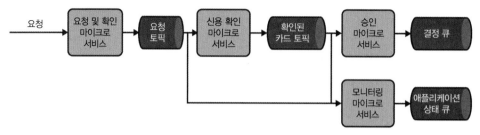

그림 5-12 파이프 앤 필터 패턴을 사용한 신용카드 결제 애플리케이션의 처리 흐름

어떻게 사용할 수 있나요

여러 팀이 관리하는 대규모 비동기 시스템 구현에 파이프 앤 필터 패턴을 사용합니다.

독립적인 대규모 시스템 구현

마이크로서비스들이 토픽과 큐와 같은 비동기 프로토콜로 연결되기 때문에 서비스 간 결합도가 낮습니다. 기존의 마이크로서비스들에 영향을 주지 않고도 토픽과 큐에 계속 마이크로서비스들을 추가해서 처리 과정을 더 늘릴 수 있습니다. 신용카드 결제 애플리케이션의 예를 다시 살펴보면, 사용자가 현재 신용카드의 상태를 알 수 있도록 만들고 싶다면 애플리케이션 상태 큐의 이벤트를 소비해서 사용자에게 변경 내역을 알려줄 수 있는 알림 마이크로서비스를 추가하면 됩니다. 또한 사용자에게 신용카드 사용 내역서를 인쇄해서 발송할 수 있는 새로운 작업을 추가해서 결정 큐에 연결할 수도 있습니다.

매끄러운 기능 추가 및 삭제

이 패턴에서는 파이프라인에 마이크로서비스의 추가 및 삭제가 아주 매끄러우며, 여러 팀이 다른 마이크로서비스에 영향을 거의 미치지 않고도 새로운 비즈니스 로직을 추가할 수 있도록 해줍니다. 신용카드 결제 애플리케이션 예의 경우 모니터링 마이크로서비스가 다른 카드 결제 처리 작업에 영향을 미치지 않고도 아주 매끄럽게 통합되었음을 알 수 있습니다. 만약 소득 확인 절차 기능을 추가하고 싶다면, 소득 확인 마이크로서비스를 신용 확인 마이크로서비스와 승인 마이크로서비스 사이에 끼워 넣기만 하면 됩니다. 클라우드 네이티브 애플리케이션 전체에 영향을 최소화하면서도 쉽게 소득 확인 절차를 추가할 수 있습니다.

업무 분리

이벤트가 여러 토픽 및 큐에 걸쳐 분산되기 때문에 각 팀별 업무를 분리할 때도 이 패턴을 사용할 수 있습니다. 각 팀은 독립적으로 이벤트를 소비하고 처리하고 그 결과를 다시 발행할 수 있습니다. 신용카드 결제 애플리케이션의 경우에도 결제 요청과 요청 확인, 신용 확인, 승인 작업은 전부 서로 다른 팀이 담당하고 구현할 수 있습니다.

고려해야 할 사항들

독립적인 팀들이 대규모 비동기 시스템을 만들어야 한다면 중재자 패턴 대신 파이프 앤 필터 패턴을 사용하세요. 이벤트 조율의 책임이 중재자에게 몰리는 중재자 패턴과는 달리, 책임이 각 팀으로 분산됩니다. 여러 서비스 간 중앙 집중화된 제어가 필요할 때만 중재자 패턴을 사용하는 것이 좋습니다.

여러 팀에 서로 협업해야 하는 패턴이기 때문에 이벤트 스키마를 잘 정의하는 것이 중요합니다. 스키마 레지스트리를 사용해서 스키마를 저장하고 자동으로 이벤트 스키마를 찾아서 소비할 수 있도록 만드는 것이 좋습니다.

특정 지역의 신용카드 결제 요청 이벤트와 같은 특정 이벤트에만 관심이 있다면, 해당 지역의 법률을 따르는 것과 같이 이벤트들을 다른 방법으로 취급해야 할 수도 있습니다. 이런 경우 마이크로서비스들이 구독 필터를 사용해서 처리하고자 하는 이벤트들만 소비하거나, 또는 토픽 전체 이벤트를 받아서 내부적으로 걸러내서 처리할 수도 있습니다.

이 패턴은 실험적인 이벤트 처리 로직 구현이나 전체 처리 작업 개선과 같이 이벤트 흐름이 자주 바뀌는 경우에는 사용하기 어렵습니다. 이벤트 흐름에 변경이 생기면 더 많은 파이프와 필터를 사용해야 할 것이며 따라서 더 많은 서비스를 변경해야 합니다. 이 경우에는 중재자 패턴을 사용해서 한두개의 중재자 서비스만 변경하는 것이 비용 측면에서 저 유리합니다.

관련 패턴들

중재자 패턴

이벤트 주도 아키텍처에서 이벤트 흐름을 조율하는 중앙화된 방식입니다.

이벤트 전달 패턴

파이프 앤 필터 패턴은 마이크로서비스 간 통신에서 이벤트 전달 패턴을 사용합니다.

사가 패턴

사가 패턴을 사용해서 보상 트랜잭션을 지원하는 데이터 처리 파이프라인을 구현할 수 있습니다. 사가 패턴은 3장에서 설명한 바 있습니다.

5.4.3 우선순위 큐 패턴

우선순위 큐 패턴priority queue pattern은 이벤트를 우선순위별로 다루어서 가장 중요한 이벤트를 먼저 다루고 낮은 순위의 이벤트는 자원이 충분히 남는 경우에만 처리합니다.

어떻게 동작할까요

이 패턴은 생산자와 소비자 패턴과 마찬가지로 여러 개의 큐를 사용해서 우선순위별로 이벤트를 처리합니다. 클라이언트는 여러 개의 이벤트 큐를 사용해서 우선순위별로 이벤트를 가져와서 처리합니다. [그림 5-13]에서 이 패턴으로 어떻게 사용자 요청을 처리하는지 보여주고 있습니다. 60%의 자원을 프리미엄 사용자 요청에 할당하고 30%를 골드 사용자 요청에, 10%를 나머지 사용자 요청에 할당합니다. 따라서 요청 처리 애플리케이션은 전체 시간의 60% 동안 프리미엄 큐에서, 30% 동안 골드 큐에서, 나머지 10%는 비멤버 큐에서 이벤트를 가져와서 처리합니다. 물론 자원이 충분하다면 최적화를 위한 로직을 더 추가할 수도 있습니다.

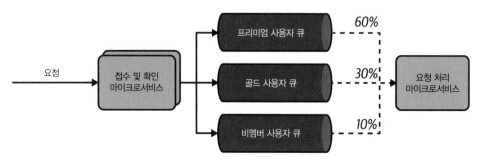

그림 5-13 우선순위 기반 사용자 요청 처리

어떻게 사용할 수 있나요

모든 이벤트를 처리할 수 있을 만큼 자원이 충분하지 않은 시스템에서 몇몇 이벤트를 먼저 처리해야 할 때 이 패턴을 많이 사용합니다.

다른 것보다 먼저 처리해야 하는 이벤트

이 패턴에서는 중요한 작업에 대한 우선순위를 정할 수 있습니다. 앞서 설명한 예와 같이 프리미엄 등급의 사용자들이 보낸 요청은 다른 등급의 사용자 요청보다 먼저 처리합니다.

자원 사용 최적화

비용 등의 이유로 작업 처리 노드의 수나 자원에 제약이 있을 수 있습니다. 이런 환경에서는 이 패턴을 사용해서 우선순위가 높은 이벤트들을 먼저 처리하는 것이 좋습니다. 예를 들어 신용카드 사용 시 발생할 수 있는 부정 사용 행위를 탐지하기 위해 사용자 트랜잭션을 그 금액별로 분류하고 우선순위를 매겨 처리할 수 있습니다. 그러면 애플리케이션은 금액이 큰 트랜잭션 큐의 부정 사용 행위를 먼저 분석하고 처리한 다음 상대적으로 금액이 적은 트랜잭션 큐의 이벤트들을 처리하게 될 것입니다. 이를 통해 자원이 제한된 상황에서도 그 영향이 큰 부정 사용 행위를 우선적으로 분석하고 방지할 수 있을 것입니다. 또한 큐를 모니터링해서 부정 행위를 분석할 만한 가치가 없는 트랜잭션 이벤트는 분석하지 않을 수도 있습니다.

고려해야 할 사항들

이 패턴을 적용할 때 종종 클라이언트 애플리케이션이 이벤트를 가져가는 작업을 할 수 없는 경우도 있습니다. 대개는 직접 관리할 수 없는 외부 시스템 애플리케이션들이 이에 해당합니다. 이 경우 중간 애플리케이션에 이벤트를 가져갈 수 있는 클라이언트를 구현해서 우선순위별로 이벤트를 처리하고 다른 시스템에 이벤트를 전달하도록 만듭니다.

또한 큐별로 오래된 이벤트를 버리는 등의 정리 작업도 구현해야 합니다. 특히 발생하는 이벤트의 수가 처리하는 이벤트의 수보다 큰 경우 이런 정리 작업이 아주 중요한데, 낮은 순위의 큐에 있는 이벤트들이 아주 오랫동안 처리되지 않을 수도 있기 때문입니다. 이벤트를 버리는 대신, 낮은 순위의 큐에 오랫동안 머무른 이벤트의 경우 처리 확률을 높일 수 있도록 더 높은 순위의 큐로 옮기는 것도 좋은 방법 중 하나입니다. 우선순위 기반 처리 방법은 시스템이 모든 이벤트를 처리할 만큼 충분한 자원을 가지지 않을 때 사용하는 것이 좋으며, 특히 모든 이벤트를 언젠가는 처리해야 하는 경우에는 오래된 낮은 순위 이벤트들을 버리지 않고 더 높은 우선순위 큐로 옮기는 방법을 사용해야 합니다.

또한 발행자–구독자 패턴에서도 설명한 방법과 비슷하게 단일 토픽과 구독 필터를 사용해서 이 패턴을 구현할 수도 있습니다. 고객 등급별로 요청을 처리하는 예시를 살펴보면, `membership==premium` 구독 필터를 사용하는 마이크로서비스 여섯 개, `membership==gold` 구독 필터 마이크로서비스 세 개, 그리고 `membership!=premium AND membership!=gold` 구독 필터를 가지는 마이크로서비스 한 개로 구성할 수 있습니다. 각각 60%, 30%, 10%의 자원 할당율을 기대할 수 있습니다. 하지만 이 방법을 사용하면 각 우선순위 큐에 이벤트가 얼마나 남아 있는지 계산하고 이벤트를 버리거나, 또는 더 높은 우선순위 큐로 이벤트를 옮기는 것이 어려워집니다.

이 패턴은 아키텍처의 복잡도를 증가시키기 때문에 모든 유입 이벤트를 처리할 수 있을 만큼 자원이 충분하지 않거나, 또는 반드시 우선순위 기반 이벤트 처리가 필요한 경우에만 사용하시기 바랍니다.

관련 패턴들

발행자–구독자 패턴

구독 필터를 사용해서 우선순위 큐 패턴과 비슷하게 만들 수 있습니다.

생산자–소비자 패턴

우선순위가 필요 없는 경우 사용할 수 있습니다.

5.4.4 오케스트레이션 패턴 정리

이 절에서는 이벤트 주도 아키텍처를 사용하는 클라우드 네이티브 애플리케이션에서 주로 사용하는 오케스트레이션 패턴에 대해 알아보았습니다. [표 5-3]에 이 패턴들을 언제 사용하면 좋으며 언제 사용해서는 안 되는지, 그리고 그 이점은 무엇인지 정리했습니다.

표 5-3 오케스트레이션 패턴

패턴	사용하면 좋은 경우	사용해서는 안 되는 경우	이점
중재자	• 여러 하위 프로세스별로 이벤트를 간단하게 분류하고자 할 때 • 사용처별로 여러 이벤트를 분류하고자 할 때 • 작업이 순차적 또는 병렬로 처리되어야 할 때 • 시스템이 빠르게 변화하는 환경이며 각 변화를 수용하기에는 파이프 앤 필터 패턴이 부적합할 때	• 중앙화된 이벤트 조율이 필요하지 않는 경우	• 이벤트 조율을 중앙화된 시스템에서 하기 때문에 변경 및 관리가 상대적으로 쉬움
파이프 앤 필터	• 여러 팀에 이벤트 조율에 대한 책임을 분산하고자 할 때 • 다른 팀이나 마이크로서비스에 영향을 미치지 않고도 비즈니스 로직을 추가하거나 제거하고자 할 때	• 전반적인 이벤트의 흐름이 자주 바뀌는 경우 • 중앙화된 이벤트 조율이 필요한 경우	• 애플리케이션 파이프라인에 서비스를 매끄럽게 추가하거나 삭제할 수 있음 • 결합도를 낮추고 여러 팀 간 영향도를 최소화함
우선순위 큐	• 특정 유형의 이벤트를 다른 이벤트보다 먼저 처리하고자 할 때 • 자원에 제약이 있으며 이벤트의 일부만 처리할 수 있을 때	• 우선순위 기반 처리가 필요하지 않은 경우	• 우선순위별 작업 처리로 자원 사용을 최적화함

5.5 이벤트 주도 아키텍처에서 사용하는 기술

이벤트 주도 아키텍처 기반 클라우드 네이티브 애플리케이션은 다양한 메시지 브로커나 ESB와 같은 통합 솔루션, 또는 간단한 서비스 호출만으로 서비스 간 상호작용을 구현할 수 있습니다. 파이어 앤 포겟이나 폴링 패턴은 서비스 호출로 이벤트를 전달합니다. 서비스 호출과 REST, gRPC, Thrift와 같은 관련 기술은 2장 및 3장에서 설명한 바 있습니다.

오케스트레이션 패턴을 사용할 경우 중재나 필터링, 프로토콜 전환, 데이터 변환 및 비즈니스 로직 실행을 담당할 애플리케이션을 만들어야 합니다. 애플리케이션은 바닥부터 새로 만들 수도 있고 스프링부트와 같은 프레임워크를 사용해서 만들 수도 있습니다. 표준 기능 정도만 사용한다면 설정 기반 ESB나 WSO2 Micro Integrator, 아파치 카멜과 같은 통합 시스템을 사용하는 것이 좋습니다. ESB나 통합 시스템에 대한 자세한 내용은 3장에서 설명한 바 있습니다. 애플리케이션에서 스테이트풀 데이터 처리나 이벤트 소싱, 또는 복잡한 이벤트 처리가 필요하다면 Siddhi나 Flink와 같은 스트림 처리 애플리케이션을 사용하는 것이 좋습니다. 이에 관련한 내용은 6장에서 다룹니다.

이벤트 주도 아키텍처에서 토픽과 큐를 사용하기 때문에, 2장에서 AMQP나 카프카, NATS와 같이 자주 사용하는 기술을 이미 살펴보았습니다. 여기에서는 다른 패턴 구현에 사용할 수 있는 다른 메시지 브로커 기술들에 대해서 알아보겠습니다.

5.5.1 아파치 액티브MQ

아파치 액티브MQ는 AMQP를 구현한 가장 오래되고 가장 많이 사용하는 오픈소스 메시지 브로커 중 하나입니다. 큐와 이벤트 응답을 통해 클라이언트와 브로커, 소비자 간 신뢰할 수 있는 메시지 전달을 제공합니다. 오픈와이어^{OpenWire}, STOMP over WebSocket, IoT 장치를 위한 MQTT 등도 지원합니다. 액티브MQ는 기본적으로 JMS^{Java Message Service}을 통한 자바 기반 애플리케이션 통합을 지원합니다. 이벤트를 반드시 한 번만 처리할 것을 보장하며 반드시 하나의 소비자가 하나의 이벤트를 처리할 것을 보장해야 하는 발행자–소비자 패턴에 특히 잘 맞습니다.

액티브MQ는 또한 토픽을 통해 여러 구독자에게 이벤트를 전달할 수 있으며 내구성 구독을 통해 신뢰할 수 있는 이벤트 전달을 제공합니다. 중앙화된 통신 및 피어 기반 통신을 지원해서 클러스터링을 제공하며, 고성능 저널과 관계형 데이터베이스를 함께 사용해서 브로커에 저장된 이벤트에 대한 영속성을 보장합니다. 하지만 내구성 있는 구독을 확장하는 것이 불가능하기 때문에, 다수의 구독자가 있으며 고 확장성을 요구하는 이벤트 주도 시스템 개발에는 사용하지 않는 것이 좋습니다.

5.5.2 래빗MQ

래빗MQ는 AMQP, STOMP, MQTT 등의 메시징 프로토콜을 지원하는 오픈소스 메시지 브로커입니다. 클러스터링과 장애 극복^{failover} 기능도 제공합니다. 래빗MQ는 **익스체인지**^{exchange}를 사용하는데, 우체국이나 우편함을 생각하면 쉽게 이해할 수 있습니다. 익스체인지가 이벤트를 받으면 **바인딩**^{binding}이라는 규칙에 따라 이벤트를 복사하고 큐에 분산합니다. 이를 통해 이벤트 분산을 더 유연하게 설계할 수 있습니다. 또한 푸시 방식과 풀 방식 모두 지원하기 때문에 구독 큐를 통해 브로커가 소비자에게 메시지를 전달할 수도 있으며 소비자가 필요할 때 메시지를 가져갈 수도 있습니다. 래빗MQ는 우선순위 큐와 같은 패턴에서 많이 사용합니다.

5.5.3 아마존 SQS

아마존 SQS^{Amazon Simple Queue Service}는 아마존이 제공하는 완전 관리형 이벤트 큐 서비스입니다. 마이크로서비스와 서버리스 애플리케이션들을 독립적으로 확장할 수 있도록 해줍니다. SQS는 두 가지 유형의 이벤트 큐를 제공하는데, **스탠다드 큐**는 베스트 에포트와 최소 한 번 전달을 통해 최대의 스루풋^{throughput}을 제공합니다. **SQS FIFO 큐**는 이벤트를 보낸 정확한 순서대로 이벤트를 처리할 수 있으며 정확히 한 번 처리를 보장하는 대신 스루풋에 제약이 있습니다.

SQS는 AMQP나 STOMP, MQTT와 같은 표준 메시징 프로토콜을 지원하지 않습니다. 대신 HTTPS를 사용해서 큐에 이벤트를 넣거나 가져올 수 있습니다. SQS 소비자 측에서는 SQS 큐에서 이벤트를 가져와야 하기 때문에, 이벤트를 큐에 넣는 시점에 소비자가 반드시 온라인 상태일 필요는 없습니다. SQS는 실패 시 이벤트 처리를 다시 시도할 수 있지만 시도 횟수에 제한이 있으며 이를 초과할 경우 해당 이벤트를 데드 레터^{dead-letter} 큐로 옮기고 원래 SQS 큐에서 지웁니다. 소비자 측에서 문제가 있는 메시지를 처리하느라 다른 일을 못하거나 자원을 낭비하는 일을 방지하며, 데드 레터 큐의 메시지들을 통해 어떤 문제가 있는지 파악할 수 있습니다.

5.5.4 아마존 SNS

아마존 SNS 역시 완전 관리형 메시징 서비스로서 대용량 팬아웃^{fan-out} 이벤트 전달을 지원합니다. 아마존 SQS 큐나 AWS 람다 펑션, HTTPS 엔드포인트, 문자 메시지, 모바일 푸시, 이메일 등을 통한 이벤트 전달을 지원합니다. 발행자-구독자 패턴과 함께 대용량 실시간 알림 구현에 자주 사용됩니다.

하지만 아마존 SQS와 비슷하게 AMQP, MQTT, STOMP와 같은 표준 메시징 프로토콜을 지원하지 않으며 HTTP나 HTTPS, 이메일, 문자와 같이 설정된 통지 방법을 통해 소비자에게 메시지를 보내는 방식입니다. 최대 한 번 전달만 보장하기 때문에 SNS를 SQS와 함께 사용해서 소비자에게 더 신뢰성 높은 이벤트 처리를 위한 별도의 큐를 제공하는 경우가 많습니다.

5.5.5 애저 이벤트 그리드

애저 이벤트 그리드는 클라우드 네이티브 애플리케이션에서 쓸 수 있는 완전 관리형 서비스입니다. 웹훅을 지원하기 때문에 발행자-구독자 모델을 사용할 수 있습니다. 애저 서비스로부터 발생하는 이벤트를 전달받아 처리할 수 있는 내장 기능을 제공합니다. 서버리스 펑션을 호출할 수 있으며 자동화 작업을 수행하고 서드파티 서비스를 포함한 애플리케이션 통합을 지원합니다.

이벤트 그리드는 데이터 파이프라인이 아니며 내용이 변경된 객체나 데이터 자체를 전달하지 않고 대신 이벤트가 일어났다는 사실만 알려줍니다. 이벤트를 전달하면 필터를 사용해서 특정 이벤트를 다른 엔드포인트로 보낼 수 있습니다. 또한 리전 및 가용지역별로 배포되기 때문에 이벤트의 최소 한 번 전달을 보장합니다.

5.5.6 애저 서비스 버스 큐

애저 서비스 버스^{Azure Service Bus}는 애저 메시징 인프라스트럭처에서 제공하는 완전 관리형 서비스로 이벤트 큐뿐만 아니라 여러 소비자에게 토픽을 통한 이벤트 팬 아웃도 지원합니다. FIFO를 통해 이벤트를 순서대로 전달할 수도 있으며 최소 한 번 전달과 최대 한 번 전달 보장이 가능합니다.

애저 서비스 버스를 통해 서로 다른 통신 프로토콜이나 데이터 조항, 도메인, 네트워크 환경 간 애플리케이션 컴포넌트 및 애플리케이션 통합이 가능합니다. 이벤트가 발생할 때까지 기다리는 긴 폴링을 지원함으로써 소비자가 큐에 접근해서 이벤트를 가져가지 않고도 이벤트를 받을 수 있도록 해줍니다.

5.5.7 구글 클라우드 Pub/Sub

구글 클라우드 Pub/Sub는 구글이 제공하는 완전 관리형 비동기 메시징 서비스입니다. 이벤트를 생산하는 서비스와 처리하는 서비스를 분리해줍니다. Pub/Sub는 메시징 지향 미들웨어나 이벤트 인제스천, 스트리핑 분석 파이프라인에 이벤트를 전달할 때 사용할 수 있습니다.

클라이언트는 HTTPS를 통해 메시지를 보내거나 소비할 수 있으며, 웹훅을 지원해서 메시지를 보내고 서비스를 사용할 수도 있습니다. AMQP나 MQTT, STOMP와 같은 표준 메시징 프로토콜을 지원하지는 않지만 고가용성과 내구성 있는 메시지 스토어를 통해 최소 한 번 전달을 보장합니다. 또한 전세계에 걸친 실시간 메시지 기능을 거의 일관된 성능으로 제공합니다.

5.5.8 메시지 브로커 기술 정리

이 절에서는 클라우드 네이티브 애플리케이션 개발에서 자주 사용하는 메시지 브로커들에 대해서 살펴보았습니다. [표 5-4]에 각 메시지 브로커들을 언제 사용하면 좋으며 언제 사용해서는 안 되는지 정리해보았습니다.

표 5-4 메시지 브로커 기술

메시지 브로커	사용하면 좋은 경우	사용해서는 안 되는 경우
아파치 액티브MQ	• 큐 또는 토픽을 사용하는 경우 • 이벤트를 단 한 번만 처리할 것을 보장해야 하는 경우 • 소규모 또는 중간 규모 크기의 애플리케이션인 경우 • 표준 메시징 프로토콜 지원이 필요한 경우	• 높은 확장성이 필요한 경우 • 많은 수의 내구성 있는 구독이 필요한 경우 • 응답 메시지 재생이 필요한 경우
래빗MQ	• 큐 또는 토픽을 사용하는 경우, 혹은 이벤트 라우팅이 필요한 경우 • 이벤트를 단 한 번만 처리할 것을 보장해야 하는 경우 • 중-소규모 크기의 애플리케이션 개발의 경우 • 표준 메시징 프로토콜에 대한 지원이 필요한 경우	• 높은 확장성이 필요한 경우 • 많은 수의 내구성 있는 구독이 필요한 경우 • 응답 메시지 재생이 필요한 경우

메시지 브로커	사용하면 좋은 경우	사용해서는 안 되는 경우
아파치 카프카	• 토픽을 사용하는 경우 • 높은 확장성이 필요한 경우 • 많은 수의 내구성 있는 구독이 필요한 경우 • 이벤트에 대한 재생이 필요한 경우 • 이벤트를 단 한 번만 처리할 것을 보장해야 하는 경우 • 특정 오프셋 이후 모든 메시지에 대한 응답이 필요한 경우	• 표준 메시징 프로토콜에 대한 지원이 필요한 경우 • 메시지에 대한 선택적인 응답이 필요한 경우
NATS	• 토픽과 큐가 필요한 경우 • 높은 확장성이 필요한 경우 • 많은 수의 내구성 있는 구독이 필요한 경우 • 이벤트에 대한 재생이 필요한 경우 • 최소 한 번 전달 보장이 필요한 경우	• 표준 메시징 프로토콜에 대한 지원이 필요한 경우
아마존 SQS	• 큐가 필요한 경우 • 최소 한 번 전달 보장이 필요한 경우 • 높은 확장성이 필요한 경우 • 아마존 인프라스트럭처를 사용하는 경우 • FIFO를 통해 이벤트를 순서대로 전달해야 하는 경우	• 표준 메시징 프로토콜에 대한 지원이 필요한 경우 • 응답 메시지에 대한 재생이 필요한 경우 • 여러 소비자에게 대한 이벤트 팬아웃이 필요한 경우 • 푸시 모델을 사용하는 경우
아마존 SNS	• 토픽 또는 웹훅이 필요한 경우 • 높은 확장성이 필요한 경우 • 아마존 인프라스트럭처를 사용하는 경우 • 사용자 및 애플리케이션에 이벤트를 보내야 하는 경우 • 이벤트에 대한 전달 보장이 필요 없는 경우 • 서버리스 펑션 호출이 필요한 경우	• 표준 메시징 프로토콜에 대한 지원이 필요한 경우 • 이벤트 전달에 대한 특정 수준의 보장이 필요한 경우 • 응답 메시지에 대한 재생이 필요한 경우
애저 이벤트 그리드	• 토픽 또는 웹훅이 필요한 경우 • 최소 한 번 전달 보장이 필요한 경우 • 애저 인프라스트럭처를 사용하는 경우 • 서버리스 펑션 호출이 필요한 경우	• 표준 메시징 프로토콜에 대한 지원이 필요한 경우 • 응답 메시지에 대한 재생이 필요한 경우

메시지 브로커	사용하면 좋은 경우	사용해서는 안 되는 경우
애저 서비스 버스 큐	• 토픽 또는 웹훅이 필요한 경우 • 최소 한 번 전달 보장이 필요한 경우 • 애저 인프라스트럭처를 사용하는 경우 • FIFO를 통해 이벤트를 순서대로 전달해야 하는 경우 • AMQP 1.0 메시징 프로토콜을 사용하는 경우 • 80GB 이하 이벤트를 저장하는 경우	• MQTT 또는 STOMP에 대한 지원이 필요한 경우 • 응답 메시지에 대한 재생이 필요한 경우
구글 클라우드 Pub/Sub	• 토픽이나 큐, 웹훅이 필요한 경우 • 최소 한 번 전달 보장이 필요한 경우 • 구글 인프라스트럭처를 사용하는 경우 • 전세계에 일관된 성능으로 이벤트를 전달해야 하는 경우	• 표준 메시징 프로토콜에 대한 지원이 필요한 경우 • 응답 메시지에 대한 재생이 필요한 경우

5.6 테스팅

이번에는 이벤트 주도 아키텍처 기반 클라우드 네이티브 애플리케이션을 어떻게 테스트할 것인지 알아보겠습니다. 이벤트 주도 애플리케이션은 기존 방식과 마찬가지로 단위 및 통합 테스트를 만들고 사용합니다. 비즈니스 로직이 분리되어 있고 잘 정의된 인터페이스를 통해 접근하며 종속적인 애플리케이션이나 네트워크 없이 테스트가 가능하기 때문에, 사실 유닛 테스트를 작성하는 방법에는 차이점이 없다고 할 수 있습니다. 하지만 이벤트 주도 애플리케이션의 통합 테스트는 다음과 같은 추가 단계가 필요합니다.

1. 메시지 브로커와 같이 이벤트를 전달하는 인프라스트럭처가 가용한 상태여야 합니다. 또한 관련 토픽이나 큐가 존재하고 처리가 가능해야 합니다.

2. 테스트할 애플리케이션이 테스트 발행자와 같이 목업 클라이언트와 연결되어서 이벤트를 생성하고 전달하며 목업 소비자와 연결되어 이벤트를 소비하고 검증할 수 있어야 합니다.

3. 이벤트를 생성하고 전달합니다.

4. 애플리케이션이 입력한 이벤트를 처리할 때까지 기다립니다.

5. 목업 클라이언트를 호출해서 애플리케이션이 생성한 결과 데이터를 전달받고 관련 변경 내용이 처리되는 데이터베이스 등의 데이터를 확인해서 애플리케이션의 최종 상태를 확인합니다.

테스트를 위해 별도의 토픽과 큐를 사용하세요. 가능하면 테스트를 위한 전용 메시지 브로커 인스턴스를 사용하는 것이 좋습니다. 메시징 인프라스트럭처를 공유해서 사용하는 경우에는 최소한 별도의 토픽과 큐를 만들어서 사용하시기 바랍니다. 목업 클라이언트와 메시지 브로커를 사용한다면 이들을 컨테이너로 만들어서 사용하는 것이 좋습니다. 또한 테스트는 네임스페이스로 구분된 환경에서 실행하는 것이 좋습니다. 이렇게 테스트 환경을 격리함으로써 실패 원인을 확실히 구분하고 문제를 더 빠르게 해결할 수 있습니다. 또한 테스트가 끝난 후 테스트 환경을 정리하는 것도 빠르고 쉽습니다. 아울러 테스트 환경과 다른 시스템 간의 상호 간섭을 줄임으로써 테스트 동안의 동작을 더 확실하게 관찰할 수 있습니다.

이런 추가 테스트 단계 자체는 직관적으로 보이지만, 실상 애플리케이션의 비동기 특성은 근본적으로 통합 테스트가 복잡합니다. 테스트 동안 결과를 확인하기 위해서는 일정 시간 동안 기다려야 하며, 문제가 발생한 경우 시스템이 소비자에게 이벤트를 발행하지 않거나 할 수도 있습니다. 따라서 테스트가 실패했다고 판단하기 전에 적정 수준의 시간 동안 기다리도록 만들 수도 있습니다. 하지만 타임아웃 방식의 테스트는 네트워크 지연이나 저성능 하드웨어 등으로 인해 실패할 수도 있기 때문에 일반적으로는 권장하지 않는 방식입니다. 네트워크 등의 요소들은 이벤트 주도 애플리케이션 테스트에서 떼려야 뗄 수 없는 존재이기 때문에 완전히 배제할 수는 없겠지만, 애플리케이션이 테스트에 성공한 경우와 실패한 경우 모두 결과를 출력하도록 만들고 애플리케이션 상태를 확인할 수 있는 질의를 제공함으로써 이런 애플리케이션 외적인 요소의 영향력을 최소화할 수는 있습니다.

또한 이벤트 처리의 비동기적 특성으로 인해 클라이언트가 생성한 순서대로 이벤트가 소비되고 처리되며 그 결과가 나왔다고 보장할 수 없습니다. 예를 들어 이벤트 A, B, C를 그 순서대로 생성했다고 가정하면, 이벤트 처리 결과는 그 순서가 B, C, A가 될 수도 있습니다. 어떤 테스트 케이스를 사용하느냐에 따라 다르겠지만, 이벤트가 서로 교환이 가능한 경우(순서가 바뀌어도 상관없는 경우)가 아니라면 테스트는 이벤트가 A, B, C의 순서대로 소비될 것을 기대하며 따라서 그 결과가 B, C, A인 경우는 실패한 것이라고 볼 것입니다. 이런 상황을 피하기 위해 각 이벤트에 대해 고유한 ID를 부여하고 각각의 ID에 대한 테스트 결과를 별도로 확인하는 것이 좋습니다.

이벤트 주도 애플리케이션은 반드시 카오스 엔지니어링^{chaos engineering}을 통해 실패 케이스를 테스트해야 합니다. 카오스 엔지니어링은 네트워크 장애나 아주 느린 생산자 서비스 또는 소비자 서비스, 일정 기간 동안 동작하지 않는 소비자 애플리케이션이나 메시지 브로커 등을 테스트에 반영합니다. 테스트 식별을 정확하게 식별할 수 있으며 시스템에 문제가 발생하였을 경우 애플리케이션이 어떻게 동작하는지 예측하는 데 도움을 줄 뿐만 아니라 좀 더 원활한 애플리케이션 복구가 가능해집니다.

5.7 보안

이벤트 주도 아키텍처에서 애플리케이션이나 시스템에 어떻게 보안을 적용할 수 있을까요? 애플리케이션은 시스템에 반드시 안전한 프로토콜로 연결해야 하며 주고받는 데이터를 암호화하는 것으로 보안을 적용할 수 있습니다.

메시지 브로커 역시 큐를 보호하고 토픽별 인증 및 권한을 검사하는 기능을 제공합니다. 이벤트들이 브로커에 저장되기 때문에 브로커가 이벤트를 안전하게 저장하며 필요 없이 긴 시간 동안 가지고 있지는 않은지 확인해야 합니다.

토픽을 통해 이벤트를 전달하는 경우, 오직 인증된 애플리케이션만 이벤트를 받아서 소비할 수 있도록 해야 합니다. 관측 가능성 및 모니터링 목적으로 토픽 구독 기능을 사용하기도 하지만, 같은 방법으로 이벤트를 몰래 훔쳐볼 수도 있기 때문이죠.

클라우드 네이티브 애플리케이션에서 사용할 수 있는 모든 메시지 브로커나 마이크로서비스가 적정 수준의 보안을 제공하는 것은 아닙니다. API나 안전한 메시지 브로커가 전면에 있는 제한된 컨텍스트를 통해 외부 시스템이 이벤트를 소비하고 전체 비동기 아키텍처가 해당 컨텍스트 내에 있도록 강제하는 것이 좋습니다. 이벤트를 브로커에 보내기 전에 암호화함으로써 이벤트가 큐 및 토픽에 암호화된 상태로 저장될 수 있도록 만들며 이벤트를 훔쳐보는 애플리케이션이 이벤트들을 복호화해서 그 내용을 볼 수 없도록 만듭니다.

그 외의 사항에 대해서는 2장에서 설명한 일반적인 보안 기능들을 적용하는 것이 좋습니다.

5.8 관측 가능성 및 모니터링

성공적인 이벤트 주도 아키텍처 구현에서 관측 가능성과 모니터링은 핵심 요소라 할 수 있습니다. 이벤트 주도 애플리케이션은 그 크기가 커짐에 따라 복잡해지기 마련이고 이벤트가 컴포넌트를 따라 어떻게 흘러가는지 알아보기 힘들어집니다. 적절한 수준의 관측 가능성과 모니터링이 없다면 대규모 이벤트 주도 애플리케이션의 동작을 이해하고 문제를 해결하는 것이 사실상 불가능하다고 할 수 있습니다. 특히나 이벤트 주도 클라우드 네이티브 애플리케이션이 서버리스 컴퓨팅 프레임워크를 사용해서 이벤트를 비동기로 처리하면 클라이언트는 대개 이벤트 처리가 실패했다는 사실을 알 수 없기 때문에, 더더욱 적절한 수준의 관측 가능성과 모니터링을 제공해야 합니다.

이벤트 주도 아키텍처는 토픽과 큐로 연결되는 마이크로서비스들의 이벤트 처리 연계로 만들어집니다. 잘못된 이벤트나 네트워크 문제 등으로 이벤트 처리 연계 어느 지점에서나 실패가 발생할 수 있습니다. 그 결과로 이벤트가 버려지고 나머지 실행 연계 부분으로 이벤트가 전달되지 않습니다. 예를 들어 대출을 처리하는 요청이 접수되고 난 후 신용을 확인하는 과정에서 오류가 발생해서 이벤트가 버려진다면, 사용자 또는 은행 측에서는 애플리케이션 개발 조직이 적절한 관측 가능성 및 모니터링 도구를 제공하지 않는 한 애플리케이션에 어떤 문제가 발생했는지 알 수 없습니다. 관측 가능성을 통해 어떤 문제가 어디서 왜 생겼는지 파악할 수 있는 것이죠. 또한 관측 가능성과 모니터링을 통해 애플리케이션의 문제를 제거하고 처리 흐름을 복구하는 데 도움을 줄 수 있습니다.

Jaeger나 Zipkin과 같은 분산 추적 애플리케이션을 사용하면 이벤트 주도 애플리케이션에 적절한 관측 가능성을 제공할 수 있습니다. 우선 각 이벤트에 사건ID를 부여합니다. 예시의 경우 대출 요청별로 사건 ID를 부여하게 됩니다. 그리고 요청을 애플리케이션에서 처리하기 시작하며 생산자가 이벤트를 새로 만들어도 사건 ID는 계속 유지합니다. 사건ID는 전체 요청을 처리하는 과정에서 계속 전파됩니다. 사건 ID를 통해 현재 이벤트가 어느 위치에서 처리되고 있는지 파악할 수 있으며, 분산 추적 시스템을 통해 사건 ID별 워크플로를 시각화하고 문제를 더 쉽게 파악할 수 있습니다.

이런 추적 시스템은 오류가 발생하는 경우에만 필요한 정보를 제공하기 때문에 근본적인 원인을 찾으려면 로그를 남기는 것이 좋습니다. 이벤트 처리에 참여하는 마이크로서비스별로 사건 ID를 통해 이벤트와 에러를 기록하고 Fluentd나 Logstash, 아마존 클라우드와치 혹은 구글 클라우드 오퍼레이션과 같은 로그 수집 시스템으로 흩어진 로그들을 모아서 볼 수 있습니다. 발생한 오류에 대한 근본적인 원인을 파악하고 해결하는 데 큰 도움이 될 것입니다.

아울러 클라우드 네이티브 애플리케이션의 메시지 브로커와 마이크로서비스에 대한 지속적인 모니터링도 필요합니다. 느리게 동작하는 마이크로서비스들을 파악하고 이벤트 처리 흐름에서 병목 지점을 찾을 수 있습니다. 이벤트가 비동기로 처리되기 때문에 발생하는 이벤트의 수가 처리되는 이벤트 수보다 많아서 이벤트가 긴 시간동안 정체되면 결국 메시지 브로커에 이벤트가 감당할 수 없을 만큼 쌓이게 되고 이벤트 주도 애플리케이션에 문제가 생길 것입니다. 이런 문제는 이벤트가 많이 쌓이는 큐를 모니터링하고 해당 큐의 소비자 수를 늘리거나 필요 없는 이벤트를 삭제 또는 이벤트 소비자 성능을 향상시킴으로써 해결할 수 있습니다.

5.9 데브옵스

이벤트 주도 아키텍처는 메시지 브로커가 핵심 컴포넌트이기 때문에, 데브옵스는 메시지 브로커 처리를 주로 살펴보도록 하겠습니다.

메시지 브로커 배포 및 관리의 첫 번째 단계는 당연히 적절한 오케스트레이션 및 이벤트 전달 패턴이 무엇인지 파악하는 것입니다. 이 과정에서 어느 수준의 이벤트 전달 보장이 필요한지도 알 수 있습니다. 이와 더불어 필요한 확장성 수준까지 고려하면 사용할 적절한 메시지 브로커를 선택할 수도, 또는 메시지 브로커를 사용하지 않고 구현할 것인지를 결정할 수 있습니다.

비용 문제로 개발 조직에서 모든 상황에 사용할 수 있는 단일 메시지 브로커를 채택하는 경우가 많습니다. 이 경우 사용 가능한 메시지 브로커에 어떤 이벤트 전달 패턴을 사용할 수 있는지, 그리고 해당 패턴이 애플리케이션 요구사항에 부합하는지를 확인해야 합니다.

메시지 브로커 배포 및 관리의 다음 단계는 애플리케이션에 보안을 적용해서 메시지 브로커로의 접근을 보호하고 인가된 애플리케이션만 이벤트를 발행하고 소비할 수 있도록 하는 것입니다. 보안에 대한 더 자세한 내용은 앞에서 설명한 보안 절을 참고하시기 바랍니다.

비동기 애플리케이션에 문제가 발생할 경우 원인을 파악하고 해결하는 것이 어렵기 때문에 일정 수준 이상의 관측 가능성과 모니터링을 제공하는 것 역시 중요합니다. 관측 가능성과 모니터링을 위해 분산 추적 및 로그 기록, 모니터링 도구를 구현하고 제공하는 것이 좋습니다. 시스템이 네트워크 문제나 애플리케이션 오류 상황을 겪게 되면 처리하지 못한 이벤트들이 데드 레터 큐에 쌓이게 됩니다. 이런 유형의 큐들과, 모니터링해서 실패한 이벤트들을 수집하고 원인을 파악해야 합니다.

이벤트 주도 애플리케이션에서 자원이나 노드 갯수 등의 크기를 자동으로 조절하는 오토스케일링autoscaling 역시 중요한 요소입니다. 오토스케일링을 지원하지 않는다면 메시지 브로커에 지나치게 많은 부하가 가해져서 애플리케이션 성능이 저하되거나 심지어 장애가 발생할 수도 있습니다. 쿠버네티스에 애플리케이션을 배포한다면 KEDAKubernetes-based Event Driven Autoscaler 를 사용해서 메시지 브로커 큐의 이벤트 수를 모니터링하고 소비자 마이크로서비스의 수를 조절해서 큐의 백로그 크기를 증가시키지 않고도 발생하는 이벤트를 전부 처리할 수 있습니다. KEDA는 카프카나 NATS, 래빗MQ, 애저 이벤트 허브, 아마존 SQS와 같은 다양한 메시지 브로커 및 스트림 처리기를 지원합니다.

지속적인 전달과 매끄러운 배포를 위해서는 이벤트 스키마의 하위 호환성을 유지하는 것이 좋습니다. 이벤트 스키마에 큰 변화가 생기고 토픽이나 큐를 재사용할 수 없는 상황이 생기면 카나리Canary 배포나 블루-그린 배포와 같은 전략을 통해 애플리케이션을 새로운 토픽이나 큐를 사용하도록 이전하는 것이 좋습니다. 물론 애플리케이션을 변경하기 전 큐나 내구성 토픽에 있는 모든 이벤트가 제대로 처리되었는지 확인해야 합니다. 그리고 개발 및 검증, 시험 등 다양한 배포 환경에 배포해서 이벤트 주도 애플리케이션이 제대로 동작하는지, 변경한 내용에 문제가 없는지 확인한 다음 실제 운영 환경에 배포하는 것이 좋습니다.

위와 같은 단계를 거쳐서 클라우드 네이티브 애플리케이션 및 메시지 브로커들을 안전하게 배포하고 관리하면서도 동시에 빠르게 개발하고 다른 시스템에 쉽게 적용할 수 있게 됩니다.

5.10 마치며

이 장에서는 이벤트 주도 아키텍처 기반 클라우드 네이티브 애플리케이션에서 사용할 수 있는 다양한 이벤트 전달 패턴에 대해서 살펴보았습니다. 또한 메시지 브로커가 있는 경우와 없는 경우 각각에 사용할 수 있는 비동기 통신 기법도 알아보았습니다. 그리고 메시지 브로커의 유형과 다양한 이벤트 전달 보장 수준도 다루어보았습니다.

또한 애플리케이션에서 애플리케이션으로 이벤트를 전달할 수 있는 다양한 패턴과 이벤트 소싱을 통한 애플리케이션 상태 관리 방식, 이벤트 조율을 통한 이벤트 처리 방법에 대해서도 배웠습니다. 확장 가능한 이벤트 주도 클라우드 네이티브 애플리케이션 개발의 복잡도가 어느 정도인지, 그리고 어떻게 관리할 수 있는지도 살펴보았습니다. 마지막으로 사용할 수 있는 메시지 브로커 기술들이 무엇이 있으며 애플리케이션을 어떻게 안전하게 만들 수 있는지, 테스트는 어떻게 진행하는지, 지속적인 배포 방법은 무엇인지, 관찰 및 모니터링은 어떤 식으로 하는지 알아보았습니다. 다음 장에서는 스트림 처리 클라우드 네이티브 애플리케이션 관련 패턴들에 대해서 알아보겠습니다.

CHAPTER 6

스트림 프로세싱 패턴

스트림 프로세싱 패턴은 이벤트 주도 아키텍처 패턴에서 발전한 형태입니다. 이벤트 주도 아키텍처 패턴이 이벤트를 전달하고 조율한다면, 스트림 프로세싱 패턴은 이벤트를 그때그때 분석해서 의미 있는 정보를 추출하고 실시간으로 작업을 처리하는 데에 중점을 둡니다. 이벤트 주도 아키텍처 패턴이 없다면 클라우드 네이티브 애플리케이션에서 스트림 처리 패턴도 구현할 수 없습니다.

6.1 스트림이란?

스트림이란 시간 순서에 따라 정렬된 일련의 연속적인 이벤트들을 말합니다. 각 스트림들은 서로를 고유하게 구분할 수 있는 이름 및 버전으로 구성된 식별자를 가집니다. **StockStream 1.0**과 같이 말이죠. 스트림의 모든 이벤트는 같은 메시지 포맷과 구조를 가집니다. 이를테면 **StockStream**은 JSON 포맷으로 구성되며 구조적으로 **symbol, price, volume**이라는 내용을 가집니다. 이렇게 스트림 안의 이벤트들이 같은 포맷과 구조를 가지기 때문에 이들을 스트림 처리 시스템으로 자동으로 처리할 수 있습니다. 스트림의 버전을 통해 안전하게 스트림의 구조를 변경하고 시간이 지남에 따라 스트림을 조금씩 발전시킬 수 있습니다.

6.2 스트림 프로세싱이란?

스트림 프로세싱이란 연속적인 이벤트들에 작업을 수행하는 것을 의미합니다. 간단하게는 이벤트를 소비해서 다른 이벤트 포맷으로 변환하는 무상태 서비스부터 낮은 지연 시간과 높은 신뢰성을 보장하기 위해 메모리에 상태 데이터를 저장하고 처리하는 복잡한 서비스가 이에 해당합니다.

간단한 이벤트 처리와 비교했을 때 스트림 프로세싱은 이벤트가 생성된 순서대로 처리되는 것을 지원합니다. 스트림 프로세싱 패턴들은 또한 이전 이벤트들을 기억해 두고 의사결정에 이들을 활용하기도 합니다. 예를 들어 주식 가격이 이전 5분 동안 계속 상승했는지를 알고 싶다면 스트림 처리 시스템은 실시간으로 이전 이벤트들을 전부 기억하고 순서대로 처리해야 합니다.

> **NOTE_** 스트림 처리 분야에서 실시간real time이라는 단어는 실시간에 근접한 시간을 뜻한다고 볼 수 있습니다. 즉 시스템은 처리 결과를 수 밀리 초에서 수 초 이내에 제공하고 낮은 지연 시간을 유지하기 위해 최선의 노력을 다한다는 뜻입니다.

스트림 프로세싱 애플리케이션을 만들 때 애플리케이션의 무상태 또는 상태적인 특성이 설계에 아주 큰 영향을 미칩니다. 따라서 애플리케이션 상태 관리를 위해 다른 유형의 패턴들을 사용합니다. 이 장에서는 우선 스트리밍 데이터 프로세싱 패턴을 통해 스트리밍 데이터를 어떻게 처리하고 의미 있는 데이터를 추출할 수 있는지 살펴본 다음 무상태 및 상태 스트림 처리 애플리케이션 둘 다 확장하고 신뢰성을 높일 수 있는 패턴들을 알아봅니다. 그리고 스트림 프로세싱에 사용하는 기술들과 테스트하는 방법, 애플리케이션의 보안, 관측 및 모니터링, 클라우드에 스트림 프로세싱 애플리케이션을 지속적으로 배포하는 방법도 살펴봅니다.

6.3 스트리밍 데이터 프로세싱 패턴

스트리밍 데이터 프로세싱 패턴streaming data processing pattern은 실시간 이벤트들의 변환이나 필터링, 애그리게이션, 의미 있는 연속적인 이벤트 탐지 등을 통해 의미 있는 결과를 도출하는 데 중점을 두고 있습니다. 이런 기능들을 통해 클라우드 네이티브 애플리케이션에서 이벤트를 그때그때 빠르게 처리할 수 있습니다.

성능에서 고려해야 할 중요한 점 중 하나는 바로 영구 데이터 스토어를 많이 사용하지 않아야 한다는 것입니다. 클라우드 네이티브 애플리케이션에서 데이터 스토어에 접근하기 위해 소요하는 시간과 이때 발생할 수 있는 잠재적인 경합으로 인해 처리 지연 시간에 엄청난 영향이 발생할 수도 있기 때문입니다. 물론 경우에 따라 영구 데이터 스토어를 사용해야 할 수도 있지만, 경험의 법칙rule of thumb에 따라 가능하면 사용하지 않는 것이 좋습니다.

다음 절부터는 클라우드 네이티브 애플리케이션에서의 스트림 프로세싱 관련 핵심 패턴들에 대해서 알아보겠습니다.

6.3.1 변환 패턴

변환 패턴transformation pattern을 사용해서 이벤트 소스의 이벤트들을 변환해서 다른 포맷이나 구조, 프로토콜을 사용하는 다른 시스템에 발행할 수 있습니다.

어떻게 동작할까요

이 패턴은 이벤트를 다른 이벤트로 전환합니다. 아래 [그림 6-1]과 같이 JSON 포맷으로 날씨 정보를 받는 서드파티 시스템에 날씨 정보를 전달해야 한다고 생각해봅시다. 유입되는 이벤트에 있는 날씨 관련 정보들을 추출한 다음 이를 새로운 이벤트 포맷으로 변환합니다. JSON과 XML 라이브러리 등을 사용해서 구현할 수도 있고 스트림 프로세싱 기술들이 제공하는 그래픽 인터페이스나 SQL 기반 데이터 매핑 방식을 사용할 수도 있습니다.

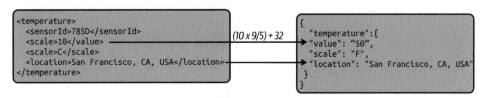

그림 6-1 XML을 JSON으로 변환

이런 변환은 들어오는 이벤트들이 가지고 있는 정보만 사용하는 경우가 대부분입니다. 하지만 경우에 따라 나중에 살펴볼 윈도우드 애그리게이션 패턴과 같은 다른 유형의 패턴을 사용할 수도 있습니다.

어떻게 사용할 수 있나요

이 패턴은 클라우드 네이티브 애플리케이션에서 아무 프로그래밍 언어로도 구현할 수 있습니다. 또한 서비스 버스나 스트림 프로세서와 같은 시스템에도 적용할 수 있습니다.

메시지 변환

메시지는 전통적인 프로그래밍 언어를 사용한 코드로 변환할 수도 있고 데이터 매핑을 수행하는 전용 애플리케이션으로 변환할 수도 있습니다. 클라우드 환경에서 실행 가능한 이 같은 서비스 버스나 스트림 프로세싱 시스템 애플리케이션으로는 아파치 캐멀이나 KSQL, 아마존 키네시스, 애저 스트림 애널리틱스 등이 있습니다.

우선 메시지 변환 예시부터 살펴보겠습니다. 택시가 운행을 종료하면 운행 정보를 JSON 포맷의 이벤트로 발행한다고 가정해보겠습니다. 이 이벤트에서 승객을 태우고 내린 위치 정보를 추출하고 분석 애플리케이션이 사용할 수 있는 XML 이벤트로 만들어서 고객의 움직임을 분석하고 예측할 수 있도록 만듭니다. [그림 6-2]에서 일반적인 클라우드 네이티브 애플리케이션이 어떻게 들어오는 JSON 이벤트를 소비해서 XML 이벤트로 바꾸는지를 보여주고 있습니다. JSON 라이브러리와 JSON 경로 표현식을 통해 JSON 이벤트에서 데이터를 추출한 다음 XML 메시지를 만듭니다. 메시지를 만드는 쉬운 방법 중 하나는 이벤트 템플릿을 사용해서 관련 데이터를 채워 넣는 것입니다. Mustache와 같은 간단한 텍스트 템플릿을 사용해서 템플릿을 만들고 이벤트를 생성할 수 있습니다. 그리고 만들어진 이벤트들은 보내기 전 XML 라이브러리 등을 사용해서 반드시 그 형태가 올바른지 검사해야 합니다. 예를 들어 콘텐츠의 필드에 〈item〉과 같이 XML의 여는 태그가 포함되어 있는데 이를 무턱대고 데이터에 넣어버리는 경우, 생성된 XML 이벤트의 구조가 이상하게 변경되고 결국 잘못된 이벤트가 만들어지게 될 것입니다.

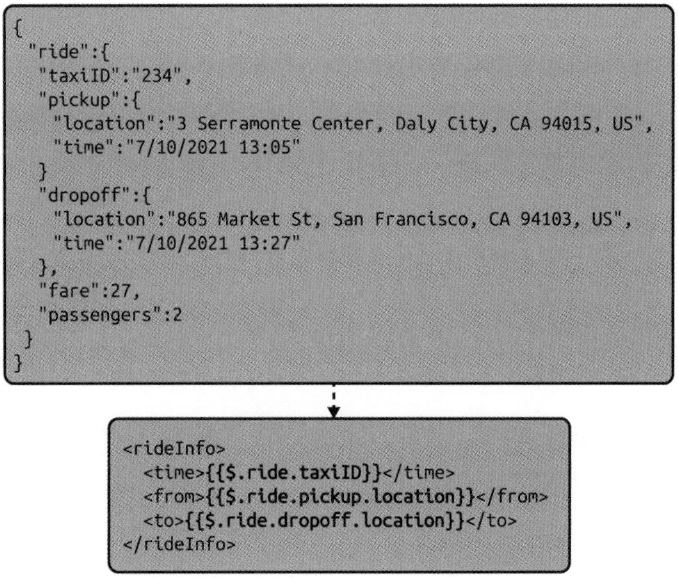

```
{
  "ride":{
    "taxiID":"234",
    "pickup":{
      "location":"3 Serramonte Center, Daly City, CA 94015, US",
      "time":"7/10/2021 13:05"
    }
    "dropoff":{
      "location":"865 Market St, San Francisco, CA 94103, US",
      "time":"7/10/2021 13:27"
    },
    "fare":27,
    "passengers":2
  }
}
```

```
<rideInfo>
  <time>{{$.ride.taxiID}}</time>
  <from>{{$.ride.pickup.location}}</from>
  <to>{{$.ride.dropoff.location}}</to>
</rideInfo>
```

그림 6-2 JSON 경로 표현식 및 텍스트 템플릿을 활용해서 JSON 메시지를 XML로 변환

프로토콜 전환

협력사나 서드파티 팀과 함께 일하는 경우 팀들끼리 서로 다른 메시지 브로커를 사용해 호환이 안될 수도 있습니다. 어떤 팀은 카프카를 쓰고 어떤 팀은 아파치 액티브MQ를 쓴다고 생각해보면, 한 쪽의 이벤트를 다른 쪽으로 보낼 때 변환을 해야 할 것입니다. 이런 경우 AMQP의 이벤트를 소비하고 역직렬화할 수 있는 중간 애플리케이션이 필요합니다. 그리고 카프카 이벤트로 다시 직렬화 한 다음 카프카에 이벤트를 발행하는 것이죠.

프로토콜 전환에는 데이터 매핑이 필요 없기 때문에, 이벤트를 발행하고 소비하는 쪽 각각에 적합한 프로토콜 라이브러리를 사용하는 클라우드 네이티브 애플리케이션을 쉽게 만들 수 있습니다.

고려해야 할 사항들

이 패턴은 협력사 팀과 같이 서로 다른 팀과 함께 애플리케이션을 만들거나, 서드파티 애플리케이션을 사용해야 할 때와 같이 클라우드 네이티브 애플리케이션의 이벤트를 변환해야 할 경우 자주 사용합니다.

무상태 변환의 경우 클라우드 네이티브 애플리케이션을 아무 문제 없이 쉽게 확장할 수 있습니다. 또는 아마존 람다나 애저 펑션과 같은 서버리스 컴퓨팅을 사용할 수도 있습니다.

반면 이런 변환에 상태를 저장하고 관리해야 하는 경우, 이를테면 최근 한 시간 동안의 평균 기온을 계산하기 위해서 윈도우드 애그리게이션 패턴을 구현해야 한다고 가정하면 이런 애플리케이션들은 쉽게 수평으로 확장할 수 없습니다. 이런 애플리케이션은 순차 수송 패턴을 사용해서 애플리케이션을 나누고 확장할 수 있습니다.

관련 패턴들

변환 패턴은 데이터들을 집계하고 사용하는 다양한 다른 패턴으로 인해 다른 스트림 데이터 프로세싱 패턴과 함께 사용하는 경우가 많습니다.

6.3.2 필터와 한계값 패턴

이벤트를 특정 조건 기준으로 걸러내거나, 또는 주어진 한계값 이내의 값을 가진 이벤트만 허용해야 하는 경우가 있습니다. **필터와 한계값 패턴**filters and thresholds pattern은 이렇게 이벤트를 걸러내고 사용해야 할 경우 유용한 패턴입니다.

어떻게 동작할까요

사용자가 들어오는 이벤트를 걸러낼 수 있는 조건을 제공합니다. 이런 조건은 문자열이 일치하거나, 문자열 일부가 같거나, 정규 표현식 또는 〈, 〈=, 〉, 〉=, ==와 같은 비교 연산자와 함께 사용해서 한계 값 범위를 나타내는 숫자 값이 될 수 있습니다. 하나 이상의 조건을 사용하는 경우가 많기 때문에 AND, OR, NOT과 같은 논리 연산자와 더 복잡한 조건을 표현하기 위한 괄호도 함께 사용합니다. 2010년 이후 생산된 도요타 자동차에 대한 정보만 받고 싶다고 가정해봅시다. 그럼 아래 [그림 6-3]과 같이 자동차 판매 이벤트의 실시간 스트림에 조건을 정의해서 원하는 이벤트만 받아볼 수 있습니다.

그림 6-3 자동차 제조 회사 및 생산년도 기준으로 자동차 판매 이벤트 정리

이렇게 걸러낸 데이터에 변환 패턴을 적용해서 원하는 데이터만 처리해서 사용할 수 있습니다.

어떻게 사용할 수 있나요

이 패턴은 클라우드 네이티브 애플리케이션이 어떤 언어로 만들어졌던지 상관 없이 적용할 수 있으며, 서비스 버스나 스트림 처리기와 같은 시스템에서 사용하기 좋습니다.

분류별로 이벤트 걸러내기

특정 유형의 이벤트만 처리하고 싶은 경우도 많습니다. 온라인 상거래 플랫폼에서 배송 관련 정보 중 국내 배송과 국제 배송을 서로 구분해서 처리한다고 생각해봅시다. 가능하다면 메시지 브로커가 제공하는 구독 필터를 사용해서 관련 데이터만 처리하도록 만들 수 있습니다. 하지만 이렇게 만들 수 없는 경우 대신 중간에 마이크로서비스나 서버리스 펑션 등을 사용해서 이벤트를 걸러내고 관련 이벤트만 발행하도록 만드는 것이 좋습니다. 이렇게 이벤트를 골라서 처리하게 되면 보안성도 향상될 뿐 아니라 데이터를 잘못 사용하거나 서드파티 시스템에 데이터를 잘못 제공하는 잠재적인 위험성도 제거할 수 있습니다.

시나리오: 경고를 위한 한계 값 적용

특정 이벤트를 받지 않고 싶을 수도 있고 항상 모든 이벤트를 다 처리하는 것 역시 자원 문제로 불가능합니다. 그래서 한계 값을 기준으로 아주 중요한 데이터들만 걸러내서 처리하는 것이 좋습니다. 은행의 경우 매분 수백 건 이상의 트랜잭션이 발생하는데, 이 모든 트랜잭션에 대해서 사람이 부정 사용을 탐지하고 검증하는 것은 사실 불가능하다고 볼 수 있습니다. 이 경우, 트랜잭션 중 아주 큰 금액인 경우에만 사람이 부정 사용인지 여부를 검사하도록 만드는 것이 더 현실적입니다. 이벤트를 걸러내는 조건은 트랜잭션 금액뿐만 아니라 트랜잭션이 일어나는 위치, 그리고 온라인 쇼핑몰에서 일어난 거래인지 오프라인 상점에서 일어난 거래인지 등의 정보도 포함할 수 있습니다. 아래 [예제 6-1]이 이런 위험한 트랜잭션에 부합하는 조건을 나타냅니다. 이 조건에 맞는 트랜잭션은 사람이 다시 검사함으로써 해당 거래가 정상적인지 카드 소유자와 교차 확인합니다.

예제 6-1 미국 내의 1,000달러 이상의 온라인 트랜잭션과 미국 이 외의 지역에서의 500달러 이상 모든 거래는 사람이 확인하도록 하는 조건

```
(amount > 1000 AND place == "USA" AND isOnline == true) OR (amount > 500 AND place
!= "USA")
```

고려해야 할 사항들

이 패턴을 사용해서 클라우드 네이티브 애플리케이션이 연관된 이벤트만 걸러내서 처리할 수 있을 뿐 아니라 관계없거나 낮은 우선순위 이벤트를 버림으로써 부하를 줄일수도 있습니다. 카프카와 같은 최신 메시지 브로커들은 대부분 기본적으로 이런 필터 기능을 제공해서 클라우드 네이티브 애플리케이션들이 토픽을 구독할 때 필터 조건을 지정할 수 있습니다. 따라서 별도의 컨테이너 등을 통해서 이벤트를 걸러낼 필요가 없습니다. 물론 서드파티 시스템에 이벤트를 발행하는 경우처럼 별도의 필터링을 구현해야 할 때도 있습니다.

필터는 무상태 마이크로서비스로 만들어서 아무 클라우드 네이티브 애플리케이션의 전면에 배포하고 필터를 적용하고 관련 이벤트만 받도록 할 수 있습니다. 물론 아마존 람다나 애저 펑션과 같은 서버리스 컴퓨팅을 사용해서 똑같은 필터를 만들 수 있습니다.

관련 패턴들

필터와 한계값 패턴은 다른 스트림 데이터 프로세싱 패턴과 함께 사용해서 이벤트들을 걸러내고 처리할 수 있습니다.

6.3.3 윈도우드 애그리게이션 패턴

윈도우드 애그리게이션 패턴windowed aggregation pattern을 사용해서 조건에 따른 이벤트 집합을 분석할 수 있습니다. 애그리게이션 분석에는 총합이나 최솟값, 최댓값, 평균값, 표준 편차, 개수 등이 있으며 윈도우는 애그리게이션에 사용할 이벤트 집합을 정의합니다.

윈도우는 시간 또는 이벤트 개수 등으로 지정할 수 있습니다. 이를테면 최근 5분 동안의 이벤트 또는 최근 100개의 이벤트와 같이 말이죠. 윈도우는 슬라이딩sliding 또는 배칭batching으로 동작하면서 윈도우에 이벤트들을 어떻게 더하고 제거할지 결정합니다.

이 패턴은 데이터를 그때그때 애그리게이션 하면서 시간이 촉박한 비즈니스 결정 사항을 수 초 이내에 만들어야 할 때 유용하게 사용할 수 있습니다.

어떻게 동작할까요

윈도우가 어떻게 동작하는지를 이해하는 것이 이 패턴을 이해하는 핵심입니다. 우선 길이 기반 슬라이딩이나 길이 기반 배치, 시간 기반 슬라이딩, 시간 기반 배치와 같이 가장 자주 사용하는 윈도우 동작 방식에 대해 알아보겠습니다. 이들 동작 방식은 대부분의 스트림 프로세싱 시스템이 지원합니다. 애그리게이션 작업은 이들 윈도우 안에서 수행되기 때문에 애그리게이션에 사용할 이벤트 수는 윈도우에 의해 제한됩니다. 그리고 애그리게이션 결과는 추가 처리 작업을 위해 다시 스트림 형태로 내보냅니다.

윈도우가 어떻게 동작하는지도 알아봅시다. 1분 단위로 움직이는 시간 기반 슬라이딩 윈도우를 사용해서 마지막 1분간 발생한 이벤트만 처리한다고 가정해보겠습니다. 시간이 지나면서 윈도우에 이벤트가 추가되고 제거됩니다. 윈도우는 윈도우에 이벤트가 추가되거나 제거될 때마다 윈도우 내의 모든 이벤트에 대한 애그리게이션 결과를 내보냅니다. 구현을 좀 더 최적화하기 위해 이벤트가 도착할 때마다 윈도우에 추가하는 대신 슬라이딩 간격을 지정해서 윈도우가 얼마나 자주 움직일 것인지 정의할 수도 있습니다. 다시 말해 이벤트를 윈도우에 얼마나 자주 추가하고 제거할 것인지를 결정하는 것이죠. 이를테면 1분 단위로 움직이는 슬라이딩 윈도우에 1초 간격의 슬라이딩 인터벌interval을 지정해서 1초에 한 번씩 윈도우가 움직이도록 설정할 수 있습니다. 윈도우가 움직이면 이전 시간 동안 도착한 이벤트들을 윈도우에 모두 추가하고 시간이 지난 모든 이벤트를 제거합니다. 이벤트가 초 단위로 추가되고 제거되기 때문에 애그리게이션 결과 역시 초 단위로 나옵니다.

윈도우 동작을 이해하기 위해 구매 스트림을 계속 모니터링하면서 지난 시간 동안 얼마나 많은 물건이 주문되었는지 계산하는 경우를 예로 들어보겠습니다. 여기에서 윈도우는 아래 [표 6-1]과 같이 1분 단위로 움직이는 시간 기반 슬라이딩 윈도우로서 매초마다 움직입니다.

표 6-1 매 초 마다 움직이는 1분 단위 윈도우를 통한 주문 물품 개수 구하기

시간(밀리 초 단위)	입력: 각 구매 이벤트별 주문한 물건 개수	출력: 최근 1분간 주문한 물건 개수의 총합
5:30:20 000 (첫 1분의 시작)	–	–
5:30:20 007	5	–
5:30:20 115	6	–
5:30:20 545	11	–
5:30:21 000 (두 번째 1분 시작)	–	0 + (5 + 6 + 11) = 22
5:30:21 100	2	–
5:30:21 393	14	–
5:30:22 000 (세 번째 1분 시작)	4	22 + (2 + 14 + 4) = 42
5:30:22 560	7	–
5:30:23 000 (네 번째 1분 시작)	–	42 + 7 = 49
5:30:24 000 (다섯 번째 1분 시작)	–	–
...	...	...
5:31:19 000 (60번째 1분 시작)	–	–
5:31:20 000 (첫 번째 1분 종료 및 61번째 1분 시작)	–	–
5:31:20 345	8	–
5:31:21 000 (두 번째 1분 종료 및 62번째 1분 시작)	–	49 + 8 − (5 + 6 + 11) = 35
5:31:21 500	15	–
5:31:22 000 (세 번째 1분 종료 및 63번째 1분 시작)	13	35 + (15 + 13) − (2 + 14 + 4) = 43

반면 그 크기가 4인 배치 윈도우의 경우 매 네 번째 이벤트가 도착할 때마다 애그리게이션 작업을 수행하고 그 결과를 내보냅니다. 앞서 살펴본 구매 스트림 모니터링 예제를 그대로 적용하면, 아래 [표 6-2]와 같이 구매 이벤트는 도착하는 대로 윈도우에 추가되지만 물품 합산은 네 번째 이벤트가 윈도우에 추가될 때만 이루어집니다. 그리고 물품을 합산하는 시점에 윈도우에 저장된 모든 이벤트는 파기됩니다.

표 6-2 크기가 4인 배치 윈도우를 통한 물품 개수 총합 계산

시간(밀리 초 단위)	입력: 각 구매 이벤트별 주문한 물건 개수	출력: 마지막 네 번의 구매 동안 주문한 물품 개수의 총합
5:30:20 007	2	–
5:30:20 115	6	–
5:30:20 545	4	–
5:30:21 000 (첫 번째 배치 종료)	3	(2 + 6 + 4 + 3) = 15
5:30:21 100	2	–
5:30:21 393	14	–
5:30:22 000	7	–
5:30:47 560 (두 번째 배치 종료)	5	(2 + 14 + 7 + 5) = 28
5:30:48 000	4	–
5:31:20 345	7	–
5:37:26 353	3	–
5:38:21 500 (세 번째 배치 종료)	1	15
…	…	…

애그리게이션 작업은 어떤 윈도우라도 적용할 수 있으며 애그리게이션 결과가 나오는 시점은 사용한 윈도우 유형에 따라 다릅니다. 10개의 크기를 가지는 배치 윈도우의 경우 애그리게이션 결과는 매 10 개의 이벤트 마다 나오며 5분 단위로 1초 마다 움직이는 슬라이딩 윈도우는 애그리게이션 결과가 매초 마다 나옵니다.

애그리게이션 기능은 group by, having, order by, limit 등 SQL과 비슷한 연산자와 함께 사용해서 애그리게이션 결과를 필드 단위로 묶거나 결과에 대한 필터 및 정렬 적용, 결과 수를 제한할 수도 있습니다.

또한 이 패턴과 변환 패턴을 사용해서 애그리게이션 결과를 다른 형태의 데이터 포맷으로 매핑하고 사용할 수도 있습니다.

어떻게 사용할 수 있나요

윈도우드 애그리게이션 패턴은 상태를 저장합니다. 다시 말해 이벤트와 관련된 데이터들을 메모리에 저장하고 사용합니다. 모니터링 분야와 같이 데이터가 일부 유실되어도 관계없는 경우에는 아무 클라우드 네이티브 애플리케이션에나 이 패턴을 적용해도 상관없습니다. 하지만 이 벤트 처리의 신뢰성이 중요하다면, 이 장의 나중에 살펴볼 신뢰성 있는 패턴과 함께 사용하는 것이 좋습니다.

시간에 따른 이벤트 종합

시간 간격별로 이벤트를 모아야 할 때 이 패턴을 사용합니다. 트랜잭션의 부정 사용 탐지 경우를 생각해보겠습니다. 트랜잭션 각각을 분석하는 것 대신 최근 10분 동안 발생한 트랜잭션 금액 합계를 구해서 상위 10명의 금액 사용자를 알아내고자 합니다. 이런 방식으로 어떤 사람이 아주 큰 금액을 작게 나누어 작은 금액의 트랜잭션을 통해 송금하는 것을 탐지할 수 있습니다. 탐지를 위해 아래 [예제 6-2]와 같이 10분 단위의 윈도우를 1초 단위로 움직이도록 슬라이딩 간격을 지정하고, 윈도우에서는 트랜잭션 금액의 합을 계산한 다음 결과를 사용자별로 묶어서 금액 크기로 정렬하고 마지막으로 상위 10명의 사용자만 걸러내고자 합니다.

예제 6-2 최근 10분간 트랜잭션 금액을 종합하여 합계 금액 상위 10명의 사용자만 알아내기

```
select userName, sum(transactionValue) as totalTransaction
from InputStream
window time (10 min, 1 sec)
group by userName
order by totalTransaction desc
limit 10
```

이런 상황에서 시스템에 문제가 발생하면 비즈니스에 중대한 차질이 발생할 수 있습니다. 따라서 이중화 노드 장애 극복 기능 패턴과 같은 신뢰성 있는 패턴을 사용해서 정확한 계산이 계속 이루어질 수 있도록 만들어야 합니다.

길이별로 구간을 나누고 이벤트 종합

어떤 경우에는 이벤트의 개수가 이벤트 종합에 중요한 기준이며, 이런 경우 시간 기준으로 이벤트를 나누는 것은 불가능하다고 볼 수 있습니다. 서버 측에서 세 번 연속 요청 거부가 발생하면 경고를 받는 경우를 생각해봅시다. 이 때 아래 [예저 6-3]처럼 길이 기반 슬라이딩 윈도우를 사용해서 마지막 세 개의 이벤트가 요청 거절이었는지 알아낼 수 있습니다.

```
select serverId, sum(isRequestRejected) as totalRejectedRequests
from InputStream
window length (3)
having totalRejectedRequests == 3
```

이때 isRequestRejected 값은 만약 서버가 요청을 거부했다면 1, 그렇지 않다면 0입니다.

위에서 질의에 의해 처리되는 모든 이벤트는 단일 서버에서 생성되었다고 가정하고 있습니다. 그렇지 않다면 나중에 살펴볼 순차 수송 패턴과 같은 다른 패턴을 사용해서 질의를 나누고 여러 서버에서 생성되는 이벤트를 처리하도록 만들어야 합니다.

서비스가 비즈니스에서 그다지 중요하지 않다면, 시스템에 장애가 발생해도 비즈니스에 큰 영향을 주지 않습니다. 이 경우 윈도우 상태를 저장해야 할 필요는 없으며 마찬가지로 신뢰할 수 있는 패턴을 사용하지 않아도 무방합니다.

고려해야 할 사항들

이 패턴의 가장 중요한 점은 바로 상태를 가진다는 것입니다. 윈도우는 여러 개의 이벤트에 기반하여 동작하기 때문에 시스템 장애 또는 재시작 등으로 인한 이벤트 유실이 발생하면 애그리게이션 결과의 무결성을 보장할 수 없습니다. 애그리게이션 결과가 아주 중요하지 않다면 시스템 장애 등으로 인한 이벤트 유실이 큰 문제가 되지 않습니다. 물론 일부 애그리게이션 결과가 발행되지 않거나 부정확할 수는 있습니다. 하지만 애그리게이션 결과가 아주 중요하다면 신뢰할 수 있는 패턴을 함께 사용해서 시스템의 장애 또는 재시작의 경우 상태를 다시 만들거나 복구할 수 있어야 합니다.

또한 높은 정확도와 효율성을 만족하는 모든 종류의 애그리게이션을 만드는 것은 불가능하다는 점 역시 유념해야 합니다. 평균을 구하는 윈도우는 만들 수 있지만 중앙값을 만드는 윈도우는 그럴 수 없습니다. 평균 값은 윈도우 내 이벤트의 합과 개수만 알면 되기 때문에 윈도우에 이벤트를 추가하거나 제거하면서 평균 값을 점진적으로 바꿀 수 있습니다. 따라서 윈도우의 이벤트 전부를 계산할 필요 없이 윈도우가 움직임에 따라 평균 값을 빠르게 계산할 수 있는 것입니다. 반면 중앙값의 경우 윈도우의 모든 이벤트를 전부 검사해야 합니다. 계산에서 높은 지연 시간이 발생할 뿐 아니라 모든 이벤트를 저장해 두어야 하기 때문에 공간이 많이 필요하며 특히 윈도우 크기가 증가할수록 이 문제가 두드러집니다.

그렇기 때문에 애그리게이션을 처리하는 노드의 확장이 필요합니다. 높은 부하를 견딜 수 있고 수요에 따라 확장할 수 있는 시스템을 만들어야 합니다. 윈도우란 이벤트의 집합을 나타내기 때문에, 확장성은 샤딩을 통해 이벤트를 나눔으로써 효과적으로 구현할 수 있습니다. [그림 6-4]에서는 들어오는 이벤트들을 서로 다른 윈도우에 나누고 독립적으로 이벤트 애그리게이션을 처리한 다음 나중에 살펴볼 스트림 조인 패턴으로 더 큰 애그리게이션으로 만듭니다. 샤딩에 기반한 확장성 구현은 순차 수송 패턴에서 더 자세히 알아보겠습니다.

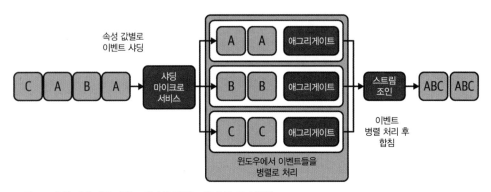

그림 6-4 속성 값에 따른 이벤트 샤딩 후 병렬로 처리 및 결과 통합

물론 윈도우 없이도 애그리게이션을 처리할 수 있습니다. 간단하게 윈도우의 크기가 서비스 시작 시점부터 현재까지의 크기라고 이해하면 됩니다. 애그리게이션은 서비스 시작 후 지금까지의 모든 이벤트를 반영합니다. 하지만 윈도우 애그리게이션을 사용하는 이유는 바로 공간 복잡도 제한 때문입니다. 윈도우를 사용하지 않고 애그리게이션을 계속 처리하면 언젠가는 가용한 시스템 메모리가 없어질 것입니다.

윈도우드 애그리게이션을 바닥부터 구현하는 것은 시간도 오래 걸리고 오류도 많습니다. 에스퍼Esper나 Siddhi 같은 스트림 처리 라이브러리 또는 클라우드 네이티브 스트림 처리 프로세서를 사용하는 것이 좋습니다.

관련 패턴들

변환 패턴

애그리게이션 결과를 다른 데이터 포맷으로 바꿀 때 사용합니다.

신뢰성 패턴

시스템 장애 상태에도 윈도우 및 애그리게이션 상태를 저장하고 복구할 수 있습니다.

순차 수송 패턴

애그리게이션을 샤드 키 기반으로 나누고 병렬로 처리합니다. 애그리게이션 처리 연산을 확장할 수 있을 뿐 아니라 서로 다른 유형의 이벤트를 독립적으로 애그리게이션하고 이벤트 유형별 애그리게이션 결과를 만들 수도 있습니다.

서비스 오케스트레이션 패턴

3장에서 설명한 패턴으로 이벤트를 샤드 키 기반으로 나누어 처리할 수 있습니다.

스트림 조인 패턴

다른 샤드에서의 애그리게이션 결과들을 합칩니다.

6.3.4 스트림 조인 패턴

스트림 조인 패턴stream join pattern은 SQL 테이블 조인 연산과 비슷하게 서로 다른 스키마를 가지는 여러 스트림의 이벤트를 합칠 때 사용할 수 있습니다.

어떻게 동작할까요

이 패턴에서는 합칠 이벤트를 식별할 수 있는 조건을 정의합니다. 이 조건은 합칠 각 이벤트 스트림의 속성 값을 사용해서 어떤 이벤트들을 합칠 지 알려줍니다. 간단한 비교 연산자를 사용해서 같은 ID 값을 가지는 모든 이벤트를 합칠 수도 있고, 또는 더 복잡한 조건을 사용할 수도 있습니다.

또한 이 패턴에서는 다른 이벤트 스트림으로부터 관련 이벤트가 도착할 때까지 얼마나 많은 이벤트를 기다려야 할지 결정하는 버퍼를 정의합니다. 버퍼 간격은 여러 스트림에 공통으로 적용될 수도 있고 각 스트림별로 다를 수도 있습니다. 대부분의 스트림 프로세싱 시스템은 이전에 배운 윈도우를 사용해서 버퍼 간격을 정의합니다. 아래 [그림 6-5]에서는 1분 크기의 윈도우로 버퍼를 정의하고 있습니다.

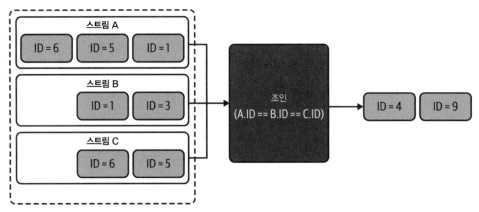

그림 6-5 최근 1분 안에 도착한 이벤트를 합치는 스트림 조인 패턴

위 예제에서 최근 1분 동안 A, B, 그리고 C 이 모든 스트림에 ID가 각각 4와 9인 이벤트가 도착했다고 가정해봅시다. 이 이벤트들은 조건에 의해 이벤트 스트림에서 제거되고 합쳐집니다. 그 외의 ID 값을 가지는 이벤트들은 조건에 만족하는 이벤트 ID 값을 가지는 다른 이벤트들이 도착할 때까지 윈도우 내에서 계속 대기합니다.

윈도우드 애그리게이션 패턴에서도 배웠듯 변환 패턴을 사용해서 합친 이벤트들의 속성 값 또는 데이터들을 다른 데이터 포맷으로 변환할 수 있습니다.

어떻게 사용할 수 있나요

버퍼에 합칠 이벤트들을 저장하고 있기 때문에 스트림 조인 패턴은 상태를 가집니다. 윈도우드 애그리게이션 패턴과 마찬가지로 중요한 비즈니스 데이터를 다루는 것이 아니고 이벤트가 유실되어도 문제가 없다면 아무 클라우드 네이티브 애플리케이션에서나 사용할 수 있습니다. 하지만 이벤트 유실이 발생해서는 안 되는 경우 이 패턴은 항상 신뢰성 패턴과 함께 사용해서 시스템 장애나 재시작의 경우에도 이벤트가 유실되지 않도록 해야 합니다.

확산 및 조합

같은 이벤트에 동시에 서로 다른 작업을 수행해서 그 결과를 조합함으로써 모든 이벤트를 단일 이벤트처럼 만들 수 있습니다. 스트림 조인 패턴을 사용하는 흔한 방법 중 하나라고 볼 수 있죠.

대출 애플리케이션의 처리 과정을 생각해봅시다. 대출 애플리케이션은 고유한 대출 애플리케이션 ID를 가지는 이벤트로 처리를 시작합니다. 이 이벤트에 해야 할 작업으로는 신용도 검사, 주소 검사, 그리고 신원정보 조회 등이 있을 것입니다. 이 작업들은 물론 동시에 병렬로 진행할 수 있겠죠. 하지만 이 세 가지 작업의 결과들은 마지막에 하나로 합쳐야만 은행에 의사 결정 정보로 전달해서 대출을 승인할지 말지 결정할 수 있을 것입니다. 병렬 작업의 결과로 나오는 데이터들은 모두 같은 대출 애플리케이션 ID를 가지고 있기 때문에, 마이크로서비스를 하나 만들어서 해당 ID를 가지는 이벤트들을 합칠 수 있습니다. 결과를 만들기 위해서 마이크로서비스들은 세 개의 작업 결과가 도착할 때까지 기다립니다. 병렬 처리 작업 모두 결과를 보내야 하기 때문에 작업 결과를 가지고 성공인지 실패인지 여부를 알 수 있게 만들면 작업 결과들을 좀 더 쉽게 합쳐서 결과를 만들어낼 수 있습니다. 또한 작업에 오류가 있거나 네트워크 문제 등으로 이벤트를 보내지 않는 경우를 처리할 수 있는 방법도 마련해 두어야 합니다. 버퍼 간격을 정의해서 유실된 이벤트를 찾은 다음 이에 해당하는 결과를 버릴 수도 있고, 가능하다면 부분 결과만 가지고 의사 결정 데이터를 만들 수도 있습니다. 대출 승인 애플리케이션의 경우 부분 데이터가 유실되었다면 대출 승인을 거절할 수도 있고, 결정을 내릴 수 없다면 데이터를 다시 처리하도록 요청할 수도 있습니다.

여러 종류의 이벤트 조인

스트림 조인 패턴에서는 윈도우드 애그리게이션 패턴에서 설명한 바와 같이 조건과 윈도우를 사용해서 여러 종류의 이벤트를 합칠 수 있습니다. 특정 트윗이 올라온 경우 관련 주식 가격을 알아내는 애플리케이션을 만든다고 생각해봅시다. 아래 [그림 6-6]처럼 윈도우를 사용해서 주가 스트림으로부터 최신 주식 가격을 전부 저장하고, 새로운 트윗에 특정 정보를 가지는 경우, 이를테면 '애플'이라는 회사 이름을 가지는 트윗이 올라온 경우 이 이벤트를 윈도우에 저장된 주가 이벤트와 합쳐서 처리하는 것입니다. 조인 조건에 따라 회사 이름과 같은 주가 이벤트(애플에 해당하는 AAPL)를 찾은 다음 해당 회사의 최신 주식 가격을 결과로 내놓는 것입니다.

조인 연산은 SQL 질의와 비슷하게 이너inner 조인이나 레프트 아우터left-outer 조인, 라이트 아우터right-outer 조인, 풀 아우터full-outer 조인을 수행할 수 있습니다. 아우터 조인의 경우 윈도우에서 조건에 해당하는 이벤트를 찾을 수 없는 경우 이벤트 속성을 null로 대체할 수 있습니다.

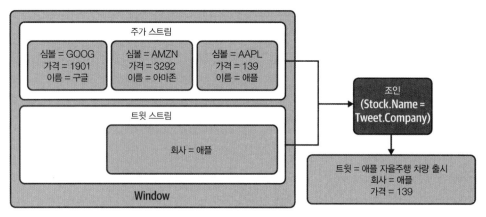

그림 6-6 트위터에 언급된 회사 이름을 기준으로 주식 가격 이벤트 통합

고려해야 할 사항들

조인은 상태 관리가 필요한 작업입니다. 조인 작업을 제대로 수행하려면 반드시 필요한 이벤트가 도착할 때까지 기다려야 하기 때문입니다. 이벤트가 유실되어서는 안 되는 경우 반드시 신뢰성 패턴을 함께 사용해서 시스템에 장애가 발생하거나 재시작 하는 경우에도 이벤트를 저장하고 사용할 수 있도록 해야 합니다.

하지만 확산과 조합 같은 간단한 사용의 경우에는 메시지 브로커에서 이벤트를 바로 읽어와서 이벤트들을 성공적으로 조합할 때까지 응답을 미룰 수 있습니다. 이런 방법을 사용하면 메시지 브로커에서 필요할 때 이벤트를 가져올 수 있기 때문에 시스템 장애나 재시작의 경우에도 이벤트 유실이 발생하지 않습니다. 이 방법에 대한 더 자세한 내용은 응답 패턴에서 설명할 것입니다.

아주 긴 시간 동안 여러 이벤트를 합치는 것은 상당히 어렵습니다. 기간이 길어질수록 요구하는 저장 공간의 크기와 처리 시간이 길어지기 때문이죠. 이 때는 순차 수송 패턴을 사용해서 이벤트들을 조합할 속성에 따라 샤드로 나누고 처리하는 것이 좋습니다. 조인 연산을 병렬로 처리할 수 있으며 또한 관련 이벤트들이 같은 샤드에 저장될 것임을 보장하기 때문에 성공적으로 조인 연산을 수행할 수 있습니다.

관련 패턴들

변환 패턴

결과 이벤트를 만들기 위해 여러 이벤트 속성을 사용하고 변환합니다.

신뢰성 패턴

시스템 장애 등의 상황에서도 상태를 저장하고 관리할 수 있습니다.

순차 수송 패턴

관련 이벤트들을 같은 샤드 단위로 나누어서 처리함으로써 조인 연산을 확장할 수 있습니다.

6.3.5 임시적인 이벤트 정렬 패턴

임시적인 이벤트 정렬 패턴temporal event ordering pattern은 스트림 프로세싱 분야에서만 사용하는 패턴입니다. 이벤트가 도착하는 순서를 토대로 패턴을 분석하고 이벤트가 발생했는지 여부를 탐지합니다. 또한 다양한 시스템에서 발생하는 이벤트를 가지고 특정 이벤트가 발생했는지 여부를 파악할 때도 이 패턴을 사용합니다.

어떻게 동작할까요

이 패턴은 마치 비결정적 유한 상태 기계nondeterministic finite-state machine처럼 동작합니다. 애플리케이션의 상태가 입력되는 이벤트와 현재 애플리케이션의 상태에 따라 바뀐다는 것이죠. 각 상태에서 다른 상태로의 변화는 상태 그래프로 표현할 수 있으며 상태 변화는 성공 또는 실패 상태에 도달할 때까지 계속됩니다. 성공 상태에 도달하면 사용자에게 기대하던 이벤트가 순서대로 발생했음을 알립니다. 아래 [그림 6-7]은 임시적인 이벤트 정렬 패턴 사용 예시를 보여주고 있습니다. 주가가 계속 상승하다가 한 번 하락하는 경우 이를 알려줌으로써, 사용자는 주가 하락이 발생하자 마자 이 사실을 알 수 있습니다.

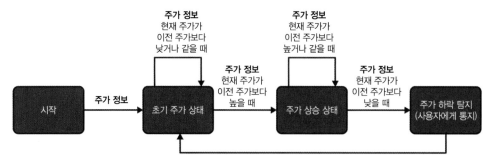

그림 6-7 임시적인 이벤트 정렬 패턴을 사용해서 주가 연속 상승 후 하락이 발생하는 경우 즉시 탐지

또한 이 패턴을 사용해서 이벤트가 다른 이벤트 뒤에 순서대로 나타나는지, 혹은 다른 이벤트들 사이에 무작위로 나타나는지도 알아낼 수 있습니다. 상태 변화와 타임 아웃을 함께 사용해서 이벤트가 발생하지 않았는지도 탐지할 수 있습니다.

위에서 설명한 주가 모니터링과 같은 경우에는 이런 이벤트 발생 순서를 반복해서 탐지할 필요가 있습니다. 이를 위해 매 이벤트 도착 시 마다 새로운 상태 기계를 새로 만들고 초기 상태부터 시작합니다. 위 예제의 경우 마지막 상태를 초기화 이벤트로 사용해서 상태 기계를 새로 만들고 시작하도록 할 수 있습니다.

어떻게 사용할 수 있나요

윈도우드 애그리게이션 패턴이나 스트림 조인 패턴과 마찬가지로 이 패턴 역시 신뢰성 패턴을 함께 사용해서 시스템 장애나 재시작에도 상태를 저장하고 데이터 유실을 방지할 수 있습니다. 또한 이 패턴에서는 이벤트 도착 순서가 아주 중요하기 때문에 나중에 설명할 버퍼를 이용한 이벤트 정렬을 같이 사용해서 이벤트를 처리하기 전 순서대로 도착하도록 만드는 것이 좋습니다.

이벤트 순차 발생 탐지

미리 정의한 순서로 이벤트가 발생하는지 여부를 탐지할 때 이 패턴을 주로 사용합니다. 신용카드 트랜잭션에서 사기 행위를 탐지하기 위해 이 패턴을 사용한다고 생각해보겠습니다. 사기꾼은 신용카드를 복사해서 카드 소유주 몰래 신용카드를 사용하려고 시도합니다. 이런 유형의 사기는 미리 정의한 규칙에 따라 탐지할 수 있는데, 예를 들어 미국 내에서 트랜잭션이 발생하고 세 시간 이내에 미국 외의 지역에서 트랜잭션이 발생하는 경우 이는 신용카드 부정 사용이라고 볼 수 있는 것이죠. 여기에서 [그림 6-8]과 같은 상태 기계를 탐지에 활용할 수 있습니다.

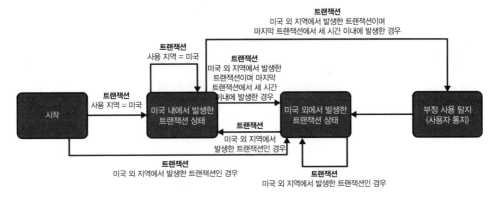

그림 6-8 부정 사용 탐지를 위한 상태 기계

위 예에서는 각 신용카드별로 새로운 상태 기계를 만들어서 각 신용카드별로 트랜잭션을 추적하여 다음 트랜잭션이 세 시간 이내에 미국 외 지역에서 발생하는지 여부를 알아내야 합니다.

이벤트가 발생하지 않음을 탐지

이 패턴으로 기대하던 이벤트가 발생하지 않는 경우도 탐지할 수 있습니다. 차고 문이 열려 있다던지 하는 문제 상황을 탐지하고 알려줄 때 이 패턴을 사용합니다. 차량을 운전해서 차고에서 나간 후 1분 동안 차고 문이 닫히지 않은 상태가 유지되면 이 사실을 거주자에게 알려주는 기능을 예로 들어보겠습니다. 차량이 차고에서 빠져나가는 이벤트가 발생하고 나서 1분 이내에 차고 문이 닫히는 동작을 수행하고 문이 닫혔다는 이벤트가 발생하기를 기대할 것입니다. 만약 지정된 시간 내에 차고 문이 닫히지 않으면 기대하던 이벤트가 발생하지 않은 것이기 때문에 이를 사용자에게 알려줍니다. 이 기능은 아래 [그림 6-9]와 같이 설계할 수 있습니다.

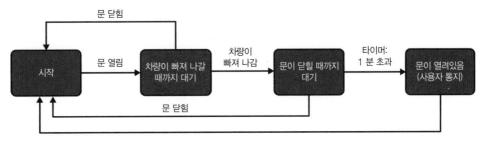

그림 6-9 차량이 떠난 후 차고 문이 1분 이내에 닫히지 않는 경우를 탐지하고 알림

1분 이상의 시간이 경과하는지 계속 확인하기 위해 타이머를 초기화할 필요가 있으며 문이 닫히면 타이머를 중지하고 초기화해서 사용자에게 알림을 잘못 보내지 않도록 해야 합니다.

고려해야 할 사항들

상태 기계는 그 자체가 상태를 가지도록 만들어졌기 때문에 이 패턴을 사용하는 애플리케이션 역시 신뢰성 패턴을 통해 시스템 장애나 재시작 하는 상황에서도 상태를 저장하고 관리할 수 있어야 합니다. 또한 상태 기계들을 관리할 수 있도록 클라우드 네이티브 애플리케이션이 충분한 메모리 공간을 가지고 있어야 합니다. 순차 수송 패턴을 사용해서 이벤트를 여러 노드에 분산해서 확장하고 병렬로 처리할 수 있습니다. 물론 관련 이벤트들이 반드시 같은 노드로 분산된다는 것을 보장해야만 병렬 이벤트 처리가 올바르게 동작할 것입니다.

이 패턴을 사용할 때 있어서 유념해야 할 또 다른 점은 바로 이벤트가 생성된 순서대로 전달되어야 한다는 것입니다. 이벤트의 상대적인 순서를 항상 알아낼 수는 없기 때문에 이벤트가 생성된 시간을 기록하고 이를 토대로 이벤트를 재배치할 수 있다면 이벤트를 전송하는 과정에서 순서에 어긋난 경우를 바로잡을 수 있습니다.

다른 패턴과 마찬가지로 이 패턴 역시 바닥부터 새로 구현하는 것은 시간도 오래 걸리고 오동작 할 가능성도 높습니다. 그보다는 구현하고자 하는 기능과 잘 맞는 클라우드 네이티브 스트림 처리기를 사용하는 것이 좋습니다. 애저 스트리밍 애널리틱스Azure Streaming Analytics나 아파치 스파크Apache Spark, 아파치 플링크Apache Flink, 에스퍼, Siddhi와 같은 스트림 프로세싱 시스템들이 이런 기능을 기본으로 제공합니다. 클라우드 네이티브 애플리케이션 환경에서 사용할 수 있는 시스템이 없는 경우에만 새로 만드는 것이 좋습니다.

관련 패턴들

변환 패턴

일련의 이벤트들을 가지고 의미 있는 데이터를 만들 때 변환 패턴을 사용합니다.

신뢰성 패턴

시스템 장애 등의 상황에서 상태 기계들을 유지할 수 있습니다.

순차 수송 패턴

연관 이벤트들을 동일한 샤드로 배분함으로써 작업을 병렬로 처리할 수 있습니다.

버퍼를 이용한 이벤트 정렬 패턴

이 패턴이 올바르게 동작할 수 있도록 이벤트를 생성 시간을 기준으로 정렬할 수 있습니다.

6.3.6 머신 러너 패턴

데이터를 통한 실시간 예측과 자동화된 의사 결정 구현에 머신러닝 모델을 사용할 수 있습니다. 머신러닝 모델은 미리 만들어 두어서 변경 없이도 새로운 이벤트에 기반한 예측을 가능하게 합니다. 온라인 머신러닝 모델의 경우 미리 생성할 필요 없이 예측과 동시에 새로운 이벤트를 통한 지속적인 학습을 통해 클라우드 네이티브 애플리케이션을 더 똑똑하게 만들 수 있습니다.

어떻게 동작할까요

클라우드 네이티브 애플리케이션에서 예측 모델을 두 가지 방법으로 만들 수 있습니다. 하나는 미리 정의한 머신러닝 모델을 사용하는 것이며 다른 하나는 온라인 머신러닝 모델을 사용하는 것입니다.

미리 정의된 머신러닝 모델

데이터 과학자들이 데이터 처리 도구와 아파치 스파크, 텐서플로TensorFlow, 파이썬과 같은 머신러닝 프레임워크를 사용해서 미리 만들어 둔 모델을 사용할 수 있습니다. 이런 모델들은 PMMLPredictive Model Markup Language와 같은 기술을 사용해서 애플리케이션에서 불러와서 사용할 수 있습니다. 그리고 이 모델들에 대한 질의를 통해 예측 결과를 생성합니다. 물론 별도의 클라우드 네이티브 애플리케이션으로 만들고 실행해서 API를 통해 호출할 수도 있습니다. 이런 모델들은 미리 정의되어 있고 새로운 이벤트에 기반하여 변경할 수 없기 때문에 예측 정확성을 향상시키려면 주기적으로 성능을 향상시키고 변경한 모델을 적용해주어야만 합니다.

온라인 머신러닝 모델

이런 종류의 모델들은 예측을 위해 주어지는 정보 자체를 토대로 모델 스스로를 향상시킵니다. 어떤 경우에는 이전 예측 결과를 스스로에 피드백feedback함으로써 스스로 학습하기도 합니다. 이런 모델들 역시 애플리케이션에 내장할 수도, 또는 별도의 마이크로서비스로 만들수도 있습니다. [그림 6-10]은 이전 예측 결과를 토대로 스스로 학습하는 온라인 머신러닝 모델을 보여주고 있습니다.

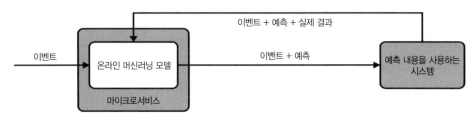

그림 6-10 예측 결과 피드백을 통해 스스로 학습하는 온라인 머신러닝 모델 마이크로서비스

어떻게 사용할 수 있나요

점점 더 많은 애플리케이션이 머신러닝을 도입하고 있으며, 클라우드 네이티브 애플리케이션 역시 이런 머신러닝 기능들을 잘 통합하고 사용할 수 있는 준비가 되어 있어야 합니다. 머신러닝을 통합하는 방법 중 하나는 바로 별도의 마이크로서비스로 배포하고 서비스를 호출하는 것입니다. 다른 서비스를 호출하는 것과 별다른 차이가 없습니다. 애플리케이션에 머신러닝 모델을 내장해서 입력 데이터를 기반으로 결과를 예측하는 것도 다른 방법 중 하나입니다.

미리 정의한 머신러닝 모델로 결과 예측하기

미리 정의한 머신러닝 모델을 사용하는 것은 과거 데이터가 아주 풍부하고 따라서 새로운 이벤트로 인해 머신러닝 모델이 변경되는 경우가 거의 없을 때 사용하기 좋습니다. 생산 라인에서 결함이 있는 부품을 자동으로 탐지할 수 있는 기능을 만든다고 가정해보겠습니다. 초기에 부품 결함을 감지하면 전체적인 생산 비용을 절감할 수 있기 때문에, 실제로도 많이 시도하는 방법이라 할 수 있습니다. 미리 정의한 선형 회귀linear regression 모델로 별도의 마이크로서비스를 배포합니다. 이 서비스는 [그림 6-11]과 같이 부품을 검사해서 결함이 있는지 탐지하고 이상이 없는 부품만 생산 라인에 공급합니다. 공장이 동일한 원자재를 사용하고 동일한 온도를 유지하며 같은 기계를 사용하는 등 통제되고 변하지 않는 환경을 제공한다면 아마 예측 모델은 긴 시간 동안 높은 정확도를 보일 것이며 따라서 미리 정의한 모델을 변경하는 경우도 드물 것입니다.

그림 6-11 미리 정의한 머신러닝 모델을 통한 결함 탐지

데이터를 통한 지속적인 학습 모델

과거에 축적된 데이터보다 앞으로 얻게 될 데이터가 훨씬 더 많을 경우에는 지속적으로 학습할 수 있는 온라인 머신러닝 모델을 사용하는 것이 더 좋습니다. 공항 보안 검색에서 소요되는 시간을 예측해서 이를 공항 내의 화면에 표시해주는 애플리케이션을 만든다고 생각해봅시다. 대기중인 사람 수와 투입된 검색 요원 수, 그리고 보안 검색에 소요된 시간들을 토대로 머신러닝 모델로 예상 대기 시간을 예측할 수 있습니다. 하지만 잠재적인 보안 위협 정보 신고 등으로 보안 검색 관련 환경이 계속 변할 수 있기 때문에, 기존 데이터로 미리 정의한 머신러닝 모델은 예측 결과의 정확성이 떨어질 수 있습니다. 이 경우 [그림 6-12]와 같이 예측 결과를 스스로 되먹이고 실시간으로 예측 모델을 수정할 수 있는 온라인 머신러닝 모델을 사용하는 것이 좋습니다. 이 모델이 제대로 동작하려면 애플리케이션에 실시간으로 대기 중인 승객의 수와 보안 검색이 가능한 검색 요원의 수, 그리고 실제 보안 검색에 소요된 시간 등의 데이터를 계속 제공해주어야 합니다. 그러면 모델은 점점 더 정확한 예측 대기 시간을 화면에 표시할 것입니다.

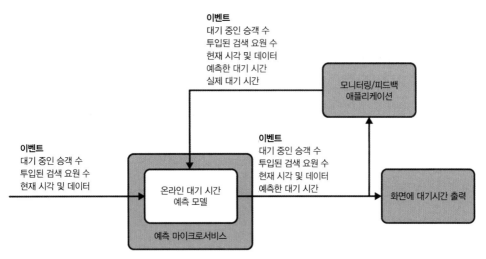

이벤트
대기 중인 승객 수
투입된 검색 요원 수
현재 시각 및 데이터
예측한 대기 시간
실제 대기 시간

모니터링/피드백
애플리케이션

이벤트
대기 중인 승객 수
투입된 검색 요원 수
현재 시각 및 데이터

이벤트
대기 중인 승객 수
투입된 검색 요원 수
현재 시각 및 데이터
예측한 대기 시간

온라인 대기 시간
예측 모델

화면에 대기시간 출력

예측 마이크로서비스

그림 6-12 되먹이기를 통한 실시간 대기 시간 예측 정확도 향상

고려해야 할 사항들

미리 정의한 머신러닝 모델은 구현하기도 훨씬 쉽고 데이터만 충분하다면 높은 정확도를 보입니다. 물론 데이터의 새로운 경향을 반영하지는 못합니다. 새로운 데이터를 반영하고 싶다면 온라인 머신러닝 알고리즘이 더 좋습니다. 온라인 머신러닝 모델은 정확도가 들쭉날쭉 할 수 있습니다. 높은 정확도를 보일 수 있을 만큼 충분한 데이터를 축적하지 못할 수 있기 때문이죠. 가능하면 미리 정의한 머신러닝 모델과 온라인 머신러닝 모델을 함께 사용해서 온라인 머신러닝 모델의 예측 정확성이 향상될 때까지 미리 정의된 모델을 사용하는 것이 더 좋습니다.

미리 정의된 머신러닝 모델을 사용할 때는 주기적으로 모델을 변경해주어야 합니다. 시간이 지날수록 데이터가 바뀌면서 모델의 정확도 역시 떨어질 것입니다. 클라우드 네이티브 애플리케이션에서 모델을 내장한 경우 새로운 모델을 적용하면 애플리케이션 버전을 바꿈으로써 더 쉬운 배포 경로를 제공할 수 있습니다.

온라인 머신러닝 모델은 새로 학습한 내용을 메모리에 저장합니다. 따라서 신뢰성 패턴을 사용해서 시스템 장애나 재시작 상황에서 메모리에 저장된 내용을 복구하고 사용할 수 있도록 만드는 것이 좋습니다.

관련 패턴들

변환 패턴

머신러닝 모델이 예측한 데이터를 다른 데이터 포맷으로 바꿀 때 사용합니다.

신뢰성 패턴

온라인 머신러닝 알고리즘이 학습한 내용과 상태를 저장하고 복구할 수 있습니다.

6.3.7 스트리밍 데이터 프로세싱 패턴 정리

이 절에서는 클라우드 네이티브 애플리케이션에서 사용할 수 있는 스트리밍 데이터 프로세싱 패턴들에 대해서 알아보았습니다. [표 6-3]에 이 패턴들을 언제 사용하면 좋으며 언제 사용해서는 안 되는지, 그리고 각각의 이점에 대해서 정리하였습니다.

표 6-3 스트리밍 데이터 프로세싱 패턴

패턴	사용하면 좋은 경우	사용해서는 안 되는 경우	이점
변환	• 이벤트 포맷이나 구조, 프로토콜을 바꾸어야 하는 경우 • 이벤트의 데이터 일부를 추가, 수정 또는 삭제해야 하는 경우 • 서드파티 시스템에서 현재 사용하는 이벤트를 지원하지 않을 때	• 이벤트를 소비하는 시스템이 이벤트를 파악하고 그대로 사용할 수 있는 경우	• 호환되지 않는 시스템과 이벤트를 주고받을 수 있음 • 관련 정보만 포함시킴으로써 이벤트 크기를 줄일 수 있음
필터와 한계값	• 이벤트 처리에 이벤트의 일부만 사용할 경우	• 이벤트 처리에 모든 이벤트를 사용할 경우	• 이벤트 일부만 사용함으로써 시스템에 가해지는 부하를 줄일 수 있음
윈도우드 애그리게이션	• 시간 간격 또는 길이에 따라 이벤트들을 나누고 조합해야 할 경우 • 총합, 최솟값, 최댓값, 평균, 표준편차, 이벤트 개수 등의 작업을 처리해야 할 경우	• 이벤트의 중앙값 찾기와 같이 고정된 크기의 메모리 공간에서 처리할 수 없는 작업인 경우 • 신뢰성 패턴을 사용하지 못하며 높은 정확도가 필요한 경우	• 이벤트를 나누어 처리함으로써 시스템의 부하를 줄일 수 있음 • 데이터에 대한 요약을 제공함으로써 전체 데이터보다 더 쉽게 이해할 수 있음

패턴	사용하면 좋은 경우	사용해서는 안 되는 경우	이점
스트림 조인	• 두 개 이상의 이벤트 스트림의 이벤트들을 합쳐야 하는 경우 • 병렬 처리를 위해 나눈 이벤트들을 다시 합쳐야 하는 경우	• 합쳐야 할 이벤트들이 가까운 시간 간격 내에 도착하지 않는 경우 • 신뢰성 패턴을 사용하지 못하며 높은 정확도가 필요한 경우	• 서로 연관된 이벤트들을 처리할 수 있음 • 이벤트의 동기화 처리가 가능함
임시적인 이벤트 정렬	• 이벤트 발생 순서를 알아내야 할 경우 • 이벤트가 발생하지 않았음을 알아내야 할 경우	• 유한 상태 기계에서 이벤트 발생 순서를 정의할 수 없는 경우 • 신뢰성 패턴을 사용하지 못하며 높은 정확도가 필요한 경우 • 이벤트가 순서에 맞지 않게 도착하는 경우	• 이벤트 도착 순서에 따라 복잡한 조건들을 탐지할 수 있음
머신 러너	• 실시간 예측 작업이 필요한 경우 • 이벤트에 대한 분류, 군집, 회귀 분석 등의 작업이 필요한 경우	• 모델을 사용하여 값을 정확하게 예측할 수 없는 경우 • 머신러닝 모델을 만들기 위한 과거 데이터가 충분하지 않은 경우	• 자동화된 의사 결정 시스템을 만들 수 있음 • 합리적인 추론 기능 제공

6.4 확장성 및 성능 최적화 패턴

스트림을 처리하는 클라우드 네이티브 애플리케이션은 독특한 확장성과 성능에 대한 요구사항을 가지고 있습니다. 이를테면 애플리케이션이 이벤트를 처리하는 동안에도 이벤트의 순서를 지켜야 한다는 점이 있죠. 또한 이런 종류의 애플리케이션들이 대개 메모리에 상태를 저장하기 때문에 정확도를 해치지 않으면서 이벤트를 처리할 수 있는 확장 전략을 마련해야만 합니다.

이 절에서는 스트림을 처리하는 클라우드 네이티브 애플리케이션을 확장할 수 있는 핵심 패턴에 대해서 알아봅니다. 또한 이벤트를 정렬하고 성능을 개선할 수 있는 패턴들도 함께 살펴봅니다.

6.4.1 순차 수송 패턴

순차 수송 패턴sequential convoy pattern은 이벤트를 다양한 분류로 나누고 병렬로 처리하는 방식으로 스트림 프로세싱 클라우드 네이티브 애플리케이션을 확장합니다. 또한 이벤트 순서를 영구 저장해서 나중에 이벤트들을 다시 합칠 수 있기 때문에 이벤트의 원래 순서를 보장할 수 있습니다.

어떻게 동작할까요

이름에서도 알 수 있듯 이 패턴은 마치 컨베이어 벨트를 따라 이벤트들을 옮기고 분류하는 형상을 띕니다. 이벤트를 각각의 특성이나 값에 따라 그룹으로 나누어서 이들을 병렬로 처리합니다. 한 가지 예로 아래 [그림 6-13]과 같이 고객의 등급과 주문 금액 크기에 따라 물건의 배송 시간을 다르게 보장해주는 온라인 쇼핑몰 애플리케이션을 들 수 있습니다. 구매 이벤트를 고객의 등급인 프리미엄, 골드, 비회원 등으로 나누고 골드 등급 회원의 물품을 주문 금액의 크기로 나누어서 50달러 미만은 작은 주문, 50에서 500달러 사이는 중간, 500달러 이상은 큰 주문으로 구분합니다. 이 기준을 통해 이벤트들을 여러 유형으로 나누고 병렬로 처리해서 당일 배송, 익일 배송, 주중 배송과 같은 다양한 배송 형태를 보장해 줍니다.

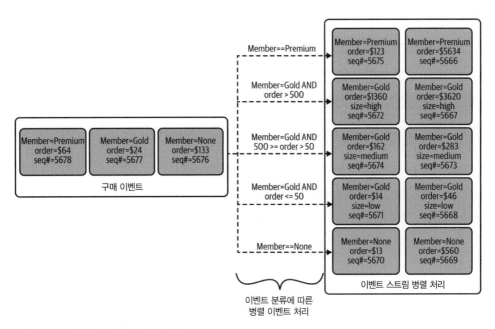

그림 6-13 이벤트를 분류하고 병렬로 처리

각 이벤트는 분리하기 전 순번을 매깁니다. 순번을 매겨 두면 애플리케이션이 이벤트 스트림을 나눠서 병렬로 처리할 때도 작업을 이벤트 순서대로 진행할 수 있습니다. 윈도우드 애그리게이션이나 임시 이벤트 순차 정렬 패턴이 이벤트의 순서를 보장해주어야 하는 대표적인 패턴입니다.

또한 이 순번을 가지고 나중에 병렬 처리한 이벤트 스트림들을 합칠 때 다시 순서대로 정렬할 수 있습니다. [그림 6-14]처럼 모든 하위 스트림에서 가장 낮은 순번의 이벤트를 출력함으로써 순서대로 이벤트를 합칠 수 있습니다. 이를 통해 나누어진 이벤트들을 쉽게 합칠 수 있으며 별도의 작업 없이도 순서를 보장할 수 있습니다.

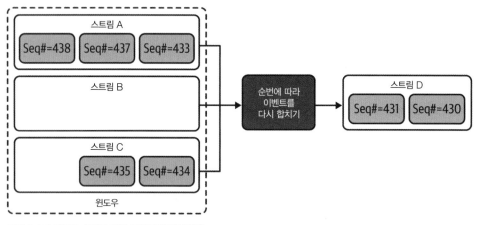

그림 6-14 이벤트 순번에 따라 이벤트를 다시 통합

위 그림에서 순번 432에 해당하는 이벤트가 아직 도착하지 않았기 때문에, 그 뒤의 순번을 가진 이벤트들이 아직 윈도우에서 빠져나오지 못하고 있습니다. 하지만 432번 이벤트가 도착하면 그다음에 이벤트들이 출력될 것이며 당연하게도 432번 다음에 433번 이벤트가 나올 것입니다. 마찬가지로 다른 이벤트들 역시 자신보다 앞선 순번의 이벤트가 도착하기 전까지는 계속 윈도우에 머물 것입니다.

5장에서 설명한 메시지 브로커와 이벤트 큐 들이 이 패턴을 구현할 때 중요한 역할을 맡습니다. 메시지 브로커나 이벤트 큐는 이벤트들을 나누고 하위 스트림으로 나누며 이벤트들을 저장해서 단일 스트림으로 다시 합칠 때까지 보관할 수 있습니다.

어떻게 사용할 수 있나요

이 패턴을 사용해서 이벤트 처리 부분을 확장하고 클라우드 네이티브 애플리케이션이 제한된 메모리 용량으로도 더 많은 이벤트를 처리할 수 있도록 만들 수 있으며 이벤트를 하위 스트림으로 나누어서 각각의 스트림을 다르게 처리할 수도 있습니다.

스트림 처리 애플리케이션의 확장

순차 수송 패턴을 사용해서 클라우드 네이티브 애플리케이션의 CPU나 메모리, 네트워크 대역폭과 같은 제약을 극복하고 이벤트를 더 낮은 지연 시간과 높은 스루풋으로 처리할 수 있도록 도와줍니다. 대용량의 기밀 정보를 전달해야 하는 이벤트 스트림을 처리하는 애플리케이션이 있다고 가정해보겠습니다. 기밀 정보를 가진 이벤트이기 때문에 암호화되어 있으며 또한 더 빠른 전송을 위해 압축까지 되어 있습니다. 압축을 풀고 복호화하는 작업은 많은 CPU 자원을 요구하며 이를 실시간으로 전달하는 것은 시간이 많이 소요되는 작업입니다. 이렇게 복잡한 작업은 이벤트 전달을 느리게 만들 뿐 아니라 스트림의 뒤에 따라오는 이벤트들에 대한 지연 시간도 증가시킵니다. 지연 시간이 증가하면 큐에 저장된 이벤트에 대한 백로그가 생성되도록 하며 전체 시스템에서 병목 지점이 될 가능성이 높습니다.

하지만 아래 [그림 6-15]와 같이 단순히 이벤트를 여러 하위 스트림으로 나누고 병렬로 처리하는 것 만으로도 추가되는 지연 시간을 제거할 수 있을 뿐 아니라 이벤트들을 백로그 없이 큐에 저장할 수도 있습니다. 간단하게 여러 개의 하위 스트림을 돌아가며 분산처리 할 수 있으며 이를 통해 이벤트를 더 빠르게 처리할 수 있습니다.

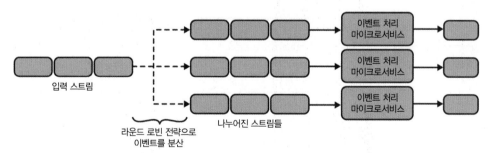

그림 6-15 이벤트를 나누기 위한 간단한 라운드 로빈 전략

각 이벤트 처리 마이크로서비스가 이벤트의 고객ID를 기반으로 데이터 스토어 검색을 통해 데이터에 추가 내용을 덧붙인다고 가정해보겠습니다. 데이터 스토어에서 데이터를 조회하고 가져오는 데 시간이 소요되며 잠재적으로 전체 처리 시간에 지연 시간을 추가할 수 있습니다. 이 경우 성능을 향상시키기 위해 4장에서 설명한 바와 같이 마이크로서비스에 데이터를 캐싱해 둘 수 있습니다. 하지만 저장 공간이 제한되어 있기 때문에 모든 데이터를 캐싱할 수 없으며 이로 인해 캐시 미스가 발생해서 결국 지연 시간이 발생할 수 있습니다.

이 경우 순차 수송 패턴을 사용해서 각 이벤트를 고객 ID의 해시 값에 기반하여 여러 개의 하위 스트림으로 나눌 수 있습니다. 같은 고객 ID를 가지는 이벤트는 계속 같은 마이크로서비스에서 처리하게 될 것이며, 따라서 캐시 적중률이 증가하게 됩니다. 하나의 마이크로서비스가 처리하는 고객 ID의 수가 감소하게 되기 때문에 캐시 적중률 역시 더 증가하게 되며 목표하는 성능을 달성할 수 있습니다.

스트림 처리 분할

순차 수송 패턴을 통해 이벤트 스트림을 유형별로 나누고 병렬로 서로 다른 작업을 처리할 수도 있습니다. 온라인 쇼핑몰 플랫폼에서 프리미엄 등급의 고객에게 별도의 할인을 적용한다고 생각해봅시다. 고객 데이터를 가지고 고객 등급을 프리미엄, 일반 등으로 나누어서 프리미엄 고객에 한해서 추가 금액 할인을 적용할 수 있습니다. 이때 [그림 6-16]과 같이 순차 수송 패턴을 사용해서 이벤트를 고객 속성에 따라 여러 하위 스트림으로 나누고, 서로 다른 마이크로서비스를 사용해서 별도의 할인을 적용할 수 있습니다.

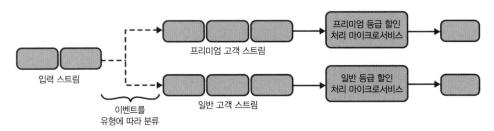

그림 6-16 고객 등급에 따라 서로 다른 파이프라인 생성

고려해야 할 사항들

의미 있는 스트림 처리를 위해서는 이벤트 속성 값에 따라 이벤트를 분류할 수 있어야 합니다. 고객 ID나 상품 ID와 같은 단일 속성 값 만으로도 이벤트를 분류할 수도 있지만, 대개는 주문 금액과 배송 주소 등과 같이 여러 속성 값을 조합해야만 서로 연관된 이벤트끼리 분류하고 병렬로 처리할 수 있기도 합니다.

이벤트를 여러 하위 스트림으로 나누면 각각의 하위 스트림은 서로 다른 클라우드 네이티브 애플리케이션을 통해 처리할 수 있으며 그 과정에서 이벤트가 걸러지고 삭제될 수도 있습니다. 그 결과 이벤트의 순번이 연속적이지 않게 되죠. 이 경우 이벤트들을 다시 합칠 때 모든 순번이 다 있지 않다는 사실에 유념해야 합니다. 들어오는 이벤트의 순번을 보고 어떤 이벤트가 제거되었는지 유추할 수 있습니다. 물론 어떤 이벤트가 제거되었는지 확실히 알아낼 방법이 없기 때문에, 타임아웃을 적용해서 이벤트가 제거되었는지 여부를 판단하는 것이 좋습니다.

이벤트를 다시 합치는 더 좋은 방법은 바로 순차 이벤트가 끝났다는 메시지end-of-sequence message를 보내는 것입니다. 이벤트를 처리하는 각 애플리케이션이 주기적으로 가장 마지막으로 처리한 이벤트의 메시지 ID를 보내는 것이죠. 이벤트를 다시 합치는 애플리케이션은 이 ID를 토대로 하위 스트림을 처리하는 애플리케이션이 이전 순번의 이벤트를 모두 처리하였으며 따라서 마지막 메시지 ID보다 순번이 낮은 이벤트가 도착하지 않았다면, 이 이벤트가 제거되었다고 볼 수 있습니다. 그리고 제거된 순번 이후의 ID를 가지는 이벤트들이 처리되지 않고 대기중인 상태를 해소할 수 있습니다.

순번을 토대로 이벤트를 다시 합칠 수 없는 경우에는 이벤트들을 합쳐서 단일 토픽으로 다시 발행할 수도 있습니다. 그리고 나중에 살펴볼 버퍼 이벤트 순차 정렬 패턴을 사용해서 이벤트를 저장하고 순번 또는 이벤트 발행 시각을 토대로 다시 정렬할 수 있습니다.

스트림 처리 마이크로서비스들이 병목 지점이 된다면, 스트림의 수를 확장할 수 있도록 설계하는 것이 좋습니다. 한 가지 방법은 이벤트를 분류하는 방법을 바꿔서 부하가 심한 하위 스트림을 더 많은 하위 스트림으로 나누고 병렬 처리하는 것입니다. 그리고 애플리케이션의 상태를 하위 스트림을 처리하는 새로운 애플리케이션들로 이전하는 작업도 필요합니다. 이렇게 확장해야 하는 애플리케이션은 그 상태를 잘 저장하고 관리해야 합니다. 상태를 저장하는 방법에 대해서는 주기적인 상태 스냅샷 저장 패턴에서 더 자세히 설명하겠습니다.

아울러 이 패턴을 사용할 때 어느 정도의 이벤트 처리 속도가 나오는지 관찰하고 기대를 충족하는지도 살펴보아야 합니다. 아주 높은 처리 성능과 낮은 지연속도가 요구된다면, 이벤트에 순번을 추가하고 이 순번을 토대로 처리된 이벤트를 다시 합치는 작업 자체가 병목 지점이 될 수 있습니다. 이럴 때는 이벤트를 순서대로 정렬하는 것이 꼭 필요한지를 다시 한 번 검토해보아야 할 것입니다.

관련 패턴들

생산자-소비자 및 발행자-구독자 패턴

순차 수송 패턴을 구현할 때 사용할 수 있는 패턴입니다. 5장에서 설명한 바 있습니다.

버퍼 이벤트 순차 정렬 패턴

여러 이벤트 스트림을 합쳐서 순서대로 정렬할 때 사용할 수 있는 또 다른 패턴입니다.

주기적인 상태 스냅숏 저장 패턴

하위 스트림을 처리하는 애플리케이션의 상태를 저장해서 애플리케이션 확장을 가능하도록 만듭니다.

6.4.2 버퍼 이벤트 순차 정렬 패턴

이벤트는 네트워크 지연이나 연결 재시도 등의 문제로 순서에 맞지 않게 도착할 수도 있습니다. 이 경우 **버퍼 이벤트 순차 정렬 패턴**buffered event ordering pattern을 사용해서 이벤트를 사용하기 전에 순서대로 정렬할 수 있습니다. 이벤트는 시각 또는 생성된 순서대로 정렬할 수 있습니다.

어떻게 동작할까요

이벤트를 순서대로 정렬하려면, 이벤트에 순차로 증가하는 값을 기록해야만 합니다. 이런 숫자 값은 순번이 될 수도 있고 시각이 될 수도 있습니다. 순번은 계속 증가하는 값이며 스트림의 각 이벤트가 고유한 순번을 가지도록 보장해야 합니다. 하지만 시각을 사용하는 경우 여러 개의 이벤트가 같은 시각에 생성될 수 있기 때문에 모든 이벤트가 고유한 시각 값을 가진다고 보장할 수 없습니다.

[그림 6-17]에서는 순번을 사용하고 있습니다. 가장 최근에 받은 이벤트의 순번이 7이며, 그 다음 전달받는 이벤트의 순번이 8이라면 이는 7 바로 다음의 이벤트이기 때문에 즉시 8번 이벤트를 처리할 수 있습니다. 하지만 8번 이벤트 다음에 10번 이벤트를 받는다면, 아직 받지 못한 이벤트가 있다는 것을 알기 때문에 10번 이벤트를 즉시 전달하지 않습니다. 대신 도착하지 않은 이벤트를 타임 아웃 시간동안 기다립니다. 만약 9번 이벤트가 시간 내에 도착한다면 먼저 도착한 10번 이벤트와 함께 전달합니다. 하지만 이벤트가 제 시간 내에 도착하지 않는다면 도착하지 않은 9번 이벤트보다 10번 이벤트를 먼저 보냅니다.

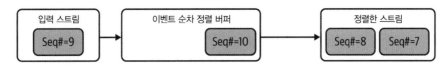

그림 6-17 순번을 토대로 이벤트 순차 정렬

9번 이벤트는 여러 가지 이유로 입력 스트림에서 빠졌을 수 있습니다. 이런 경우 타임 아웃 시간동안 기다리는 것보다는, 이전에 이벤트를 처리하는 시스템이 9번 이벤트를 빈 이벤트로 보낼 수도 있습니다. 또는 입력 스트림을 처리하는 시스템에서 10번 이벤트에 앞선 순번의 모든 이벤트를 전부 다 처리했다는 내용을 추가해서 이벤트 순차 정렬 버퍼로 보낼 수도 있습니다. 그러면 순차 정렬 애플리케이션은 별도의 지연 없이도 어떤 이벤트가 빠졌는지를 빠르게 파악할 수 있습니다.

이벤트를 시각 기준으로 정렬한다면 이런 방식의 최적화를 사용하기 어렵습니다. 중복되거나 빠진 시각 값이 많기 때문이죠. 마지막으로 전달받은 시각 값과 타임 아웃을 사용해서 이벤트를 정렬하는 것이 일반적입니다.

시각 또는 순번을 통해 순서에서 벗어난 이벤트를 탐지한 경우 타임 아웃 시간을 조절해서 문제가 발생할 소지를 줄일 필요가 있습니다. 예를 들어 기록된 시각 값이 700초인 이벤트를 전달받은 다음에 시각 값이 650초인 이벤트를 받으면, 이벤트에 대한 타임 아웃 값을 최소 50초로 재조정해야 할 것입니다. 이런 동작 방식에 대한 자세한 내용은 K-slack 또는 AQ-K slack(*https://github.com/siddhi-io/siddhi-execution-reorder*)과 같은 알고리즘을 참고하시기 바랍니다.

어떻게 사용할 수 있나요

이 패턴은 이벤트를 정렬해야 하는 애플리케이션과 함께 배포해서 사용할 수 있습니다.

분산 생성된 이벤트들 순차 정렬

여러 곳에서 만들어진 이벤트들은 네트워크 또는 중간 시스템으로 인한 지연 때문에 순서에 맞지 않게 도착하는 경우가 많습니다. 여러 곳에서 사람의 움직임을 감시하는 센서가 생성한 이벤트를 생각해보겠습니다. 이런 이벤트들은 전송 지연 때문에 동시에 탐지한 내용들도 제각기 다른 시각에 도착할 수 있기 때문에 이들을 모아서 단일 스트림으로 만들어낼 때 그 순서가 틀어질 수 있습니다.

센서가 분산되어 있기 때문에, 이런 이벤트를 정렬할 수 있는 유일한 방법은 이벤트를 생성한 시각을 사용하는 것입니다. 순서에서 벗어난 이벤트들은 메시지 브로커의 단일 토픽으로 전달하며, 마이크로서비스를 구현해서 이 이벤트들을 가져온 다음 버퍼 이벤트 순차 정렬 패턴을 사용해서 이벤트들을 재정렬한 다음 후속 시스템에 이벤트들을 전달할 수 있습니다. 물론 이 경우 분산된 센서들의 시각이 동기화되어 있어야만 이벤트 생성 시각을 정확히 기록하고 이를 통해 순서를 정확하게 정렬할 수 있습니다.

같은 원천에서 생성한 이벤트들을 재정렬

성능 목표를 달성하기 위해 이벤트를 병렬로 분산해서 처리할 수 있으며, 이 경우 분산 처리된 결과들을 다시 원래 순서대로 합쳐야 할 필요가 있습니다. 예를 들면 브라우저에서의 사용자 상호작용을 병렬로 처리한 다음 이벤트들을 순서대로 다시 합쳐서 후속 시스템에 전달하는 것이죠. 사용자의 모든 행동은 같은 브라우저에서 기록하고 이벤트를 생성하기 때문에, 이 경우 이벤트 생성 시각을 사용하는 것보다는 고유한 순번을 매기는 것이 더 좋습니다. 고유 순번이 있기 때문에 순차 수송 패턴을 사용해서 이벤트들을 병렬로 처리해서 효율성을 높이고 이벤트들을 다시 합칠 수도 있습니다. 병렬 처리한 이벤트들은 특정 토픽을 가지고 메시지 브로커에 다시 전달하며, 클라우드 네이티브 애플리케이션은 메시지 브로커에서 이벤트들을 가져온 다음 순번에 따라 재정렬할 수 있습니다.

고려해야 할 사항들

이 패턴은 시간에 따른 이벤트 애그리게이션이나 이벤트의 순번을 탐지해야 할 필요가 있을 때 사용하면 좋습니다. 그렇지 않은 경우에 이 패턴을 사용하면 지연 시간이 추가되고 시스템의 병목 지점이 될 수 있기 때문에, 사용하지 않는 것이 좋습니다.

이벤트가 단일 원천에서 생성된 경우에 한해 이벤트를 높은 정확도로 재정렬할 수 있습니다. 이벤트 생성 시각을 기준으로 이벤트를 정렬하면 이벤트가 원래 순서대로 재정렬 될 것이라고 보장할 수 없습니다. 이벤트가 분산되어 생성되는 경우 각 원천들의 시각이 동기화되었다고 보장하기 어렵기 때문이죠. 단일 원천에서 이벤트를 생성하는 경우 생성 시각 대신 항상 고유한 이벤트 순번을 사용하도록 합니다. 이벤트 순번으로 재정렬하는 것이 더 효과적이기 때문이죠. 그리고 시각을 기준으로 정렬하는 것보다 지연 시간이 더 짧습니다.

먼저 생성된 이벤트가 더 늦게 도착하는 경우, 이 이벤트를 순번에 어긋난 상태로 전달할지 또는 제거할지를 결정해야 합니다. 이는 이벤트를 어떻게 사용하느냐에 따라 결정됩니다. 예를 들어 생산 공정에서 현재 라인의 온도를 측정하고 알려주는 이벤트의 경우에는 가장 최신의 데이터를 처리하는 것이 중요하기 때문에 오래된 이벤트를 버린다고 해서 문제될 것이 없을 것입니다. 하지만 부정 사용 탐지를 위해 신용카드 트랜잭션 이벤트를 사용하는 경우에는 트랜잭션 이벤트를 버려서는 안 될 것입니다. 부정 사용을 탐지하는 애플리케이션이 이벤트 임시 순차 정렬 패턴 등을 사용할 경우, 올바르지 않은 순번이 탐지되면 문제를 일으킬 수 있습니다.

버퍼 이벤트 순차 정렬 패턴을 사용하는 마이크로서비스는 이벤트를 버퍼에 저장할 수 있어야만 아직 도착하지 않은 오래된 이벤트를 기다릴 수 있습니다. 즉 마이크로서비스가 상태를 가지고 있는 것이죠. 이 경우 주기적 상태 스냅샷 저장 또는 응답 패턴과 같은 신뢰성 패턴을 사용해서 시스템 장애 또는 재시작시에도 상태를 저장하고 복구할 수 있어야 합니다.

관련 패턴들

임시 이벤트 순차 정렬 패턴 및 윈도우드 애그리게이션 패턴

이 패턴들은 버퍼 이벤트 순차 정렬 패턴을 함께 사용할 경우 이벤트를 순서대로 처리할 수 있기 때문에 더 정확한 결과를 만들어낼 수 있습니다.

신뢰성 패턴

이벤트 순차 정렬을 위해 버퍼를 사용하기 때문에, 시스템 장애 또는 재시작 시 신뢰성 패턴을 통해 버퍼 내용을 저장하고 복구하는 것이 좋습니다.

6.4.3 오류 수정 패턴

오류 수정 패턴course correction pattern은 이벤트 분석 결과를 최대한 빠르게 처리하고, 빠진 메시지나 이벤트가 뒤늦게 도착하면 이를 토대로 분석 내용을 수정하고 다시 알려줍니다. 높은 지연 시간으로 정확한 분석 결과를 만들어주는 것보다 정확도가 좀 떨어지지만 낮은 지연 속도로 빠르게 분석 결과를 알려주는 패턴이라고 이해할 수 있습니다.

어떻게 동작할까요

이 패턴은 윈도우드 애그리게이션 패턴이나 임시 이벤트 순차 정렬 패턴과 함께 사용합니다. 모든 이벤트가 순서대로 도착할 때까지 기다리기보다는 애그리게이션이나 이벤트 순서 탐지를 이벤트가 도착하는 대로 처리해서 결과를 만듭니다. 애그리게이션이나 순서 탐지의 결과는 빠르게 추정한 값인 경우가 많아서 정확하지 않을 수 있습니다. 그리고 나중에 늦게 도착한 이벤트를 발견하면 이 결과를 반영해서 그 결과를 변경하고 다시 알려줍니다. 이 패턴을 사용하려면 다운스트림 애플리케이션이 전달받은 이벤트가 나중에 더 정확한 내용으로 부분적으로 업데이트 될 수 있다는 점을 알아야만 합니다.

어떻게 사용할 수 있나요

이 패턴은 애플리케이션이 이벤트를 순서대로 처리함과 동시에 낮은 지연 시간을 가져야 하고 초기에 낮은 정확도의 데이터를 빠르게 받아보고 나중에 변경해도 문제가 없는 애플리케이션에서만 사용할 수 있습니다. 이런 패턴을 어떻게 사용할 수 있는지 더 자세히 알아보겠습니다.

결과를 최신 정보로 업데이트하기

이 패턴은 애그리게이션 결과를 최대한 빠르게 받아보고자 할 때 많이 사용합니다. 특히 실시간으로 결과를 화면에 표시해줄 때 많이 사용합니다. 이런 경우 이벤트들을 좀 더 오랜 시간 동안 저장해두고, 나중에 늦게 도착한 이벤트가 발견될 경우 결과 데이터를 변경해서 다시 보내줍니다.

간단하게 최근 1분동안 도착한 주문 개수를 알려주는 애플리케이션을 만든다고 가정해보겠습니다. [그림 6-18]의 2021.05.03-07:30에서 2021.05.03-07.31과 같이 각 1분 단위로 버킷bucket을 만들고 해당 기간 동안 도착하는 주문의 수를 계산하기 위해서 카운터를 사용합니다. 1분 단위의 시간이 지나면, 우선은 해당 버킷에서 계산한 결과를 내보내고 해당 기간 내의 이벤트가 늦게 도착하는 경우, 그다음 기간인 2021.05.03-07.31에 대한 결과를 보낼 때 2021.05.03-07:30의 변경 내용도 함께 보냅니다.

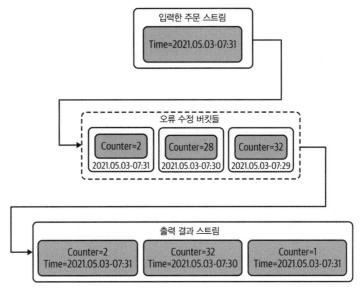

그림 6-18 여러 개의 버킷을 사용하여 이벤트 애그리게이션을 수행하고 이전 결과의 오류를 수정

여러 개의 버킷을 사용하게 되면 대량의 메모리 공간을 차지할 수 있기 때문에 버킷을 삭제하는 시점에 주의를 기울여야 합니다. 버킷을 일찍 지워버리면 나중에 도착한 이벤트를 해당 버킷에서 처리할 수가 없기 때문에 오류를 수정할 기회가 없어지기 때문입니다.

이전에 만든 의사 결정 데이터 수정

의사 결정 데이터를 빠르게 만든 후 상황이 바뀌면 보상 이벤트를 보내서 의사 결정 내용에 대한 수정 작업을 하도록 만들어야 할 때도 있습니다. 사용자가 요청해서 택시를 최대한 빠르게 보내야 하는 상황을 가정해보겠습니다. 사용자가 택시를 요청하면 해당 지역의 모든 택시에 이 내용을 전달하고 어느 택시 하나가 요청을 수용하면 나머지 모든 택시에 사용자 요청이 처리되었다는 사실을 알려줍니다. 이 과정에서 여러 택시가 요청을 수용했을 수 있지만, 네트워크 지연으로 인하여 이 사실을 나중에 알게 될 수도 있습니다. 잘못된 정보로 하나 이상의 택시가 요청을 수용한 경우, 이를 수정할 이벤트를 다시 보내서 다른 택시에 할

당된 요청 사항을 취소하도록 만듭니다.

고려해야 할 사항들

초기에 빠르게 만든 결과 데이터 또한 유용하게 사용할 수 있으며 나중에 도착한 이벤트를 토대로 변경한 내용을 바탕으로 결과 데이터를 수정할 수 있는 경우에만 이 패턴을 사용할 수 있습니다. 오류 수정을 지원하지 않는 경우에는 버퍼 이벤트 순차 정렬 패턴과 같이 의사 결정을 이벤트가 도착할 때까지 지연시키는 패턴을 사용할 수밖에 없습니다.

대부분의 경우 이벤트들은 나중에 이벤트들이 늦게 도착하는 경우를 대비에서 메모리에 계속 저장되어 있습니다. 많은 메모리 공간을 차지할 수 있기 때문에 메모리 자원이 고갈되지 않으면서도 시스템이 얼마나 오랫동안 이벤트를 기다릴 수 있게 할 것인지 좋은 균형점을 찾아야 합니다.

오류 수정은 이전에 계산한 결과나 내보낸 데이터를 다 기억해야만 하기 때문에, 신뢰성 패턴을 사용해서 상태를 저장하고 시스템 장애나 재시작 상황에서 복구가 가능해야만 합니다.

관련 패턴들

신뢰성 패턴

애플리케이션이 이전에 만든 결과 데이터를 복구하고 사용할 수 있도록 도와줍니다.

버퍼 이벤트 순차 정렬 패턴

오류 수정을 지원하지 않는 애플리케이션의 경우 이 패턴을 대신 사용합니다.

임시 이벤트 순차 정렬 패턴 및 윈도우드 애그리게이션 패턴

이 패턴은 오류 수정 패턴을 함께 사용하여서 결과를 빠르게 받아보고 나중에 발견된 오류를 수정할 수 있습니다.

6.4.4 워터마크 패턴

클라우드 네이티브 애플리케이션 안에서 이벤트 스트림을 통해 메쉬 구조 형태로 서로 연결된 여러 마이크로서비스 간에 스트림 처리를 주기적으로 정렬해야 하는 경우 **워터마크 패턴**water-mark pattern을 사용할 수 있습니다. 작업을 정렬함으로써 모든 마이크로서비스가 특정 이벤트보다 먼저 도착한 이벤트들을 전부 다 처리했는지 확인할 수 있으며, 이때 참조하는 특정 이벤트를 일반적으로 워터마크 이벤트라고 부릅니다. 이 패턴을 사용해서 시스템 시간을 사용하지 않고도 여러 마이크로서비스를 동기화할 수 있습니다.

어떻게 동작할까요

워터마크가 동작하려면 워터마크 생성기가 주기적으로 워터마크 이벤트를 생성해서 클라우드 네이티브 애플리케이션의 외부 입력 지점으로 보내야 합니다. 이 이벤트는 아주 특별한 것으로 간주하며, 마이크로서비스는 이 이벤트를 의존하는 시스템에 반드시 전달해야 합니다. 또한 이벤트를 소비하는 중간 마이크로서비스들이 여러 이벤트 사이에서 같은 위치에 이 워터마크 이벤트를 다시 전달할 수 있도록 해야 합니다. 그 앞도, 그 뒤도 안 됩니다. 정확히 같은 위치에 도착해서 처리되어야 합니다.

입력 시스템이 시간 기반으로 동기화되어 있다면, [그림 6-19]와 같이 매 1분, 또는 매 5분과 같이 각 입력 시스템이 독립적으로 워터마크 이벤트를 주기적으로 생성하도록 만들 수 있습니다.

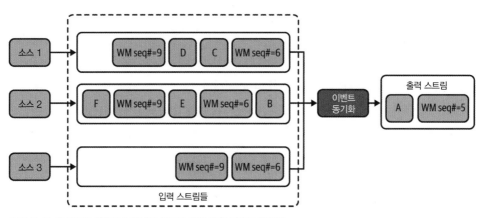

그림 6-19 주기적인 워터마크 이벤트 생성과 이를 통한 이벤트 동기화

위 예제에서 6번 이벤트가 워터마크 이벤트이며, 이런 워터마크 이벤트를 받은 마이크로서비스는 해당 스트림으로부터 더이상 이벤트를 받아서 처리하지 않고, 대신 워터마크 이벤트보다 먼저 도착했어야 하는 이벤트들만 처리합니다. 위 그림에서는 두 번째 스트림의 이벤트 B가 이에 해당합니다. 모든 스트림으로부터 워터마크 이벤트를 받으면 해당 워터마크 이벤트를 종속 시스템으로 전달한 다음 다음 워터마크 이벤트를 받을 때까지 입력 스트림들로부터 이벤트를 받아서 계속 처리합니다. 이 과정을 계속 반복하며 각 워터마크 이벤트 마다 이벤트 처리가 동기화된다는 것을 보장합니다.

만약 입력 시스템 간 시간 기반 동기화가 불가능하다면, 전역 카운터 등을 도입해서 각 입력 소스가 해당 카운터에서 이벤트 순번을 가져오도록 만들 수도 있습니다. 전역 카운터는 주기적으로 다음 워터마크 이벤트에 해당하는 순번을 알려주어서 처리하도록 만듭니다. 이 경우 여러 스트림에서도 워터마크 이벤트가 순차적으로 생성되고 처리될 수 있습니다. 순번이 동기화에서 벗어난 것을 발견하면 이벤트 처리를 중단하고 워터마크 이벤트보다 낮은 순번을 가지는 이벤트들이 도착할 때까지 기다립니다.

어떻게 사용할 수 있나요

여러 입력 소스 시스템으로부터 이벤트들이 제때 도착하지 않거나, 네트워크 지연 혹은 처리 시간 등으로 이벤트 도착 시간에 영향을 주는 경우 이 패턴을 사용할 수 있습니다. 어떤 입력 스트림의 이벤트는 빨리 도착하고, 다른 스트림의 이벤트들은 늦게 도착한다면 여러 스트림 간 이벤트 분석에 영향을 미칠 수 있기 때문입니다. 특히 이벤트 처리를 주기적으로 동기화해서 오류를 줄이고자 할 때 이 패턴을 사용하면 좋습니다.

시간 기반 동기화된 여러 이벤트 소스로부터 생성된 이벤트들 동기화

더 정확한 애그리게이션 결과를 만들기 위해, 워터마크 이벤트를 사용해서 이벤트 그룹들을 동기화할 수 있습니다. 서버 팜의 여러 서버로부터 값을 읽어서 처리하고 결과를 만드는 작업을 생각해봅시다. 이벤트를 만드는 각 서버들은 입력 스트림에 주기적으로 워터마크 이벤트를 만들어서 내보냅니다. 그러면 아래 [그림 6-20]과 같이 각 워터마크 사이의 이벤트들을 모아서 애그리게이션 작업을 수행할 수 있습니다. 각 애그리게이션 작업 결과가 더 정확해지며 네트워크 지연 등 외부 요인에 영향을 받는 경우가 줄어듭니다.

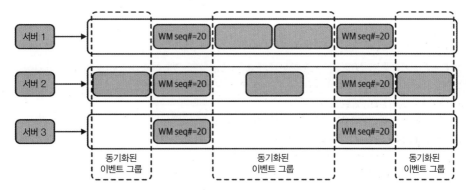

그림 6-20 워터마크 이벤트 사이의 이벤트 그룹들을 동기화 및 애그리게이션 작업 수행

이 경우 동기화를 위해 이벤트가 생성된 시각은 사용하지 않습니다. 어떤 입력 스트림의 경우 아주 오랜 기간 동안 이벤트를 생성하지 않았을 수도 있기 때문입니다.

동기화되지 않은 입력 소스로부터 생성된 이벤트들 동기화하기

근처에 배포한 센서로부터 수집한 정보를 임시 이벤트 순차 정렬 패턴을 통해 정렬하고 특정 상황을 탐지하려고 한다고 가정해보겠습니다. 이벤트들이 분산된 센서로부터 발생하기 때문에 어떤 센서는 지연때문에 이벤트를 늦게 보낼 수도 있으며 어떤 이벤트는 제때 생성되었지만 네트워크 지연으로 인해 늦게 도착할 수도 있습니다. 이런 상황에서 동기화하려면 중앙 서버에 전역 카운터를 도입해서 센서가 읽어 들인 값을 이벤트로 만들기 전 전역 카운터에서 이벤트 순번을 주기적으로 가져가도록 만들 수 있습니다. [그림 6-21]에서는 이렇게 가져간 순번에 기반해서 주기적으로 워터마크 이벤트를 만들어서 이벤트들을 동기화하며, 또한 각 이벤트에 생성 시각을 기록함으로써 워터마크 이벤트 사이에 있는 이벤트들의 상대적인 순서를 알아낼 수 있습니다. 이를 통해 이벤트들의 실제 생성 순서를 파악하고 이벤트가 발생한 패턴을 감지할 수 있습니다.

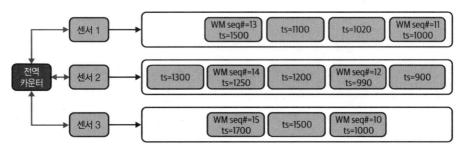

그림 6-21 워터마크 이벤트를 통한 이벤트 정렬

고려해야 할 사항들

이 패턴은 네트워크 지연 등으로 이벤트 도착 시각이 생성 시각과 큰 차이가 발생할 것이라는 것을 알 때나, 혹은 입력 시스템들이 시간 동기화가 맞지 않는 상황에서만 사용하는 것이 좋습니다. 그 외의 경우에는 이 패턴을 사용해도 그다지 큰 이점을 보지 못합니다. 예를 들어 시스템들이 이미 시간 기반 동기화가 잘 이루어진 경우, 각 이벤트에 생성 시각을 기록하고 버퍼 이벤트 순차 정렬 패턴을 사용하는 것이 더 좋습니다.

이 패턴은 여러 스트림 간 발생할 수 있는 시간 동기화 문제만 해결할 수 있습니다. 이 패턴을 사용한다고 모든 상황에서 더 정확한 계산 결과를 도출할 수 있다고 보장할 수는 없습니다. 주기적으로 시간을 동기화한다고 해도, 여전히 이벤트 그룹 내에서 한 스트림 내에서 발생한 이벤트가 다른 이벤트보다 늦게 도착할 수도 있다는 문제점이 남아있습니다.

또한 이 패턴은 이벤트를 실제 생성된 시각에 근거해서 처리해야 하고 이벤트 간 상대적인 순차 정렬이 필요한 경우가 아니라면 사용하지 않는 것이 좋습니다. 정말 필요하지 않다면, 이 패턴을 도입해서 인프라스트럭쳐에 불필요한 기술이나 복잡도를 추가하는 것은 피하는 것이 좋습니다.

가능하다면 기본적으로 워터마크 기능을 제공하는 아파치 플링크Flink와 같은 스트림 처리 시스템을 사용하십시요. 부정 사용 탐지나 감시 등과 같이 이벤트의 순서가 아주 중요한 경우 이런 스트림 처리 시스템을 사용하는 것이 여러모로 좋습니다.

관련 패턴들

버퍼 이벤트 순차 정렬 패턴 및 오류 수정 패턴

이벤트 도착 시각이 네트워크 지연 또는 다른 처리 시스템으로 인해 영향을 받지 않는 경우 이 패턴들을 대신 사용할 수 있습니다.

임시 이벤트 순차 정렬 패턴 및 윈도우드 애그리게이션 패턴

이 패턴들은 워터마크 패턴과 함께 사용해서 이벤트를 순서대로 정렬하고 그 결과를 더 정확하게 만들 수 있습니다.

주기적 상태 스냅숏 저장 패턴

워터마크 패턴은 주기적 상태 스냅숏 패턴에서 필수 패턴으로 여러 스트림을 동기화하고 주기적으로 상태 스탭샷을 만들어서 저장할 때 사용합니다.

6.4.5 확장성 및 성능 최적화 패턴 정리

이 절에서는 클라우드 네이티브 스트림 처리 애플리케이션에 확장성 및 성능 최적화를 제공할 수 있는 여러 가지 패턴에 대해서 알아보았습니다. 아래 [표 6-4]에 이 패턴들을 언제 사용하면 좋으며 언제 사용해서는 안 되는지, 그리고 각 이점은 무엇인지 정리하였습니다.

표 6-4 확장성 및 성능 최적화 패턴

패턴	사용하면 좋은 경우	사용해서는 안 되는 경우	이점
순차 수송	• 스트림 프로세싱 애플리케이션의 확장성이 필요한 경우 • 스트림을 분할해서 각 스트림을 서로 다른 방식으로 처리해야 하는 경우 • 이벤트들을 병렬로 처리한 다음 원래 순서로 합쳐야 하는 경우	• 스트림 처리 애플리케이션이 전체 이벤트를 처리할 수 있는 충분한 능력이 있는 경우	• 스트림 처리 애플리케이션의 확장성을 제공 • 이벤트를 병렬로 처리한 경우 이벤트를 원래 순서로 합칠 수 있음
버퍼 이벤트 순차 정렬	• 이벤트를 순번 또는 생성 시각 기준으로 정렬해야 하는 경우 • 순서에 맞지 않는 이벤트들을 정렬해서 합치고 하나의 이벤트 스트림으로 만들어야 하는 경우	• 이미 정렬된 여러 이벤트 스트림을 다시 합쳐야 하는 경우 • 분산된 소스로부터 생성된 이벤트들의 실제 순서를 알아야 하는 경우 • 애플리케이션에서 신뢰성 패턴을 사용할 수 없는 경우	• 이벤트를 순서대로 정렬해야 하는 모든 애플리케이션 앞에 적용할 수 있음
오류 수정	• 이전에 생성한 결과를 수정해야 하는 경우 • 애그리게이션 추정치를 더 빨리 만들어야 하는 경우 • 이벤트 순서를 추정해서 먼저 처리한 다음 나중에 이 내용을 수정해야 하는 경우	• 출력 이벤트를 사용하는 다운스트림 시스템이 지속적인 이벤트 변경을 처리할 수 없는 경우	• 추정치를 더 빠르게 만들고 데이터가 더 많아지면 이 추정치를 수정할 수 있음

패턴	사용하면 좋은 경우	사용해서는 안 되는 경우	이점
워터마크	• 동기화가 맞지 않는 이벤트 스트림들에 대한 애그리게이션 작업을 처리해야 하는 경우 • 분산 시스템에서 생성된 이벤트들의 순서를 정렬해야 하는 경우	• 이벤트 소스 또는 그와 가까운 시스템이 워터마크 이벤트를 생성해서 넣을 수 없는 경우 • 중간 시스템이 워터마크 이벤트를 그대로 전달할 수 없는 경우 • 네트워크 대역폭이 중요한 자원인 경우	• 여러 스트림 간 이벤트들을 주기적으로 동기화할 수 있음 • 네트워크 또는 중간 시스템의 이벤트 처리로 인한 지연 문제를 해결할 수 있음

6.5 신뢰성 패턴

대부분의 클라우드 네이티브 스트림 프로세싱 애플리케이션은 자신의 상태를 메모리에 저장하기 때문에 이벤트를 낮은 지연속도와 높은 스루풋으로 처리할 수 있습니다. 이 때문에 신뢰성은 스트림 프로세싱 애플리케이션에서 중요한 부분 중 하나입니다. 이 장에서도 계속 설명하다시피 **신뢰성 패턴**reliability pattern을 사용해서 시스템에 장애가 발생하거나 재시작하는 상황에서 애플리케이션의 상태를 보존할 수 있습니다.

신뢰성 패턴은 또한 시스템 장애 상황에서 이벤트를 한 번 이상 보내는 최소 한 번 이벤트 전달 구현과 각 이벤트를 딱 한 번만 처리하도록 만드는 데도 도움이 됩니다. 이 절에서는 다양한 신뢰성 패턴에 대해서 살펴보고 긴급한 상황에서 클라우드 네이티브 애플리케이션의 상태를 어떻게 보존할 수 있는지 알아보겠습니다.

6.5.1 재생 패턴

애플리케이션의 상태가 최근에 처리한 이벤트에 따라 바뀐다면, 재생 패턴replay pattern을 사용해서 과거에 발생한 이벤트들을 재생하여 마이크로서비스의 상태를 복구할 수 있습니다.

어떻게 동작할까요

시스템이 동작을 멈춘 경우 이 패턴은 이 전의 이벤트들을 다시 보냅니다. 얼마나 많은 과거 이벤트를 보낼 것인지는 어떻게 사용하는지에 따라 다릅니다. 마이크로서비스가 과거 3분간의 데이터를 모아서 처리했다면 시스템이 복구된 후에는 과거의 최소 3분간 데이터를 보내야만 할 것입니다. 상태를 가지는 마이크로서비스가 주기적으로 자신의 상태를 저장한다면 마지막으로 저장한 스냅숏을 통해 마지막으로 처리한 이벤트를 알아낼 수 있습니다. 그러면 그 이후 발생한 이벤트들만 보내면 되겠죠.

시스템의 상태를 다시 만들려면, 데이터를 만들어내는 시스템은 마이크로서비스가 이벤트를 가져간 후에도 계속 이벤트를 저장하고 있어야 합니다. 자동으로 이벤트에 대한 응답을 처리하는 일반적인 메시지 브로커의 경우 마이크로서비스가 이벤트를 가져가고 응답을 보내면 이벤트를 삭제하기 때문에, 내구성 구독이나 소비한 이벤트에 대해서 다른 방식으로 응답을 보내지 않는 이상 이 패턴에서는 사용할 수 없습니다. 아래 [그림 6-22]에서와 같이 마이크로서비스가 이벤트를 처리하고 상태를 초기화하거나 또는 스토어에 상태를 저장할 때까지 메시지 큐에 응답을 보내지 않도록 할 수 있습니다.

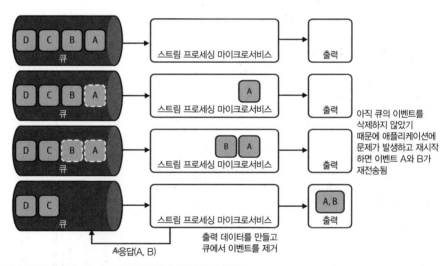

그림 6-22 마이크로서비스의 출력이 만들어질 때까지 응답을 지연

이 패턴에서는 카프카나 NATS와 같이 마이크로서비스에 이벤트를 전달해도 이벤트를 삭제하지 않는 로그 기반 메시지 브로커를 사용하여 마이크로서비스가 메시지 브로커로부터 이벤트를 전달받고 사용할 수 있습니다. 이런 메시지 브로커들을 사용하면 마이크로서비스가 마지막으로 처리한 마지막 이벤트 순번을 사용해서 그 이후의 이벤트들을 가져와서 계속 처리할 수 있습니다. 또는 관계형 데이터베이스나 NoSQL 스토어, 파일 시스템과 같은 영구 데이터 스토어를 사용해서 이벤트를 저장하고 읽어올 수도 있습니다.

어떻게 사용할 수 있나요

이 패턴을 사용해서 시스템 장애 또는 재시작 상황에서 애플리케이션이 받지 못한 이벤트를 다시 전송하고 재생해서 상태를 복구할 수 있습니다.

시스템 상태가 저장되지 않은 상태에서 이벤트를 재생하고 복구

최근 1분간 구매 주문에 대한 집계를 내는 애플리케이션을 생각해봅시다. 1분 단위 배치 작업을 실행하는 것이기 때문에 각 1분이 끝나게 되면 마이크로서비스는 집계 결과를 만들어 내고 상태를 초기화 합니다. 만약 내구성 토픽 구독durable topic subscription 기능을 사용해서 이벤트를 가져온다면 1분 단위 배치 작업이 끝날 때까지 전달받은 이벤트에 대한 응답을 미룰 수 있습니다. 그러면 메시지 브로커는 각 1분 단위 작업이 끝날 때까지 메시지 큐에 있는 이벤트를 삭제하지 않고 기다리게 됩니다. 그리고 작업이 끝나고 응답을 보내면 그제서야 메시지 브로커가 이벤트를 삭제합니다.

다른 예를 살펴봅시다. 오류를 찾기 위해 로그 파일을 분석하는 애플리케이션을 생각해봅시다. 그리고 이벤트를 처리하는 마이크로서비스는 상태가 없는, 무상태 서비스입니다. 이런 마이크로서비스는 하나의 폴더 안에 있는 로그 파일을 분석해서 분석을 완료하면 다른 폴더로 옮기는 방식으로 구현할 수 있습니다. 애플리케이션이 로그 파일을 분석하다가 장애가 발생하면, 아직 분석이 끝나지 않은 파일은 옮기기 전의 폴더에 계속 남아있기 때문에 서비스가 동작을 재개하면 해당 폴더의 로그 파일을 계속 읽어와서 분석합니다. 이런 방식으로 모든 이벤트가 처리될 것임을 보장할 수 있는 것이죠.

시스템이 상태를 저장하는 상황에서 이벤트를 재생하고 상태를 복구

최근 한 시간 동안 기온의 평균을 계산하는 서비스를 생각해봅시다. 이 마이크로서비스는 카프카로부터 이벤트를 가져와서 의존 시스템에 매 1분마다 데이터를 전송합니다. 마이크로서비스가 집계 상태를 매 1분마다 데이터 스토어에 저장하면, 시스템에 문제가 발생했을 때 데이터 스토어로부터 상태를 읽어와서 복구하고 해당 시점 이후의 이벤트를 가져와서 재생할 수 있습니다.

고려해야 할 사항들

재생 패턴을 사용해서 애플리케이션 상태를 복구할 수는 있지만, 그 과정에서 이벤트를 중복 처리해서 결과를 만들 수도 있습니다. 이런 경우 이벤트 처리 결과를 사용하는 의존 시스템은 멱등성, 즉 작업 처리 결과가 항상 같은 상태를 유지해야 합니다. 중복 처리된 이벤트가 의존 시스템에 문제를 일으킬 수 있다면 이 패턴을 사용해서는 안 됩니다.

재생 패턴을 사용할 때 몇몇 이벤트가 유실되는 상황이 발생할 수 있습니다. 예를 들어 이벤트 소스에서 최근 2분간 발생한 이벤트를 버퍼에 저장함으로써 필요한 경우 이벤트를 다시 발행할 수 있는 기능이 있다고 가정해보겠습니다. 이벤트 처리 애플리케이션에 문제가 발생하고 2분 이후에 다시 재시작에 성공한 경우, 이벤트 소스 측에서는 버퍼 공간 제한으로 인해 새로운 이벤트를 저장하기 위해 이전 이벤트를 모두 삭제한 상태입니다. 따라서 이 패턴은 이벤트 소스가 더 긴 시간 동안 이벤트를 저장할 수 있는 충분한 스토어가 있는 경우에만 사용하는 것이 좋습니다. 또한 이벤트 처리 애플리케이션이 상태를 영구 저장해야 하는 경우 이 패턴을 주기적 상태 스냅숏 저장 패턴과 함께 사용하는 것이 좋습니다.

관련 패턴들

발행자-구독자 패턴

이벤트 소스의 내구성 구독을 통해 시스템이 복구된 후 이벤트를 재생할 때 사용할 수 있습니다. 이 패턴은 5장에서 자세히 설명한 바 있습니다.

주기적 상태 스냅숏 저장 패턴

이 패턴을 재생 패턴과 함께 사용해서 애플리케이션의 상태를 복구하고 애플리케이션의 전체 상태 복구 시간을 줄일 수 있습니다.

6.5.2 주기적 상태 스냅숏 저장 패턴

애플리케이션의 상태를 각 이벤트를 처리할 때마다 저장하는 것은 현실적인 방법이 아닙니다. 상태에 접근하고 저장하느라 클라우드 네이티브 애플리케이션에 엄청나게 긴 지연 시간이 발생할 수도 있기 때문입니다. **주기적 상태 스냅숏 저장 패턴**periodic snapshot state persistence pattern을 사용하면 애플리케이션 상태를 주기적으로 저장해서 시스템 장애나 재시작에 대응하고 상태를 복구할 수 있습니다.

어떻게 동작할까요

이 패턴은 주기적으로 현재 상태에 대한 사본을 만들고 이벤트를 처리하기 전에 스토어에 상태 사본을 저장합니다. 상태를 저장하고자 하는 마이크로서비스는 아마존 S3와 같은 스토어에 상태를 저장하고 읽을 수 있어야 합니다.

장애 상황에서도 이벤트가 유실되지 않고 최소 한 번 전달을 보장하려면 이벤트를 읽어올 때 메시지 브로커를 사용해야 합니다. 카프카와 같은 로그 기반 메시지 브로커를 사용한다면 아래 [그림 6-23]과 같이 상태 스냅숏을 저장할 때 이벤트의 순번도 함께 저장할 수 있습니다. 순번을 저장함으로써 시스템이 재시작할 때 상태 스냅숏을 읽어온 다음 저장된 이벤트 순번을 토대로 메시지 브로커로부터 이벤트를 읽어올 수 있습니다.

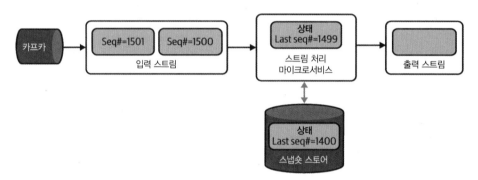

그림 6-23 카프카의 이벤트 순번을 주기적 상태 스냅숏에 함께 저장

액티브MQ와 같은 표준 메시지 브로커를 사용할 경우에는 상태 스냅숏을 저장한 다음 메시지 브로커에 처리 상황에 대한 응답을 보내야만 합니다. 그래야지 마이크로서비스가 재시작했을 때 메시지 브로커가 응답을 받지 못한 이벤트들을 가지고 있기 때문입니다.

이 패턴을 사용하면 이벤트에 대한 최소 한 번 전달을 보장할 수 있습니다. 마지막 상태 스냅숏을 저장하고 난 다음에 이벤트가 도착하면, 장애가 발생했을 때 해당 이벤트는 다시 전송되는 상황이 발생합니다. 이런 중복 전송된 이벤트가 다시 처리되고 다운스트림 시스템에 두 번째로 전송되기 때문에 결국 이벤트가 중복 전달되는 것이죠.

[그림 6-24]는 카프카로부터 이벤트를 읽어와서 총합을 계산하는 작업의 예시를 보여주고 있습니다. 마이크로서비스는 순번이 1499인 이벤트를 처리한 이후 총합 60으로 계산하여 상태 스냅숏을 저장하고 시스템에 문제가 생기기 직전까지 순번이 1500과 1501인 이벤트 두 개를

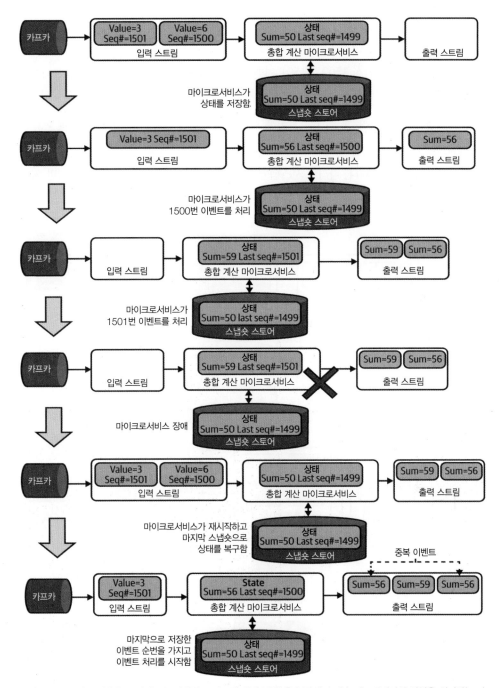

그림 6-24 상태 스냅숏을 주기적으로 저장하고 시스템 장애 발생 후 복구해서 계속 애그리게이션 작업을 처리하는 마이크로서비스

처리하고 그 결과로 총합을 각각 56과 59로 계산해서 출력합니다. 장애가 발생한 수 서비스가 재시작하고 마지막 상태 스냅숏을 읽어옵니다. 그리고 1499번 이후의 이벤트를 카프카로부터 읽어옵니다. 카프카는 다시 1500과 1501 이벤트를 전달하고 마이크로서비스는 총합 56과 59를 다시 계산해서 출력하기 때문에 다운스트림 시스템은 중복된 이벤트를 전달받게 됩니다.

종속 시스템이 중복 이벤트를 제대로 처리할 수 없다면 아래 [그림 6-25]와 같이 출력 스트림의 이벤트에 새로운 순번을 매겨야 합니다. 이를 통해 종속 시스템은 중복 이벤트를 처리하지 않고 그냥 버릴 수 있습니다. 따라서 시스템에 장애가 발생하더라도 이벤트를 딱 한 번만 처리할 수 있게 됩니다.

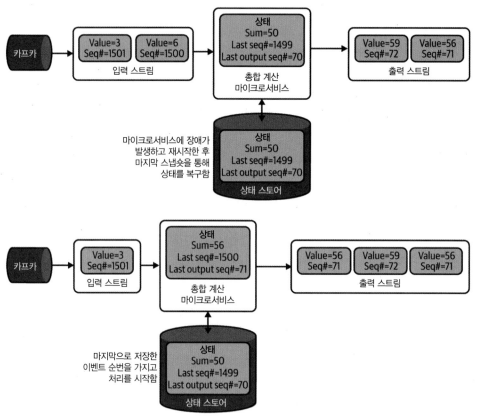

그림 6-25 마이크로서비스가 종속 시스템이 중복 이벤트를 탐지할 수 있도록 출력 스트림의 이벤트에 새로운 순번을 매김

주기적으로 상태를 저장하지 않고 워터마크 패턴 방식과 비슷하게 워터마크 이벤트를 통해 이벤트를 동기화할 때마다 상태 스냅숏을 저장하는 방법도 있습니다. 그러면 지정된 워터마크 이전의 모든 이벤트가 전부 처리되고 그에 대한 상태가 저장됨을 보장할 수 있습니다.

어떻게 사용할 수 있나요

마이크로서비스가 데이터를 메모리에 저장하고 처리하며, 이벤트를 처리할 때마다 그 상태를 스토어에 저장하지 않을 때 대신 이 패턴을 사용해서 상태를 저장할 수 있습니다.

최근 10분간 계속 주가가 상승하는지를 탐지하는 애플리케이션을 생각해봅시다. 마지막으로 주가가 떨어진 후 주가가 오르는지를 계속 살펴보면서 그 시간이 10분이 지났는지를 확인하면 됩니다. 그리고 10분이 지나면 사용자에게 알리는 것이죠.

카프카 토픽을 사용해서 이벤트를 읽어온다면, 현재 주가 정보와 더불어 마지막으로 처리한 이벤트의 순번과 주가가 마지막으로 하락한 시각도 기억해야 합니다. 이 세 가지 정보를 마이크로서비스의 **상태**라고 할 수 있습니다. 마이크로서비스가 장애로 인해 동작을 멈추고 재시작할 때 상태를 복구하려면 이 세 가지 값을 데이터베이스나 스토어에 주기적으로 저장해야 합니다. 상태 복구 과정에서 마이크로서비스는 마지막으로 저장한 상태 스냅숏을 통해 세 가지 정보를 읽어오고 마지막으로 처리한 이벤트의 순번 이후를 카프카에 요청해서 이벤트를 재생합니다. 이를 통해 시스템 장애 상황에서도 시스템 상태를 복구하고 처리를 계속 할 수 있는 것이죠.

고려해야 할 사항들

시스템 장애 상황에서도 절대 유실해서는 안 되는 중요한 데이터를 처리하는 경우에만 이 패턴을 사용하세요. 데이터를 유실해도 큰 문제가 없는 애플리케이션에 이 패턴을 도입하면 애플리케이션 운영만 더 힘들어질 뿐입니다. 1분 크기의 작은 윈도우를 사용하는 처리 시스템의 경우 장애가 발생하면 장애가 지속되는 시간만큼 영향을 받을 것입니다. 상태를 복구하려면 재생 패턴을 사용해서 장애가 발생한 시간 동안 생성된 이벤트들을 재생해서 원래 상태로 돌아갈 수 있습니다. 만약 마지막으로 저장한 애플리케이션 상태가 하루 전의 것이라면, 상태를 복구하기 위해서는 하루 분량의 이벤트를 재생해야 하는데 이는 이벤트의 양이 너무 많기 때문에 현실적으로 어렵다고 할 수 있습니다. 이런 경우에는 주기적 상태 스냅숏 저장 패턴을 사용하는 것이 큰 도움이 됩니다.

어떤 경우에는 서비스의 상태 그 자체가 아주 크고 읽고 쓰는 데 시간이 오래 걸릴 수도 있습니다. 이 때는 증분 스냅숏incremental snapshot을 사용해서 이전 스냅숏과 현재 상태 간의 차이점만 기록하는 것으로 문제를 해결할 수 있습니다. 그리고 서비스가 재시작하면 증분 스냅숏을 재생해서 상태를 복구할 수 있습니다. 5 분 크기의 윈도우가 1분 단위로 움직이는 애플리케이션이 있다고 생각해봅시다. 이 애플리케이션은 마지막 분 단위로 변경이 이루어진 경우 매 1분 마다 변경된 내용만 증분 스냅숏으로 저장합니다. 장애가 발생하면 마지막 다섯 개의 스냅숏을 읽어와서 마지막 5분 크기의 윈도우 상태를 복구할 수 있습니다.

상태 스냅숏을 만들고 스토어에 저장할 때는 스레드나 그와 비슷한 기술을 사용해서 상태를 저장하는 작업이 이벤트를 처리하는 작업을 중단시키지 않도록 해야 합니다.

상태 스냅숏을 만들고 저장하는 주기는 짧지 않도록 합니다. 주기가 짧다고 해서 크게 이득을 보는 것도 아닙니다. 그렇다고 스냅숏 저장 주기가 너무 긴 것도 좋지 않습니다. 증분 스냅숏의 크기가 커져서 읽고 쓰는 데 시간이 오래 걸릴 수도 있으며, 상태 복구 시 더 많은 이벤트를 재생해야 한다는 문제도 있습니다.

관련 패턴들

임시 이벤트 순차 정렬 패턴 및 윈도우드 애그리게이션 패턴

이 패턴들과 주기적 상태 스냅숏 저장 패턴을 함께 사용해서 상태를 저장하고 신뢰성을 구현할 수 있습니다.

재생 패턴

마지막 상태 스냅숏을 저장하고 이를 사용해서 상태를 복구한 경우, 재생 패턴을 사용해서 유실된 이벤트들을 다시 처리하고 상태를 복구할 수 있습니다.

워터마크 패턴

여러 마이크로서비스 간 상태 스냅숏을 동기화할 때 사용할 수 있습니다.

6.5.3 이중화 노드 장애 극복 기능 패턴

저 지연 마이크로서비스는 장애가 발생했을 때 수 분에 걸쳐서 재시작하고 상태를 복구할 만큼 여유롭지 않습니다. 이런 마이크로서비스들은 여러 개를 한꺼번에 실행해서 장애를 극복하도록 만드는 것이 운영 차원에서도 더 좋습니다. 이렇게 마이크로서비스를 여러 노드로 실행하는 것을 **이중화 노드 장애 극복 기능 패턴**two-node failover pattern이라고 합니다.

어떻게 동작할까요

이 패턴은 백업 마이크로서비스를 병렬로 실행합니다. 마이크로서비스들을 배포할 때 우선 리더를 뽑습니다. 리더는 주키퍼와 같은 서비스를 사용하거나 네이티브 클라우드 서비스를 사용해서 하나의 마이크로서비스를 주 서비스로, 다른 하나를 부 서비스로 지정합니다.

[그림 6-26]의 두 개의 마이크로서비스들이 들어오는 모든 이벤트를 처리합니다. 양쪽 마이크로서비스는 같은 토픽을 구독함으로써 같은 이벤트를 처리하는데, 이는 5장에서 설명한 발행자-구독자 패턴으로 구현합니다. 양쪽 마이크로서비스가 같은 이벤트를 처리하기 때문에 두 서비스는 같은 상태를 유지합니다. 다만 주 서비스만 종속 시스템 측으로 이벤트 처리 결과를 전송하며, 또한 부 서비스로도 출력 결과를 보내줍니다. 부 서비스는 주 서비스의 출력 결과와 자신의 결과를 비교하고 주 서비스가 이미 처리한 이벤트 결과(이벤트 B)는 버립니다.

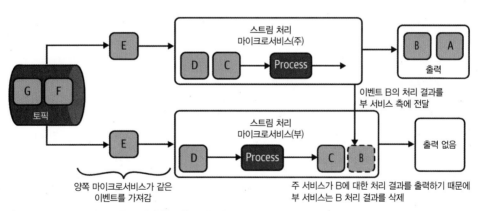

그림 6-26 주 서비스와 부 서비스 운용을 통한 장애 극복

이런 와중에 주 서비스가 동작을 중지하면 부 서비스는 주 서비스로 승격되고 이벤트 처리 결과를 종속 시스템으로 전달합니다. 부 서비스는 주 서비스가 마지막으로 어떤 이벤트를 처리했

는지 알기 때문에(이벤트 B), 어떤 서비스가 아직 처리되지 않고 전달되지 않았는지를 알 수 있습니다(이벤트 C). 그래서 새로운 이벤트(이벤트 D)를 처리하고 발행하기 전에 우선 출력 되지 않은 이벤트(이벤트 C)를 우선 종속 시스템으로 전달합니다.

나중에 문제가 생긴 서비스가 다시 시작하면 부 서비스로서 동작하기 시작합니다. 이벤트를 받아서 처리하고 현재 주 서비스가 만든 처리 결과에 따라서 해당 처리 결과를 버립니다.

시간이 지나고 나면 재시작한 부 서비스의 상태는 주 서비스의 상태와 똑같아지며 다시 장애가 발생하였을 때 주 서비스가 될 수 있는 요건을 갖춥니다. 마이크로서비스가 주기적 상태 스냅 숏 저장 패턴을 사용한다면 재시작 시 서비스 상태를 더 빠르게 복구할 수 있으며 시스템의 전 반적인 가용성을 향상시킬 수 있습니다.

어떻게 사용할 수 있나요

이 패턴은 시스템의 장애로 인한 운용 중단 시간이나 지연 시간의 증가가 문제가 될 때 사용하 면 좋습니다. NATS 메시지 브로커로부터 주식 거래 이벤트를 전달받아서 주식의 매수 및 매 도 수를 실시간으로 계산한 다음 이 정보를 주식 중개인에게 전달해서 현재 시장의 동향을 빠 르게 파악할 수 있는 애플리케이션을 만든다고 생각해봅시다. 이중화 노드 장애 극복 기능 패 턴을 사용하면 주 서비스에 문제가 발생해서 동작을 멈추었을 때 빠르게 부 서비스로 전환할 수 있을 뿐 아니라, 어떤 이벤트도 유실되지 않는다는 것을 보장할 수 있습니다. 이는 부 서비 스가 주 서비스에서 발행하지 않은 데이터만 발행하기 때문입니다.

고려해야 할 사항들

낮은 지연 시간이 애플리케이션의 주요 요구사항인 경우에만 이 패턴을 사용하세요. 그 외의 경우에는 주기적 상태 스냅숏 저장 패턴이 더 좋습니다. 이 패턴은 구현하기 어려울 뿐 아니라, 시스템 장애 동안 서비스가 불가능해도 큰 문제가 없다면 굳이 아키텍처에 복잡도를 증가시킬 필요도 없기 때문입니다.

이 패턴에서는 양측 마이크로서비스가 모두 안정적인 네트워크 연결을 가진다고 가정합니다. 주 서비스가 출력을 부 서비스로도 전달해야 하기 때문이죠. 주 서비스와 부 서비스 간 네트워 크 단절이 발생할 경우 출력 결과를 전달할 수 없다는 위험성도 있습니다. 이 경우 제3의 시스 템을 도입해서 리더를 선출하고 관리할 수 있어야 합니다. 그렇지 않으면 양쪽 서비스가 모두

주 서비스가 되어 다운스트림 시스템에 출력을 내보낼 수 있기 때문입니다.

그리고 양쪽 마이크로서비스가 동시에 동작을 멈출 수도 있다는 점을 유념해야 합니다. 양쪽 서비스가 동시에 멈추면 시스템 사용이 불가능해지며 애플리케이션의 상태를 유실하게 됩니다. 이를 방지하기 위해 주기적 상태 스냅숏 저장 패턴이나 재생 패턴을 사용해서 상태를 복구하도록 만듭니다.

이 패턴에서는 두 개의 노드를 사용하지만 그렇다고 더 많은 데이터를 처리할 수는 없습니다. 부 서비스를 단지 장애가 발생하였을 때 대비책으로만 사용하기 때문이죠. 확장성이 필요하다면 순차 수송 패턴을 사용하고 각 병렬 처리 서비스를 주 서비스와 부 서비스로 짝을 지어 배포함으로써 확장성과 장애 극복 기능을 동시에 만족할 수도 있습니다.

관련 패턴들

주기적 상태 스냅숏 저장 패턴 및 재생 패턴

이 패턴들을 이중화 노드 장애 극복 기능 패턴과 함께 사용해서 마이크로서비스가 재시작할 때 상태를 복구할 수 있습니다.

순차 수송 패턴

스트림 처리 애플리케이션의 확장성을 구현해야 할 때 이 패턴을 사용합니다.

발행자—구독자 패턴

주 마이크로서비스와 부 마이크로서비스가 같은 이벤트를 받아서 처리하기 위해 이 패턴을 사용합니다. 5장에서 자세히 설명한 바 있습니다.

6.5.4 신뢰성 패턴 정리

이 절에서는 클라우드 네이티브 스트림 프로세싱 애플리케이션에서 많이 사용하는 신뢰성 패턴에 대해 살펴보았습니다. [표 6-5]에 이 패턴들을 언제 사용하면 좋으며 언제 사용해서는 안 되는지, 각각의 이점은 무엇인지 정리하였습니다.

표 6-5 신뢰성 패턴

패턴	사용하면 좋은 경우	사용해서는 안 되는 경우	이점
재생	• 시스템 상태가 최근 이벤트에 의해 결정되는 경우 • 이전에 처리한 이벤트에 접근해서 상태 복구가 가능한 경우 • 스토어나 파일 시스템, 로그 기반 메시지 브로커를 통해 데이터를 처리하는 경우	• 이전에 처리한 이벤트에 다시 접근할 수 있다고 보장할 수 없는 경우 • 종속 시스템이 중복 이벤트를 처리할 수 없는 경우 • 시스템이 상태 복구에 시간이 소요되어서는 안 되는 경우 • 시스템의 상태가 장시간에 걸쳐 처리된 이벤트에 의해 결정되는 경우	• 대량의 스냅숏을 저장하지 않고도 상태를 복구할 수 있음
주기적 상태 스냅숏 저장	• 시스템의 상태가 장시간에 걸쳐 처리된 이벤트에 의해 결정되는 경우 • 이전에 처리한 이벤트에 접근해서 상태 복구가 가능한 경우 • 스토어나 파일 시스템, 로그 기반 메시지 브로커를 통해 데이터를 처리하는 경우	• 시스템 상태가 최근 처리한 이벤트에만 영향을 받는 경우 • 이전에 처리한 이벤트에 다시 접근할 수 있다고 보장할 수 없는 경우 • 시스템의 상태 복구에 시간이 소요되어서는 안 되는 경우	• 상태를 더 빠르게 복구할 수 있음 • 더 긴, 더 큰 장애의 경우에도 시스템 복구가 가능함 • 종속 애플리케이션이 중복 이벤트를 처리하지 않도록 할 수 있음
다중 노드 장애 극복 기능	• 애플리케이션 상태 복구에 시간이 걸려서는 안 되는 경우 • 시스템의 상태가 장시간에 걸쳐 처리된 이벤트에 의해 결정되는 경우 • 스토어나 파일 시스템, 로그 기반 메시지 브로커를 통해 데이터를 처리하는 경우	• 이전에 처리한 이벤트에 다시 접근할 수 있다고 보장할 수 없는 경우 • 시스템 상태 복구에 시간이 소요되어도 문제가 없는 경우	• 저 지연, 고가용성 애플리케이션을 구현할 수 있음 • 종속 애플리케이션이 중복 이벤트를 처리하지 않도록 할 수 있음

6.6 사용 기술

스트림 처리는 마이크로서비스 형태로 설계할 수도 있고 스트림 프로세싱 시스템을 사용하는 형태로 배포할 수도 있습니다. 변환 패턴이나 필터와 한계값 패턴과 같이 간단한 패턴은 마이크로서비스 로직으로 구현할 수 있습니다. 하지만 더 복잡한 패턴은 기존의 스트림 프로세싱 기술들을 사용하는 것이 좋습니다.

이 절에서는 사용할 수 있는 다양한 스트림 프로세싱 기술에 대해서 알아보고 각각을 어떻게 클라우드 네이티브 애플리케이션에서 사용할 수 있는지 알아봅니다.

6.6.1 에스퍼

에스퍼는 GPL v2 라이센스를 따르는 이벤트 처리 라이브러리입니다. 자바나 닷넷 기반 마이크로서비스 애플리케이션에서 스트림을 처리하는 로직을 구현할 때 사용할 수 있습니다. 변환이나 필터링, 한계값, 윈도우드 애그리게이션, 조인, 임시 이벤트 순차 정렬과 같은 스트림 처리 패턴을 구현할 수 있습니다.

에스퍼는 다양한 프로세싱 로직을 자체적으로 제공하기 때문에 애플리케이션의 복잡도를 낮출 수 있습니다. 자바나 닷넷 오브젝트 형태로 이벤트를 모델링해서 에스퍼에 처리하라고 전달만 하고, 에스퍼가 만드는 출력을 구독하면 그만입니다. 또한 에스퍼는 스트림 프로세싱 로직 설정을 위한 질의 언어도 지원합니다. 마이크로서비스 내에서, 혹은 서버리스 기능으로 스트림 프로세싱 로직을 구현할 때 에스퍼를 사용하는 것이 좋습니다.

6.6.2 Siddhi

Siddhi는 자바 기반 스트림 프로세싱 라이브러리 및 마이크로서비스로 아파치 라이센스 2.0을 따릅니다. 라이브러리 형태로 에스퍼처럼 마이크로서비스와 함께 배포해서 스트림 프로세싱 로직을 처리할 수 있습니다. 또한 SQL^{Siddhi Query Language}를 통해 스트림 프로세싱 로직을 정의할 수 있으며 변환이나 필터링, 한계값, 윈도우드 애그리게이션, 조인, 임시 이벤트 순차 정렬, 머신러닝과 같은 패턴들을 구현할 수 있습니다. 마이크로서비스 또는 서버리스 형태로 스트림 프로세싱 로직을 구현하고자 할 때 사용할 수 있습니다.

또한 주기적 상태 스냅숏 저장이나 이중화 노드 장애 극복 기능 패턴과 같은 신뢰성 패턴을 지원하는 독립적으로 실행 가능한 마이크로서비스 형태로 스트림 프로세싱 로직을 실행하고 싶을 때도 Siddhi를 사용할 수 있습니다. Siddhi 질의 언어를 사용해서 Siddhi가 어디에서 이벤트를 가져올 것인지, 이벤트는 어떻게 처리할 것인지, 처리 결과는 어디로 발행할 것이며 쿠버네티스에 어떻게 배포할 것인지도 설정할 수 있습니다.

6.6.3 ksqlDB

ksqlDB는 스트림 프로세싱 및 데이터베이스 시스템으로서 카프카의 일부로 제공됩니다. 분산 이벤트 처리를 위한 메시지 브로커로 카프카를 사용하는 환경에서만 사용할 수 있습니다. ksqlDB의 규칙을 정의해서 카프카 스트림으로부터 이벤트를 읽어와서 처리하고 발행하도록 만들 수 있습니다. 또한 변환이나 필터링, 한계값, 윈도우드 애그리게이션, 조인과 같은 패턴을 지원합니다. 입력 이벤트에 대한 구체화된 뷰 패턴도 적용할 수 있어서 클라우드 네이티브 애플리케이션에서 필요할 때마다 질의를 처리할 수도 있습니다. 필요할 때마다 데이터를 가져올 수 있어서 관계형 데이터베이스처럼 모델링할 수 있기 때문에 아주 유용한 기능입니다. 클라우드 네이티브 애플리케이션에서 카프카를 메시지 브로커로 사용할 때, 그리고 구체화된 뷰 패턴을 통해 이벤트 로그에 대한 질의 처리가 필요할 때 ksqlDB를 사용할 것을 권장드립니다.

6.6.4 아파치 스파크

아파치 스파크는 빅데이터, 그리고 스트림 프로세싱 플랫폼으로 아파치 라이센스 2.0을 따릅니다. 아파치 Mesos, 하둡 얀, 쿠버네티스 환경에서 동작합니다. 스파크는 특히 배치 작업에서 강점을 보이긴 하지만 변환이나 필터링, 한계값, 윈도우드 애그리게이션, 조인, 머신러닝과 같은 스트림 프로세싱 패턴도 지원합니다.

질의문과 구조적 프로그래밍 방식 모두를 지원하기 때문에 사용자는 자바나 스칼라, 파이선과 같은 프로그래밍 언어를 사용해서 스트림 처리 및 배치 처리 작업 모두를 구현할 수 있습니다. 주기적으로 스토어에 데이터를 백업함으로써 신뢰성도 제공합니다. 애플리케이션이 주로 배치 작업을 처리하면서 가끔 스트림 처리 작업을 해야 한다면 스파크가 좋은 선택지가 될 것입니다.

6.6.5 아파치 플링크

아파치 플링크는 완전한 형태의 스트림 프로세싱 플랫폼으로 아파치 라이센스 2.0을 준수합니다. 쿠버네티스나 Knative, AWS 람다와 같은 플랫폼에서 실행할 수 있습니다. 또한 변환이나 필터링, 한계값, 윈도우드 애그리게이션, 조인, 임시 이벤트 순차 정렬, 그래프 프로세싱과 같은 다양한 스트림 프로세싱 패턴을 지원합니다. 아울러 이벤트를 딱 한 번만 처리할 것을 보장할 수 있으며 워터마크를 통한 데이터 프로세싱 지원과 스냅숏을 S3나 GCS, HDFS와 같은 스토어에 저장함으로써 신뢰성도 제공합니다.

플링크는 간단한 질의 언어를 통해 스트림 프로세싱 로직을 정의할 수 있습니다. 또한 Table API를 제공해서 선언적 데이터 처리declarative data processing가 가능하며 더 세부적인 구성을 위해 데이터 스트림 및 스트림 프로세싱 API를 자바로 제공합니다. 대규모 스트림 프로세싱 작업에 높은 확장성과 고가용성이 필요하다면 플링크를 사용하는 것이 좋습니다.

6.6.6 아마존 키네시스

아마존 키네시스는 AWS에서 제공하는 확장 가능한 관리형 스트림 프로세싱 서비스입니다. SQL또는 플링크 기반 데이터 프로세싱을 지원하며 사용자가 고유의 클라우드 네이티브 애플리케이션을 만들어서 아마존 람다 또는 EC2 환경에서 실행할 수도 있습니다. SQL 모드에서는 변환이나 필터링, 한계값, 윈도우드 애그리게이션, 조인 패턴을 지원합니다. 플링크 모드에서는 모든 표준 스트림 프로세싱 기능을 지원합니다. 이벤트 스트림뿐만 아니라 비디오 스트림 처리도 가능합니다. 클라우드 네이티브 애플리케이션을 AWS 환경에서 실행한다면 키네시스를 사용하시길 권장드립니다.

6.6.7 애저 스트림 애널리틱스

애저 스트림 애널리틱스Azure Stream Analytics는 확장 가능한 스트림 분석 플랫폼으로서 마이크로소프트 사가 제공하는 관리형 서비스입니다. SQL 질의나 GUI를 통해 스트림 프로세싱 로직을 정의할 수 있습니다. 또한 변환이나 필터링, 한계값, 윈도우드 애그리게이션, 조인, 임시 이벤트 순차 정렬, 머신러닝과 같은 패턴을 지원합니다. 또한 클라우드 환경과 에지 노드edge node 모두에서 스트림 프로세싱 질의를 실행할 수 있는 하이브리드 구조도 지원합니다. 클라우드 네이티브 애플리케이션을 애저 환경에서 실행한다면 애저 스트림 애널리틱스를 사용하는 것이 좋습니다.

6.6.8 구글 데이터플로

구글 데이터플로Google Dataflow는 구글이 제공하는 확장 가능한 스트림 프로세싱 플랫폼으로 관리형 서비스입니다. 아파치 빔Apache Beam SDK나 SQL 질의, GUI를 통해 스트림 프로세싱 로직을 정의할 수 있습니다. 또한 변환이나 필터링, 한계값, 윈도우드 애그리게이션, 조인, 임시 이벤트 순차 정렬, 머신러닝과 같은 패턴을 지원합니다.

아파치 빔 SDK를 사용하면 개발자들이 아파치 플링크와 같은 온프레미스 스트림 프로세싱 시스템에 스트림 프로세싱 로직을 구현하고 배포할 수 있습니다. 클라우드 네이티브 애플리케이션을 구글 클라우드 환경에서 실행한다면, 구글 데이터플로를 사용하는 것이 좋습니다.

6.6.9 스트림 프로세싱 기술 정리

이 절에서는 클라우드 네이티브 애플리케이션 환경에서 주로 사용하는 스트림 프로세싱 시스템 및 기술들에 대해서 알아보았습니다. 아래 [표 6-6]에 각 기술들을 언제 사용하면 좋은지, 언제 사용해서는 안 되는지를 정리해 두었습니다.

표 6-6 스트림 프로세싱 기술

스트림-프로세싱 기술	사용하면 좋은 경우	사용해서는 안 되는 경우
에스퍼	• 클라우드 네이티브 애플리케이션에 스트림 프로세싱 로직을 내장할 경우 • 변환, 필터와 한계값, 윈도우드 애그리게이션, 조인, 임시 이벤트 순차 정렬 패턴을 사용하는 경우	• 독립적인 애플리케이션으로 사용해야 할 경우 • 머신러닝 모델을 사용하는 경우 • 내장 신뢰성 기능이 필요한 경우
Siddhi	• 클라우드 네이티브 애플리케이션에 스트림 프로세싱 로직을 내장할 경우 • 독립적인 클라우드 네이티브 애플리케이션 형태로 사용할 경우 • 변환, 필터와 한계값, 윈도우드 애그리게이션, 조인, 임시 이벤트 순차 정렬, 머신러닝 패턴을 사용하는 경우	• 높은 확장성이 요구되는 경우
ksqlDB	• 인프라스트럭처에서 카프카를 사용하는 경우 • 변환, 필터와 한계값, 윈도우드 애그리게이션, 조인 패턴을 사용하는 경우 • 입력 이벤트에 대해 구체화된 뷰 패턴을 적용해야 하는 경우	• 인프라스트럭처에서 카프카를 사용하지 않는 경우 • 임시 이벤트 순차 정렬 또는 머신러닝 패턴을 사용해야 하는 경우

스트림-프로세싱 기술	사용하면 좋은 경우	사용해서는 안 되는 경우
아파치 스파크	• 스트림 및 배치 프로세싱 둘 다 필요한 경우 • 변환, 필터와 한계값, 윈도우드 애그리게이션, 조인, 머신러닝 패턴을 사용하는 경우	• 스트림 프로세싱에 가벼운 시스템을 사용해야 하는 경우 • 임시 이벤트 순차 정렬 패턴이 필요한 경우 • 클라우드 네이티브 애플리케이션에 스트림 프로세싱 로직을 내장해야 하는 경우
아파치 플링크	• 변환, 필터와 한계값, 윈도우드 애그리게이션, 조인, 임시 이벤트 순차 정렬, 그래프 프로세싱이 필요한 경우 • 높은 확장성과 고가용성이 필요한 경우	• 스트림 프로세싱에 가벼운 시스템을 사용해야 하는 경우 • 클라우드 네이티브 애플리케이션에 스트림 프로세싱 로직을 내장해야 하는 경우
아마존 키네시스	• AWS에서 플링크를 사용하는 경우 • 변환, 필터와 한계값, 윈도우드 애그리게이션, 조인, 임시 이벤트 순차 정렬, 그래프 프로세싱이 필요한 경우	• AWS가 아닌 다른 환경에서 실행하는 경우 • 클라우드 네이티브 애플리케이션에 스트림 프로세싱 로직을 내장해야 하는 경우
애저 스트림 애널리틱스	• 변환, 필터와 한계값, 윈도우드 애그리게이션, 조인, 임시 이벤트 순차 정렬, 머신러닝 패턴을 사용하는 경우 • 스트림 프로세싱 질의를 클라우드 및 에지 노드 모두에서 실행해야 하는 경우	• 애저가 아닌 다른 환경에서 실행하는 경우 • 클라우드 네이티브 애플리케이션에 스트림 프로세싱 로직을 내장해야 하는 경우
구글 데이터플로	• 변환, 필터와 한계값, 윈도우드 애그리게이션, 조인, 임시 이벤트 순차 정렬, 머신러닝 패턴을 사용하는 경우 • 온프레미스 스트림 프로세싱 시스템에서도 스트림 프로세싱 로직 실행이 가능해야 하는 경우	• 구글 클라우드가 아닌 다른 환경에서 실행하는 경우 • 클라우드 네이티브 애플리케이션에 스트림 프로세싱 로직을 내장해야 하는 경우

6.7 테스팅

이 절에서는 클라우드 네이티브 스트림 프로세싱 애플리케이션을 테스트하기 위한 몇 가지 중요한 관점에 대해서 알아보겠습니다. 스트림 프로세싱 애플리케이션을 테스트할 때는 전통적인 방식의 유닛 테스트 및 통합 테스트 코드를 작성하고 사용하는 것이 좋습니다. 스트림 프로세싱 애플리케이션이 비동기 방식으로 동작하기 때문에 이벤트 주도 아키텍처에서 다른 테스팅 방식을 함께 사용하는 것도 좋은 방법입니다.

스트림 프로세싱 애플리케이션을 테스팅 할 때 염두에 두어야 할 중요한 관점 중 하나는 바로 애플리케이션 상태를 어떻게 다루는 것인가 하는 점입니다. 신뢰성 패턴을 사용한다면 애플리케이션이 장애 상황에서도 올바른 이벤트 처리 결과를 만들어내는지 테스트해보아야 합니다. 애플리케이션 상태를 미리 정의하고 테스트하기 위해 워터마크 패턴을 사용해서 애플리케이션의 각 테스트 마지막에 워터마크 이벤트를 발행해서 상태를 저장하고 이벤트 처리를 제대로 끝냈다는 사실을 확인할 수 있습니다.

윈도우드 애그리게이션이나 임시 이벤트 순차 정렬 패턴과 같이 시간 제한이 있는 패턴을 테스트하는 경우, 네트워크 지연이나 상태 변동 등으로 인하여 각 테스트 사이클별로 애플리케이션이 다른 결과를 만들어낼 수 있습니다. 오차 범위 내에 결과가 있는지 등을 테스트할 것이 아니라, 이런 경우에는 스트림 프로세싱 애플리케이션을 수정해서 이벤트가 생성된 시각을 기준으로 이벤트를 처리하도록 만드는 것이 좋습니다. 그러면 네트워크 지연이나 그 외 중간 시스템 및 서비스의 지연으로 인해 결과가 바뀌는 경우가 없어지고 항상 동일한 결과를 만들어 낼 수 있습니다.

6.8 보안

클라우드 네이티브 스트림 프로세싱 애플리케이션은 어떻게 안전하게 지킬 수 있을까요? 5장에서도 살펴본 바와 같이 스트림 프로세싱 애플리케이션 역시 메시지 브로커 또는 다른 시스템에 대한 연결에 안전한 프로토콜을 사용하고 데이터를 암호화함으로써 보안 정책을 적용할 수 있습니다.

하지만 애플리케이션 수준에서 보안 정책을 적용하는 것이 불가능하다면, 바운디드 컨텍스트를 API를 제공하거나 메시지 브로커를 안전하게 만들고 이벤트를 소비하도록 만드는 것이 좋습니다. 아울러 전체 스트림 프로세싱 시스템을 정의한 바운디드 컨텍스트 내에 포함시키도록 합니다. 그리고 2장과 5장에서 설명한 일반적인 보안 정책을 함께 취하는 것이 좋습니다.

6.9 관측 가능성 및 모니터링

관측 가능성과 모니터링은 스트림 프로세싱 애플리케이션 운영에서 중요한 요소 중 하나입니다. 상태를 가지며 비동기로 동작한다는 특성 때문에 적절한 모니터링이 없으면 시스템 장애가 발생할 때까지 문제를 발견할 수 없는 경우가 많습니다.

스트림 프로세싱 애플리케이션이 상태를 가지고 있기 때문에, 메모리 소비 정도를 반드시 모니터링 하도록 합니다. 시스템이 5분 크기 윈도우를 가지고 애그리게이션 작업을 처리하는 것과 같이 시간 제한을 가지는 질의를 처리하는 경우를 생각해봅시다. 이벤트가 갑자기 대량으로 발생해서 시스템이 이벤트를 메모리에 많이 저장하는 경우 시스템 전체 메모리가 부족한 현상이 발생할 수 있으며 결국 장애가 생길 수 있습니다. 하지만 모니터링과 부하 차단load shedding 등의 기술을 사용해서 이런 상황이 발생하지 않도록 막을 수 있습니다. 물론 이벤트가 계속 대량으로 발생한다면 이벤트 스트림을 나누거나 스트림 프로세싱 파이프라인을 재설계해서 더 많은 부하를 처리할 수 있도록 만들어야 합니다.

상태를 가지는 스트림 프로세싱 시스템은 주기적 상태 스냅숏 저장 패턴을 사용해서 장애가 발생한 경우 상태를 복구할 수 있습니다. 이 패턴을 사용할 때 스냅숏들을 모니터링해서 제대로 저장되었는지, 그리고 오래된 필요 없는 스냅숏은 없는지 계속 확인해야 합니다. 애플리케이션의 상태 스냅숏이 500MB 정도로 상당히 크다면, 스냅숏을 기록하는 것 자체가 시간이 오래 걸리며 새로운 이벤트를 전달할 때 사용해야 할 네트워크 대역폭에 영향을 줄 수도 있습니다. 그렇기 때문에 스냅숏의 크기와 기록하는 데 소요한 시간, 그리고 스냅숏을 기록할 때 사용한 네트워크 대역폭과 CPU, 메모리를 모니터링해서 애플리케이션이 상태를 제대로 저장하고 복구할 수 있는지를 확인해야 합니다.

스트림 프로세싱 로직이 복잡하고 네트워크에서 지연이 발생하기 때문에 한 스트림에서 먼저 생성된 이벤트가 다른 스트림에서 나중에 생성된 이벤트보다 늦게 도착할 수도 있습니다. 이는 당연히 최종 결과에 오류를 유발할 수 있습니다. 처리하는 이벤트가 발생된 시각들을 모니터링함으로써 이런 잘못된 결과가 만들어지는 것을 미리 발견할 수 있습니다. 이를 위해 버퍼 이벤트 순차 정렬이나 오류 수정, 워터마크 패턴 등을 사용해서 애플리케이션을 동기화하고 오류를 바로잡을 수 있습니다.

마지막으로 사건ID 등을 사용해서 이벤트를 추적하고 로그를 남기면 운영 도중 문제가 생겼을 때 어떤 이유로 문제가 생겼는지 쉽게 찾고 해결할 수 있습니다. 이에 대한 자세한 내용은 5장에서 이미 설명한 바 있으며, 이 외에도 비동기 스트림 프로세싱 애플리케이션에 적용할 수 있는 다른 권고 사항도 참고하시기 바랍니다.

6.10 데브옵스

이 장에서는 스트림 프로세싱 애플리케이션과 같이 상태가 있는 애플리케이션에 어떻게 데브옵스를 적용하는지를 주로 살펴볼 것입니다. 스트림 프로세싱 애플리케이션에서 데브옵스의 첫 번째 단계는 바로 신뢰할 수 있는 스트림 프로세싱을 위한 적절한 신뢰성 패턴을 고르는 것입니다. 신뢰성 패턴은 시스템의 가용성, 그리고 확장성에 영향을 줍니다.

패턴을 고르고 나면 빠르고 안전한 상태 저장 및 복구를 위한 상태 스토어를 골라야 합니다. 그리고 적절한 상태 스냅숏의 크기와 저장 빈도를 결정합니다. 이 때 스냅숏 저장으로 인한 지연을 최소화하는 것이 핵심입니다. 데브옵스 프로세스의 일환으로 불필요하거나 중복된 스냅숏을 모니터링하고 제거하는 것도 필요합니다. 스냅숏은 암호화하여 혹시 있을 지 모르는 민감 정보를 보호하는 것 역시 중요합니다.

5장에서도 설명한 바와 같이 이벤트에 민감 정보가 포함된 경우 암호화하고 보호하는 것이 필요하며, 이벤트와 스냅숏은 더이상 사용할 필요가 없어진 경우 즉시 삭제하는 것이 좋습니다. 또한 가능하면 바운디드 컨텍스트를 사용해서 API나 메시지 브로커 토픽을 통해 전체 애플리케이션을 외부의 위협으로부터 안전하게 보호하도록 하세요.

비동기 애플리케이션에 문제가 발생하면 이를 찾아서 해결하는 것이 어렵기 때문에, 분산 추적이나 로깅, 모니터링 시스템 등을 통해 적절한 관측 가능성과 모니터링을 제공하는 것이 필요합니다. 또한 최근 데브옵스에서는 지속적인 전달 역시 아주 중요합니다. 매끄러운 배포를 위해 이벤트 스키마와 스냅숏에 대한 하위 호환성을 유지하는 것이 좋습니다. 많은 변화가 있는 경우 최신 애플리케이션이 안정화될 때까지 두 가지 버전의 애플리케이션을 동시에 운영합니다. 마지막으로 개발이나 검증, 운영과 같이 여러 개의 배포 환경을 통해 애플리케이션에 변화가 발생하였을 경우 운영 환경에 영향을 미치는 것을 최소화하고 실제 운영 애플리케이션에 변경 내용을 적용하기 전 충분히 검증하도록 합니다.

위와 같은 단계를 잘 지키면 클라우드 네이티브 스트림 프로세싱 애플리케이션을 안전하게 배포하고 운영할 수 있습니다.

6.11 마치며

이 장에서는 클라우드 네이티브 애플리케이션에 적용할 수 있는 다양한 스트림 프로세싱 패턴에 대해서 알아보았습니다. 변환 또는 필터와 한계값과 같은 패턴을 통해 이벤트 스트림을 지속적으로 처리하는 방법, 시간 또는 길이 기반 애그리게이션 기법, 여러 이벤트 스트림을 합치는 방법, 이벤트 발생 순서에 기반한 탐지, 실시간 예측을 위한 머신러닝 방법 등을 알아보았습니다.

또한 스트림 프로세싱 애플리케이션을 어떻게 병렬로 실행하고 확장할 수 있는지, 순서에 맞지 않는 이벤트 전달을 어떻게 처리하는지, 스트림 프로세싱 작업은 어떻게 동기화하는지, 스트림 프로세싱에 신뢰성을 구현하는 방법에 대해서도 알아보았습니다. 이런 패턴들과 함께 사용할 수 있는 스트림 프로세싱 기술들도 함께 살펴보았으며 스트림 프로세싱 애플리케이션을 안전하게 지키고 테스트하는 방법, 데브옵스를 통한 지속적 배포 방법, 관측 가능성 및 모니터링을 통한 운영 방법 등에 대해서도 알아보았습니다. 다음 장에서는 API 관리와 관련된 패턴들에 대해서 배워보겠습니다.

CHAPTER 7

API 관리 및 사용 패턴

클라우드 네이티브 애플리케이션을 만들 때 이 책에서 소개하는 다양한 패턴을 사용해서 비즈니스 기능을 구현할 수 있습니다. 일단 마이크로서비스 형태로 비즈니스 기능을 만들고 나면, 이제 이 서비스들을 외부 혹은 내부 사용자나 서비스에 **API 관리 패턴**API management pattern을 활용해 관리형 API로 제공해주어야 합니다.

이 장에서는 API 관리에서 자주 사용하는 패턴들을 소개합니다. 그리고 웹이나 모바일, 데스크톱 애플리케이션과 같이 관리형 API를 사용하는 프런트엔드 애플리케이션이 어떻게 API를 사용하는지도 알아봅니다.

7.1 API 관리 패턴

대부분의 클라우드 네이티브 애플리케이션은 자신의 비즈니스 기능을 고객이나 협력사와 같은 외부 사용자에게 노출하고 제공합니다. 물론 회사의 다른 팀이나 부서와 같은 내부 사용자에게도 비즈니스 기능을 제공합니다. 비즈니스 기능은 사용자들에게 API 형태로 제공됩니다. **API 관리**API management는 API의 생성, 관리, 보안, 분석, 확장을 다룹니다.

API 관리를 통해 클라우드 네이티브 애플리케이션 사용자에게 다음 내용들을 제공합니다.

- 외부에 노출하고자 하는 API에 직접 참여할 수 있습니다.
- 애플리케이션을 다른 서비스와 통합해서 새로운 기능을 만들 수 있습니다.

- API 사용을 촉진합니다.
- 비즈니스 분석 결과와 통찰을 제공합니다.
- 비즈니스 기능을 관리하고, 안전하고 탄력적으로 제공합니다.

API 관리 패턴을 알아보기에 앞서 우선 API 관리와 관련된 몇 가지 핵심적인 개념에 대해서 짚어보겠습니다.

API 또는 **API 프록시**API proxy는 클라우드 네이티브 애플리케이션이 관리하고 사용자에게 노출하는 비즈니스 기능들을 나타냅니다. API는 하나 또는 여러 개의 백엔드 마이크로서비스로 구성할 수 있으며 별도로 분리된 API 게이트웨이를 통해 제공하는 경우가 많습니다. 제공하는 API에 대한 비즈니스 기능은 마이크로서비스 내에 구현되어야 하며, API가 제공하는 것은 보안이나 스로틀링, 버전 관리 등에 국한합니다. API 계층에 비즈니스 로직을 구현하는 것은 피해야 하며, 기저의 서비스가 이런 비즈니스 로직 요구사항을 구현하고 지원해야 합니다. 하나의 API는 두 개 이상의 백엔드 마이크로서비스를 제공할 수 있습니다. 예를 들어 주문 API에서 주문 관리 기능은 `<host>:<port>/order/management`로 제공하며 주문 현황 기능은 `order/status`로 제공할 수 있습니다. 하지만 API 계층에서 서비스 오케스트레이션과 같은 서비스 조합을 구현하는 것은 좋지 않습니다. API는 대개 REST나 OpenAPI, GraphQL로 제공됩니다.

API 프로덕트API product는 API 개발자 포털을 통해 API를 개발자에게 제공할 때 주로 사용하는 개념입니다. API 프로덕트는 하나 또는 두 개 이상의 API를 더 높은 수준의 비즈니스 기능으로 연결합니다. 예를 들어 클라우드 스토어 서비스에서 스토리지 서비스를 API 프로덕트라고 한다면 여기에는 파일 API, 블랍 API, 디스크 API와 같이 여러 API가 있습니다.

이번 절에서는 클라우드 네이티브 애플리케이션에서의 API 관리에서 주로 사용하는 패턴들을 소개합니다. 우선 API 게이트웨이 패턴에 대해서 알아보겠습니다.

7.1.1 API 게이트웨이 패턴

API 게이트웨이 패턴API Gateway pattern은 클라우드 네이티브 애플리케이션의 비즈니스 기능을 사용자에게 제공할 때 가장 많이 사용하는 방법입니다. 이 패턴을 통해 마이크로서비스에 구현한 비즈니스 기능 전면에 별도의 계층을 두어서 사용자에게 서비스를 노출하고 제공할 수 있습니다. 이 패턴에서 API 게이트웨이는 마치 클라우드 네이티브 애플리케이션에 접근할 수 있는 정문의 역할을 맡는다고 볼 수 있습니다.

어떻게 동작할까요

API 게이트웨이 계층은 마이크로서비스 위에 주로 만들어집니다. 마이크로서비스 또는 조합 서비스들을 통해 구현한 서비스를 API 게이트웨이를 통해 관리형 API로 제공할 수 있습니다. API 게이트웨이는 API 컨트롤 플레인과 API 개발자 포털과 함께 운용합니다. 각 구성 요소들을 알아보기 전에 우선 일반적인 API 관리 프로세스에서 주어지는 각각의 역할들을 이해해보도록 하겠습니다.

API 생성자/API 개발자

인터페이스, 문서화, 버전 관리 등 API를 기술적인 관점에서 이해하고 API 퍼블리셔API publisher를 통해 API를 API 스토어에 배포하는 기술적인 역할을 담당합니다. 생성자 혹은 개발자는 API 스토어로 API 사용자들이 API에 대해 매긴 평점이나 의견을 받아볼 수 있습니다. 생성자 혹은 개발자는 API를 스토어에 추가할 수 있지만 스토어에 등록한 API의 라이프사이클을 관리하지는 못합니다.

API 퍼블리셔

엔터프라이즈 혹은 비즈니스 단위로 API들을 관리합니다. API 라이프사이클 및 구독, 홍보 등을 관리합니다. 퍼블리셔는 API 사용 패턴에 많은 관심을 가지며 모든 API 관련 통계 자료에 접근할 수 있습니다. 어떤 경우에는 API 생성자와 퍼블리셔가 단일 역할로 함께 사용되는 경우도 있습니다.

애플리케이션 개발자

애플리케이션 개발자는 API 스토어에서 API를 검색해서 발견하고 문서나 포럼 등을 통해 API 관련 정보를 습득하며 사용하는 API에 대해서 평점을 매기고 의견을 남기며 API를 구독하고 접근 토큰을 사용해서 API를 호출합니다.

API 컨트롤 플레인 관리자

API 컨트롤 플레인 관리자는 API 관리 솔루션을 운영하고 관리합니다. 사용자 권한이나 접근 계정 등을 만들고 데이터베이스를 관리하며 보안 요소를 점검하는 책임을 가집니다.

API의 일반적인 라이프사이클과 각 단계에서 서로 다른 역할들이 어떤 일을 하는지 알고 싶다면 아래와 같이 API 라이프사이클 관리를 핵심 단계별로 파악하는 것이 좋습니다.

1. 관리형 API로 제공할 비즈니스 기능들을 파악합니다.
2. API 생성자 또는 서비스 개발자가 비즈니스 기능을 구현한 관련 마이크로서비스 위에 관리형 API 또는 API 프록시를 만듭니다. API와 연결되는 다운스트림 서비스는 독립적인 단일 마이크로서비스 일 수도 있고 서비스 조합일 수도 있습니다. API는 API 게이트웨이에 만들어집니다.
3. API 퍼블리셔는 만들어진 API를 발행해서 애플리케이션 개발자가 개발자 포털에서 API를 검색하고 사용할 수 있도록 합니다.
4. 애플리케이션 개발자는 API를 구독해서 API 개발자 포털에서 API를 사용하고 애플리케이션 기능을 구현하기 위해 필요한 API 관련 정보들을 습득합니다.
5. 모바일이나 웹, 데스크톱 애플리케이션과 같이 API를 사용하는 애플리케이션들은 API 게이트웨이를 통해 요청을 보내서 비즈니스 기능을 사용합니다.
6. API 퍼블리셔와 생성자는 사용자에게 제공하는 API를 제어하고 관찰하고 관리합니다.

아래 [그림 7-1]은 API 게이트웨이 패턴에서 각 역할을 패턴의 핵심 요소와 연결한 모습을 보여주고 있습니다.

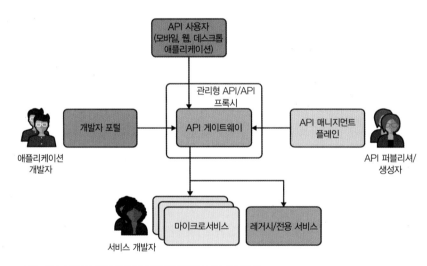

그림 7-1 API 게이트웨이와 관련 역할들을 통해 구성한 API 관리 체계

각 구성 요소와 그들 간의 상호작용에 대해서 자세히 알아보겠습니다.

API 게이트웨이

API 게이트웨이는 API에 접근할 수 있는 정문이라고 볼 수 있습니다. API는 연결되는 다운스트림 마이크로서비스 전면에 만들어져서 API 게이트웨이 런타임을 통해 제공합니다. 앞서 설명한 각 역할들 중에 API 게이트웨이와 직접 연관된 것은 없지만, API 사용자는 직접 API 게이트웨이와 연결됩니다. 이를테면 관리형 API를 사용해서 구현한 모바일이나 웹 애플리케이션을 사용하는 사용자는 API 게이트웨이와 직접적인 연결이 있다고 볼 수 있는 것이죠.

API 게이트웨이는 API 호출을 받아서 접근 토큰이나 인증서, 그 외 인증 정보와 같은 보안성을 검토하는 책임을 가집니다. 또한 API 호출별로 쿼터^{quota}나 속도 제한, 캐싱, 버전 관리와 같은 다양한 QoS^{Quality-of-Service} 정책을 적용합니다. 경우에 따라서는 JSON이나 XML등으로 포맷을 바꾸는 간단한 변환 로직을 구현하기도 합니다. 하지만 API 자체에는 가급적이면 이런 비즈니스 기능 관련 로직을 구현하지 않는 것이 좋습니다. API 게이트웨이는 또한 API 분석과 관측 가능성 제공을 위한 다양한 정보를 수집하는 책임도 있습니다.

API 매니지먼트 플레인

API 매니지먼트 플레인^{API management plane}은 API 생성자 및 퍼블리셔가 API 게이트웨이 및 개발자 포털에서 API를 제공하고 관리하기 위해 주로 사용하는 인터페이스입니다. 컨트롤 플레인을 사용해서 API 및 API 프로덕트를 정의하고 생성하고 API의 라이프사이클의 상태를 변경하며 API에 대한 접근 정책이나 스로틀링, 캐싱, 보안성, 버전 관리와 같은 정책을 관리합니다. API 사용자나 스키마, API 가시성^{API visibility} 역시 컨트롤 플레인에서 관리합니다.

API 개발자 포털

API 개발자 포털^{API developer portal}은 애플리케이션 개발자에게 API를 소개하고 알려줌으로써 개발자들이 필요한 API를 찾고 관련 정보를 습득할 수 있도록 만듭니다. 개발자들은 API를 사용해보고 API 또는 API 프로덕트를 구독하고 평점을 매기고 의견을 남길 수 있습니다. 아이폰이나 안드로이드에서 제공하는 애플리케이션 스토어와 비슷한 역할을 맡는 것이죠. 개발자 포털은 또한 애플리케이션이 API를 호출할 때 사용할 보안 키 또는 토큰을 발급해 줍니다. 개발자들은 개발자 포털에서 사용한 API에 대한 통계 정보를 얻을 수도 있습니다.

API 게이트웨이는 API 게이트웨이 패턴 구현에서 반드시 있어야 하는 요소이며 나머지 구성 요소들은 없어도 무방합니다. 상황에 따라 매니지먼트 플레인 또는 개발자 포털을 사용하면 됩니다. API 생성자와 API 퍼블리셔의 역할은 경우에 따라 하나로 합쳐서 사용하기도 합니다. 마이크로서비스 개발자 스스로가 API 게이트웨이 패턴을 통해 서비스를 관리형 API로 제공하기도 합니다.

어떻게 사용할 수 있나요

API 게이트웨이는 마이크로서비스의 전면에 파사드 형태로 사용하는 경우가 대부분입니다. 모든 마이크로서비스를 API 형태로 제공할 필요는 없습니다. 특정 비즈니스 기능을 API 형태로 제공하기로 결정했다면, 우선 해당 비즈니스 기능을 마이크로서비스에 로직으로 구현한 다음 해당 마이크로서비스를 백엔드로 사용하는 API를 만듭니다.

[그림 7-2]는 주문 API를 통해 온라인 애플리케이션의 주문 관리 관련 비즈니스 기능을 제공하는 것을 보여주고 있습니다. 주문 API는 여러 서비스와 상호작용하며, 따라서 서비스 오케스트레이션 또는 서비스 코레오그래피 패턴을 사용해서 서비스를 조합합니다. 그림의 주문 서

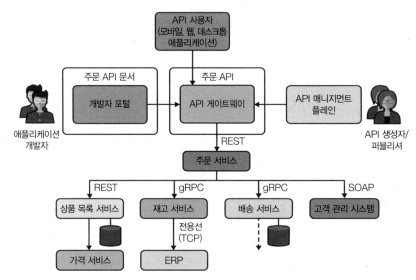

그림 7-2 API를 사용한 원격 프로시저 호출 구현

비스와 같은 조합 서비스를 만들고 나면 API 생성자나 퍼블리셔는 API 매니지먼트 플레인을 통해 주문 API를 만들고 발행합니다. API를 발행하고 나면 애플리케이션 개발자들이 개발자 포털을 통해 주문 API에 접근하고 사용할 수 있습니다. 그리고 주문 API를 사용하는 애플리케이션을 개발하는 것이죠.

주문 API를 사용하는 애플리케이션은 API 게이트웨이에 서비스 요청을 보내며, API 게이트웨이는 이 요청에 보안이나 스로틀링, 캐싱, 버전 관리 등 다양한 정책을 적용합니다. 마이크로서비스를 먼저 만들고 그다음 API를 만들어서 제공하기 때문에, 이런 방식을 **바텀-업 API 관리**bottom-up API management 기법이라고 부릅니다. 물론 탑-다운Top-down 방식으로도 API 게이트웨이 패턴을 구현할 수 있습니다. 이 방식에서는 API를 먼저 설계합니다. 상황에 따라서는 API를 먼저 설계하고 구현에 들어가서 하나 또는 여러 개의 마이크로서비스를 만들고 조합하기도 합니다. 탑-다운 방식은 클라우드 네이티브 애플리케이션을 개발하기 시작한 시점에 API 관리에 대한 요구사항이 주어졌을 때 사용하기 좋습니다. 클라우드 네이티브 애플리케이션 개발이 어느 정도 진행되고 난 후에 API 관리에 대한 요구사항이 발생한 경우에는 바텀-업 방식이 더 좋습니다.

고려해야 할 사항들

API 게이트웨이 패턴을 사용할 때는 고려해야 할 몇 가지 중요한 점이 있습니다.

- API 게이트웨이 계층에는 비즈니스 기능 관련 로직을 구현해서는 안 됩니다. 더 명확한 구분을 위해 기저의 서비스에 모든 비즈니스 관련 기능을 구현해야 합니다.
- 내부 혹은 외부 사용자에게 API를 제공하기 위해 여러 개의 API 관리 계층을 사용할 수 있습니다.
- 초기 단계에서는 API 게이트웨이만 사용하고 API 컨트롤 플레인이나 개발자 포털은 필요 없을 수 있습니다. 이 때 API 발행이나 API 관련 정보는 API 게이트웨이에서 제공하는 별도의 인터페이스를 통해 지원할 수 있습니다.
- API 관리에 대한 요구사항이 점점 많아지면 별도의 API 컨트롤 플레인이나 개발자 포털을 도입할 수 있습니다. 요구사항에 알맞은 기술을 도입해서 API 홍보나 트래픽 관리 등의 정책이나 운영 사항을 충족시키는 것이 좋습니다.
- API 게이트웨이 계층은 대개 모놀리식 런타임으로 사용합니다. API 게이트웨이 계층에서 보안이나 기타 정책 적용과 같은 많은 작업을 처리해야 하는 경우, 여러 개의 런타임으로 나누어서 사용할 수도 있습니다. 이런 경우 나중에 설명할 API 마이크로게이트웨이 패턴을 사용하는 것이 좋습니다.

관련 패턴들

API 관리 패턴들은 앞서 설명해 왔던 모든 서비스 조합 패턴과 함께 사용할 수 있습니다. 또한 클라우드 네이티브 애플리케이션의 특정 요구사항을 만족시키기 위해 다른 형태의 API 게이트웨이 구조를 사용할 수도 있습니다. 이에 대한 자세한 내용은 API 마이크로게이트웨이 패턴이나 서비스 메시 사이드카 게이트웨이 패턴을 참고하시기 바랍니다.

7.1.2 API 마이크로게이트웨이 패턴

API 마이크로게이트웨이 패턴API microgateway pattern은 API 게이트웨이 패턴을 살짝 바꾼 것이라고 볼 수 있습니다. 이 패턴의 핵심은 API 게이트웨이를 분산해서 API 게이트웨이의 각 API를 독립적인 실행 환경으로 배포하는 것입니다. API 게이트웨이가 더이상 모놀리식 요소가 아닌 것이죠.

어떻게 동작할까요

API 게이트웨이 패턴의 경우 API 게이트웨이가 API 관리 계층에서 제공하는 모든 API에 대한 단일 실행 환경을 제공합니다. 이런 환경에서는 제공하는 API의 수가 증가함에 따라 API 게이트웨이 계층이 점점 더 덩치가 커지고 일반적인 모놀리식 애플리케이션이 보여주는 단점을 그대로 보여주게 됩니다. 또한 클라우드 네이티브 애플리케이션의 마이크로서비스에 적용되는 핵심적인 정책과 모놀리식 API 게이트웨이 계층은 사실 서로 상충되는 개념이기도 합니다. API 관리 계층을 통해 외부에 제공하는 API는 사실 각각을 독립적으로 설계하고 개발하고 배포하고 관리하는 비즈니스 기능들입니다. 이런 관점에서 진정한 클라우드 네이티브 애플리케이션이라면 모놀리식 또는 중앙집중형 API 게이트웨이 계층을 가지는 것이 맞지 않죠. 대신 각 API가 자신만의 고유한 실행 환경을 가져야 합니다. 이를 마이크로게이트웨이라고 부르며 중앙 API 매니지먼트 플레인을 통해 이 모든 마이크로게이트웨이를 관리할 수 있어야 합니다. 또한 API 개발자 포털을 통해 매니지먼트 플레인에 접근할 수 있어야 합니다. 아래 [그림 7-3]은 API 게이트웨이를 여러 실행 환경으로 분리하여 각각의 API가 독립적으로 실행되는 것을 보여주고 있습니다.

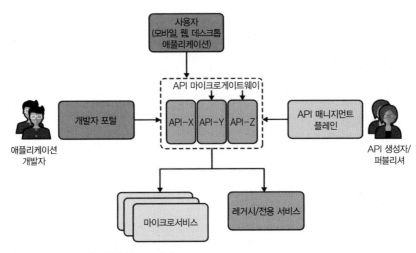

그림 7-3 마이크로게이트웨이를 활용한 API 관리

어떻게 사용할 수 있나요

API 마이크로게이트웨이 패턴은 1장에서 설명한 마이크로서비스의 개념과 비슷합니다. 마이크로게이트웨이는 일반적으로 가벼운 게이트웨이 런타임을 사용해서 컨테이너 형태로 배포합니다. 그래서 컨테이너와 컨테이너 오케스트레이션 시스템을 마이크로게이트웨이에 그대로 적용할 수 있습니다. API 매니먼트의 나머지 부분은 API 게이트웨이 패턴과 동일합니다. [그림 7-4]는 전형적인 온라인 쇼핑몰 애플리케이션에서 각 API를 서로 다른 마이크로게이트웨이를 사용해서 사용자에게 제공하는 모습입니다.

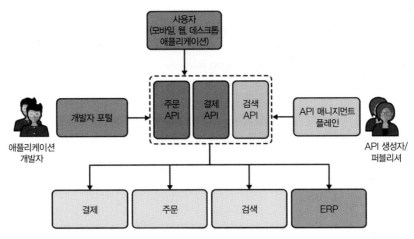

그림 7-4 API 마이크로게이트웨이를 실제로 사용할 때의 구조

각 API는 독립적으로 실행되며 다른 구성 요소와 마이크로게이트웨이 런타임을 공유하지 않습니다. 예를 들어 주문 API보다 검색 API에 더 많은 요청이 몰린다면, 검색 API를 독립적으로 확장할 수 있습니다.

고려해야 할 사항들

API 마이크로게이트웨이 패턴을 사용하려면, 기저의 API 매니지먼트 플랫폼이 이렇게 분산 배포된 게이트웨이들을 지원해야만 합니다. 각 API별로 하나의 게이트웨이를 만들기 때문에 게이트웨이 런타임은 최대한 가벼운 것을 사용해야 합니다. 이렇게 분산된 시스템들 관리하고 확장하려면 쿠버네티스와 같은 컨테이너 오케스트레이션 시스템을 사용하는 것이 운영상의 부하를 줄일 수 있습니다. 대부분의 클라우드 서비스 제공 업체는 API 매니지먼트를 서비스로 제공하기 때문에 애플리케이션 입장에서는 마이크로게이트웨이가 있다는 사실을 알지도 못하며 클라우드 서비스를 통해 이런 마이크로게이트웨이들을 아주 매끄럽게 관리하고 운영할 수 있습니다.

관련 패턴들

API 마이크로게이트웨이 패턴은 API 게이트웨이 패턴과 거의 같은 용어나 기술을 사용합니다. 그러므로 API 게이트웨이 패턴에 사용하는 모든 개념은 마이크로게이트웨이 패턴에도 똑같이 적용할 수 있습니다. 다음에 살펴볼 서비스 메시 사이드카 게이트웨이 패턴은 서비스 메시라는 관점에서 마이크로게이트웨이 패턴을 구현한 애플리케이션이라고 볼 수 있습니다.

7.1.3 서비스 메시 사이드카 게이트웨이 패턴

서비스 메시와 사이드카 패턴은 3장에서 살펴본 내용이며, 서비스 메시 사이드카 게이트웨이 패턴의 핵심은 독립적인 API 게이트웨이 런타임이 아닌 서비스 메시를 사용하는 환경에서 API 게이트웨이 기능을 사이드카 프록시로 옮겨서 마이크로서비스와 함께 실행한다는 것입니다.

어떻게 동작할까요

이미 서비스 메시를 사용해서 마이크로서비스를 실행하고 있으며 여기에 API 관리 기능을 추가하고 싶을 때 이 패턴을 사용하는 것이 좋습니다. API로 외부에 노출하고자 하는 마이크로서비스와 함께 실행되는 사이드카 프록시에 API 게이트웨이로 동작하는 기능을 추가해서 일반적인 서비스 메시 기능과 API를 한꺼번에 사용할 수 있습니다. 각 서비스 메시 사이드카 프록시는 마이크로서비스와 함께 배포하고 실행하기 때문에 아래 [그림 7-5]와 같이 API 매니지먼트 플레인과 서비스 메시 컨트롤 플레인을 통해 이들을 제어하고 관리할 수 있습니다.

서비스 메시 컨트롤 플레인을 사용하는 사용자 유형은 API 매니지먼트 플레인을 사용하는 사용자와 다릅니다. 서비스 개발자 혹은 데브옵스 조직이 주로 서비스 메시의 동작을 제어하며, API 생성자와 퍼블리셔는 API 라이프사이클을 관리합니다.

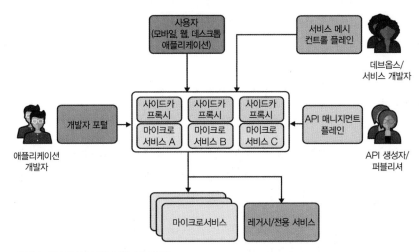

그림 7-5 서비스 메시 사이드카를 통한 API 관리

각 마이크로서비스에서 API 게이트웨이로 사이드카 프록시를 사용하는 주요한 이유는 API 게이트웨이에 대한 요구사항과 사이드카 프록시에 대한 요구사항이 비슷하다는 점입니다. 둘 다 **프록시**처럼 동작하며 별도의 컨트롤 플레인을 통해 제어한다는 것이죠. 비즈니스 기능을 관리형 서비스 형태로 제공하고자 할 경우 이 기능은 대개 기존의 마이크로서비스들을 조합해서 만들거나, 없다면 별도의 마이크로서비스로 새로 구현합니다. API 매니지먼트 플레인을 통해 이렇게 만들어진 관리형 서비스를 API로 바꿔서 개발자들에게 발행하고 스토어에 등록하며 동일한 사이드카 프록시 런타임을 통해 API를 실행합니다.

어떻게 사용할 수 있나요

이 패턴의 구현은 대부분 API 매니지먼트 솔루션에 의해서 이루어지며, API 매니지먼트 솔루션을 사용하는 사용자는 기저의 세부 구현 사항이 보이지 않고 따라서 알지 못합니다. API 컨트롤 플레인은 사이드카 프록시를 직접 관리할 수도 있으며 서비스 메시 컨트롤 플레인의 API를 통해 관리할 수도 있습니다. API 관리 기능을 클라우드 서비스 형태로 제공하는 클라우드 환경의 경우 API 게이트웨이를 어떻게 구현했는지 세부적인 내용은 관심 밖의 사항일 것입니다. 이 패턴은 서비스 메시를 사용하며 여기에 API 관리 기능을 추가할 때만 사용하게 됩니다.

고려해야 할 사항들

이 패턴은 분산된 여러 구성 요소로 인해 가장 복잡한 분산 구조 중 하나로 꼽힙니다. 운영상의 복잡도는 서비스 메시 패턴보다도 더 클 것입니다. 이런 복잡한 운영을 감당할 준비가 되었거나 또는 운영을 대신해줄 수 있는 관리형 클라우드 서비스를 사용할 수 있을 때 이 패턴을 적용하는 것이 좋습니다.

관련 패턴들

이 패턴은 3장에서 다룬 서비스 메시 패턴의 기본적인 개념을 모두 사용하며, 또한 API 게이트웨이 및 API 마이크로게이트웨이 패턴의 내용도 동일하게 적용할 수 있습니다.

7.1.4 API 관리 패턴 구현 기술

API 관리 기술 관련 시장은 매우 혼잡한 상태입니다. 온프레미스 환경에서 사용할 수 있는 기술들로는 Kong, MuleSoft, 레드햇 3scale API management, WSO2 API Manager 등이 있습니다.

주요 클라우드 제공 업체 역시 API 관리를 위한 주요 서비스들을 제공하고 있습니다. 대표적으로 구글의 Apigee, 애저 API Management, 아마존 API Gateway, Mulesoft Anypoint Platform 등이 있습니다.

7.1.5 API 관리 패턴 정리

[표 7-1]에 각 API 관리 패턴을 언제 사용하면 좋으며 언제 사용해서는 안 되는지 정리해 두었습니다.

표 7-1 API 관리 패턴

패턴	사용하면 좋은 경우	사용해서는 안 되는 경우
API 게이트웨이	• 모든 API 관리 기술에서 핵심적인 패턴 • API 매니지먼트 플레인이나 개발자 포털은 부가적인 기능으로 요구사항이 없다면 사용할 필요가 없으나, API 라이프사이클 관리가 필요한 경우 사용하는 것이 좋음	• 없음
API 마이크로 게이트웨이	• API 게이트웨이 계층의 초가장성이 필요하고 각 API별로 독립적인 실행 환경이 요구되는 경우	• 클라우드 네이티브 애플리케이션의 관리형 API가 관리할 만하며 무겁지 않은 경우, 이 패턴을 사용하면 오히려 불필요하게 복잡도를 증가시킬 수 있음
서비스 메시 사이드카 게이트웨이	• 운영 환경에서 서비스 메시를 사용하며 별도의 계층 없이 API 관리 기능을 추가하고 싶은 경우	• 서비스 메시를 사용하지 않거나 사용할 계획이 없는 경우, 이 패턴을 사용하는 것은 복잡도를 과도하게 증가시킴 • 서비스 메시를 사용하는 경우에도 API 관리를 별도의 구성 요소로 도입할 수도 있음

7.2 API 사용 패턴

백엔드 서비스와 시스템에 지금까지 설명한 대부분의 연결성 패턴을 사용할 수 있습니다. 이 절에서는 클라우드 네이티브 애플리케이션에서 프런트엔드와 백엔드 애플리케이션을 연결할 때 많이 사용하는 패턴에 대해서 살펴보도록 하겠습니다.

일반적인 클라우드 네이티브 애플리케이션에서는 여러 개의 마이크로서비스와 메시징 인프라스트럭처, 데이터 스토어, 프런트엔드 애플리케이션을 사용해서 사용자들에게 비즈니스 기능을 제공합니다. 프런트엔드와 백엔드 사이의 연결성 패턴은 웹이나 모바일, 데스크톱 애플리케이션과 같은 프런트엔드 애플리케이션을 백엔드 마이크로서비스 및 시스템과 통합하는 방식으로 구현합니다.

7.2.1 프런트엔드와 마이크로서비스 간 직접 통신 패턴

비즈니스 기능을 외부에 제공하는 마이크로서비스들로 클라우드 네이티브 애플리케이션의 백엔드 서비스를 구성하는 경우, 프런트엔드 애플리케이션이 이들 마이크로서비스들과 직접 연결될 수 있습니다.

어떻게 동작할까요

프런트엔드 애플리케이션이 마이크로서비스의 기능을 바로 사용하려면 프런트엔드가 사용할 모든 마이크로서비스를 외부에 노출해야 합니다. 아래 [그림 7-6]처럼 말이죠. 프런트엔드 애플리케이션은 부하 분산기를 통해 이들 서비스에 접근하며, 마이크로서비스가 외부에 직접 노출되는 만큼 보안에 각별히 신경 써야 합니다.

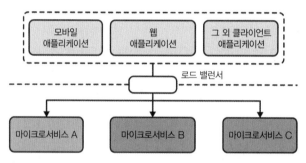

그림 7-6 프런트엔드 애플리케이션에 마이크로서비스를 직접 연결

각 애플리케이션은 마이크로서비스의 서비스 인터페이스와 직접 연결됩니다. 따라서 마이크로서비스가 바뀌면 클라이언트 애플리케이션도 변경해야 합니다. 인증이나 인가, 관측 가능성 등 서비스를 막론하고 사용하는 기능들은 각 마이크로서비스 수준에서 구현해야 합니다.

어떻게 사용할 수 있나요

서비스나 시스템이 많지 않은 간단한 클라우드 네이티브 애플리케이션을 만들 때 이 패턴을 사용하기 좋습니다. 주로 소규모 마이크로서비스를 사용하며 별도의 API 관리 계층을 통해 마이크로서비스를 관리형 API로 제공할 수 없는 경우 주로 사용합니다. 나중에 시스템이 더 커지면서 사용자와 마이크로서비스의 수가 증가하면 그때 API 게이트웨이 패턴을 추가할 수 있습니다.

고려해야 할 사항들

프런트엔드와 백엔드 서비스가 매우 강한 결합성을 가지며 마이크로서비스를 직접 외부에 노출함으로 인한 잠재적인 보안 위협성, 여러 마이크로서비스에서 공통으로 사용하는 기능을 제공하는 중앙 집중형 요소가 없다는 태생적인 한계를 가지고 있습니다.

관련 패턴들

API 게이트웨이 패턴을 사용해서 마이크로서비스와 직접 연결하지 않고 대신 게이트웨이를 사용하도록 구현할 수 있습니다.

7.2.2 API 게이트웨이를 통한 프런트엔드 사용 패턴

클라우드 네이티브 애플리케이션의 비즈니스 기능을 외부에 제공할 때 마이크로서비스를 직접 사용자에게 노출하는 것 대신 API 관리 계층을 사용할 수 있습니다. 이 경우 프런트엔드 애플리케이션은 마이크로서비스에 직접 연결하지 않고 API 관리 계층을 통해 마이크로서비스에 접근하게 됩니다.

어떻게 동작할까요

이 패턴에서는 [그림 7-7]에서 볼 수 있듯이 비즈니스 기능들이나 서비스들을 API 관리 계층을 통해 외부 사용자에게 제공하고, 프런트엔드 애플리케이션은 이 API 관리 계층과 통신하는 구조로 구성됩니다. API 관리 계층은 API 게이트웨이, API 매니지먼트 플레인, 그리고 개발자 포털로 구성됩니다.

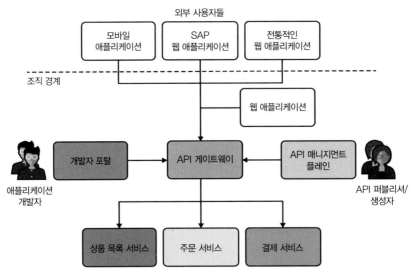

그림 7-7 API 관리 계층을 통한 비즈니스 기능 제공과 이를 사용하는 프런트엔드 애플리케이션

마이크로서비스를 API 형태로 제공하려면 API 컨트랙트contract에 따라 인터페이스를 정의하고 이 인터페이스를 API에 접근하는 사용자에게 제공해야 합니다. API 게이트웨이가 여기서 API 컨트랙트에 해당합니다. API 게이트웨이에서 제공하는 API 컨트랙트는 백엔드 마이크로서비스가 제공하는 API와 같을 수도 있고 다를 수도 있습니다. API 매니지먼트 계층은 파사드처럼 동작하며, 마이크로서비스의 세부 구현을 바꿔도 사용자의 프런트엔드 애플리케이션을 변경할 필요가 없습니다. 프런트엔드 애플리케이션은 API 게이트웨이가 제공하는 API에 전적으로 의존하며, 보안이나 스로틀링, 서비스 접근 정책, 인증 등 범 서비스 기능들 역시 API 관리형 계층에 적용할 수 있습니다.

어떻게 사용할 수 있나요

많은 회사에서 점점 API 관리 패턴을 사용해서 프런트엔드가 회사에서 제공하는 API를 사용하도록 개발하는 추세입니다. 프런트엔드 애플리케이션을 만들 때 API 관리 계층을 사용하지 않는다면, 애플리케이션 구조에 점진적으로 API 관리 기능을 도입하고 이에 따라 프런트엔드 애플리케이션 역시 조금씩 수정해서 향후에는 마이크로서비스를 직접 사용하는 것이 아닌 노출된 API만 사용하도록 바꾸는 것이 좋습니다.

고려해야 할 사항들

API를 사용해서 프런트엔드 애플리케이션을 만들 때 부딪히는 한계 중 하나는 프런트엔드 애플리케이션을 위해 특별히 만든 인터페이스나 기능을 사용할 수 없고 범용 API만 사용해야 한다는 점입니다. 예를 들어 데스크톱 애플리케이션은 모바일 애플리케이션과 그 요구사항이 확연히 다르지만, 두 애플리케이션 모두 같은 API를 사용해야 하는 것이죠. API 관리 계층에서 제공하는 API를 잘 설계하는 것도 중요하지만, 프런트엔드가 특정 상황에서도 사용할 수 있도록 API를 구성할 수 있게 만드는 것도 필요합니다. 이 점은 다음 부분에서 설명하도록 하겠습니다.

관련 패턴들

이 패턴은 이전에 설명한 API 관리 패턴을 사용합니다. 이 패턴과 프런트엔드를 위한 백엔드 패턴을 함께 사용해서 프런트엔드 애플리케이션을 위한 전용 API를 제공할 수도 있습니다.

7.2.3 프런트엔드를 위한 백엔드 패턴

클라우드 네이티브 애플리케이션은 모바일이나 데스크톱, 또는 웹 애플리케이션과 같이 다양한 종류의 프런트엔드 애플리케이션에 비즈니스 기능을 제공해주어야 합니다. 이런 모든 종류의 프런트엔드 애플리케이션에 대해 똑같은 범용 API만 제공해주고 만든다면, 특정 애플리케이션에서 꼭 필요로 하는 기능을 직접 사용할 수 없다는 한계에 부딪히기도 합니다. **프런트엔드를 위한 백엔드 패턴**에서는 특정 프런트엔드 애플리케이션을 위한 맞춤 API를 제공함으로써 이 문제를 해결합니다.

어떻게 동작할까요

프런트엔드 애플리케이션의 요구사항은 그 종류에 따라 아주 다릅니다. 모바일 애플리케이션은 웹 애플리케이션과 다른 것처럼 말이죠. 이런 환경에서 모든 종류의 프런트엔드 애플리케이션에 비즈니스 기능을 범용 API로만 제공한다면, 특정 애플리케이션 개발에 제약이 생기고 한계에 부딪히고 말 것입니다. 각 프런트엔드 애플리케이션 유형에 따라 최고의 사용자 경험을 제공하기 위해서는 각 프런트엔드 애플리케이션별로 맞춤형 API를 제공할 필요도 있습니다.

이런 맞춤 API를 BFF^{Backend for Frontend Application}라고 부릅니다. 하나의 범용 API를 사용하기보다는, 아래 [그림 7-8]처럼 각 프런트엔드 유형별로 다른 API를 사용하는 것입니다. 각 API는 백엔드 마이크로서비스와 직접 상호작용하거나, 핵심 비즈니스 기능을 제공하는 범용 API를 사용하기도 합니다. 아래 그림에서는 각 BFF가 주문 서비스와 통신하고 있습니다.

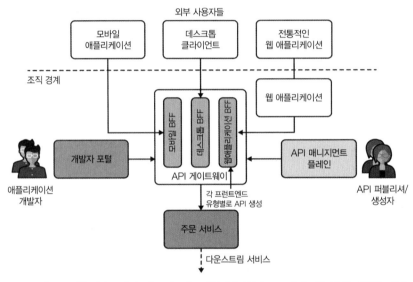

그림 7-8 프런트엔드를 위한 백엔드 패턴: 각 프런트엔드 애플리케이션이 API 게이트웨이에서 제공하는 맞춤 API를 사용

특정 유형의 프런트엔드 애플리케이션을 위한 맞춤 API는 대개 그 프런트엔드 애플리케이션을 만드는 팀에서 같이 관리합니다. 이 패턴을 사용하면 각 BFF가 고유한 라이프사이클을 가지기 때문에 각 BFF API를 변경한다고 해서 다른 API에 영향을 미치지 않습니다.

어떻게 사용할 수 있나요

각기 다른 프런트엔드 애플리케이션을 통해 사용자에게 다른 경험을 제공해주고자 할 때 이 패턴을 많이 사용합니다. 프런트엔드 애플리케이션의 요구사항이 종류에 따라 각기 다르기 때문이죠. 모바일 애플리케이션에서는 데스크톱 애플리케이션과 달리 특정 데이터 포맷을 사용하거나 더 가벼운 메시징 기술, 다른 보안 프로토콜을 사용할 수 있는 것처럼 말입니다. 이처럼 BFF를 사용하면 각기 다른 프런트엔드 애플리케이션을 통해 다양한 사용자에게 최적의 사용자 경험을 제공할 수 있습니다.

고려해야 할 사항들

BFF는 범용 API를 사용해서 애플리케이션을 개발할 때보다 그 복잡도는 떨어지지만, 대신 추가적인 운영 부하가 생깁니다. 같은 기능을 여러 API를 통해 제공해주어야 하기 때문이죠. BFF를 만들때 범용 다운스트림 서비스나 범용 API를 사용하는 것이 좋습니다. 어떤 API를 어떻게 사용하고 각 API 사용에 대한 통계를 산출할 수 있기 때문입니다. 또한 이 패턴을 사용하면 외부에 제공하는 API의 수가 늘어나며 지원해야 하는 프런트엔드 애플리케이션의 유형이 늘어날 경우 그만큼 더 많은 API를 만들어야 한다는 단점이 있습니다. BFF는 이런 문제 때문에 클라우드 네이티브 애플리케이션 사용에서 사용자 경험을 확연히 더 좋게 만들 수 있을 때만 사용하는 것이 더 적합합니다.

관련 패턴들

BFF는 주로 API 게이트웨이와 API 마이크로게이트웨이 패턴과 함께 사용합니다. 또한 3장에서 다룬 서비스 오케스트레이션이나 서비스 코레오그래피와 같은 서비스 조합 패턴을 사용하기도 합니다.

7.2.4 API 사용 패턴 정리

[표 7-2]에 각 API 사용 패턴을 언제 사용하면 좋으며 언제 사용해서는 안 되는지 정리했습니다.

표 7-2 API 사용 패턴

패턴	사용하면 좋은 경우	사용해서는 안 되는 경우
프런트엔드와 마이크로서비스 간 직접 통신	• API 관리 계층이 필수 요건이 아닌 경우	• 대개 특정 시점에 관리형 API를 도입해야 하는 상황이 발생하며, 따라서 이 패턴은 애플리케이션 개발 초기 단계에만 사용하는 것이 좋음
API 게이트웨이를 통한 프런트엔드 사용	• 사용자 유형과 패턴이 모두 동일하며 프런트엔드 수준에서 별도의 요구사항이 없는 경우 • 사용자에게 제공하는 API가 서로 다른 유형의 사용자 모두에게서 잘 동작할 때	• 프런트엔드 요구사항에 따라 API가 자주 바뀌는 경우 • API의 성공적인 사용 여부가 프런트엔드 애플리케이션에 의해 전적으로 결정되는 경우
프런트엔드를 위한 백엔드(BFF)	• 각 프런트엔드 애플리케이션 유형별로 고유한 사용자 경험을 제공하고자 할 경우	• 단일 유형의 프런트엔드 애플리케이션만 사용하거나, 서로 다른 유형의 프런트엔드 애플리케이션들의 요구사항이 모두 동일한 경우

7.3 마치며

이 장에서는 비즈니스 기능을 관리형 API로 외부에 제공함으로써 이들을 제어하고 보호하며 사용을 촉진하고 클라우드 네이티브 애플리케이션의 비즈니스 기능 사용을 전반적으로 관리하는 방법에 대해서 알아보았습니다. 또한 프런트엔드 애플리케이션과 API 계층, 백엔드 마이크로서비스들을 어떤 식으로 연결하고 사용할 수 있는지에 대한 다양한 패턴도 살펴보았습니다.

다음 장에서는 지금까지 설명한 클라우드 네이티브 애플리케이션 개발 패턴들을 실제 사례에 어떻게 적용할 수 있는지 배워보도록 하겠습니다.

CHAPTER 8

클라우드 네이티브 패턴 적용하기

지금까지 클라우드 네이티브 애플리케이션 개발에 사용할 수 있는 다양한 패턴에 대해서 알아보았습니다. 이제 이 패턴들을 실제 애플리케이션 개발에 어떻게 활용할 수 있는지 배워볼 차례입니다. 마지막 장에서는 서비스들을 연결하고 데이터들을 분산 관리하며 이벤트와 스트림을 처리하고 관리형 API를 제공해서 프런트엔드 애플리케이션을 연결하고 애플리케이션을 동적으로 관리하는 등, 클라우드 네이티브 애플리케이션의 다양한 관점에서 이 패턴들을 적용하는 방법들을 살펴봅니다. 우선 이 장에서 어떤 애플리케이션을 만들려고 하는지 자세히 알아보도록 하겠습니다.

8.1 온라인 쇼핑몰 시스템 만들기

애플리케이션 개발 예시로 간단한 온라인 쇼핑몰 애플리케이션을 만들어보겠습니다. 이 애플리케이션에서는 상품을 검색하고 구매하고 원하는 주소로 배송할 수 있습니다. 실제 온라인 상거래 시스템들은 이보다 훨씬 더 복잡하겠지만, 여기에서는 클라우드 네이티브 패턴을 애플리케이션에 적용하는 예시를 보여줄 수 있는 정도의 비즈니스 기능과 요구사항만 구현하도록 하겠습니다. 구현하고자 하는 애플리케이션의 핵심 요구사항은 상품 목록, 주문 관리, 주문 추적 및 배송 예측, 상품 추천, 고객 및 협력사 관리로 나눌 수 있습니다. 각 비즈니스 기능과 요구사항에 대해서 자세히 알아보겠습니다.

8.1.1 상품 목록

쇼핑몰 고객들이 원하는 상품을 검색하고 그 결과로 필요한 상품 정보를 전달하고 구매 결정에 영향을 줄 수 있는 상품 목록 기능을 제공합니다. 상품 목록의 핵심 기능은 다음과 같습니다.

- 상품 검색
- 상품 상세 정보 제공을 통해 구매 의사 결정에 도움을 줌
- 상품 관리자와 판매자들이 상품을 추가하고 제거하고 정보를 변경

8.1.2 주문 관리

고객이 구매를 결정하면 구매할 상품의 수량을 정하고 장바구니에 추가합니다. 그리고 장바구니에 담은 상품들을 결제하고 구매할 수 있어야 하겠죠. 주문 관리 시스템의 핵심 기능은 다음과 같습니다.

주문하기

원하는 상품과 수량을 결정하고 나면 고객은 주문을 발행할 수 있어야 합니다.

결제하기

고객이 상품을 주문하면 고객은 이에 대한 결제를 처리할 수 있어야 합니다.

8.1.3 주문 추적 및 배송 예측

주문이 처리되고 나면 고객은 주문 내용을 받아보고 배송 현황이 변경되면 알림을 받을 수 있습니다. 주문 추적 및 배송 예측 시스템의 핵심 기능은 다음과 같습니다.

- 배송 현황 추적
- 주문 상태나 변경 상태, 예상 배송 일자 변경 등 중요 정보 변경 시 알림
- 배송 예측 일자 제공: 시스템에서는 과거 주문 내역과 현재 물류 시스템 등의 실시간 현황, 배송 서비스 등을 토대로 예상되는 배송 일자를 고객에게 제공

8.1.4 상품 추천

고객에게 고객이 검색한 상품이나 과거 구매 내역, 현재 판매중인 상품 등을 토대로 고객에게 상품을 추천할 수 있습니다.

8.1.5 고객 및 협력사 관리

고객은 자신의 계정과 프로필 정보를 관리할 수 있습니다. 또한 고객은 모바일이나 웹과 같이 다양한 종류의 애플리케이션을 통해 시스템에 접근할 수도 있습니다. 이런 기능은 고객뿐 아니라 협력사와 같이 서로 다른 다양한 종류의 프런트엔드 애플리케이션을 통해 사용자에게 제공할 수 있습니다.

이런 기능적인 요구사항 외에도, 애플리케이션은 고가용성, 확장성, 보안성, 관측 가능성을 제공하며 온프레미스 데이터 센터 또는 퍼블릭 클라우드 플랫폼 등 모든 환경에서 동적 관리가 가능해야 합니다. 클라우드 네이티브 애플리케이션을 만들 때 이런 여러 가지 비즈니스 기능 및 요구사항을 바탕으로 이전에 살펴본 패턴 중 적절한 것을 사용할 수 있습니다. 우선 시스템의 고수준 아키텍처부터 설계해보도록 하겠습니다.

8.2 고수준 아키텍처 만들기

[그림 8-1]은 여기서 만드는 온라인 쇼핑몰 애플리케이션의 고수준 아키텍처를 보여주고 있습니다. 이미 필요한 요구사항과 비즈니스 기능을 명확하게 정의하였기 때문에, 이들을 상품 검색이나 주문하기, 결제, 주문 추적과 같은 서비스로 연결해서 구현하고 사용자에게 제공할 수 있습니다. 7장에서 배운 것처럼 이런 비즈니스 기능들은 관리형 API를 통해 프런트엔드 애플리케이션에서 사용하게 됩니다. 비즈니스 기능들을 더 자세히 제어하고 관리하기 위해 관리형 API를 사용할 것입니다.

애플리케이션 아키텍처는 프런트엔드 계층에서 시작해서 시스템 전체를 연결하는 API 관리 계층으로 연결됩니다. 온라인 쇼핑몰 시스템의 모든 웹 애플리케이션이나 모바일 애플리케이션은 이 API 계층을 사용해서 만들어집니다. API들은 비즈니스 기능을 구현한 로직을 가지고 있는 마이크로서비스들과 연결됩니다.

마이크로서비스 간 내부 통신은 서비스 연결성 패턴이나 서비스 조합 패턴, 또는 이벤트 주도 패턴 등과 같은 통신 패턴으로 구현합니다. 마이크로서비스들은 레거시 ERP 애플리케이션과 같이 클라우드 네이티브 애플리케이션으로 개발되지 않은 내부 혹은 외부 시스템과 연결될 수 있습니다. 전체 시스템은 컨트롤 플레인을 통해 확장성이나 고가용성, 보안, 관측 가능성과 같은 범용 기능을 제공합니다.

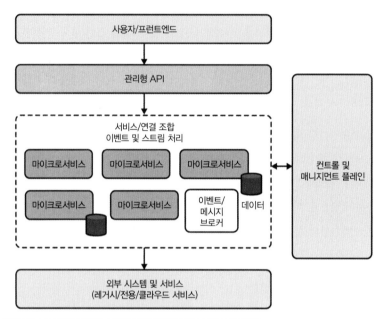

그림 8-1 클라우드 네이티브 온라인 쇼핑몰 애플리케이션의 고수준 아키텍처

이제 이 애플리케이션을 각 관점에서 자세히 살펴보고 어떻게 구현할 것인지 알아보겠습니다.

8.3 외부 API 만들기

비즈니스 기능이 무엇인지를 파악할 때는 애플리케이션의 사용자에게 어떤 비즈니스 기능을 제공해주어야 하는지 생각하는 것부터 시작하는 것이 좋습니다. 사용자에게 제공하는 비즈니스 기능들은 나중에 만든 애플리케이션에서 제공할 API의 핵심이 될 것입니다. 조직의 프런트엔드 또는 협력사 애플리케이션과 같은 외부 애플리케이션이 이런 API를 사용합니다. 이 장에서도 이런 API를 활용해서 프런트엔드 애플리케이션을 모델링하는 것부터 시작해서 클라우드 네이티브 애플리케이션까지 만들어보도록 하겠습니다. 참고로 이렇게 API부터 시작해서 클라우드 네이티브 애플리케이션을 만드는 방법은 7장에서 설명한 바와 같이 탑−다운 방식이라고 부릅니다.

우선 [그림 8−2]와 같이 핵심 비즈니스 기능들을 파악합니다. 여기에는 상품 목록, 주문 관리, 결제, 상품 추천, 주문 추적 및 배송 예측이 있습니다. 이 비즈니스 기능들을 관리형 API 형태로 설계하고 API 매니지먼트 플레인을 통해 사용자나 협력사와 같은 외부 사용자들에게 제공합니다. API 뒤쪽에 있는 마이크로서비스들이 필요한 비즈니스 기능을 로직으로 구현하거나 마이크로서비스와 외부 시스템, 데이터베이스, 그 외 다른 자원들을 조합하여 기능으로 제공하기도 합니다. 여기에서는 7장에서 다룬 API 게이트웨이 패턴과 같은 API 관리 패턴을 사용해서 이런 서비스들을 관리형 API로 제공할 것입니다.

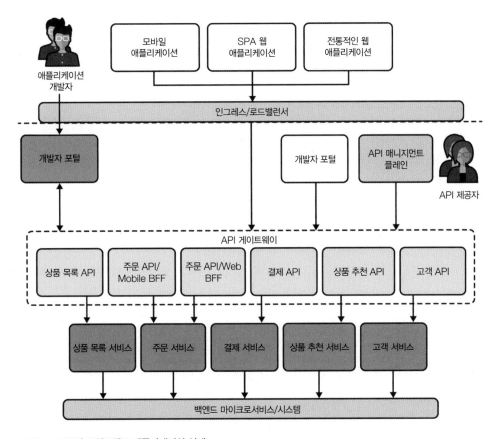

그림 8-2 API와 프런트엔드 애플리케이션 설계

모바일 또는 웹 애플리케이션과 같은 외부 클라이언트 애플리케이션은 부하 분산 계층을 통해 이런 API들을 사용할 수 있습니다. 프런트엔드 애플리케이션 개발에는 특정 프런트엔드 유형을 위한 BFF 패턴을 사용할 수 있습니다. 위 그림에서는 모바일과 웹 애플리케이션을 위해서 주문 API에 각각의 유형별 BFF를 적용한 것을 확인할 수 있습니다. 대부분의 API 트래픽은 API 게이트웨이를 통해 RESTful 또는 GraphQL 방식으로 제공됩니다. 보안이나 스로틀링, 캐싱, 정책 적용과 같은 범용 기능들은 API 게이트웨이 계층에서 제공합니다. API 게이트웨이 계층에서 사용하는 API 런타임은 각 API별로 독립적인 실행환경을 적용할 수 있는 API 마이크로게이트웨이 패턴을 사용할 수도 있습니다.

이런 API의 소유권은 해당 API에서 사용하는 기저 마이크로서비스의 소유권을 가진 팀이 가집니다. 상품 목록 서비스를 A 팀에서 가지고 있다면 같은 팀이 상품 목록 API에 대한 소유권 역시 가지고 있는 것이죠. 이는 API 매니지먼트 계층을 각 서비스의 소유권별로 나누어서 각 서비스를 쉽게 변경하고 확장하고 API를 독립적으로 관리할 수 있게끔 하기 위해서입니다. 그리고 이런 환경에서는 게이트웨이 계층을 분산해서 사용하고 관리할 수 있는 API 마이크로게이트웨이 패턴을 사용하는 것이 더 좋습니다.

API 매니지먼트 플레인을 통해 외부에 제공할 API들을 정했다면, API에 해당하는 비즈니스 기능을 실제로 구현할 마이크로서비스들을 만들 차례입니다.

8.4 서비스 연결

주문 관리나 결제, 고객 관리와 같은 비즈니스 로직을 마이크로서비스에 구현하면, 여러 마이크로서비스와 시스템을 통합하고 연결할 필요가 있습니다. 미리 정의한 API를 토대로 주문 서비스, 상품 목록 서비스, 그리고 고객 서비스와 같은 다운스트림 마이크로서비스들을 설계할 수 있습니다.

이런 마이크로서비스들은 다른 서비스들을 호출합니다. 이를테면 주문 서비스는 재고 및 결제 서비스를 호출할 수 있겠죠. 또한 ERP나 메시지 브로커, 데이터베이스와 같은 시스템과도 통신할 수 있습니다. 따라서 비즈니스 기능이나 상황에 맞는 통신 프로토콜을 선택하고 이를 서비스 개발에도 사용해야 합니다.

[그림 8-3]에서 주문 서비스는 RESTful API 형태로 서비스를 제공하는 반면 고객 서비스는

GraphQL을 사용합니다. 또한 주문 서비스는 REST/HTTP와 같은 동기식 프로토콜을 통해 메시지를 전달받는 한편, 주문 요청을 AMQP를 통해 래빗MQ로 비동기로 전달하기도 합니다. 그 외 내부 서비스 간 통신은 gPRC와 같은 고성능 동기식 메시징 기술을 사용하기도 합니다.

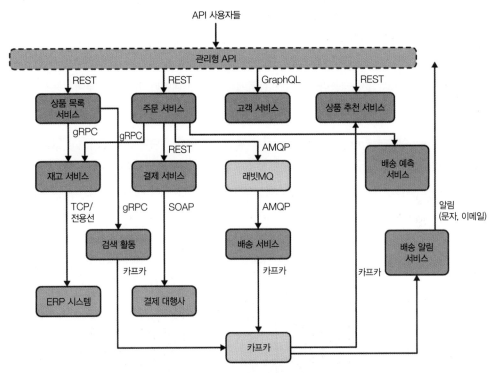

그림 8-3 온라인 쇼핑몰 애플리케이션에서 서비스와 시스템들 연결

서비스들을 연결할 때는 3장에서 배운 연결성 패턴들 대부분을 사용할 수 있습니다. 예를 들어 서비스를 호출할 때 타임 아웃이나 재시도, 회로 차단기와 같은 탄력적 연결성 기술들을 사용할 수 있습니다. 마이크로서비스들을 서비스 메시 형태로 배포하는 경우, 서비스 메시 컨트롤 플레인이 대부분의 서비스 간 통신을 관리하고 모니터링합니다. 서비스를 조합할 때는 서비스 오케스트레이션 또는 서비스 코레오그래피 패턴을 함께 사용하기도 합니다. 위 그림에서 주문 서비스는 다른 여러 서비스를 조합하는 서비스 오케스트레이션 패턴을 사용하는 반면, 배송 서비스는 메시지 또는 이벤트에 기반한 방식으로 구현된 것처럼 말이죠.

다음에는 어떻게 데이터를 관리할 것인지 알아보겠습니다.

8.5 데이터 관리

4장에서도 살펴보았듯이 클라우드 네이티브 데이터 관리의 핵심 요건 중 하나는 마이크로서비스 수준에서 데이터를 분산해서 관리하는 것입니다. 이 조건을 만족해야만 마이크로서비스들 간의 결합도를 낮출 수 있을 뿐 아니라, 마이크로서비스 개발팀이 더 적합한 데이터 관리 기법이나 데이터 스토어를 자유롭게 선택할 수 있기 때문입니다. 온라인 쇼핑몰 애플리케이션 설계에는 이전에 살펴보았던 데이터 관리 요구사항들을 이 책에서 살펴본 내용 그대로 적용하도록 하겠습니다. 그리고 전체 애플리케이션의 관점에서 어떻게 데이터 관리가 이루어지는지 알아보는 것보다는, 특정 상황에서 데이터 관리를 어떻게 하는지 중점적으로 살펴보겠습니다.

[그림 8-4]는 상품 목록과 재고 서비스에서 어떻게 데이터를 관리하는지 보여주고 있습니다. 재고 서비스는 재고 목록과 수량을 관리하기 위해 별도의 관계형 데이터베이스를 사용하고 있으며, 상품 목록 서비스의 경우 NoSQL 데이터베이스를 사용해서 데이터를 관리하고 있습니다. CQRS와 같은 패턴을 사용해서 상품 목록 서비스를 여러 개의 독립적인 서비스들로 나눌 수 있습니다. 여기에서는 명령 및 질의 요소로 나눌 수 있겠죠. 명령 부분은 RDBMS를 사용하고 질의 부분은 NoSQL 데이터베이스를 사용할 수 있을 것입니다. 여러 서비스 컴포넌트 간 약한 데이터 일관성 동기화는 이벤트를 통해 제공할 수 있습니다. 이벤트는 NATS나 카프카

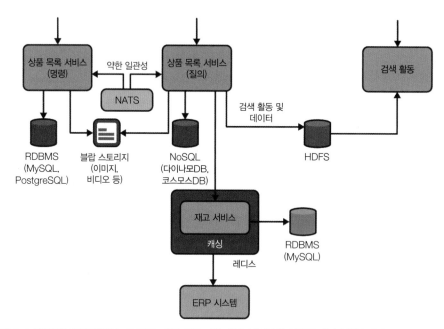

그림 8-4 독립적인 데이터베이스, CQRS, 캐싱, 서로 다른 데이터베이스를 사용한 데이터 분산 관리

와 같은 이벤트 브로커를 통해 주고받을 수 있습니다. 이 방법을 통해서 상품 목록 서비스의 명령과 질의 부분을 완전히 분리할 수 있으며 각 서비스가 독립적으로 동작하고 확장할 수 있습니다. 상품 목록의 질의 서비스의 경우 상품 목록의 명령 서비스에 비해 훨씬 높은 부하를 받을 가능성이 큽니다.

저장하는 데이터의 종류에 따라서 별도의 데이터 스토어를 사용할 수 있습니다. 상품에 대한 이미지나 비디오를 저장하는 경우 이들을 블랍 스토어와 같은 별도의 이진 데이터 스토어에 저장하고, 상품 데이터베이스에는 이들에 대한 참조 정보만 저장하는 것입니다. 재고 시스템에는 캐싱 관련 패턴을 적용해서 재고 서비스와 레거시 ERP 시스템 간에 캐싱 계층을 둘 수도 있습니다.

8.6 이벤트 주도 아키텍처

온라인 쇼핑몰 애플리케이션에서는 주문 상태 관리 역시 핵심 비즈니스 기능 중 하나입니다. 주문과 관련된 상태를 변경하는 모든 이벤트를 추적함과 동시에 배송이나 주문 추적과 같은 서비스를 통해 이벤트 소비자들이 독립적으로 이벤트들을 처리할 수 있도록 만들어야 합니다. 이를 위해서는 5장에서 설명한 이벤트 주도 패턴이 필요합니다. 이 절에서는 온라인 쇼핑몰 애플리케이션에서 이런 패턴을 사용해서 주문 상태를 어떻게 관리하는지 알아볼 것입니다.

[그림 8-5]에서 주문 서비스는 이벤트 주도 방식을 통해 주문 상태를 여러 마이크로서비스에 알려줍니다. 어떤 주문은 주문 라이프사이클 동안 여러 마이크로서비스에 의해 여러 상태로 변할 수 있습니다. 주문이 만들어지고 나면 주문 서비스는 이 주문 메시지를 큐에 넣는데, 그 결과로 이벤트 소비자에게 주문 요청을 처리하라는 **명령**이 만들어집니다.

배송 서비스는 **주문** 큐에서 메시지를 가져와서 사용합니다. 주문 서비스가 메시지를 큐에 넣게 되면 이벤트 브로커는 주문 상태를 변경하는 큐의 이벤트를 이벤트 로그에 분산 발행합니다. 여기에 이벤트 소싱 패턴을 사용해서 주문 처리와 관련된 모든 라이프사이클 상태 변화 이벤트를 기록합니다. 카프카나 아마존 SNS, 애저 이벤트 그리드와 같은 이벤트 브로커에 분산 이벤트 로그를 함께 사용할 수 있습니다.

주문과 관련된 이벤트들이 여러 소스에서 만들어지기 때문에 CloudEvents와 같은 공통 이벤트 표현 방식을 사용합니다. CloudEvents 기반 이벤트를 사용하면 이벤트 소싱을 위해 사용하는 모든 이벤트 유형에서 같은 메타데이터를 사용할 수 있습니다.

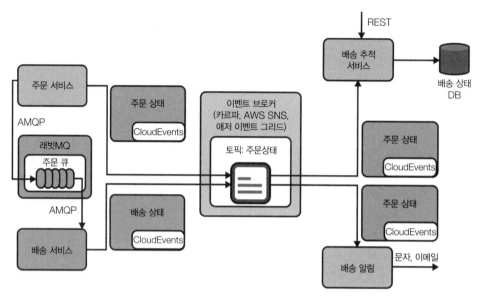

그림 8-5 이벤트 소싱과 CloudEvents를 사용한 이벤트 주도 통신 방식

주문 상태 관련 이벤트의 구독자는 이벤트 브로커 컴포넌트를 통해 이벤트 알림을 받을 수 있습니다. 여기에서 CloudEvents를 사용하고 있기 때문에 원래 이벤트의 메타데이터는 표준 포맷으로 저장되어 있으며 여러 서비스와 시스템에서 그대로 사용할 수 있습니다. 예를 들어 배송 추적 서비스의 경우 이벤트를 소비하고 배송 추적 서비스 사용자에게 제공할 정보를 데이터 스토어에 저장함과 동시에 배송 알림 서비스 역시 이벤트 로그를 사용해서 주문 고객에게 주문 또는 배송 상태 변경 내용을 문자 메시지나 이메일로 보낼 수 있습니다. 분산 로그에 주문 관련 이벤트를 전부 기록하고 있기 때문에 주문 처리와 관련된 비즈니스 요구사항이 향후에 변경되는 경우 간단하게 이벤트 브로커에 새로운 이벤트 소비자를 추가하고 이벤트 로그를 독립적으로 처리하게 만듦으로써 추가 기능을 지원하도록 만들 수 있습니다.

8.7 스트림 프로세싱

배송 예측 기능은 6장에서 설명한 스트림 프로세싱 패턴을 사용해서 구현할 수 있습니다. 배송 예측 기능의 핵심은 실시간 재고 현황과 과거 주문 데이터, 배송 회사에서 제공하는 실시간 정보 등을 토대로 고객이 주문한 상품의 예상 배송 일자를 제공하는 것입니다. 이를 위해 IoT 장치 또는 센서와 같은 여러 소스로부터 이벤트를 전달받아서 처리하는 마이크로서비스를 만들 수 있습니다. 이런 이벤트들은 분산 이벤트 브로커나 데이터 스토어에 저장할 수 있습니다. 배송 예측 마이크로서비스는 아래 [그림 8-6]에서 볼 수 있듯이 카프카나 애저 이벤트 허브, 아마존 키네시스와 같은 여러 이벤트 스트림 소스를 사용합니다.

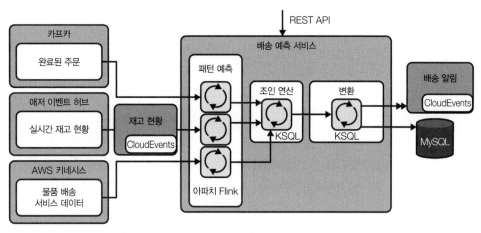

그림 8-6 여러 데이터 스트림을 처리해서 배송 일자를 예측하는 서비스

서비스의 비즈니스 로직은 필터와 한계값 또는 윈도우드 애그리게이션과 같은 실시간 패턴을 사용해서 배송 관련 이벤트들을 처리하고 배송 패턴을 파악하는 부분과 스트림 조인 패턴 및 스트림 변환 패턴 등을 사용해서 처리 결과를 수정하고 이벤트를 사용하는 서비스나 시스템에 알림을 보내는 부분으로 구성됩니다.

스트림 프로세싱 로직은 상황에 따라 알맞은 여러 스트림 프로세싱 기술을 사용해서 구현할 수 있습니다. 위 그림에서는 아파치 플링크와 KSQL을 사용하고 있습니다. 그리고 처리 결과는 관계형 데이터베이스와 같은 데이터 스토어에 저장하고 배송 예측 서비스를 사용하는 서비스나 애플리케이션에 제공할 수 있습니다. 이렇게 만들어진 배송 예측 서비스는 특정 배송에 대한 요청을 처리할 뿐 아니라 해당 배송에 대한 변경 사항 등이 발생하면 고객에게 알림을 보낼 수도 있습니다. 물론 이 서비스에 필요하면 인공 지능이나 머신러닝 패턴 등을 사용해서 배송 일자를 예측하도록 만들 수도 있습니다. 이에 대한 세부 구현 사항은 이 책에서 다루고자 하는 범주를 벗어나기 때문에 생략하도록 하겠습니다.

8.8 클라우드 환경에서 동적 관리 기능 구현

지금까지 클라우드 네이티브 디자인 패턴을 사용해서 온라인 쇼핑몰 애플리케이션의 다양한 비즈니스 기능을 어떻게 구현할 것인지 알아보았습니다. 1장에서 설명했다시피, 이렇게 구현한 서비스들을 배포하고 실행하고 관리할 필요가 있습니다. 대부분의 경우 기존에 제공되고 있는 클라우드 서비스를 그대로 사용해서 애플리케이션을 관리합니다. 물론 데이터 센터를 사용해서 바닥부터 관리 기능을 전부 만들 수도 있습니다.

여기에서는 AWS나 애저, GCP와 같은 클라우드 서비스를 사용해서 애플리케이션을 만든다고 가정하도록 하겠습니다. 온라인 쇼핑몰 애플리케이션의 비기능적 요구사항들을 아래와 같이 구현할 수 있습니다.

기술 요소

온라인 쇼핑몰 애플리케이션의 마이크로서비스들은 원하는 어떤 기술이라도 사용할 수 있습니다. 이를테면 스프링부트나 닷넷, 또는 서버리스 기능 등을 사용할 수 있습니다.

자동화된 개발, 릴리스, 배포

클라우드 플랫폼에서 제공하는 개발 및 CI/CD 관련 서비스들을 사용할 수 있습니다.

동적 런타임 환경에서 실행

쇼핑몰 애플리케이션은 확장이 가능하고 고가용성을 보장해야 하기 때문에, 클라우드 서비스로 제공되는 컨테이너와 쿠버네티스와 같은 컨테이너 오케스트레이션 서비스를 사용할 수 있습니다.

지원 서비스 사용

이벤트 브로커나 데이터베이스, 캐싱 컴포넌트와 같은 일부 지원 서비스를 사용해서 비즈니스 기능을 구현하기도 합니다. 클라우드 플랫폼을 사용할 때는 이런 지원 서비스들을 관리형 서비스로 사용하는 것이 비기능적 기능인 고가용성이나 보안, 자동화된 확장, 탄력성 등을 제공받을 수 있어서 더 좋습니다.

서비스 연결성

클라우드 플랫폼에 서비스를 배포하고 실행하면 서비스 검색이나 서비스 탄력성, 라우팅,

완전 관리형 서비스 메시와 같은 서비스 연결성 관련 기능들을 클라우드 서비스로 제공받을 수 있습니다.

보안

클라우드 플랫폼에 배포하는 애플리케이션은 전송 계층 수준의 보안 또는 OAuth2나 OpenID Connect와 같은 애플리케이션 계층 수준의 보안 프로토콜을 제공받을 수 있습니다.

관측 가능성

애플리케이션이 실행되면 클라우드 서비스의 관측 가능성 계층을 통해 메트릭이나 로그, 그 외 운영 관련 데이터를 제공받을 수 있습니다.

하이브리드 및 멀티클라우드 배포를 위한 단일 컨트롤 플레인

꼭 단일 클라우드 플랫폼을 사용할 필요는 없습니다. 워크로드를 여러 클라우드 플랫폼 또는 온프레미스 환경에서 처리할 수도 있습니다. 그리고 단일 클라우드 플랫폼에서 여러 곳에 분산된 워크로드들을 한 번에 관리할 수 있습니다. 애저 ARC나 구글 Anthos 등이 이런 기능을 제공합니다.

8.9 마치며

이 장에서는 클라우드 네이티브 쇼핑몰 애플리케이션을 만들기 위한 핵심 컴포넌트에 어떤 패턴들을 적용할 수 있는지 알아보았습니다. 핵심은 비즈니스 기능을 관리형 API로 제공하는 것과 서비스 연결성을 확보하고 서비스 조합을 만드는 것, EDA를 사용한 이벤트 주도 아키텍처 및 기능을 만드는 것, 스트림 프로세싱을 통해 특정 데이터 스트림을 처리하는 기능을 구현하는 것, 마지막으로 전체 애플리케이션을 클라우드 플랫폼에서 동적으로 관리하는 클라우드 네이티브 애플리케이션 형태로 실행하는 것이었습니다.

이 책에서 클라우드 네이티브 애플리케이션을 설계하고 만드는 것에 중점을 두었기 때문에, 보안이나 배포, 데브옵스와 같은 클라우드 네이티브 애플리케이션의 다른 관점에 대해 더 알아보실 것을 권장드립니다.

INDEX

INDEX